普通高等学校省级规划教材
安徽省高等学校一流教材

卫生法学

第4版

主编 杨 芳 黄金满

中国科学技术大学出版社

内容简介

本书与国家执业医师资格考试大纲相衔接,秉承第3版的结构,按照绪论、总论和分论的内在逻辑结构组织全书,大致分为卫生法学基础理论、公共卫生法律制度、医疗卫生法律制度三大板块,并增加了《基本医疗卫生与健康促进法》《疫苗管理法》等新颁法律法规的相关内容。不仅全景式地展示体系化的卫生法学,还结合卫生改革与医学发展,对现代医学发展中产生的新的法律问题进行了有力的探讨,增强理论深度的同时,突出了对实践的指导性。

本书不仅适用于高等医学院校的学生,也可供医政管理者和医务人员参考。

图书在版编目(CIP)数据

卫生法学/杨芳,黄金满主编. —4版. —合肥:中国科学技术大学出版社,2023.5(2025.2重印)

ISBN 978-7-312-05594-2

Ⅰ. 卫⋯　Ⅱ. ①杨⋯　②黄⋯　Ⅲ. 卫生法—法的理论—中国—医学院校—教材　Ⅳ. D922.161

中国国家版本馆CIP数据核字(2023)第038206号

卫生法学
WEISHENGFAXUE

出版	中国科学技术大学出版社
	安徽省合肥市金寨路96号,230026
	http://press.ustc.edu.cn
	https://zgkxjsdxcbs.tmall.com
印刷	安徽省瑞隆印务有限公司
发行	中国科学技术大学出版社
开本	787 mm×1092 mm　1/16
印张	23.25
字数	590千
版次	2007年8月第1版　2023年5月第4版
印次	2025年2月第26次印刷
定价	48.00元

第4版前言

《卫生法学》(第3版)自2018年3月出版发行以来,又有5年多了。在这期间,我们党召开了十九届四中、五中、六中、七中全会和二十大。2019年10月,党的十九届四中全会作出《中共中央关于坚持和完善中国特色社会主义制度 推进国家治理体系和治理能力现代化若干重大问题的决定》,提出"强化提高人民健康水平的制度保障"的基本要求。2022年10月,党的二十大报告《高举中国特色社会主义伟大旗帜 为全面建设社会主义现代化国家而团结奋斗》提出,"人民健康是民族昌盛和国家强盛的重要标志。把保障人民健康放在优先发展的战略位置,完善人民健康促进政策。""必须更好发挥法治固根本、稳预期、利长远的保障作用。"近年来,在卫生健康领域,全国人大和国务院新颁布或修改了一大批卫生健康法律、行政法规。在上述背景下,作者决定出版第4版,修改和更新本书第3版的部分内容。

修订体现在三个方面:一是根据推进健康中国建设和法治中国建设的总体要求,对具体法律制度充实了新内容;二是吸收和补充了卫生健康领域相关规范性文件中的新观点和新规则;三是更新了参考文献、引例案例、背景材料和思考题。

第4版由杨芳、黄金满任主编,刘燕、杨才宽任副主编,撰稿人分工如下:

杨芳:第八章、第九章;

杨才宽:第一章、第二章、第十八章;

刘燕:第五章、第十一章、第十二章、第十七章;

黄金满:第十章、第十三章、第十五章;

郑和园、杨芳:第六章、第七章;

许明华:第四章、第十四章;

郑和园:第三章、第十六章。

另外,安徽中医药大学郭跃老师也参与了本书部分内容的编写工作。

本书在编写过程中得到安徽医科大学、安徽中医药大学各级领导的大力支持,中国科学技术大学出版社也为本书的出版付出很多辛劳,在此表示衷心感谢。对于书中存在的疏漏和不足之处,恳请读者批评指正。

编 者

2023年3月

前　言

卫生法是我国社会主义法律体系的重要组成部分。卫生法学是以卫生法为研究对象的一门新兴边缘学科,是法学与医学相互融合相互交叉而产生的。为了适应我国卫生法制建设和卫生法学发展的需要,适应高等医学院校医学教育模式的转变,我们编写了《卫生法学》一书。

本书由安徽医科大学杨芳老师和安徽中医学院杨才宽老师担任主编,安徽医科大学刘燕老师和安徽中医学院黄金满老师担任副主编。本书由主编拟订编写体例和大纲,经全体编写人员多次讨论后通过,最后由主编、副主编修改定稿。本书撰稿人分工如下(以撰写篇章先后为序):

杨才宽:第一章、第二章、第十五章

周亚东:第三章、第十二章

刘燕:第四章、第十一章、第十三章、第十四章

李招材、杨芳:第五章

王元元:第六章、第七章

黄金满:第八章、第九章、第十章

本着学术性、系统性和实用性的原则,本书的编写力求做到理论联系实际,内容全面系统,说理深入浅出、通俗易懂。尽管我们为保证本书的质量做出了很大的努力,但仍然会有一些错误和不足,诚望读者批评指正。

本书在编写过程中得到安徽医科大学、安徽中医学院和安徽医学高等专科学校各级领导的大力支持,中国科学技术大学出版社也为本书的出版付出了很大的努力,在此一并致谢。

编　者

2007 年 6 月 9 日

目　　录

第4版前言 ·· (i)

前言 ·· (iii)

第一章　绪论 ·· (1)
　　第一节　卫生法学及其研究对象 ·· (1)
　　第二节　卫生法的历史发展 ·· (8)
　　第三节　学习卫生法学的意义与方法 ·· (13)

第二章　卫生法概述 ·· (17)
　　第一节　卫生法的概念和调整对象 ·· (17)
　　第二节　卫生法的法律渊源及其效力 ·· (20)
　　第三节　卫生法的特征和基本原则 ·· (23)
　　第四节　卫生法的创制和实施 ·· (27)
　　第五节　卫生法律体系和卫生法律关系 ·· (29)
　　第六节　卫生违法和卫生法律责任 ·· (34)

第三章　基本医疗卫生与健康促进法律制度 ··· (39)
　　第一节　基本医疗卫生与健康促进法律制度概述 ·· (39)
　　第二节　基本医疗卫生服务 ·· (41)
　　第三节　医疗卫生机构和人员 ·· (43)
　　第四节　药品供应保障 ··· (47)
　　第五节　健康促进 ·· (51)
　　第六节　法律责任 ·· (53)

第四章　突发公共卫生事件应急管理法律制度 ··· (55)
　　第一节　突发公共卫生事件应急管理法律制度概述 ··· (55)
　　第二节　应急管理体系 ··· (59)
　　第三节　预防与应急准备 ·· (60)
　　第四节　报告与信息发布 ·· (63)
　　第五节　应急处理与重建 ·· (65)
　　第六节　法律责任 ·· (70)

第五章 传染病防治法律制度 ……………………………………………（73）
  第一节 传染病防治法律制度概述 …………………………………（73）
  第二节 传染病预防、控制和监督的法律规定 ……………………（77）
  第三节 违反传染病防治法的法律责任 ……………………………（84）
  第四节 几种传染病防治的法律规定 ………………………………（86）

第六章 职业病防治法律制度 ……………………………………………（95）
  第一节 职业病防治法概述 …………………………………………（95）
  第二节 职业病的前期预防、防护和监督检查 ……………………（99）
  第三节 劳动者职业卫生保护权 ……………………………………（104）
  第四节 职业病诊断与职业病病人待遇 ……………………………（107）
  第五节 违反《职业病防治法》的法律责任 ………………………（109）

第七章 精神卫生法律制度 ………………………………………………（114）
  第一节 精神卫生及其立法概述 ……………………………………（114）
  第二节 精神障碍患者的权利及其保障措施 ………………………（116）
  第三节 心理健康促进、精神障碍预防和康复 ……………………（118）
  第四节 精神障碍的诊断和治疗 ……………………………………（121）
  第五节 违反《精神卫生法》的法律责任 …………………………（126）

第八章 母婴保健法律制度 ………………………………………………（129）
  第一节 母婴保健法律制度概述 ……………………………………（129）
  第二节 婚前保健、孕产期保健和婴儿保健 ………………………（132）
  第三节 母婴保健医学技术鉴定 ……………………………………（137）
  第四节 产前诊断和新生儿疾病筛查管理 …………………………（139）
  第五节 母婴保健行政管理 …………………………………………（143）
  第六节 违反《母婴保健法》的法律责任 …………………………（145）

第九章 人口与计划生育法律制度 ………………………………………（147）
  第一节 人口与计划生育法律制度概述 ……………………………（147）
  第二节 《人口与计划生育法》的基本制度 ………………………（151）
  第三节 计划生育服务与胎儿性别鉴定的相关规定 ………………（154）
  第四节 违反《人口与计划生育法》的法律责任 …………………（156）

第十章 医疗机构管理法律制度 …………………………………………（159）
  第一节 医疗机构管理法律制度概述 ………………………………（159）
  第二节 医院管理的法律规定 ………………………………………（170）
  第三节 社会办医疗机构管理的法律规定 …………………………（173）
  第四节 院前医疗急救管理法律制度 ………………………………（175）

第十一章 卫生技术人员管理法律制度 (179)
- 第一节 卫生技术人员管理法律制度概述 (179)
- 第二节 医师管理法律制度 (182)
- 第三节 执业药师管理的法律规定 (193)
- 第四节 护士管理的法律规定 (196)
- 第五节 乡村医生管理的法律规定 (201)

第十二章 食品安全法律制度 (206)
- 第一节 食品安全法律制度概述 (206)
- 第二节 食品安全法基本管理制度 (209)
- 第三节 食品安全法律责任 (223)

第十三章 药品管理法律制度 (228)
- 第一节 药品管理法律制度概述 (228)
- 第二节 药品研制和注册的法律规定 (230)
- 第三节 药品上市许可持有人 (232)
- 第四节 药品生产、经营、流通和使用的法律规定 (233)
- 第五节 药品监督管理制度 (241)
- 第六节 违反药品管理法律制度的法律责任 (243)

第十四章 中医药法律制度 (251)
- 第一节 中医药法律制度概述 (251)
- 第二节 中医药法律服务制度 (255)
- 第三节 中药保护与发展法律制度 (259)
- 第四节 中医药人才培养、科学研究和传承传播法律制度 (264)
- 第五节 法律责任 (266)

第十五章 疫苗管理法律制度 (269)
- 第一节 疫苗管理法律制度概述 (269)
- 第二节 疫苗管理法律制度的主要内容 (272)
- 第三节 疫苗安全法律责任 (288)

第十六章 献血和血液制品管理法律制度 (296)
- 第一节 献血和血液制品管理法律制度概述 (296)
- 第二节 无偿献血法律制度 (297)
- 第三节 血站管理法律制度 (300)
- 第四节 临床用血管理的法律规定 (305)
- 第五节 血液制品管理的法律规定 (308)

第十七章 医疗纠纷处理法律制度 ·· (314)
  第一节 医疗纠纷处理法律制度概述 ·· (314)
  第二节 医疗纠纷预防与处理法律制度 ·· (317)
  第三节 医疗事故处理法律制度 ·· (324)

第十八章 现代医学科学技术发展及其法律规制 ·· (335)
  第一节 人工生殖技术及其法律规制 ·· (335)
  第二节 基因工程与无性生殖的法律规定 ·· (341)
  第三节 器官移植现状及法律规定 ·· (348)
  第四节 脑死亡的法律思考 ·· (353)
  第五节 安乐死的探索与立法思考 ·· (357)

第一章 绪 论

内容提要 本章对卫生法学进行总体介绍,分为三节,主要阐述卫生法学的概念及其研究对象、历史沿革以及学习卫生法学的意义和方法。

重点提示 卫生法学 中国卫生法 国际卫生法

第一节 卫生法学及其研究对象

一、卫生法学的概念

卫生法学是以卫生法作为研究对象,主要研究卫生法的产生、发展及其运行规律的学科。其主要研究内容包括卫生法的本质和渊源,卫生法的范畴和内容,卫生法的表现形式和作用,卫生法的创制、实施,卫生法在国家法律体系中的地位及与其他部门法的相互关系等。卫生法学是研究卫生法这一社会现象及其发展规律的一门新兴的部门法学。人类依靠自然生存、繁衍、发展,同时又在能动地利用和改造自然,使之更好地满足人类发展的需要,在人类利用和改造自然的历史长河中,产生和形成了各种各样的关系。

(1) 人与自然的关系。在利用和改造自然的过程中,人类是努力地认识自然,从而遵循自然的规律对其进行利用和改造,使之适应人类的需要,还是实施短期粗暴的行为,使自然遭到破坏,造成生态失衡、自然灾害频发、疾病肆虐,使人类社会发展遭到破坏,人类健康生存受到威胁,显然,为了自身的生存、发展,在利用和改造自然中人类必然要调整与自然的关系。

(2) 人与人之间的关系。社会是人的结合体,人是各种社会关系的载体。人与社会、人与人、自然人与法人、法人与法人之间利用和改造自然过程中产生的各种利益关系、人的健康与卫生行为之间的关系等,都需要不同程度、不同侧面地运用相关卫生法律进行调整、规范,使之成为利用、改造自然的客观必然。

卫生法学就是人类在利用和改造自然的过程中,认识到自然科学中的生物学、医学、卫生学、药物学、环境卫生学等需要同法学相结合,由此而涌现了大量调整生物心理、社会医学和医学伦理学的法律规范,自然科学和社会科学交叉渗透、相互推动和制约,从而诞生和形成的一门不以人的意志为转移的新兴交叉学科。要理解卫生法学的概念必须先厘清其上位的卫生和法律的概念。

（一）卫生

卫生，在古代主要是指"养生"和"护卫生命"，最早出自《庄子·康桑楚》。随着社会生产力的发展，人类由被动适应自然发展到主动利用和改造自然，对于生命健康的维护和疾病的防治，也从被动适应走向主动干预，卫生的概念也在发生变化，含义变得更为广泛。首先，卫生是指一种个人和社会的行为措施。《辞海》对"卫生"作为医学名词的解释是：为增进人体健康，预防疾病，改善和创造合乎生理要求的生产环境和生活条件所采取的个人和社会的措施。其中：

（1）个人措施，主要是指个人应该有良好的卫生习惯和卫生行为。

（2）社会措施，是指国家采取的有利于人体健康、精神健康、疾病防治和提高人的生命质量的社会行为。

无论是个人还是社会的措施，都不应当仅从合乎生理的要求考虑，还必须考虑到精神、心理和社会因素对健康的重要影响，因为随着医学模式的转变，健康不仅仅是指身体没有疾病，还应该有健康的精神状态，良好的社会道德，合乎公众利益的社会习俗。人民的健康素养一方面是衡量一个国家卫生发展水平和体现这个国家文明程度的重要标志，另一方面，卫生也受到社会经济、政治、科技、文化、教育等方面的制约。作为世界人口最多的社会主义大国，早在新中国成立初期的1952年，毛泽东同志就高瞻远瞩地提出了新中国的全民健身指导方针，即"发展体育运动，增强人民体质"，简称"12字方针"。2015年党的十八届五中全会《中共中央关于制定国民经济和社会发展第十三个五年规划的建议》，首次提出健康中国战略，特别提出要"发展体育事业，推广全民健身，增强人民体质"，简称"18字方针"。2007年中央财政安排医疗卫生支出312.76亿元，增长86%。[1] 2016—2020年，全国财政卫生健康支出从13159亿元增长到17545亿元，年均增长7.5%。[2]《国务院关于实施健康中国行动的意见》（国发〔2019〕13号）提出：到2022年，基本建立健康促进政策体系，建立国家环境与健康风险评估制度，重大慢性病发病率上升趋势得到遏制，重点传染病、严重精神障碍等有效防控；2030年，全民健康素养水平大幅提升，因重大慢性病导致的过早死亡率明显降低，健康公平基本实现。2015年联合国通过的"2030年可持续发展目标"（SDG），其中一项重要目标就是"确保健康生活，促进全人类福祉"。卫生不仅是卫生部门的事，还应是全社会的事，需要全社会的共同参与，健康关系人民群众幸福生活，是人全面发展和经济社会可持续发展的基础。随着国民经济的发展，在逐步增加卫生事业经费投入的同时，除了调动全社会力量支持卫生事业的发展外，还必须要通过卫生法手段，规范和调节卫生事业的发展。

（二）法律

法律是一种历史现象。关于法的本质，在《共产党宣言》中，马克思和恩格斯深刻地揭露了资本主义法的本质。针对资产阶级的偏私观念，马克思和恩格斯指出："你们的观念本身是资产阶级的生产关系和所有制关系的产物，正像你们的法不过是被奉为法律的你们这个

---

[1] 财政部. 关于2006年中央和地方预算执行情况与2007年中央和地方预算草案的报告[N]. 人民日报, 2007-3-19(8).

[2] 来源："十三五"财政卫生健康支出年增7.5%[N/OL]. (2020-11-06). https://www.jiemian.com/article/5230779.html.

阶级的意志一样，而这种意志的内容是由你们这个阶级的物质条件来决定的。"[①]这是马克思主义关于法的经典论述之一。从人类社会发展历程来看，在原始社会，尽管有些原始习惯、礼仪等社会现象，但并没有我们所说的法，到原始社会末期，随着生产工具的进步和社会生产力的发展，随着商品、货币的出现，产生了私有制，社会结构也因社会大分工而开始分裂成阶级，人类进入了阶级社会。为了适应新的生产关系、社会关系和阶级斗争的需要，便产生了国家并同时产生了法律这一新的行为规范。法律是调整人们行为的社会规范。法律作为一种社会规范，以明白、肯定的方式告诉人们在一定的条件下可以做什么、必须做什么、禁止做什么，从而调整人们在社会生活中的相互关系，为人们的行为提供一种规范性模式。这种行为模式具有一般性特征，即只要条件相同，一项法的规范就可以被反复运用，从而使人们在做出行为前就可能测知自己或他人的行为是否符合规范要求，以及这种行为将会带来什么样的后果，体现了法律的可预测性。

法律是规定人们权利和义务的社会规范。法律是以规定人们在一定社会关系中的权利和义务为主要内容的。国家通过立法，规定人们在法律上的权利以及这些权利受侵犯时应得到的法律保护；规定人们在法律上的义务以及拒绝履行这些义务时应受到的法律制裁。统治阶级正是通过国家确定法律上的权利和义务，对人们的社会关系加以调整，以建立并维护有利于统治阶级利益的社会秩序。

法律是国家创制或认可的社会规范，即把统治阶级意志上升为国家意志，表明了法律的权威性。所谓国家创制法律，是指有立法权的国家机关按照一定的程序，以条文形式创立和公布的成文法律。所谓国家认可法律，是指由国家赋予某些早已存在的有利于统治阶级的习惯、判例和某些原则以法律效力使之成为法律规范，即习惯法。我国目前实际上不存在习惯法，即国家认可创制法律的立法形式。法律是由国家强制力保证实施的社会规范。社会规范一般都具有某种强制性，但各自强制的性质、范围、实现的程度和方式不尽相同。如道德规范是由社会舆论、人们的内心信念及习惯、传统力量加以维护的，它不具有国家强制力。所谓国家强制力，主要是指国家的军队、警察、法院和监狱等。法律所规定的人们应该遵循的行为准则，能否在现实中得以实施，没有国家强制力的保证，就是一纸空文。因此，法律在其效力范围内具有普遍的约束力。法律是由统治阶级物质生活条件决定的、反映统治阶级意志的、经国家创制或认可并由国家强制力保证实施的行为规范的总和。其目的在于确认、维护和发展有利于统治阶级的社会关系和社会秩序，实现统治阶级的统治。

（三）卫生和法律的关系

卫生是一种人类社会实践活动的产物，是社会文明的组成部分。卫生作为科学体系，其本身并不具有阶级性；法律是一定社会经济和政治发展的产物，在有阶级的社会里，它为统治阶级所掌握，具有鲜明的阶级性。在阶级消灭之后，法律是调整社会政治、经济、文化、社会、生态等各领域自然人、法人与其他社会组织之间行为的准则。卫生和法律之间又是相通的。在有阶级的社会里，卫生为谁服务，向着哪一个方向发展以及对卫生的哲学分析等方面，都具有阶级性并受一定政治因素的影响；法律不仅具有为统治阶级服务的作用，还担负着管理社会的职能。因此，法律不仅具有阶级性，还必须具有社会性。前者表现为执行政治

---

① 马克思,恩格斯.马克思恩格斯选集:第三卷[M].中共中央马克思恩格斯列宁斯大林著作编译局,译.北京:人民出版社,1966:378.

职能,即实现阶级专政,调整各个阶级的关系,维护统治阶级的统治秩序。后者表现为执行社会职能,即利用改造自然,管理社会生产、公益事务、公共秩序等。法律在执行社会职能时,所调整的对象包含人和自然的关系以及有关科学技术规范的内容。以科学技术规范为依据所制定的法律规范,其中包含以法律形式规定人们在卫生活动中应该做什么,不应该做什么,并具有强制性和普遍性的特点。卫生活动违背科学技术规范,将会受到自然规律的惩罚,也会产生相应的法律后果。

卫生发展对法律的影响,主要表现在以下方面:

(1) 对法律的物质影响。卫生的发展促进了许多法律、法规的产生。随着卫生立法的涌现,卫生法逐步形成了自己的结构和体系,并从原有的法律体系中脱颖而出,构成一个新兴的法律部门。卫生法学在此基础上作为一门新的独立学科应运而生。卫生知识及其研究成果被运用到立法中,使法律的内容科学化。例如,《婚姻法》中关于禁止直系血亲和三代以内的旁系血亲结婚的规定,关于禁止患麻风病未经治愈的人和患其他医学上认为不应当结婚的疾病的人结婚的规定;《母婴保健法》提出的终止妊娠医学意见情形的规定等,就是以医学、遗传学和其他生物科学原理为根据的。现代医学科学的发展对传统的法律部门提出了新的挑战,例如人工授精、试管婴儿、变性手术、器官移植和克隆等,使婚姻家庭、财产继承等方面的法律受到新的挑战。

(2) 对法律的思想影响。卫生科学技术的发展,会使立法受到影响和启迪。例如,延续几千年的心脏死亡标准成为世界各国医学、哲学、宗教、法律界人士及社会大众的共识。但随着医学科学的发展,一个被认为更科学的脑死亡标准正在被人们接受,有些国家已正式立法承认脑死亡标准。

法律对卫生发展的影响,主要表现在以下方面:

(1) 法律为卫生发展提供了重要保障。国家运用法律规范卫生事业的发展方向,保障国家卫生战略的实施,国家还以适应卫生特点的法律来调整卫生活动领域中的社会关系,并不断探索现代医学科学发展引起的立法问题,为卫生发展提供重要的法律保障。

(2) 通过法律规定卫生机构的设置、组织原则、权限、职能和活动方式等,保证国家对卫生事业的有效管理,从而形成有利于卫生发展的运行机制。

(3) 通过法律控制现代医学无序、失控和异化带来的社会危害。现代医学造福人类,改善和提高人类自身素质,促进社会进步的积极社会功能是举世公认的。但与此同时,现代医学的无序、失控及异化所带来的危害和灾难也是惊人的。

(4) 卫生法与其他法律密切结合,形成社会整体运行机制的依法治理。由于卫生法调整对象的广泛性、社会关系的多层次性和规范形式的特殊性和必然性,决定了卫生法渊源的多样性及与其他法律的密切结合,形成社会整体运行机制的依法治理。例如,卫生法的渊源有宪法、法律、卫生行政法规、地方法规等。在纵向上,与行政法律、法规和地方政府规章有密切关系;在横向上,与民商法、经济法、社会法、劳动法、刑法等实体法有机融合,还与三大诉讼法、仲裁以及行政许可、国家赔偿法等方面的法律法规分工配合。我国卫生法还与国际卫生协议、条例和公约等国际卫生法规有极为密切的关系。

二、卫生法学的研究对象和内容体系

卫生法学的研究对象与卫生法的调整对象截然不同,不能将两者混为一谈。卫生法的调整对象,是指卫生法在规范与人体生命健康相关活动中所形成的各种社会关系。而卫生法学则是以卫生法律规范为研究对象,主要研究卫生法的产生及其发展规律,卫生法的调整对象、基本特征和基本原则以及卫生法的渊源,研究卫生法的创制和实施,研究卫生法与相关部门法的关系,研究国外的卫生法学理论、立法和司法实践,研究如何运用卫生法学理论来解决卫生改革和医学高科技发展中的新问题。随着社会的不断进步和科学技术的飞速发展,以及卫生管理活动内容的日益丰富,健康在人们的生活和生产劳动过程中的作用也受到越来越广泛的关注,这就为全面、系统地研究卫生活动的客观规律和一般方法提供了必要的条件和基础,从而使卫生法学的研究不断得到充实和发展。由于卫生法所调整的社会关系的广泛性、复杂性和多样性,在我国卫生法律体系中,目前还没有一部轴心法律,而是由许多单行的卫生专门法律、卫生行政法规、地方性卫生法规以及卫生规章等组成。截至2022年5月,由全国人大常委会通过的专门的卫生法律有12部,国务院发布或批准发布的卫生行政法规有30余部,由国家卫生健康委员会(原卫生部、卫计委)制定发布的部门规章有400余件,此外,还制定了1500多个卫生标准,各省、自治区、直辖市人大和有立法权的政府机关也制定发布了大量的地方性卫生法规或地方性规章。与其他部门法律相比较,可谓体系庞大。

目前卫生法学教材多采用一法一章的编排方法。赵同刚主编的《卫生法》第2版将全书内容分为卫生法基本理论、卫生法律制度和卫生法专题研究三部分,全书共三十一章。吴崇其主编的《中国卫生法学》改变了以往一法一章的简单方式排列,依照卫生基本法和它应当包括的框架、内容和结构组织编写,将全书分成二十一章,究其本质还是一种列举的方式。蒲川、陈大义主编,科学出版社出版的《卫生法学》(2021年08月);杨捷、吕秋香主编,北京大学医学出版社出版的《卫生法学》(2011年10月);张静、赵敏主编,清华大学出版社出版的《卫生法学》(2020年03月),结构也基本如此。

卫生法学教材体系可分为以下几个组成部分:

(1) 绪论部分。主要阐释卫生法学的概念及其研究对象,卫生法学与相关学科的关系,学习卫生法学的目的、意义和方法等。

(2) 总论部分。主要阐释卫生法的基本理论,包括卫生法的概念、调整对象、体系,卫生法的产生和历史发展,卫生法的地位和作用,卫生法的基本原则,卫生法律关系,卫生法的创制和实施等。在结构安排上,我们把卫生法的基本法理浓缩到一章,强调常识,舍弃赘述,为分论部分的重要法律部门介绍留出结构上的空间。

(3) 分论部分。主要阐释我国现行的卫生法律制度,包括公共卫生篇、预防医学篇、临床医学篇、医用产品篇、民族医学篇、医患关系篇和发展改革篇。公共卫生篇包括食品和保健品卫生法律制度、公共卫生监督法律制度、国际卫生检疫法律制度、人口与计划生育法律制度和红十字法。预防医学篇包括传染病防治法律制度、精神卫生法律制度、职业病防治。临床医学篇包括医疗机构管理法律制度、卫生技术人员管理的法律制度。医用产品篇包括药品管理法律制度、医疗器械管理法律制度、献血法等。民族医学篇以中医药管理法律制度为主,同时简单介绍其他少数民族的医学法律管理。医患关系篇包括医患关系的法律制度和医疗损害处理法律制度。考虑到结构的紧凑和体系的精炼,发展改革篇将医疗技术发展的法律制度和医疗服务与保障融合到一起。因为各篇的大小差别较大,整体上缺少协调性,本书目录中就没有标注篇的结构,不过章节的编排仍然以各篇的逻辑顺序进行。

卫生法的体系庞大、影响广泛,但我们的改革和研究又做得怎么样呢?当我们回顾改革开放40多年来,尤其是跨世纪10年的医疗改革时,可以抛开各种争论,回到一个简单的出发点:公众满意吗?他们对医疗体制改革后的变化感受如何?对此,中国青年报社会调查中心于2005年8月9日~8月11日,通过央视资讯 ePanel 会员调查系统,进行了一项民意调查。这项共有733名30岁以上的国内公众参与的调查显示,90%的人对10年来医疗体制方面的变化感到不满意。"看病难,看病贵""医患关系紧张",几乎成为这个时代医疗情况的代名词。2009年4月6日,《中共中央国务院关于深化医药卫生体制改革的意见》正式公布,标志着新一轮医改的开始。2020年7月15日,中国医学科学院及社会科学文献出版社共同发布了《医改蓝皮书:中国医改发展报告(2020)》。深化医改是实施健康中国战略的重要举措,是维护人民群众健康、建设小康社会的重要部署。自2009年3月新一轮医药卫生体制改革实施以来,医改的进展和成效始终得到社会各界的关注和重视。医改是世界性难题,既要遵循卫生事业改革发展的内在规律,又要紧密结合中国国情。党的十八大以来,在以习近平同志为核心的党中央领导下,把人民健康放到优先发展的战略地位,将深化医改纳入国家全面深化改革中统筹谋划、全面推进。2019年,医改突出"一个理念"和"两个重点",五项基本医疗卫生制度稳步推进,《基本医疗卫生与健康促进法》审议通过,人民健康权利有了立法保障;坚持人民健康优先发展,更加强调公益与公平;遵循"保基本、强基层、建机制"的基本原则和路径;加强基本医疗卫生制度建设夯实全民健康基础,经过各级政府和社会各界的共同努力,医药卫生体制改革取得重大阶段性进展。同时,面临健康风险广泛性、健康优先战略长期性和推进健康中国任务艰巨性等严峻形势,深化医改仍需在大卫生大健康治理构架和制度设计上建立体现公益、科学合理的医疗机构运行新机制,强化"三医"协同治理等方面统筹布局、精准发力。

相对于其他部门法律领域,从事卫生法学研究的专业人员少之又少,卫生法学的专业论文数量不及近年才相对独立的环境法和劳动法,就更不用和传统的法律部门比较了。那种在主要法律变更之前,学术界就已经呐喊多年,已经就主要观点达成共识或者形成几类有代表性的观点的局面,在卫生法学领域里成了天方夜谭。仅存的少量卫生法学论文、论著,也大多就某一部法律存在的问题而进行论证,很少甚至可以说几乎没有把卫生法学作为一个整体来系统地研究和论述的。

三、卫生法学与相关学科的关系

卫生法的历史十分悠久,但卫生法学却是一门新兴的法律和医学的交叉学科。至今,在许多传统部门法学者、传统医学部门研究者的认识里,仍然存在着偏见。他们认为卫生法学是"旁门左道""无中生有"。卫生法学就是在这样的夹缝中倔强地生存并发展着。卫生法学和其他相关的学科有着密不可分的联系。

(一)卫生法学与医学伦理学

医学伦理学是研究人类的医疗行为和医学研究是否符合道德的学科。卫生法律规范和医德规范都是调整人们行为的准则,它们的共同使命都是调整人际关系,维护社会秩序和人民利益。两者的联系主要表现在:卫生法体现了医德的基本要求,是培养、传播和实现医德的有力武器;医德体现了卫生法的要求,是维护、加强和实施卫生法的重要精神力量。所以,卫生法和医德相互渗透,互为补充,相辅相成。然而,卫生法与医德又是有区别的。首先,在表现形式上,卫生法是拥有立法权的国家机关依照法定程序创制的,一般都是成文的;医德一般是不成文的，存在于人们的意识和社会舆论中。其次，在调整范围上，医德调整的范围要宽于卫生法，凡是卫生法所禁止的行为，也是医德所谴责的行为；但违反医德的行为不一定会受到卫生法的制裁。再次，在实施的手段上，卫生法的实施以国家强制力为后盾，通过追究法律责任来制止一切损害人体健康权的行为；医德主要依靠社会舆论、人们的内心信念和传统习俗来维护。

（二）卫生法学与医学社会学

医学社会学是研究患者及其亲属、医务人员和医疗保健机构的社会关系、社会功能及其与整个社会相互关系的一门社会学分支学科，它是社会学与医学相互渗透而形成的。卫生法学和医学社会学都是具有自然科学和社会科学双重属性的交叉边缘学科。它们的任务都在于增强卫生机构的社会功能和社会效益，增进公民的社会福利和健康水平。但是两者又有不同：卫生法学的研究对象是卫生法律规范，卫生法律规范明确医疗行为各方的权利和义务及违反卫生法应承担的法律后果；医学社会学则运用其原则和分析方法去指导卫生机构和医务人员的医疗实践，在临床工作中建立起良好的医患、医政关系，从而达到既了解患者的心理因素，又可注意到患者的社会因素在疾病发生、发展中所占的地位和影响，为卫生机构的改革和医疗水平的提高寻找科学依据。

（三）卫生法学与卫生管理学

卫生管理学是借助管理科学的理论知识和方法，对卫生事业进行研究和分析，揭示卫生管理活动的内在规律的学科。卫生管理的方法有多种，法律方法仅是其中一种。所谓卫生管理中的法律方法，是指运用卫生立法、司法、守法教育等手段，规范和监督卫生组织及其成员的行为，以使卫生管理的目标得以顺利实现，也就是通常所说的卫生法制管理，卫生法律、法规是卫生管理的活动准则和依据。卫生管理工作中的法律方法和其他方法的不同点在于它具有强制性，一方面表现为对违反卫生法律、法规的人给予制裁；另一方面表现为对人们行为的约束。卫生管理必须依法进行，但是卫生管理还必须具有其他的科学手段和方法。

（四）卫生法学与卫生经济学

卫生经济学是研究卫生服务、人民健康和经济发展之间规律的一门学科。随着科学技术和社会经济的发展，卫生事业在国民经济中所占的比重不断增大，卫生事业已成为国民经济的重要组成部分。卫生事业不仅吸收了大量的社会经济资源和社会劳动力，也给社会提供了相当规模的、不可缺少的卫生服务。卫生法学和卫生经济学的共同目标在于不断充实和扩大卫生服务，合理配置卫生资源，保护生产力要素之一的劳动者，提高其健康水平，促进社会生产力和经济的发展。但是，两者又有一定的区别。卫生经济学对卫生事业进行经济分析，包括卫生事业在国民经济发展中的地位和作用、社会经济发展与卫生事业发展的关系、卫生事业的经济性质、医疗卫生技术的经济合理性、卫生费用的理论、医疗保健制度的经济合理性等，并运用经济手段进行管理。卫生法学则将卫生事业在国民经济发展中的地位、性质，卫生需要和需求以及经济管理中行之有效的方法、手段和制度，通过卫生立法予以确认和干预，并成为社会全体成员共同遵守的行为规范，以稳定和均衡卫生服务的可供数量，保证和促进卫生事业的发展。

(五) 卫生法学与法医学

法医学是应用临床医学、生物信息学、药学和其他自然科学理论和技能解决法律问题的循证医学,用于为侦查犯罪和审理民事或刑事案件提供科学证据的学科。法医学应该看成是沟通"法学"与"医学"两个学科门类的桥梁学科。法医学是一门应用医学,而卫生法学则是法学的一个分支,是一门应用法学。法医学的研究对象包括人(活体、尸体)和物,法医学的研究方法有医学的、生物学的、化学的和物理学的四类。现代法医学分为基础法医学和应用法医学两部分:前者研究法医学的原理和基础;后者则运用法医学的理论和方法,解决司法、立法和行政上的有关问题。这包括受理杀人、伤害、交通事故、亲子鉴定等案件的鉴定,为侦查、审判提供线索和证据;为制定死亡判定、脏器移植、现代生殖技术以及解决由此带来的社会问题的法律提供依据;通过对非正常死亡的尸体检验来发现传染病,进行中毒和灾害事故的防治及行政处理。还可根据需要提取相应检材做化学和生物学检查,应用临床知识对活体进行诊察,确定活体的生理、病理状态,解决医疗事故中的医疗责任以及传染病、中毒、公害的防治问题等。由于司法实践给法医学发展提供了广阔的天地,现代医学和其他自然科学的成就为法医学的发展提供了最新技术手段,原来单一的法医学逐渐形成多分支学科的综合性应用科学,这些学科包括:法医伦理学、法医病理学、临床法医学、法医物证学、法医血清学、法医人类学、法医牙科学、法医化学、法医放射学、法医毒物学、法医精神病学和法医昆虫学等。

第二节 卫生法的历史发展

一、中国卫生法的产生与发展

(一) 古代社会的卫生法

我国古代有文字记载的卫生法最早可追溯到殷商时期。《韩非子·内储说上》《周易》《春秋》《周礼》《左传》的记载,反映出古代对繁衍健康后代的认识和重视。周代建立了我国最早的专门医事制度;春秋战国时期的卫生法也较商周时期有了一定的发展。从秦代起,封建社会有了比较系统的法典,有关医药卫生方面的规定也在这些法典中出现。从两晋经隋唐至五代,伴随着封建法典的不断完善和医学的发展,医药卫生管理制度逐步完善。宋金元时期,医药卫生制度在许多方面沿袭唐制,但在卫生立法上有所发展。北宋王安石为相时,颁布了《市易法》。宋代还颁布了《安剂法》,其中规定医务人员人数及升降标准,这是我国最早的医院管理条例。宋代的法律严治庸医,规定庸医伤人致死依法绳之;凡利用医药诈取财物者,以匪盗论处。更值得一提的是,宋代法医学迅速发展,宋慈所著的《洗冤集录》为后世法医著作的蓝本。元代法律中规定了行医资格及考试制度。到了明清,对于医家行医、考试录用、庸医处罚等都做出了规定,制定并实施了卫生法规,推动了医学的进步和发展。

(二) 近现代社会的卫生法

1840年第一次鸦片战争后,中国沦为半殖民地半封建社会。卫生法见于揭竿而起的太平天国农民革命政权,在《太平条规》《刑律诸条禁》中做出了社会公共卫生和保护健康权益的规定。"中华民国"期间,虽然在民国中央政府设有中央卫生署,国家也颁布了《全国卫生行政系统大纲》和卫生法律、法规、条例,卫生法律体系开始构筑,但由于政府政治腐败,经济衰落,卫生法律规定只能是束之高阁。新民主主义革命时期,中华苏维埃共和国临时中央政府早在1931年颁布的《劳动法》中,就规定政府实行医疗卫生制度;在《中华苏维埃共和国婚姻条例》中,也规定了凡因工作致病或受伤、患职业病的,享受免费医疗。1933年3月以后又先后颁布了卫生运动、卫生防疫、暂行传染病预防等数个条例。抗日战争到新中国成立,不同时期的解放区各级人民政府都制定了一系列卫生法规,为新中国的卫生立法奠定了基础。

(三) 中华人民共和国成立后的卫生法

1949年10月1日中华人民共和国中央人民政府成立后,党和政府及时制定了"预防为主""面向工农兵""中西医结合""卫生工作与群众运动相结合"四大卫生工作方针,并以此为依据先后制定了一系列卫生法律、法规。从新中国成立以后至今,卫生立法大体经历了五个阶段:① 1965年以前为卫生立法的初期阶段,发展速度较慢;② 1966—1976年为第二阶段,10年中未进行系统卫生立法活动,是卫生立法的停滞阶段;③ 1977—1981年为卫生立法重新起步阶段,卫生立法趋于逐步上升;④ 1982年宪法修改后,卫生立法迅速发展,为第四阶段;⑤ 十八大以来,卫生立法进入提质增效的"耕耘"新时代。1965年以前,卫生立法的方向主要是劳动卫生、医政管理、卫生科技教育、药政管理和妇幼卫生。第二阶段,1975年涉及劳动卫生的有5件立法。第三阶段,卫生立法涉及了卫生科技教育和卫生人事管理。第四阶段,2002年以前卫生立法方向主要是医政管理、药政管理和食品卫生,公共卫生、劳动卫生的立法则有所下降。SARS和禽流感的爆发引起了国家对公共卫生立法的高度重视,这方面的立法步骤正在加快。第五阶段,十八大以来,我国已初步形成了具有中国特色的卫生法律体系,医药卫生事业走上了法治化管理的轨道。特别是2020年新冠疫情暴发以来,我国坚持依法防治,并着力推进《传染病防治法》等法律法规修改工作,推动公共卫生法治高质量发展。卫生法制建设的发展,卫生立法的加强,促进了卫生法学这一新兴学科的繁荣和发展。1992年11月卫生部原政策法规司主办的《中国卫生法制》创刊发行,1993年3月5日中国第一个专业的卫生法学社团——中国卫生法学会经国家民政部注册登记批准成立,同年9月4日在人民大会堂召开了成立大会,标志着卫生法学专门学科在中国正式建立。从卫生法学研究队伍的建立到理论研讨的开展,从卫生法学课程的开设到教材、案例的编写出版,从卫生法制专业刊物的创刊到法规性文件的编纂,从卫生法律咨询到卫生法律服务等各方面都取得了可喜的成绩。此外,在与世界卫生组织合作项目的推动下,国家卫生健康委员会定期举办卫生立法研讨班,开展卫生立法国际学术交流活动。1998年中国卫生法学会首次派员参加了在匈牙利召开的第十二届世界医学法学大会,并成为该组织成员;中国卫生法学会2008年在北京成功地举办了第十七届世界医学法学大会,此后历届世界医学法学大会上总是活跃着中国卫生法学人的身影。党的十九大提出的"实施健康中国战略",是以习近平同志为核心的党中央从长远发展和时代前沿出发,作出的一项重要战略安排。它基于人民对美好生活的需求,旨在全面提高人民健康水平、促进人民健康发展,为新时代建设健康中国明确了具体落实方案。

二、外国卫生法的产生与发展

(一) 古代社会的卫生法

公元前 3000 年左右,古埃及就颁布了公共卫生法律;公元前 2000 年,古印度制定了《摩奴法典》;到公元前 18 世纪,古巴比伦王国第六代国王汉谟拉比颁布的《汉谟拉比法典》中,有关医药卫生方面的条文就有 40 余款,约占全部法典的七分之一;公元前 450 年,古罗马奴隶制社会先后颁布的《十二铜表法》《从阿基拉法》《科尼利阿法》等,在历史上首次规定了行医许可制度,其比较完备的法律体系、完善的医药卫生法律规范,为世界卫生立法发展奠定了良好的基础。公元 5 世纪以后到公元 15 世纪,欧洲封建国家先后兴起,这个时期,不少国家也都加强了卫生立法,调整的范围逐渐扩大,内容涉及公共卫生、医事制度、食品和药品管理、学校卫生管理、卫生检疫等方面的卫生成文法规。中世纪初,东、西哥特王朝在罗马时代卫生法的基础上,制定了行医人员培训、考核、奖惩、禁止巫医行医、医院管理、医疗许可制度、公共卫生、食品卫生的法律规定。到了中世纪中、后期,许多方面出现了卫生成文法规。13 世纪的法国、15 世纪的英国的卫生成文法,形成了近代卫生法律雏形。其特点是规定了医疗服务对象享有服务权,不同等级享有不同的健康保护权利。可见,卫生法的规定摆脱不了社会习惯和教会影响。

(二) 近现代社会的卫生法

欧洲经过文艺复兴与资产阶级革命,英国 1601 年制定了《伊丽莎白济贫法》这部带有资产阶级性质的卫生法规,其影响持续了 300 年之久。到 19 世纪以后,卫生法律、法规不断制定。西欧卫生立法不断发展,地处亚洲的日本和北美的新兴资本主义国家美国也都制定了与健康卫生有关的法律规范。第二次世界大战后,随着社会经济的发展和科学技术的进步,卫生立法在各国普遍受到重视,卫生立法得以迅速发展。许多国家把卫生立法作为本国实施卫生方针、政策,实现国家重大战略目标的重要手段。各国的卫生立法主要有社会公共卫生、医政管理、药政管理、医疗保健、科技发展与个人行为五个方面。

近 40 年来,各个国家的卫生法随着经济的发展,都有了较快的发展,并逐步走向完善。但是问题仍然存在,而且有时表现得还比较严重。改革在相当长时间里,还是一项艰巨的任务。以美国为例,在里根、布什执政的 20 世纪 80 年代,美国医疗保障制度全面收缩。为了削减预算赤字,里根政府大幅削减卫生支出,主要是减少对医疗照顾和医疗援助的资助。里根还推行所谓的"新联邦主义"计划,将权力和责任同时下放给州和地方政府,并试图同各州做交易,即联邦政府承担所有的医疗照顾费用,各州承担援助有抚养孩子负担的家庭的计划(Aid to Families with Dependent Children, AFDC)和食品券计划的费用。由于州政府的强烈反对,这个计划未能实施。

20 世纪 80 年代的改革亮点是 1983 年引入的预期支付制度(Prospective Payment System, PPS),它是根据 1982 年《赤字削减法》(Deficit Reduction Act of 1982)的授权而实施的。这是对美国医疗保障制度有深刻影响的一次支付制度改革。20 世纪 80 年代的改革中值得一提的是《医疗照顾大病保险法》(Medicare Catastrophic Coverage Act)的实施和废除。该法于1988年由美国国会通过,旨在拓展医疗照顾的保险范围,减轻老年人的财政负担。但由于富裕老人的强烈反对,国会于次年废除了该法。

美国在医疗保障问题上的僵局一直延续到今天。20世纪90年代初,尽管社会上充斥着对医疗保障制度的普遍不满的情绪,但政府仍少有作为。克林顿入主白宫后,组建了由第一夫人希拉里牵头的医疗改革小组,负责起草医疗改革计划。1993年,克林顿正式向国会递交了医疗改革方案。经过激烈辩论,国会最终没有通过克林顿的医改计划。20世纪90年代后半期,克林顿政府进行了一些局部的改革,包括:1996年的《健康保险可携带性与责任法》(Health Insurance Portability and Accountability Act)和1997年的《州儿童健康保险计划》(State Children's Health Insurance Program, SCHIP)。前者对保险公司的权力作了一定限制,并保证健康保险的可携带性;后者作为社会保障法第16条的一部分,规定由联邦政府资助各州将健康保险的范围扩展到儿童。这是继医疗照顾和医疗援助实施以来,在医疗保障覆盖范围方面取得的最大进展。医疗保险改革是美国总统奥巴马上任之后内政领域的头等大事。2010年,美国国会通过了由美国总统奥巴马提出的医疗改革法案,这项经参、众两院通过的最终版本的医改法案将使美国政府在今后10年内投入9400亿美元,把3200万没有保险的美国民众纳入医保体系。2017年1月20日,美国第45任总统唐纳德·特朗普宣誓就职后,便急不可耐地进入白宫椭圆形办公室签署第一道行政命令,叫停了"奥巴马医改计划"。2021年1月29日,美国第46任总统拜登签署命令决定重启"奥巴马医改计划"。在这一法案下,美国医保覆盖率将从85%提升至95%,接近全民医保。该医改法案的主要受益人是目前仍游离于医保体系之外的5000万低收入群体,这也令中产阶级层和高收入阶层担心他们目前享有的医保水平会因此下降,医改还增加了财政负担,进而影响经济复苏。2021年8月5日,迫于新冠疫情的压力,拜登宣布消减"奥巴马医改方案"的医疗保险费的40%,美国的医改雪上加霜。

各国的医疗保障制度有很大差异,主要体现在筹资、医疗保健的传递、政府的作用等方面。据此,发达国家的医疗保障制度大致可分为三种模式。第一种以英国、瑞典和意大利为代表,它们实行的是公共医疗保障制度。医疗保健由政府的总收益支付或通过工资税进行筹资,服务由国有医院和领取薪金的医生提供。第二种以德国、日本、加拿大、法国和荷兰为代表。它们实行的也是公共医疗保障制度,一般也通过工资税融资,但医疗保健由私人医院和医生提供。同第一种模式相比,其复杂程度更高。第三种是以美国为代表的混合型医疗保障制度,在这种制度下,没有统一的医疗保险,私人和公共医疗保险计划同时存在,而且私人医疗保险是主流的保障系统,大多数职工及其家属为雇主购买的私人保险所覆盖;政府向那些没有私人保险的人提供公共保险计划。医疗保健大多由私人医院和医生提供。"在美国,医疗保健问题表现出许多自相矛盾之处。它比世界上任何一个国家投入到医疗保健中的开支都要多——大约是国家财政支出的七分之一,总金额现在(1997年,编者注)已接近1万亿美元。然而,我们却是当今世界上唯一没有全国性医疗保险计划或普及医疗保健制度的工业化国家。"[①]需要指出的是,没有哪一个国家是纯粹的某种模式。事实上,大多数国家的医疗保障制度都是公共和私人因素的结合,只不过美国模式的混合程度更高、更典型。

---

① 文森特·帕里罗,等.当代社会问题[M].周兵,译.北京:华夏出版社,2002:390.

(三) 国际卫生法

国际卫生法的渊源是指国际卫生法的规范的表现形式或形成的过程、程序。国际卫生法的渊源主要是各类国际卫生条约、协定和有关国际卫生法的宣言与决议。WHO 自 1948 年成立以来,就把制定食品卫生、药品、生物制品的国际标准、诊疗的国际规范和标准,作为自己的重要任务之一。确定统一规范标准,加强对卫生立法的研究和探讨,为发展中国家卫生立法提供专家咨询,制定国际上共同遵守的医药卫生法规和相关合作规定,使 WHO 和联合国的成员国在公共卫生、临床医学、药物管理和使用的有关领域形成共同遵守的法律规范。国际非政府组织、世界医学会、世界医学法律协会等,自 20 世纪 60 年代以来先后开展了多项活动,为各国的卫生立法和国际卫生立法奠定了良好的基础。目前,国际卫生法的内容已涉及公共卫生与疾病控制、临床医疗、职业卫生、人口和生殖健康、特殊人群健康保护、精神卫生、卫生资源、药物管理、食品卫生、传统医学等许多方面。我国已成为 WHO 和 WTO 的正式成员,必须遵守国际卫生法的有关规定,同时要根据国际卫生法的原则,维护我国人民的合法权益。这些条约和协议主要有《阿拉木图宣言》、《儿童生存、保护和发展世界宣言》、《执行 90 年代儿童生存、保护和发展世界宣言行动计划》(20 世纪 90 年代,编者注)、《关于国际人口与发展行动纲领》、《1961 年麻醉品单一公约》(我国 1989 年参加的是经 1972 年修改的)、《国际卫生条例》(1971 年生效,1973 年、1981 年两届世界卫生大会修改)、《联合国禁止非法贩运麻醉药品和精神药物公约》(我国 1989 年参加,声明不受第 32 条第 2、3 款约束)、《世界卫生组织烟草控制框架公约》(World Health Organization Framework Convention on Tobacco Control,WHO FCTC,2003 年 5 月 21 日世界卫生大会批准)等。

(1)《阿拉木图宣言》。1977 年 5 月,第三十届世界卫生大会通过了 WHO 第 30、43 号决议,确定了各国政府和世界卫生组织在未来几十年的主要社会目标:到 2000 年世界全体人民都应达到具有能使他们的社会和经济生活富有成效的那种健康水平,即通常所说的"2000 年人人享有卫生保健"。这就是世界卫生组织在总结世界各国几十年卫生服务提供方式、效果和经验的基础上,经过认真的调查分析,针对世界各国面临的卫生问题而提出的一项全球性战略目标。1978 年 9 月,世界卫生组织和联合国儿童基金会在苏联的阿拉木图联合主持召开国际初级卫生保健大会,通过了著名的《阿拉木图宣言》,明确了初级卫生保健是实现"2000 年人人享有卫生保健"全球战略目标的基本途径和根本策略。1979 年的联合国大会和 1980 年的联合国特别会议,分别表示了对《阿拉木图宣言》的赞同,使初级卫生保健活动得到了联合国的承诺。我国政府分别于 1983 年、1986 年、1988 年明确表示了对"2000 年人人享有卫生保健"战略目标的承诺。

(2)《儿童生存、保护和发展世界宣言》和《执行 90 年代儿童生存、保护和发展世界宣言行动计划》。1990 年 9 月 29 日～9 月 30 日,世界儿童问题首脑会议在纽约联合国总部召开,71 位国家首脑和 88 个国家的政府官员出席会议。会议明确提出"儿童优先"的原则,通过了《儿童生存、保护和发展世界宣言》和《执行 90 年代儿童生存、保护和发展世界宣言行动计划》。该宣言指出,世界上的儿童是纯洁、脆弱、需要依靠的。他们还充满好奇,充满生气,充满希望。儿童时代应该是欢乐、和平、游戏、学习和成长的时代,但是,现在世界上有无数的儿童面临危险、战争和暴力、种族歧视、种族隔离、贫穷饥饿、无家可归、营养不良和疾病,这是对政治领袖们的挑战。各国政府应当运用一切手段来保护儿童的生命,减轻他们的苦难,提升他们的发展潜力,并使他们认识到自己的需要、权利和机会。

(3)《关于国际人口与发展行动纲领》。1994年9月5日~9月13日在埃及开罗召开的国际人口与发展会议是全球控制人口战略的一次非常重要的会议。此次会议的主题是：人口、持续经济增长和可持续发展。共有183个国家的1万多名代表出席了会议。虽然是部长级会议,但有11个国家的元首或政府首脑、13个国家的副总统或副总理到会并讲话。大会通过的《关于国际人口与发展行动纲领》(以下简称《行动纲领》),成为此后20年全球人口发展领域国际合作的指导性文件。中国出席了这次大会并参与了大会行动纲领的制定。该《行动纲领》包括序言,原则,人口、持续经济增长和可持续发展之间的关系,男女平等、公平和赋予妇女权力,家庭及其作用、权利、组成和结构,人口的增长及其结构,生殖权利和生殖健康,保健、发病率和死亡率,人口分布、城市化和国内迁徙,人口、发展和教育,技术、研究与发展,国家行动,国际合作,与非政府组织的伙伴关系以及会议的后续安排等十六章。该《行动纲领》第二章原则中,第8项原则以很长的篇幅全面阐述了健康,特别是生殖健康及计划生育方面的人权。尤其是"生殖健康"这个新概念的出现,说明了国际社会对生殖健康问题的重视,也说明实现生殖健康在国际人口与发展中的重要地位,标志着生殖健康已经跨出医学范畴,成为全球的共同承诺。

作为非政府组织的世界医学法学协会(World Association of Medical Law,WAML)的宗旨是：鼓励研究和讨论有关医学法学方面的问题以及对这些问题有益于人类的可能的解决办法；促进对医学和相关科学新发展成果进行研究；解决有关卫生法学问题的任何事宜。协会由世界各国国家级的医学法学组织及业内人士组成,中国卫生法学会副会长兼秘书长吴崇其于2002年入选理事会,中国成为理事会成员国之一。世界医学法学协会现有成员单位涉及80多个国家,其中有28个国家的代表为该会理事。2008年10月17日~10月21日第十七届世界医学法学大会在中国北京举办,这是世界医学法学领域的一次盛会。此次大会的主题是"卫生法与和谐社会"。这是围绕卫生法的学科建设、理论研究、教学、法学与医学实际工作相结合等诸多领域展开研讨的一次世界性高端学术大会。它涉及世界各国卫生法的研究、发展、成果展示,并对不同国家对预防、公共卫生、医疗、医学新技术、特殊人群保护中的法律规定、法律比较以及探索各国医患双方合法权益保护等48个专题展开学术交流,推动了卫生法学的世界性大发展。第25届世界医学法学大会于2019年8月6日~8月8日在日本东京召开,来自全球的数百名专家学者齐聚东京,就卫生法学、生命伦理学、医学伦理学领域的重要议题进行了交流与探讨。

第三节 学习卫生法学的意义与方法

一、学习卫生法学的意义

(一) 依法治国的需要

依法治国,是中国共产党领导全国各族人民治理国家的基本方略。党的十五大、十六大和十六届三中全会明确地提出要依法治国,建设社会主义法治国家。党的十八大以来,我国坚持全面依法治国，推进法治中国建设。2014年10月，中国共产党第十八届中央委员会第四次全体会议首次专题讨论依法治国问题。2014年10月28日，《中共中央关于全面推进依法治国若干重大问题的决定》发布。党的二十大报告指出，全面推进依法治国是国家治理的一场深刻革命，关系党执政兴国，关系人民幸福安康，关系党和国家长治久安。必须更好发挥法治固根本、稳预期、利长远的保障作用，在法治轨道上全面建设社会主义现代化国家。邓小平指出：加强法制重要的是要进行教育，根本问题是教育人。习近平总书记就法治人才培养作了一系列重要论述，深刻指明了法治人才培养的方向和要求。卫生事业是社会主义事业的重要组成部分，依法管理卫生事业是实现依法治国、建设社会主义法治国家的重要内容。加强法制宣传教育，包括卫生法制教育，不断提高广大干部群众的法制观念和法律意识，包括卫生法制观念和卫生法律意识，才能实现依法治国和建设社会主义法治国家的目标。拥有必要的法律知识和较高的法律意识，是合格的社会主义事业建设者必备的素质。所以，大学生学习法律知识，包括卫生法律知识，是依法治国，建设社会主义法治国家的需要。

（二）卫生事业改革、发展医学科学的需要

我国的卫生事业，以为人民健康服务为中心。为适应社会主义市场经济体制，医学模式正由生物医学模式向生物心理社会医学模式转变，以适应广大人民群众不断增长的多层次卫生需求的转变。我国的卫生事业是中国特色社会主义新时代社会保障体系的重要组成部分，是"健康中国战略"的抓手，要成为人人都需要的、使群众受益并承担一定社会福利职能的社会公益事业。为实现这一目标，卫生事业必须走向法制管理的轨道。不仅卫生机构的设置、各类人员的执业要纳入法制管理的范围，医务人员的行医行为、患者的求医行为和遵医行为也要纳入法制管理的轨道。所以，对于卫生技术人员和医学院校学生来说，学习卫生法学，可以调整自己的知识结构，拓宽自己的治学领域，了解与自己从事的工作密切相关的卫生法律规范，明确自己在医药卫生工作中享有的权利和承担的义务，增强卫生法律意识，从而正确履行岗位职责，为保护人体健康、促进卫生事业的改革发展做出自己的贡献。

（三）提高卫生执法水平的需要

我国卫生事业的重要功能之一，是社会公共卫生管理。卫生行政执法是政府管理全社会卫生的基本方式，是实现预防为主战略，保护人体健康的基本手段。卫生行政执法水平的高低，不仅关系到改善社会公共卫生状况、提高社会卫生水平和人民生活质量，而且关系到规范市场经济秩序、优化投资环境、促进经济发展。要提高卫生执法水平，必须要有一支既有丰富的专业知识，又熟悉自己执法范围的卫生法律、法规，乃至了解整个卫生法律体系基本情况的高素质的卫生行政执法队伍。而学习卫生法学理论，将有助于卫生行政管理和卫生执法人员更好地做到有法必依、执法必严、违法必究，不断提高卫生行政执法水平。

（四）维护公民健康权利的需要

对广大公民来说，通过学习和了解卫生法学基本知识，树立卫生法治观念，可以在自己的健康权利受到侵害时，正确运用法律武器来维护自己的合法权益，对健康权有一个全面、科学、系统的认识，可以在自己的工作和日常生活中，遵守公共卫生法律规定，正确维护自己的健康权利。

二、学习卫生法学的方法

(一) 历史的、辩证的方法

马克思主义法学理论认为,法是人类社会发展到一定历史阶段的产物,属于历史范畴。在阶级社会里,法是上升为国家意志的统治阶级意志的体现。所以,学习卫生法学,必须以马克思主义的辩证唯物主义和历史唯物主义的世界观和方法论为指导,运用唯物辩证法,正确认识卫生法作为阶级社会上层建筑的重要组成部分之一,是由其赖以生存的经济基础决定的,并反作用于经济基础。卫生法的发展变化,归根到底是经济基础发展变化结果的反映。同时,还必须运用全面的、历史的、发展的观点,把卫生法这一社会现象放在一定的历史条件下,研究它产生的经济基础,研究社会政治等因素对它的影响。只有这样,才能对卫生法的历史、现状及其发展趋势,卫生法的本质和作用做出全面、正确的认识和理解,从而完善具有中国特色的卫生法和卫生法学,促进和保障社会主义卫生事业的不断发展。

(二) 比较的方法

比较的方法是学习卫生法学的重要方法之一。

(1) 要了解世界各国的卫生法律制度和国际卫生立法的情况,既要吸收各国卫生法律制度中的科学性内容,又要去其不合理成分;既要避免盲目照搬,又要克服全盘否定。

(2) 要从我国国情出发加以取舍和改造,进行分析,有选择地学习和吸收。

(3) 用比较的方法学习卫生法学,研究外国的卫生法律制度时,至少要考虑到四个不同:社会制度的不同,生产力发展水平的不同,自然条件的不同,民族文化和传统习惯的不同。

通过比较,从我国实际出发吸收外国的科学成果,并且在不断总结我国卫生法制管理实践经验的基础上,形成和发展具有新时代中国特色的社会主义卫生法学。

(三) 理论联系实际的方法

理论与实践相结合是马克思主义理论研究的出发点和归宿。卫生法学是一门应用理论学科,具有很强的实践性。学习卫生法学,必须以邓小平理论和"三个代表"重要思想要求为指导,密切结合我国政治、经济体制改革和民主政治建设的实际,深入研究我国现行的卫生法律规范和卫生法制管理实践,总结新中国成立以来卫生法制管理的经验,使卫生法学理论在实践中不断发展,进一步健全社会主义卫生法制,发挥卫生法在建设具有中国特色社会主义中的作用。同时,通过这种方法,将卫生立法、卫生法的实施、卫生监督执法、卫生法律纠纷和诉讼同个人的思想实际、生活实际和专业工作实际结合起来,有助于提高运用卫生法学的基本理论去发现、分析、解决问题的能力,增强卫生法律意识,规范自己的行为,运用法律武器维护国家的利益,增进人民健康。特别需要强调的是,当前的医疗体制改革是关系人民生活的一件大事,而"法律最关心的就是如何解决普通百姓日常生活的事务"[1],因此解决实际问题是卫生法学的当务之急。

---

[1] 苏力. 批评与自恋:读书与写作[M]. 北京:法律出版社,2004:260.

学习卫生法学的基本方法除上述几种以外,还有其他一些方法,如归纳和演绎的方法以及系统的方法等。总之,学习卫生法学,要以马克思主义的唯物辩证法为总的方法论指导,同时综合运用各种学习方法,吸收和采用多个学科的知识,联系实际,实事求是,这样才能真正掌握和发展卫生法学,为社会主义卫生事业作出贡献。

思考题

1. 如何正确理解卫生法学的概念?
2. 卫生法学的研究对象有哪些?
3. 卫生法学体系有哪些有机的组成部分?
4. 怎样学习卫生法学?

参 考 文 献

[1] 辞海编辑委员会.辞海[M].上海:上海辞书出版社,1979.
[2] 赵同刚.卫生法[M].2版.北京:人民卫生出版社,2004.
[3] 吴崇其.中国卫生法学[M].2版.北京:中国协和医科大学出版社.
[4] 张静,吴崇其.卫生法学[M].2版.北京:法律出版社,2010.
[5] 杨捷,吕秋香.卫生法学[M].北京:北京大学医学出版社,2011.
[6] 蒲川,陈大义.卫生法学[M].北京:科学出版社,2021.

第二章 卫生法概述

内容提要 卫生法是调整调控国家卫生事业的发展,保护人体生命健康及其相关活动中形成的各种社会关系的法律规范的总和。卫生法的调整对象具有与自然科学紧密相连、吸收大量的道德规范和技术规范、反映全社会的共同需要、很强的广泛性的特点。卫生法是指有权的国家机关在其法定职权范围内,遵循保护公民生命健康权益等原则,依照法定程序创制,通过法的遵守和法的适用两种途径得以实施的规范体系。卫生法的创制和实施对推进依法治国,建设社会主义和谐社会具有重要意义。

重点提示 卫生法的概念 卫生法的调整对象 卫生法的渊源 卫生法的创制和实施

第一节 卫生法的概念和调整对象

一、卫生法的概念

在我国当代卫生法学理论中,卫生法的概念有广义和狭义两种。广义的卫生法是指由有权的国家机关创制、认可,以国家强制力保证实施的,旨在调整保护人体生命健康及其相关活动中形成的各种社会关系的法律规范的总和。狭义的卫生法是指拥有国家立法权的立法机关创制、认可,以国家强制力保证实施的,旨在调整保护人体生命健康及其相关活动中形成的各种社会关系的法律规范的总和。

作为卫生法学教材的卫生法的概念,一般取广义的含义。广义的卫生法具有以下特点:

(1) 卫生法是以国家强制力保障实施的。以国家强制力保障实施,是任何法律规范都具有的特点,也是法律规范区别于其他社会规范的重要特点。作为法律规范中的一种类型,卫生法律规范必然以国家强制力保障实施,这同时也是卫生法律规范区别于其他社会规范(如道德伦理规范)的重要特点。

(2) 卫生法是由有权的国家机关创制、认可。根据《中华人民共和国立法法》(以下简称《立法法》)的规定,我国拥有立法权的机关主要包括全国人民代表大会及其常务委员会、国务院、国务院各部委、地方人民代表大会及其常务委员会、地方人民政府、较大的市人民代表大会及其常务委员会等。由这些立法机关制定的卫生规范性法律文件,构成了卫生法的体系。

(3) 立法机关对卫生法的创制、认可,是卫生立法的各项活动的概括。创制和认可,是卫生法的两种主要产生方式。对已经颁布的卫生法律进行的必要的解释,也是卫生法的组成部分,与卫生法具有同等的法律效力。

(4) 卫生法的首要宗旨和根本目的是保护人体生命健康,这是我国宪法的基本要求,也是我国卫生工作的基本方针。一切卫生立法和执法活动都应当以保护人体的生命健康作为根本出发点。

(5) 卫生法保护人体生命健康的宗旨和目的,是通过规范与人体生命健康相关的各种活动来实现的。比如,卫生法对食品和药品的生产经营活动、对医师和药师的执业活动等实行了比较严格的行政许可制度;对疾病的预防与控制活动以及应对突发公共卫生事件的应急管理活动等都作了十分详细的规定,设定了比较严格的法律责任。

(6) 卫生法既表现为专门的卫生法律规范,也包括其他类型法律规范中有关卫生事务的规定。主要包括全国人大及其常委会制定的卫生法律、国务院制定的卫生行政法规、地方人大及其常委会制定的地方性卫生法规和民族自治卫生条例或单行条例、国务院有关部委制定的卫生部门规章、地方人民政府制定的地方政府卫生规章以及我国参加的国际条约中涉及卫生领域的规范等。

二、卫生法的调整对象

(一) 研究卫生法调整对象问题的基本出发点

要明确卫生法的调整对象,必须以辩证唯物主义和历史唯物主义为指导,正确地确立卫生法调整对象问题的基本出发点。出发点不同,往往就会得出不同的结论,而得出不符合实际的结论,甚至还以为自己的观点是有所谓的根据的。判断是非的标准,当然不是看持不同观点的学者人数多少,也不是看持不同观点的学者的职称和职务的高低,更不是看各种不同观点哪一种符合国内外传统说法,也不能以国内外的某些现行法律规定作为衡量各种法学观点正确与否的标准。应该明确,实践是检验真理的唯一标准。现阶段在我国,最大量、最重要的实践是新时代中国特色社会主义和谐社会建设,是发展生产力,促进社会和谐发展。如果我们确定的新时代中国特色社会主义卫生法的调整对象体现现代化建设的需要,是有利于生产力发展的,那就是正确的;否则,就是不正确的。

(二) 卫生法具体的调整对象

卫生法的调整对象,是指卫生法在规范与人体生命健康相关活动中所形成的各种社会关系。这些社会关系主要是人与人之间的行为关系,也可以称为人际关系。卫生法的调整对象,具有很强的广泛性。从卫生法调整的社会关系的性质上看,卫生法的调整对象主要包括以下内容:

(1) 行政管理关系。即卫生行政主管部门在对卫生工作进行监督管理过程中形成的各种关系。

(2) 民事法律关系。在医药卫生活动中,有很大一部分内容是医药卫生保健服务者与公民或者法人之间形成的社会关系,如医患关系、医药卫生产品责任关系等,这种社会关系从性质上看是民事法律关系,即平等民事主体之间的关系,这是卫生法调整的重要对象。

(3) 刑事法律关系。由于卫生法的根本目的是保护人体生命健康,因此,对于那些严重损害人体生命健康的医药卫生行为,卫生法规定了责任人应承担的相应的刑事责任。对此,《中华人民共和国刑法》(以下简称《刑法》)中有专门一章"危害公共卫生罪",我国一些专门的卫生法律,如《中华人民共和国传染病防治法》(以下简称《传染病防治法》)、《中华人民共和国药品管理法》(以下简称《药品管理法》)、《中华人民共和国食品安全法》(以下简称《食品安全法》)、《中华人民共和国医师法》(以下简称《医师法》)、《中华人民共和国疫苗管理法》(以下简称《疫苗法》)等也作了专门规定。所以,卫生刑事法律关系也是卫生法不可缺少的调整对象。

(4) 国际卫生关系。我国已经签署了众多的国际卫生方面的条约。在参与国际卫生活动中形成的社会关系,就是国际卫生关系,这是国际卫生法的调整对象。

从卫生法调整的社会关系的内容看,卫生法的调整对象主要有以下内容:

(1) 调整生命健康权益保障关系。卫生法的首要宗旨和根本目的是保护人体生命健康,凡是与人体生命健康相关的各种活动中所形成的社会关系,都应成为卫生法的调整对象。例如,在公民生命健康权益的法律保护、特殊人群的生命健康权益法律保护、环境与人体生命健康的关系、公民的生育权、公民处置个人身体器官的权利、公民无偿献血及捐献自己身体和器官的权利、公民选择安乐死的权利等一系列活动中形成的人际关系,都是卫生法的调整对象。

(2) 调整国家对医药卫生事业进行宏观管理中形成的社会关系。主要包括国家在医政管理、药政管理、食品卫生管理、公共卫生管理、疾病防控管理中形成的管理者与被管理者之间的行政管理法律关系。但并不仅限于行政法律关系,还包括相当数量的民事法律关系和刑事法律关系。例如,医患之间形成的平等的民事法律关系,食品和药品生产经营者与消费者之间形成的平等的民事法律关系。再如,无论在医政管理、药政管理活动中,还是在食品卫生、公共卫生以及疾病防控管理活动中,抑或是在应对突发公共卫生事件的应急管理活动中,都有可能发生因有关人员的故意或者过失行为,给国家、社会和公民个人造成损害,如果构成犯罪,还要承担相应的刑事责任。对于由此形成的刑事法律关系,也当然属于卫生法的调整范围。

(3) 调整新的生命科学技术的应用对法律带来的挑战和形成的新型社会关系。现代社会经济、文化和医学科学技术的高度发展,使得人们不断寻求高质量的生活,新的生命科学技术不断被应用,由此也带来许多新的法律问题。例如,人工生殖技术中的法律问题、基因工程中的法律问题、器官移植中的法律问题、安乐死中的法律问题和脑死亡的法律地位等,都是其他法律所无法解决的,而只能由卫生法来调整。

(4) 调整医药卫生资源配置关系。主要包括国家对各种医药卫生机构的设置与管理,如国家对医疗机构设置实行的区域卫生规划;医药卫生人力资源的配置与管理,如医师、药师、护士等各级各类卫生技术人员的配置与管理;对各种医药市场的合理布局与设置,如国家对血液与血液制品的管理,对药材市场的管理,对大型医用设备配置,对医药产业的发展、卫生信息以及动物实验等方面的规划、配置与监督管理;政府在应对突发公共卫生事件应急管理中所需的人力、物力、财力等资源的合理配置与储备管理。这些方面形成的各种社会关系,均是卫生法的调整对象。

第二节　卫生法的法律渊源及其效力

一、法律渊源的含义

卫生法的渊源,也称卫生法的法源,是指卫生法的各种外在表现形式。我国卫生法的渊源采用的是以各种制定法为主的正式的法的渊源。判例法、习惯、法理等都不是卫生法的渊源。这些组成卫生法渊源的制定法,有着各自不同的效力层次和适用范围。

二、卫生法的法律渊源

卫生法的渊源主要有以下几种:宪法、基本法(含卫生法律)、卫生行政法规、卫生部门规章、地方性卫生法规、卫生自治条例和单行条例、地方政府卫生规章、特别行政区有关卫生事务的法律规定、国际卫生条约等。

(一) 宪法

宪法是我国的根本大法,是当代中国最重要的法的渊源。它是由国家最高权力机关全国人民代表大会依照法定的、严格的程序创制的。宪法规定了我国国家最根本的政治、经济、社会制度,规定了国家的根本任务和国家机关组织结构与活动原则,规定了公民的基本权利和义务等国家和社会生活中最根本和最重要的问题。这其中也包括国家实行的医药卫生保障的基本制度和法律赋予公民的基本的生命健康权利等内容。宪法是其他各种法律、法规的"母法",是它们的立法依据,而其他法律、法规则是宪法各项规定的具体化。因此,宪法是我国卫生法的最首要的渊源,也是卫生法的立法依据。《中华人民共和国宪法》(以下简称《宪法》)关于卫生法事项的主要内容有:第21条第1款规定,国家发展医疗卫生事业,发展现代医药和我国传统医药,鼓励和支持农村集体经济组织、国家企业事业组织和街道组织举办各种医疗卫生设施,开展群众性的卫生活动,保护人民健康。第26条规定,国家保护和改善生活环境和生态环境,防治污染和其他公害。第42条第2款规定,国家通过各种途径,创造劳动就业条件,加强劳动保护,改善劳动条件,并在发展生产的基础上,提高劳动报酬和福利待遇。第45条第1款规定,中华人民共和国公民在年老、疾病或者丧失劳动能力的情况下,有从国家和社会获得物质帮助的权利。国家发展为公民享受这些权利所需要的社会保险、社会救济和医疗卫生事业。第49条第1款和第2款规定,婚姻、家庭、母亲和儿童受国家的保护,夫妻双方有实行计划生育的义务。

(二) 基本法律(含卫生法律)

基本法律(含卫生法律)是仅次于宪法的卫生法的主要渊源。它是由全国人民代表大会及其常务委员会创制的。基本法分为基本法律和基本法律以外的单行法律。民法、刑法、诉讼法、国家赔偿法等均为国家的基本法。卫生基本法律由全国人民代表大会制定和修改,规定我国医药卫生事业发展中的一些最基本的问题。如公民的基本生命健康权利,国家医药卫生工作的基本方针、政策和基本原则,国家对医药卫生事业相关领域实行的基本制度,各级各类医药卫生机构的组织结构、活动原则和主要职责,国家医药卫生资源及人才资源的合理配置,公民的基本医疗保障等。目前,我国正在酝酿、思考、研究统一的卫生基本法律的制定。基本法律以外的卫生法律,由全国人民代表大会常务委员会创制,涉及卫生基本法律规定以外的其他卫生法内容。我国颁布的基本法律以外的卫生专门法律已经有《基本医疗卫生与健康促进法》《传染病防治法》《食品安全法》《药品管理法》《中华人民共和国职业病防治法》(以下简称《职业病防治法》)、《医师法》、《中华人民共和国献血法》(以下简称《献血法》)、《中华人民共和国中医药法》(以下简称《中医药法》)、《疫苗法》、《生物安全法》等十多部。此外,在卫生法的法律这一层级的渊源中,还包括其他法律部门中有关卫生事项的法律规定,如《中华人民共和国婚姻法》(以下简称《婚姻法》)、《中华人民共和国环境保护法》(以下简称《环境保护法》)《中华人民共和国劳动法》(以下简称《劳动法》)中的有关规定。

(三) 卫生行政法规

卫生行政法规是由最高国家行政机关国务院根据宪法和卫生法律创制的卫生规范性法律文件,也是卫生法的最主要的渊源。在我国目前已经颁布的卫生行政法规中,有的是以国务院名义直接发布的;也有的是经国务院授权批准,以国家医药卫生行政部门名义发布的。例如《突发公共卫生事件应急条例》《医疗机构管理条例》《人体器官移植条例》等。

(四) 卫生部门规章

卫生部门规章是指国务院卫生行政部门创制的卫生规范性法律文件,也是卫生法的渊源之一。由于国务院各部门职能的不断调整,作为卫生法渊源之一的卫生部门规章,已经不仅限于卫生行政部门。国家卫生健康委员会创制的规范性法律文件,还应包括国务院承担医药卫生管理职能的其他部门,如国家药品监督管理局、国家中医药管理局、国家进出口商品检验检疫局等创制的规范性法律文件。

(五) 地方性卫生法规

根据我国《宪法》和《立法法》的规定,地方性卫生法规有以下几种情况:① 各省、自治区、直辖市的人民代表大会及其常务委员会,根据本行政区域的具体情况和实际需要,在其职权范围内,可以创制的地方性卫生法规;② 各省、自治区的人民政府所在地的市的人民代表大会及其常务委员会,根据本市的具体情况和实际需要,在其职权范围内,可以创制的地方性卫生法规;③ 经国务院批准的较大的市的人民代表大会及其常务委员会,根据本市的具体情况和实际需要,在其职权范围内,也可以创制的地方性卫生法规。地方性卫生法规是数量比较大的卫生法的渊源。

(六) 卫生自治条例与单行条例

卫生自治条例与单行条例,是由民族自治地方的人民代表大会根据《宪法》和《民族区域自治法》的规定,依照当地民族的政治、经济和文化的特点,在其职权范围内创制的卫生规范性法律文件。卫生自治条例与单行条例,也是卫生法的重要渊源。

(七)地方政府卫生规章

地方政府卫生规章,是由各省、自治区、直辖市以及省、自治区的人民政府所在地的市和经国务院批准的较大的市的人民政府,根据卫生法律、卫生行政法规和地方性卫生法规的规定,依法在其职权范围内创制的卫生规范性法律文件。

(八)特别行政区有关卫生事务的规范性法律文件

特别行政区是根据我国宪法规定设立的,这是我国"一国两制"政治构想在法律上的体现。目前,在我国设立的香港和澳门特别行政区,实行与我国内地不同的特殊的法律制度,其中也包括有关的卫生法律制度。但不管实行什么性质的法律制度,特别行政区有关卫生事务的规范性法律文件,仍然是我国卫生法不可缺少的渊源之一。

(九)国际卫生条约

国际卫生条约是指我国同外国缔结的双边或者多边卫生条约、协定和其他具有条约、协定性质的国际卫生规范性法律文件,以及我国加入的有关国际组织创制的卫生公约。对于我国已经加入或者签署的国际卫生条约,除我国声明保留的条款以外,都对我国有约束力,我国都会自觉遵守条约的规定义务。因此,国际卫生条约也是我国卫生法的渊源之一。

三、卫生法的效力等级

卫生法的效力等级是指在卫生法体系的各个层次的法律渊源中,由于其创制主体、程序、时间、适用范围等因素的不同,各种卫生法律规范的效力也不同,由此形成的一个卫生法的效力等级体系。根据《宪法》和《立法法》的规定,卫生法的效力等级划分有其应当遵循的一般规则和特殊规则。

(一)卫生法效力等级的一般规则

根据《宪法》和《立法法》的规定,宪法具有最高的法律效力,一切卫生法律、卫生行政法规、地方性卫生法规、卫生自治条例与单行条例、卫生部门规章和地方政府卫生规章都不得同宪法相抵触。所以,宪法位于卫生法效力等级的最高层,以下依次是卫生法律、卫生行政法规、地方性卫生法规、政府卫生规章等,它们具有不同的效力等级,共同构成了我国卫生法的效力等级体系。除了宪法的最高效力外,卫生法律的效力高于卫生行政法规、地方性卫生法规和政府卫生规章;卫生行政法规的效力高于地方性卫生法规、政府卫生规章;地方性卫生法规的效力高于本级和下级地方政府卫生规章;省、自治区人民政府创制的卫生规章的效力高于本行政区域内的较大的市的人民政府创制的卫生规章。卫生自治条例与单行条例只在本民族自治地方范围内适用。卫生部门规章与地方政府卫生规章之间具有同等效力,在各自的权限范围内适用。卫生部门规章与地方政府卫生规章之间对同一事项的规定不一致时,由国务院裁决。地方性卫生法规与卫生部门规章之间对同一事项的规定不一致,不能确定如何适用时,由国务院提出意见,国务院认为应当适用地方性卫生法规的,应当决定在该地方适用地方性卫生法规的规定;认为应当适用卫生部门规章的,应当提请全国人民代表大会常务委员会裁决。

(二)卫生法效力等级的特殊规则

(1) 特别法优于一般法。根据《立法法》规定,在同一机关制定的卫生法律、卫生行政法规、地方性卫生法规、卫生自治条例与单行条例、卫生部门规章和地方政府卫生规章中,特别规定与一般规定不一致的,适用特别规定。

(2) 新法优于旧法。根据《立法法》规定,在同一机关制定的卫生法律、卫生行政法规、地方性卫生法规、卫生自治条例与单行条例、卫生部门规章和地方政府卫生规章中,新的规定与旧的规定不一致的,适用新的规定。

(3) 法律文本优于法律解释。一般来说,卫生法律解释与卫生法律文本具有同等法律效力。但当卫生法律解释与卫生法律文本规定不一致时,应当适用法律文本的规定。

第三节 卫生法的特征和基本原则

一、卫生法的特征

卫生法作为中国特色社会主义法律体系中一个新兴的法律部门,它必然具有一般法律规范所具有的基本特征,如法律规范是调整社会关系的规范,由国家专门机关创制,以权利义务为其主要内容,并以国家强制力保证实施等。但卫生法同时又具有自身独有的特征,这也是卫生法区别于其他法律部门,并从传统法律部门中脱颖而出的基础。

(一)与自然科学紧密相连

卫生法的许多内容是依据现代医学、药学、生物学、公共卫生学等学科的基本原理及研究成果为基础创制的,更有许多具体内容是这些学科研究成果的具体体现。可以说现代医学科学的发展推动着卫生法的发展,使卫生法不断完善和进步,符合现代社会的需要,更有利于现代社会人体生命健康权益的保护。

(二)吸收大量的道德伦理规范和技术规范

卫生法的主要内容是关于人体生命健康权益保护,对与人体生命健康相关活动、行为的规范和对相关产品的规制。在保护人体生命健康的医药卫生保健活动中,不可避免地会触及公民的传统法律权益,如隐私权、名誉权、身体权等。卫生专业技术人员在执业中,对于公民的这些权益的尊重和保护,是他们职业道德规范的主要内容。这些职业道德规范的内容已经越来越多地为许多卫生法律规范所吸收,如《医师法》《护士条例》等。而技术规范则是人们长期在同自然作斗争、保护人体生命健康活动中所总结出的经验和必须遵守的规则。如人们在长期的医药卫生实践中已经形成的一整套较为科学和完整的防病治病的方法、技术操作规程和技术标准,在日常的医药卫生保健活动中,被人们广泛和自觉地遵守,这些内容已经大量地被吸收进卫生法,成为卫生法的重要内容。从另一方面讲,现代医学科学技术的应用,为保护人体的生命健康带来福音,但同时也带来许多负面影响,如基因克隆技术、人工生殖技术、器官移植、安乐死等均带来了无序及引发犯罪等负面影响。因此,卫生法吸收道德规范和技术规范的另一个目的,就是对这些技术应用予以必要的限制和规范,以免过度的技术应用对人体生命健康造成损害。卫生法这一基本特征是其他任何法律规范所不可比拟的。

(三) 内容具有广泛性

生命和健康是现代社会人们参与社会活动、利用和改造自然界、愉快生存和生活的必要条件。而人们日常生活、工作、学习、娱乐以及衣食住行等各个方面的环境和条件,无不对人的生命健康造成影响。例如,人们居住地的内外环境卫生状况、人们的饮食质量和饮食习惯、人们娱乐的公共场所的内外环境卫生状况、人们的就医环境和条件以及国家整体的防病治病和医药发展水平等,都对人们的生命健康构成影响。因此,只要是对人体生命健康产生影响的,无论是产品和环境,还是活动和行为,都应受到法律的调整和规范,起到保护人们的生命健康的作用,而卫生法所担负的就是这一艰巨的任务。因此,卫生法在内容上具有非常大的广泛性。

(四) 反映全社会的共同需要

疾病的发生和流行没有国界、地域和种族人群的限制,也不会因为国家间的富与穷、强与弱以及社会制度的不同而使疾病防治的根本目的有所不同。所不同的只可能是在措施、手段和方法上的区别,而这正有利于各国加强相互间学习和取长补短,促进相互间的了解与合作,促进世界和平与发展,最终促进全人类的共同健康生存。新型冠状病毒感染大流行可能是人类历史上第一次可以控制的大流行病,但政府、企业、社区、家庭和个人做出的决定能够影响这一流行病的发展轨迹,中国在疫情防控方面的所作所为令全世界刮目相看。所以,如何保障国民得到最高水平的医药健康保健服务,如何最大限度地维护国民的生命健康权益,一直是世界各国共同关注的主题,也是各国卫生法的首要宗旨和根本目的。因此,与其他法律规范有所不同,卫生法表现出很强的社会共同性和科学性,反映全社会的共同需要,这是卫生法的一个重要特征。

二、卫生法的基本原则

卫生法的原则是作为卫生法律规范基础的基准规则,是卫生法的指导思想。作为中国特色社会主义法律体系的一个重要组成部分,卫生法与其他法律部门一样,都有其最高原则、基本原则和一般原则。卫生法的最高原则就是中国特色社会主义法律的最高原则即社会主义原则和人民民主原则。卫生法的基本原则是指对卫生法部门的所有法律规范都有普遍指导意义的原则。卫生法的一般原则是指对卫生法部门中的某一方面的法律规范有一般指导意义的原则。比如,《传染病防治法》《食品安全法》《药品管理法》《医师法》等法律规范中规定的分别适用于传染病防治监督管理领域、食品卫生监督管理领域、药品监督管理领域、医师执业监督管理领域的具体原则。卫生法的最高原则对卫生法的基本原则具有指导意义,卫生法的基本原则对卫生法的一般原则具有指导意义。下位原则不能与上位原则相抵触。卫生法的最高原则、基本原则和一般原则共同构成了我国卫生法的原则体系。

本小节仅就卫生法的基本原则作详细阐述。具体而言,卫生法的基本原则,就是指贯穿于各种卫生法律规范中的,对调整保护人体生命健康而发生的各种社会关系具有普遍指导意义的准则。这些准则是国家长期卫生工作的根本方针和政策在法律上的具体体现。我国卫生法有以下几个基本原则。

(一)保护公民生命健康权益原则

这是我国卫生法的首要宗旨和根本目的,也是卫生法首要的基本原则。一切与人体生命健康相关的活动都应遵循这一基本原则。这一原则的基本要求是:在卫生法的创制和实施中,无论是立法者还是行政执法者、企业、事业单位以及自然人,都必须时刻将保护人的生命健康权益放在首位;一切与人体生命健康相关的医药卫生活动都应围绕这一原则进行;任何侵犯人的生命健康权益并给人造成损害的行为都应依法承担相应的法律责任。在卫生立法活动中,立法机关应当高度重视对人生命健康权益的保护,将其完整地体现在卫生法律规范中,并将其作为卫生立法的首要宗旨和根本目的。在卫生行政执法活动中,各级政府医药卫生行政部门的各项管理工作都要围绕维护人的生命健康这一中心进行,合理配置医药卫生资源,依法行政,严厉制裁危害人体生命健康的不法活动和行为,保护国家的公共卫生管理秩序。各级医药卫生机构、企业事业单位和有关从业人员,在其业务活动中,必须严格遵守卫生法的规定,确保提供的医药产品、医药保健技术服务的质量,并且不断研究如何改进产品质量,提高管理和服务水平。禁止生产、销售损害人体生命健康的假冒伪劣产品和提供低质、不合格的服务。对人的生命健康造成损害的,必须依法承担相应的法律责任。

(二)国家卫生监督原则

卫生法的内容涉及人的生命健康权益保护,国家必须对与人体生命健康相关的活动、行为和产品进行规范和管理,以使人的生命健康不受侵犯。这一原则的基本要求是:国家对与人体生命健康相关或者对人体生命健康有影响的活动、行为和产品以及环境、建筑、场所、机构、人员等进行规范、监督和管理,并加大对违法行为的惩罚力度。具体来说,主要有以下几个方面:

(1) 对与健康相关的产品,如食品、药品、保健用品、化妆品、血液制品、生活饮用水、医疗器械、医用材料、生物制品等的生产、销售、使用等实行严格的市场准入制度和市场监督制度。在与人体生命健康相关的产品的卫生法律规范中,关于食品和药品的法律规范是最多的,也是最重要的,因此,也是卫生行政执法的最重要内容。这充分体现了国家和政府对人的生命健康权益的保护。

(2) 对医药卫生机构的规划设置、执业以及医药卫生技术人员的执业行为,在立法上给予严格的规定,并将众多的职业道德规范和技术规程纳入卫生法律规范中,体现了国家和政府对公民生命健康权益的尊重和保护。例如《医师法》中主要规定了医师资格取得、执业注册制度、执业规则和法律责任。为了保护人体生命健康安全,人们生活、工作、学习和进行文化娱乐等活动的公共场所的建筑、室内外环境等必须符合卫生标准。为此,卫生法规定了比较严格的国家卫生标准和管理规范。相关公共场所的经营者或者管理者必须遵守卫生法的规定,否则要依法承担相应的法律责任。

(3) 加强环境与人体生命健康关系的研究,制定切实可行的环境卫生标准并建立环境监测制度,为国家环境保护立法提供科学依据。现代社会工业经济的发展,对自然环境的负面影响越来越大。环境污染现象普遍存在,环境公害事件也频繁发生,由此对人体生命健康形成的危害和造成的损害也越来越大。因此,加强环境保护已经成为我国的一项基本国策,而卫生法中的卫生标准和环境对人体健康影响的研究成果等,则是生态立法不可缺少的基础。

(4)为了有效应对现代社会频繁发生的突发公共卫生事件对人的生命健康权益的侵害,强化政府及有关部门依法采取应急管理措施,适时加强对突发公共卫生事件应急管理的立法是十分必要的。为此,卫生法规定了比较严格的突发事件监测与报告制度、信息发布和信息举报制度、各级政府和机构及其人员以及有关单位和公民个人的法定义务与职责、承担的法律责任等内容。

(三)预防为主原则

这是对我国医药卫生工作长期的基本方针和政策的概括。医药卫生活动涉及每个人的生命健康,因此,一切医药卫生活动和行为都应着眼于疾病的预防,这是卫生法特有的一项原则。在卫生立法上,要贯彻预防为主的原则,加强对与人体生命健康相关的产品、行为和执业人员的监督管理,为其设置较为严格的市场准入制度和市场监督管理制度以及明确法律责任,从而把住入口,控制过程,最大限度地保障人的生命健康。对有可能对人体生命健康产生影响的行为和活动,或者可能引起疾病广泛传播的重要传染病疫情以及影响较大的食物中毒和职业中毒事件,卫生法规定了相应的监测、预警、报告、强制性检疫、强制隔离与治疗以及封锁疫区等多项制度和措施,并重点强化了有关人员的职责和法律责任。

(四)依靠科技进步的原则

依靠科技进步的原则是指在防病治病活动中,要高度重视当今科学技术的作用,大力开展医学科学研究及成果推广,借以不断提高医疗预防技术和医疗器械设备的现代化。卫生健康部门是一个推进生命科学发展、管理、维护生命健康权益的职能部门。生命科学是当今科技发展最活跃、最重要的领域之一,它不断给医学发展以巨大的动力,使人类对自身生命现象和疾病本质的认识进入新的阶段。事实证明,人类社会文明的发展,卫生事业的进步,健康目标的实现,归根结底都是依赖于科学技术的发展。医学科技的先导和依托功能,将越来越显示其强大的威力。因此,以维护人体生命健康为宗旨的卫生法,必然把依靠科技进步作为自己工作的准则,来推动医学科技发展、维护医学科研工作秩序、保障医学研究人员合法权益,营造良好的法律氛围。

(五)中西医协调发展的原则

中西医协调发展的原则是宪法规定的原则,也是新中国成立以来一贯坚持的原则,是指在对疾病的诊疗护理中,要正确处理中国传统医学和西方医学的关系,促成两者协调发展。中国传统医学(包括各民族医药学)有着数千年历史,是中国各族人民长期同疾病作斗争的极为丰富的经验总结。西方医学是随着现代科学技术发展起来的,是现代科学的重要组成部分。正确处理中国传统医学和西方医学的关系,需要我们认真学习和借鉴西方医学的新理论、新技术、新方法和新成就,努力发展和提高现代医学科技水平;同时必须继承和努力发展我国医药学遗产,运用现代科学的知识和方法加以研究、整理和发掘,把它提高到现代科学水平。中西两个不同理论体系的医药学相互取长补短,协调发展,必将推进医学科学现代化,更加有利于造福人类。卫生法把中西医协调发展纳入自己的基本原则,立法上予以具体规范,适用上予以保障,有利于实现维护公民健康权利的根本宗旨。

(六) 全社会参与原则

人的生命健康,来自于对疾病的有效治疗,也来自于对疾病的预防与控制,而良好的生活习惯和卫生习惯,强健的体魄,对疾病相关知识的了解与早期发现和预防等,都需要每个人的参与和重视。因此,卫生法的许多内容的实施,有赖于全社会的广泛参与,有赖于每个人的自觉遵守。卫生法的许多一般原则是倡议性的,就是对卫生法这一原则的具体体现。

(1) 每个人都应主动参加爱国卫生运动,接受健康教育,培养良好的生活习惯和卫生习惯,并尽可能多地了解有关卫生保健常识。

(2) 政府和卫生行政机关应高度重视群众的爱国卫生运动,加强有关卫生法的宣传和咨询工作,指导公民树立良好的生活和卫生习惯,帮助公民了解有关的卫生和疾病知识,鼓励群众加强身心锻炼,从而使群众能够健康愉快地生活。

(3) 每个人都应主动参与政府应对突发公共卫生事件的应急管理活动,配合并服从政府和有关部门采取的应急管理措施。这是卫生法对每个人提出的法律上的要求,每个人都应自觉遵守相关法律、法规的规定。

第四节 卫生法的创制和实施

一、卫生法的创制的概念、特点和阶段

(一) 卫生法的创制的概念和特点

卫生法的创制是指有权的国家机关在其法定职权范围内,依照法定程序,制定、修改和废止规范性法律文件以及认可法律、法规的活动。编者认为用"创制"来包括法的制定、修改和废止的完整过程,尽管从语义学上似乎还有说不通的地方,但是比单说法的制定而忽略法的修改和废止要全面得多。卫生法的创制具有以下特点:

(1) 它是有权的国家机关的专门活动,是国家机关实施其职能的活动。国家是凌驾于社会之上的公共权力机关,统治阶级的意志要上升为法律,必须通过国家意志的形式表现出来,并依靠国家强制力维持才能得以实施。根据《立法法》的规定,仅有宪法和有关基本法律专门规定的国家机关才有权创制法律。

(2) 它是有权的国家机关依照法定程序进行的活动。法律规范创制过程必须严格遵照法定的程序,否则就不具有法律效力。只有这样,才能有效地防止立法者的主观任性或专断,才能使好的法律制度能够诞生并切实得以贯彻实施。

(二) 卫生法的创制的阶段

卫生法的创制通常包括法律议案的提出、法律议案的审议、法律草案的审议、法律草案的通过和法律的公布五个步骤。我们通常所说的立法程序就是指这五个步骤。不同效力等

级的规范性法律文件的立法主体不同,议案的提出、草案的审议、草案的通过和法律的公布的主体都可能不同,但必须经过的这些步骤是必不可少的。

二、法律规范的概念、结构和分类

(一)法律规范的概念和特点

法律规范是法的最基本的结构单位,是指反映统治阶级意志的,由国家创制的并以国家强制力保障实施的具体行为规则。法律规范实际上是对人们行为自由及其限度的规定,是对人们行为自由的认可及其行为责任的设定。与其他社会规范相比,它具有以下特征:① 它是以国家名义发布的一种命令或指示,具有国家意志和国家权力属性;② 它以规定权利义务为内容,是国家机关适用法律的依据;③ 它具有普遍约束力,并且对任何在其效力范围内的主体行为用同一标准进行指导和评价。

(二)法律规范的逻辑结构

法律规范是一种特殊的、逻辑严谨的规范。一般而言,一个完整的法律规范在逻辑上由"假定""行为模式"和"制裁"三要素构成。"假定"指适用该规范的条件和情况;"行为模式"指具体要求人们如何行为,包括可以如何行为、应该如何行为、禁止如何行为等;"制裁"指具体违反该规范时,将承担什么样的法律后果。以上三要素可通过一个条文,也可通过几个法律条文表述。二要素说认为法的逻辑结构由行为模式和法律后果组成,本教材采用传统的三要素说。

(三)法律规范的分类

法律规范可按照不同的标准作不同的分类。按照法律调整方式的不同,法律规范可分为:

(1) 授权性规范。是指规定人们有权为一定行为或不为一定行为的规范。这些规范是确定主体权利的,如宪法中关于公民基本权利的规定,民法中关于所有权行使方面的规定等。

(2) 义务性规范。是直接规定人们的某种义务或责任的规范,又可分为命令性规范和禁止性规范两种。前者指规定人们必须或者应该做什么的一种积极义务性规范;后者指规定人们不得做什么或禁止做什么的一种消极义务性规范。

另外,按照规范对人们行为规定或限定的范围和程度不同,法律规范可分为强制性规范和任意性规范;按规范内容的确定性程度不同,可分为确定性规范和非确定性规范;按规范的功能不同,可分为调整性规范和构成性规范等。

三、卫生法的实施

卫生法的实施就是通过一定的方式使卫生法律规范在社会生活中得到贯彻和实现,是法作用于社会关系的形式。它不仅包括国家机关及其工作人员执行法律规范的活动也叫法的适用,也包括社会团体和公民遵守法律规范的活动。因此,书面上的权利义务的规定才能转化为现实社会中的权利义务关系,对生活中的法律关系主体的行为产生指引作用。

卫生法的实施,一般分为三个方面:

(1) 法的执行,即执法,指国家机关及其工作人员依照法定职权和程序,贯彻执行法律的活动。

(2) 法的适用,又叫司法,指国家司法机关依照法定职权和法定程序,具体应用法律处理案件的专门活动。

(3) 法的遵守,又叫守法,指一切国家机关和武装力量、各政党和各社会团体、各企事业组织、全体公民都必须严格遵守法律。习惯上,人们把执法和司法统称为法的适用。所以,也有把法的实施分为法的遵守和法的适用两个方面。

第五节　卫生法律体系和卫生法律关系

一、法律体系与法律部门的概念

法律体系,是指由一国某一历史阶段全部法律规范按照不同的法律部门有机结合而形成的统一整体。法律体系的基本组成要素是法律部门,各种不同的法律部门有机结合在一起,就形成了一个国家的法律体系。例如我国目前已经形成了以宪法为核心、由多个法律部门组合而形成的中国特色社会主义法律体系。法律部门,又称部门法,是指根据一定的标准和原则,按照法律规范调整的不同领域的社会关系和采用的不同调整方法所划分的同类法律规范的总和。在某一法律部门中,又可以根据不同的法律制度和法律规范划分为若干个子部门,这些子部门又共同组合而形成某一部门法的法律体系。

二、卫生法是一个新兴的法律部门

现代法理学认为,法律部门的划分标准有两个:一是法律规范所调整的社会关系;二是法律规范的调整方法。[①] 此外,还应考虑遵循目的性原则、从实际出发的原则、数量适当平衡原则、相对稳定原则、重点论原则、辩证发展原则。卫生法律部门调整旨在涉及保护人体生命健康权益活动中所发生的各种社会关系的法律规范的总和。20世纪80年代以来,随着我国改革开放和法制建设的不断发展与完善,中国特色社会主义法律体系已经形成。这期间,我国已经颁布了12部卫生专门法律,几十条卫生行政法规和千余项卫生部门规章,还有难以数计的地方性卫生法规和地方政府卫生规章,而且作为世界卫生组织的成员国,我国已经加入了《国际卫生条例》等多个国际卫生方面的条约。与此同时,对卫生法律体系和卫生法的概念、调整对象、特征、基本原则等方面的理论研究,也随之广泛开展起来,并形成了一支卫生法学研究队伍。前些年,当有学者提出将卫生法作为一个独立的法律部门时,学术界

---

① 表述为"以调整的社会关系(即调整对象)为主,结合法律调整的方式来划分"。沈宗灵认为:以调整的社会关系种类为首要的、第一位的标准,以法律调整的机制为部门法划分的第二标准。

尚有许多不同意见,但随着我国法律部门划分理论的成熟,卫生法律体系的不断发展,卫生法正式成为中国特色社会主义法律体系中一个新兴的独立的法律部门。

卫生法之所以作为我国社会主义法律体系中的一个独立的法律部门,理由如下:

(1) 卫生法有其专门的调整对象,即在保护人体生命健康的各种活动中形成的社会关系。卫生法的调整对象即社会关系具有广泛性、复杂性和多样性,这是卫生法成为一个独立的法律部门的主要因素。

(2) 对人体生命健康权益的保护,目前已经成为国际人权保护的一个重要方面,许多国家都颁布了公民健康保健法或者病人权利法案。在我国,对公民生命健康权益的保护,也越来越为国家和社会以及公民个人所高度重视。我国宪法第33条明确规定"国家尊重和保护人权"。

(3) 近年来,我国医药卫生方面的立法数量大幅度增加,而且还存在许多急需立法的空白。仅属于卫生领域的法律就有12部,还不包括环境保护、劳动保护等方面的可以归入卫生法律部门的法律规范,加上大量的卫生行政法规、地方性卫生法规和卫生规章,可以说卫生立法的数量是相当大的,这是卫生法的一大特点。因此,将立法数量如此之大的卫生法律规范游离于部门法律体系之外,而分解归入其他法律部门乃至归入行政法律部门已经不大合适。所以,卫生法的立法数量大、内涵宽、包容面广,使其不能不成为一个独立的法律部门,这已是必然。对此学界已经有了基本共识。

(4) 虽然现代法理学认为,法律部门的划分标准主要是法律的调整对象和调整方法,例如,将以刑罚制裁为其调整方法的法律规范划分为刑法法律部门,将以民事责任为其调整方法的法律规范划分为民法法律部门,但这种划分标准也不是绝对的,而是具有相对性的。例如,自然资源与生态保护法法律部门,其所立法律、法规多数是行政管理性的,却已经被公认为一个独立的法律部门;而经济法法律部门更多的是体现国家行政对经济的宏观调控作用,同时又与民商法法律部门有着很深的渊源,也依然是一个独立的法律部门。因此,虽然卫生法律规范中有大量法律、法规体现出行政管理的性质,还有一部分与民法和刑法存在交叉,但这并不能妨碍卫生法成为一个独立的法律部门,却恰恰体现了法律部门之间的交叉性和法律规范的双重性,即不同法律规范可以体现在同一个法律部门中,同一法律规范也可以体现在不同的法律部门中。

三、卫生法律体系的组成要素

由于卫生法所调整的社会关系的广泛性、复杂性和多样性,我国卫生法律体系目前尚未有一部轴心法律——卫生基本法,而是由许多单行的卫生专门法律、卫生行政法规、地方性卫生法规以及卫生规章等组成。从对公民生命健康权保护的法律领域出发,我国已经颁布的《残疾人权益保障法》《未成年人保护法》《妇女权益保障法》《老年人权益保护法》《环境保护法》《大气污染防治法》《水污染防治法》《环境噪声污染防治法》《固体废物污染环境防治法》《海洋环境保护法》《放射性污染防治法》等,也都应归入以保护公民生命健康权为首要宗旨和根本目的的卫生法律部门。我国已经颁布的单行的卫生专门法律包括:《传染病防治法》、《职业病防治法》、《药品管理法》、《医师法》、《献血法》、《食品安全法》、《中华人民共和国母婴保健法》(以下简称《母婴保健法》)、《中华人民共和国国境卫生检疫法》(以下简称《国境卫生检疫法》)《人口与计划生育法》、《中华人民共和国红十字会法》(以下简称《红十字会法》》《疫苗法》、《中华人民共和国精神卫生法》（以下简称《精神卫生法》）、《中医药法》等。

我国已经颁布的卫生行政法规主要包括：《乡村医生从业管理条例》《医疗废物管理条例》《突发公共卫生事件应急条例》《中医药条例》《药品管理法实施条例》《医疗事故处理条例》《母婴保健法实施办法》《血液制品管理条例》《红十字标志使用办法》《食盐加碘消除碘缺乏危害管理条例》《医疗机构管理条例》《传染病防治法实施办法》《学校卫生工作条例》《放射性同位素与射线装置放射防护条例》《化妆品卫生监督条例》《国境卫生检疫法实施细则》《女职工劳动保护规定》《艾滋病监测管理的若干规定》《尘肺病防治条例》《公共场所卫生管理条例》《医疗器械监督管理条例》《计划生育技术管理条例》《人体器官移植条例》等。

地方性卫生法规和卫生部门规章等主要涉及以下内容：

（1）人口与优生优育方面，包括国家对人口与计划生育实行的主要政策和制度，对计划生育技术的监督管理等。

（2）疾病防治方面，包括国家对传染病、职业病和地方病以及其他多种疾病的防治实行的基本原则和制度以及有关检测标准和采取的主要措施等。如《国家职业卫生标准管理办法》《传染性非典型肺炎防治管理办法》《结核病防治管理办法》的规定。

（3）妇幼卫生保健方面，包括妇幼卫生、母婴保健、妇女儿童权益保障等。如《产前诊断技术管理办法》《人类辅助生殖技术管理办法》等规定。

（4）医政监督管理方面，包括国家对医师执业、护士执业、医疗机构执业和有关医疗活动等的监督管理和对有关医事纠纷的处理原则；国家实行的献血制度和对采、供血及临床用血等行为的规范管理等；医学新技术在临床应用的监督管理。如《处方管理办法》《护士条例》《医疗机构病历管理规定》《药品临床试验管理规范》《医疗美容服务管理办法》等规定。

（5）与人体生命健康相关产品的监督管理方面，包括国家对药品、食品、生物制品、血液制品、保健用品、化妆品、生活饮用水等产品及其包装等实行的卫生标准和对生产和经营活动的监督管理；国家对专用于医疗的产品，如医疗器械、一次性卫生用品、消毒用品、医用生物材料等，实行的卫生标准和对生产和经营活动的监督管理；对医疗等活动所产生的废物进行处理行为的监督管理；对与人体生命健康相关产品的广告宣传的规范管理等。如《药品注册管理办法》《药品生产监督管理办法》《消毒管理办法》《保健食品管理办法》等的规定。

（6）公共卫生监督管理方面，包括国家对公共场所、学校、劳动环境等公共活动设施的选址及室内环境实行的卫生标准和监督管理以及国家实行的相关的环境监测和保护制度等。如《职业健康监护管理办法》《建设项目环境保护管理条例》《环境标准管理办法》等的规定。

（7）卫生资源配置与管理方面，包括国家实行的区域卫生规划、医用设备配置、对中医药等民族传统医药的特殊保护政策、对医药产业和信息技术发展的鼓励和促进。如《卫生知识产权保护管理规定》《新药保护和技术转让的规定》《大型医用设备配置与应用管理暂行办法》等的规定。

（8）突发公共卫生事件应急管理方面，包括在应对突发重大传染病疫情、群体性不明原因疾病、重大食物和职业中毒事件以及造成或者可能造成严重损害或者严重影响公众健康的事件时，国家建立的应急报告、监测预警、信息发布等制度；政府和有关部门依法享有的采取应急管理措施的权限、职责和法律责任；有关机构、单位和公民个人依法应当履行的法定义务和法律责任等。如《突发公共卫生事件与传染病疫情监测信息报告管理规定》《核事故医学应急管理规定》等的规定。

四、卫生法律关系的概念和分类

卫生法律关系是指卫生法在调整人们卫生行为的过程中形成的权利和义务关系。这种权利和义务关系,是以卫生法律规范的存在为前提,并以法律上的权利义务为纽带而形成的社会关系。卫生法律规范是法律规范的一种,因此具有一般法律规范的所有特征。根据卫生法律关系各主体间的法律地位是否平等,卫生法律关系分为平向卫生法律关系和纵向卫生法律关系。

平向卫生法律关系,也称平权型卫生法律关系,是存在于法律地位平等的当事人之间的卫生法律关系。与人体生命健康相关产品的制造者或者经营者同相关产品的消费者之间形成的法律关系、从事医药保健服务活动的服务者与被服务者之间的法律关系是平向卫生法律关系。在平向卫生法律关系中,各当事人之间的法律地位应当是平等的,他们相互之间的权利和义务也总是对等的。然而,医务人员与患者之间就权利和人格而言,应当是平等主体之间的平向卫生法律关系,但从对疾病的诊治这个法律关系来说,他们之间无法形成权利义务对等、等价有偿、平等自愿的卫生法律关系,诊治患者的疾病是医务人员的义务,而医务人员行使诊疗权,其实质依然是义务。因此,医患之间是一种特殊的、不平等的民事法律关系。

纵向卫生法律关系,也称隶属型卫生法律关系,是一方当事人依据职权而直接要求对方当事人作出或者不作出一定行为的法律关系。纵向卫生法律关系又分为两种:一种是存在于医药卫生行政机关或者医药企事业单位内部的具有职务关系的上下级之间的隶属关系;另一种则是依法享有国家卫生行政管理职权的机关与其职权管辖范围内的各种行政相对人之间形成的卫生行政法律关系。在纵向卫生法律关系中,占绝大多数的是卫生行政法律关系,即卫生行政部门及履行政府卫生行政监督管理职能的机构或者组织与行政相对人之间形成的法律关系。例如,药品监督管理部门与药品生产者或者经营者之间形成的管理与被管理的法律关系、食品卫生监督管理部门与食品生产者或者经营者之间形成的管理与被管理的法律关系、卫生行政部门与医疗机构及其执业人员之间形成的管理与被管理的法律关系等,这些都是典型的卫生行政法律关系。在纵向卫生法律关系中,各当事人之间的法律地位是不平等的,他们相互之间的权利和义务也是不对等的。

五、卫生法律关系的构成要素

卫生法律关系由主体、客体和内容三个要素构成。

(一) 主体

卫生法律关系的主体,是指卫生法律关系的参加者,即在卫生法律关系中享有权利或者承担义务的人。其中享有权利的人是权利主体,承担义务的人是义务主体。这里的人包括自然人和法人。具体而言,我国卫生法律关系的主体有:

(1) 国家机关。国家机关主体主要是作为纵向卫生法律关系的一方当事人,即行政管理人。根据卫生法涉及的主要内容,国家机关主体主要有各级卫生行政部门、各级药政监督管理部门、卫生检疫部门、劳动与社会保障管理部门等,其中各级卫生行政部门在卫生法的国家机关主体中占大多数。

(2) 社会法人组织。主要包括企业、事业法人和社会团体法人。法人主体既可以成为纵向卫生法律关系的一方当事人，即行政相对人，也可以成为平向卫生法律关系的主体。例如，各类食品生产企业和经营企业、各级各类医疗机构等，既是纵向卫生法律关系的主体，也是与食品消费者、患者之间的平向卫生法律关系的权利主体或者义务主体。

(3) 公民。公民是自然人主体，包括中国公民、外国公民和无国籍人。公民主体既可以是纵向卫生法律关系的主体，也可以是平向卫生法律关系的主体，如个体食品经营者和个体开业医生，一方面是行政相对人，另一方面是经营者和服务者。

(二) 客体

卫生法律关系的客体，是指卫生法律关系主体的权利和义务所共同指向的对象，它是联系卫生法律关系主体间权利和义务的纽带，是卫生法律关系不可缺少的构成要素。由于卫生法的内容极其广泛，因此卫生法律关系的客体也是多种多样的：① 以物的形式出现的客体有食品、药品、化妆品、保健用品、医疗器械、生物制品、生活饮用水、中药材等；② 以行为的形式出现的客体有医药保健服务、疾病防治、公共卫生监督管理、健康相关产品的生产和经营、突发事件应急管理等；③ 以智力成果的形式出现的客体有医药知识产权等；④ 以人身利益形式出现的客体有公民的生命健康权益，特殊人群生命健康权益，包括患者、母亲、婴儿等。以人身利益形式出现的客体，即公民的生命健康权益是卫生法律关系最重要、最基本的客体。

(三) 内容

卫生法律关系的内容，就是指由卫生法律所确定的权利和义务关系。按照主体的不同，涉及卫生的行为、阶段的不同，权利和义务的内容也会有所区别。

六、卫生法律关系的产生、变更和消灭

卫生法律关系的产生，是指卫生法律关系主体间的权利义务关系的确立和形成。卫生法律关系的变更，是指构成某一卫生法律关系的要素发生了变化，如主体、客体或者权利义务的内容发生了变化。卫生法律关系的消灭，是指卫生法律关系主体间的权利义务关系的终止。卫生法律关系的产生、变更和消灭，不是随意的，而是依据一定的卫生法律规范的规定，随着一定的卫生法律事实的出现而产生、变更和消灭的。因此，引起卫生法律关系产生、变更和消灭的条件有两个：一是卫生法律规范的规定；二是卫生法律事实的出现。

(一) 卫生法律规范和卫生法律事实的关系

在卫生法律关系的产生、变更和消灭中，有卫生法律规范的事先规定是前提条件，而有一定卫生法律事实的出现则是必要条件，二者缺一不可。卫生法律事实必须是卫生法律规范规定的法定情形，如食品的销售、患者到医院就医等。不是卫生法律规范规定的事实，即使出现，也不能对卫生法律关系的产生、变更和消灭产生影响。反之，仅有卫生法律规范的规定，没有一定卫生法律事实的出现，也不能产生、变更和消灭卫生法律关系。

(二) 卫生法律事实的种类

卫生法律事实,是指由卫生法律规范规定的、能够引起卫生法律关系产生、变更和消灭的客观事实。根据卫生法律事实是否与当事人的意志有关,卫生法律事实可以分为:卫生法律事件和卫生法律行为。卫生法律事件,是指与当事人的意志无关,不是由当事人的行为引起的,能够引起卫生法律关系产生、变更和消灭的客观事实。卫生法律事件分为两种:一种是自然事件,例如地震、水灾等天灾;另一种是社会事件,例如战争、突发公共卫生事件、人的出生、人的死亡以及国家有关医药卫生政策的调整等。随着前者的结束或者后者的完成,卫生法律关系也随之变更或者消灭。卫生法律行为,是指与当事人的意志有关,由当事人的行为引起的,能够引起卫生法律关系产生、变更和消灭的客观事实。例如患者到医院的挂号就诊行为,导致医生与患者之间的医疗合同法律关系的形成;再如因医疗事故的发生导致医患之间形成医疗损害赔偿法律关系。治疗任务完成,卫生法律关系自行消灭。医疗事故定论并妥善解决,卫生法律关系或者变更,或者消灭。

第六节 卫生违法和卫生法律责任

一、卫生违法的概念和构成

卫生违法是卫生法律关系主体实施的违反卫生法律规范的行为。构成卫生违法必须具备以下四个条件:

第一,卫生违法必须是客观上违反卫生法规定的一种行为。这种行为必须是客观存在的,对社会产生一定作用和影响的行为。单纯的思想和意识活动没有转化为客观行为,则不是违法。

第二,卫生违法必须是在不同程度上侵犯了卫生法所保护的社会关系和社会秩序的行为,具有一定的社会危害性。这种危害性既可能是已经发生的危害结果,也可以是一种潜在的威胁和危害;既可以是具体的、有形的,也可以是抽象的、无形的。

第三,卫生违法必须是行为者有主观过错的行为。这种过错可能是主观上的故意,也可能是主观上的过失。如果是因为不可抗力造成的,就不构成卫生违法。

第四,卫生违法的主体必须是具有法定责任能力的公民、法人和其他组织。如果是一个未达到法定责任年龄或不具备承担责任的行为能力的人实施的行为,就不能构成卫生违法。

二、卫生法律责任的概念和特点

卫生法律责任,是指违反卫生法的行为主体对自己违反卫生法律规范的行为,所应当承担的带有强制性的法律后果。卫生法律责任主要有以下四个特点:

第一,卫生法律责任是违反卫生法律规范的后果。只有在构成卫生违法的前提下,行为人才有可能承担相应的卫生法律责任。不构成卫生违法,也就无须承担卫生法律责任。

第二,卫生法律责任必须由法律、法规、规章明确具体地规定。卫生违法行为的种类很多,但不是所有的卫生违法行为都要承担卫生法律责任。只有卫生法律、法规、规章在设定权限范围内作了明确的规定,行为主体才承担某种相应的卫生法律责任。

第三,卫生法律责任具有国家强制性,以国家强制力作为后盾。违法者拒绝承担由其违法而必须承担的卫生法律责任时,国家将强制其承担相应的卫生法律责任。

第四,卫生法律责任必须由国家授权的专门机关在其法定职权范围内依法予以追究,其他任何组织和个人都不能行使这种职权。

三、卫生法律责任的种类

由于行为人违反卫生法律规范的性质和社会危害程度不同,其所承担的法律责任也不同。一般将卫生法律责任分为行政责任、民事责任和刑事责任三种。我国法律暂时还没有规定违宪责任。

(一) 行政责任

行政责任即行政法律责任。违反卫生法的行政责任,是卫生法律关系主体违反卫生法所确立的卫生行政管理秩序,尚未构成犯罪,所应承担的具有惩戒或制裁性的法律后果,主要包括行政处罚和行政处分两种形式。

(1) 卫生行政处罚。卫生行政处罚是卫生行政机关或法律、法规授权的组织,在职权范围内依据法律规定的条件和程序对违反卫生行政管理秩序的公民、法人和其他组织,实施一种惩戒或制裁。卫生行政处罚的特征主要有以下几点:① 卫生行政处罚,是卫生行政主体依法实施的一种外部行为;② 卫生行政处罚,是对已确定违反了卫生行政管理秩序的行政相对人所采取的一种行政制裁;③ 卫生行政处罚的种类和幅度,是由卫生法律规范预先明确规定的;④ 卫生行政处罚,具有鲜明的惩戒性,对过去是一种制裁,对将来是一种警示。根据《中华人民共和国行政处罚法》(以下简称《行政处罚法》)和我国现行的卫生法律、法规、规章的规定,卫生行政处罚的种类主要有:警告、罚款、拘留、没收违法所得、没收非法财物、责令停产停业、暂扣或吊销有关许可证等。在具体的卫生法律规范性文件中,对各类卫生行政处罚,依照具体管理内容,有不同的具体规定。

(2) 行政处分。行政处分是行政机关或企事业单位依据行政隶属关系,对违反卫生行政管理秩序、违反政纪或失职人员给予的行政制裁。根据《国家公务员法》《国务院关于国家行政机关工作人员的奖惩暂行规定》和有关法律、法规的规定,行政处分主要有:警告、记过、记大过、降级、降职、撤职、开除留用察看和开除八种。违反卫生行政管理秩序的行政处分,主要是对卫生行政机关或有关机关内的执法人员、公务人员及对医疗卫生机构内部的医疗卫生人员违反卫生行政管理秩序所给予的制裁。行政处分与行政处罚的主要区别是:① 处罚由执法机关决定,处分由有隶属关系的机关决定;② 处罚针对行政相对人,处分针对内部工作人员;③ 处罚针对行政相对人的违反行政法的行为,处分针对违法失职行为;④ 采取的制裁形式不同。

(二) 民事责任

我国卫生法涉及的民事责任,大体上分两类:一类是违反卫生法的民事责任;另一类是特殊职业行为引发的民事责任。

违反卫生法的民事责任,是指卫生法律关系主体因违反卫生法律规范而侵害了公民、法人或其他组织的合法权益所应承担的,以财产为主要内容的法律责任。其主要特点是:① 违反卫生法的民事责任,是以行为人实施了违反卫生法律规范的行为为前提的,侵害了他人的合法权益所产生的法律责任;② 违反卫生法的民事责任往往是与行政责任甚至刑事责任同时发生的;③ 违反卫生法的民事责任是以全额经济赔偿为主要责任形式的责任等。

特殊卫生职业行为引发的民事责任,是指卫生法律关系的主体,主要是医疗卫生机构及其工作人员,在行使其特定职责的职业活动中,由于某种过失或技术瑕疵使服务对象受到伤害而产生的民事法律后果。此类民事责任与一般民事责任相比,其主要特点有:① 行为本身不具有违法性,而且是在法定职业活动过程中产生的;② 双方均属特殊主体,且属特殊法律关系;③ 往往有技术局限性的某种制约和影响;④ 承担的责任范围受国家现行卫生政策制约,具有一定意义的国家性质;⑤ 主要以免责或适当的经济补偿形式承担责任,如医疗活动、预防性接种等职业服务过程中产生的民事责任等。

《中华人民共和国民法典》(以下简称《民法典》)第179条规定的承担民事责任的方式有:停止侵害,排除妨碍,消除危险,返还财产,恢复原状,修理、重作、更换,赔偿损失,支付违约金,消除影响、恢复名誉和赔礼道歉十一种。卫生法所涉及的民事责任是以赔偿为主要形式的民事责任。构成卫生侵权民事责任必须具备损害的事实存在,行为具有违法性,行为人的过错,损害事实与行为人的过错有直接的因果关系几个要素。

(三) 刑事责任

刑事责任是指行为人对其犯罪行为所应承担的法律后果。违反卫生法的刑事责任,是指违反卫生法的行为,侵害了刑法保护的社会关系构成犯罪时所应承担的法律后果。一般来讲,刑事责任有以下特征:① 刑事责任的法定性;② 刑事责任具有双向性,即制裁和承担;③ 刑事责任具有特定程度范围和衡量责任大小的尺度;④ 刑事责任是由犯罪行为引起的法律制裁;⑤ 刑事责任具有最严厉的法律强制性。

违反卫生法的刑事责任与违法卫生法的行政责任和民事责任的主要区别在于:① 引起刑事责任的原因是比一般卫生违法行为社会危害性更大的犯罪行为;② 行为人承担刑事责任必须通过特定的刑事诉讼程序;③ 刑事责任的后果是最严厉的刑事制裁。我国刑法规定,刑事责任的后果主要是刑罚,分为主刑和附加刑。主刑有:管制、拘役、有期徒刑、无期徒刑和死刑五种。死刑缓期执行不是独立的刑种,而是有条件地不执行死刑,是死刑的一种形式。附加刑有:罚金、剥夺政治权利和没收财产。附加刑也可以独立适用。对于犯罪的外国人,还可以独立或附加适用驱逐出境。

现行《中华人民共和国刑法》(含2020年12月26日前的十一个修正案)对违反卫生法和与违反卫生法有关的刑事责任,作了明确的规定,完善了卫生违法的刑事责任,共规定了20余项与违反卫生法有关的新罪名。主要包括以下内容:

(1) 与公共卫生有关的犯罪有:刑法第330条引起甲类传染病传播罪,第331条引起传染病菌种、毒种扩散罪,第332条违反国境卫生检疫罪,第360条传播性病罪,第409条传染病防治失职罪。

(2) 与健康相关产品有关的犯罪有:第141条生产、销售假药罪,第142条生产、销售劣药罪,第143条生产、销售不符合安生标准的食品罪,第144条生产、销售有害食品罪,第145

条生产、销售劣质医疗器械、医用卫生材料罪,第 148 条生产、销售劣质化妆品罪,第 355 条非法提供麻醉药品、精神药品罪。

(3) 与医疗机构、医务人员管理和公民生命健康权有关的犯罪有:第 333 条非法组织他人卖血罪、强迫他人卖血罪,第 334 条非法采血、制血、供血罪,第 335 条重大医疗责任事故罪,第 336 条非法行医罪、擅自为他人进行计划生育手术罪,第 302 条盗窃、侮辱尸体罪,以及《刑法修正案(八)》第 37 条的组织贩卖人体器官罪等。

2012 年 4 月 29 日,原卫生部、公安部联合发布《关于维护医疗机构秩序的通告》,禁止任何单位和个人以任何理由、手段扰乱医疗机构正常诊疗秩序,侵害患者合法权益,危害医务人员人身安全,损坏医疗机构财产。患者在医疗机构就诊,其合法权益受法律保护,患者家属应当遵守医疗机构有关规章制度。医疗机构应当按照《医疗投诉管理办法(试行)》的规定,采取设立统一投诉窗口、投诉电话等形式接受患者投诉,并在显著位置公布医疗纠纷的解决途径、程序以及医疗纠纷人民调解组织等相关机构的职务部门、地址和相关联系方式。患者及家属应该依法按程序解决医疗纠纷。患者在医疗机构死亡后,必须按规定将遗体立即移放太平间,并及时处理,未经医疗机构允许,严禁将遗体停放在太平间以外的医疗机构内其他场所。公安机关要会同有关部门做好维护医疗机构治安秩序工作,依法严厉打击侵害医务人员、患者人身安全和扰乱医疗秩序的违法犯罪活动。有下列违反治安管理行为之一的,由公安机关依据《中华人民共和国治安管理处罚法》予以处罚,构成犯罪的,依法追究刑事责任:① 在医疗机构焚烧纸钱,摆设灵堂,摆放花圈,随意停尸,聚众滋事的;② 在医疗机构内寻衅滋事的;③ 非法携带易燃、易爆危险物品和管制器具进入医疗机构的;④ 侮辱、威胁、恐吓、执意伤害医务人员或者非法限制医务人员人身自由的;⑤ 在医疗机构内故意唆使患者盗窃、抢夺公共财物的;⑥ 倒卖医疗机构挂号凭证的;⑦ 其他扰乱医疗机构正常秩序的行为。

思考题

1. 什么是卫生法?它有哪些基本特征?
2. 卫生法的调整对象是什么?
3. 简述我国卫生法的创制的基本程序。
4. 我国卫生法的创制应遵循哪些基本原则?
5. 什么是卫生法的适用?
6. 简述我国卫生法的实施中应该做好哪些工作。
7. 什么叫卫生行政监督执法?简述我国卫生行政监督的体系。
8. 简述对违反卫生法的行为的责任种类及其追究途径。

参 考 文 献

[1] 杨紫烜.经济法[M].2 版.北京:北京大学出版社,2006.
[2] 公丕祥.法理学[M].上海:复旦大学出版社,2002.

[3] 吴崇其.中国卫生法学[M].北京:中国协和医科大学出版社,2001.
[4] 胡玉鸿.法律原理与技术[M].北京:中国政法大学出版社,2002.
[5] 沈宗灵.法理学[M].北京:北京大学出版社,2001.
[6] 赵同刚.卫生法[M].2版.北京:人民卫生出版社,2004.
[7] 苏力.批评与自恋:读书与写作[M].北京:法律出版社,2004.
[8] 张文显.法理学[M].3版.北京:高等教育出版社,2007.
[9] 雷磊.法理学[M].北京:中国政法大学出版社,2020.
[10] 张静,赵敏.卫生法学[M].北京:清华大学出版社,2020.

第三章 基本医疗卫生与健康促进法律制度

内容提要 本章介绍我国基本医疗卫生与健康促进法律制度。基本医疗卫生与健康促进法律制度是把人民健康放在优先发展战略地位的一项基本制度,《基本医疗卫生与健康促进法》是我国卫生与健康领域的第一部基础性、综合性法律,基本涵盖了基本医疗卫生与健康促进的最主要、最核心的内容,包括基本医疗卫生服务、医疗卫生机构、医疗卫生人员、药品供应保障、健康促进、资金保障、监督管理、法律责任等内容,对于推动我国卫生与健康领域法治建设和推进健康中国建设具有重要意义。

重点提示 基本医疗卫生 健康促进 以人民为中心 健康权

第一节 基本医疗卫生与健康促进法律制度概述

新中国成立以来,我国的医疗卫生法制建设取得了显著成效,至2019年的《中华人民共和国基本医疗卫生与健康促进法》(以下简称《基本医疗卫生与健康促进法》)制定以前,我国医疗卫生与健康领域共制定出台了多部法律法规,这些单行性法律法规,对执业医师、药品管理、传染病防治、中医药发展等相关领域的工作进行了比较明确、具体的规定,为保障医疗卫生与健康事业的发展和人民生命健康发挥了积极的作用。但是随着社会经济的发展,人民对生命健康的需求日益增长,对待健康的观念已由治病转为防病;国家对卫生健康事业的发展日益重视,实施一系列重大举措,推动医药卫生体制改革不断深化。随着我国医疗卫生与健康领域改革发展不断深入,现有的医疗卫生立法及其逐步形成的法制体系存在明显的缺失,与发展变化的社会实际不相适应,迫切需要一部与社会经济发展及人民生命健康需求相匹配的法律,来解决当前重大传染病防控形势严峻、医患矛盾纠纷屡禁不止、药品质量监管有所缺位、问题疫苗案件暴露等医疗卫生健康领域的突出问题。

早在1996年,国务院法制局就将"初级卫生保健法"列入了立法规划,力图通过立法落实1978年《阿拉木图宣言》中提出的初级医疗保障。2003年,第十届全国人大常委会将"初级卫生保健法"列入立法规划第一类项目,并明确由国务院提请审议。考虑到"初级"一词无法体现该法作为卫生健康领域基本法的定位,2008年十一届全国人大常委会将该法更名为"基本医疗卫生保健法",并纳入立法规划。十二届全国人大常委会进一步将该法的名称调整为"基本医疗卫生法"。2014年12月30日,全国人大教科文卫委员会召开《基本医疗卫生法》起草工作机构第一次全体会议暨《基本医疗卫生法》起草工作启动仪式,标志着该法正式进入立法程序。[①]

[①] 张怡.《基本医疗卫生与健康促进法》全解析[J].中国医院院长,2020,16(23):84-88.

2016年8月,党中央、国务院召开了全国卫生与健康大会。为推进健康中国建设,提高人民健康水平,根据党的十八届五中全会战略部署制定,中共中央、国务院于2016年10月25日印发并实施了《"健康中国2030"规划纲要》。2017年10月,党的十九大提出"实施健康中国战略"。这些重大举措和部署,都将卫生与健康工作提到了一个新的高度,丰富了卫生与健康的内涵,强调加快推进健康中国建设,要把人民健康放在优先发展的战略地位,要树立大卫生、大健康理念,全面把握健康的丰富内涵,将健康融入所有政策,努力全方位全周期保障人民健康。党中央对卫生与健康工作的高度重视,不仅对卫生与健康工作本身提出了新的要求,同时也对立法工作提出了新的要求。落实中央的决策和国家的发展战略,需要法律支撑,立法思路需要与时俱进。在这样的背景下,中华人民共和国第十三届全国人民代表大会常务委员会第十五次会议于2019年12月28日通过《基本医疗卫生与健康促进法》,自2020年6月1日起施行。

《基本医疗卫生与健康促进法》的颁布实施,在坚持政府主导,保基本、强基层、建机制,保障政府投入,动员全社会参与,全方位全周期保障人民健康,大幅提高健康水平,显著改善健康公平等方面作出法律规定,充分发挥了法律在引领、推动医药卫生体制改革和保障健康中国建设方面的重要作用。《基本医疗卫生与健康促进法》是我国卫生与健康领域的第一部基础性、综合性法律,对发展医疗卫生与健康事业、保障公民享有基本医疗卫生服务、提高公民健康水平、推进健康中国建设具有重要意义。《基本医疗卫生与健康促进法》明确了我国医疗卫生与健康事业应当坚持以人民为中心,为人民健康服务,规定了医疗卫生事业应当坚持公益性原则,确立了健康优先发展的战略地位,强调健康理念融入各项政策,体现了卫生与健康工作理念从"以治病为中心"到"以人民健康为中心"的转变,是我国医药卫生事业的核心。此次颁布的《基本医疗卫生与健康促进法》主要具有以下四个特点:

第一,"强基层"。一是明确规定了国家在规划制定和医疗资源配置方面以基层为重点。如国家建立健全由基层医疗卫生机构、医院、专业公共卫生机构等组成的城乡全覆盖、功能互补、连续协同的医疗卫生服务体系。二是通过分级诊疗制度和家庭医生签约服务等措施来推动医疗卫生服务下沉,助力基层医疗卫生事业发展。三是明确责任分工,强化基层医疗卫生服务落到实处。四是全面加强基层医疗卫生人才队伍建设,力促医疗卫生人员下得去、留得住。五是大力加强基层和边远贫困地区医疗卫生事业的财政投入制度和保障制度,推动医疗卫生事业的均衡发展。

第二,"保基本"。一是首次以法律形式明确了国家建立基本医疗卫生制度,建立健全医疗卫生服务体系,保护和实现公民获得基本医疗卫生服务的权利,免费提供基本公共卫生服务。二是首次以法律形式明确基本公共卫生服务的范围和方式,由国家免费提供。三是建立健全突发事件卫生应急、传染病防控、妇幼老残健康服务、院前急救、精神卫生等体系、制度。

第三,"促健康"。一是各级人民政府应当承担健康教育工作及其专业人才培养的主体责任。二是将健康教育纳入国民教育体系,学校应当利用多种形式实施健康教育。三是尊重公民健康权益,明确公民健康责任,倡导健康生活方式,发展全民健身事业。四是鼓励和支持开展爱国卫生月等群众性卫生与健康活动,发展全民健身事业。五是建立机制,采取措施,预防和控制与环境问题有关的疾病。六是建立科学、严格的食品、饮用水安全监督管理制度,建立营养状况监测制度。七是完善公共场所卫生管理制度,强化控烟监督执法。八是严格执行劳动安全卫生,保护职工健康。

第四,"促改革",即医疗、医保、医药改革联动。一是进一步完善药品供应保障,实施基本药物制度。二是建立药品审评审批制度、全过程追溯制度、供求监测体系,加强药品、医疗器械管理,保证药品和医疗器械质量,掌控药品供求,进一步深化药品产供销全行业过程改革。三是建立两级医药储备,保障应急需要,加强中药的保护与发展,发挥中药特色,进一步促进中医药行业走上前台。四是建立多层次的综合医保体系,完善医疗救助。

第二节 基本医疗卫生服务

一、基本医疗卫生服务的含义

长期以来,国家高度重视基本医疗卫生服务,出台了大量的政策措施以推动基本医疗卫生服务体系建设,以保证基本医疗卫生服务的质量和效率。开展基本公共卫生服务项目是促进基本公共卫生服务均等化,增进人民健康,实现卫生公平的重大举措。2007年,党的十七大把"人人享有基本医疗卫生服务"作为全面建设小康社会和构建社会主义和谐社会的重要奋斗目标之一,进一步明确了公共医疗卫生事业的公益性质。2009年3月17日发布的《中共中央 国务院关于深化医药卫生体制改革的意见》(中发〔2009〕6号)确立了"建立健全覆盖城乡居民的基本医疗卫生制度,为群众提供安全、有效、方便、价廉的医疗卫生服务"的总体目标。2012年,党的十八大再次提出"人人享有基本医疗卫生服务"发展目标,2017年,党的十九大把"全面建立中国特色基本医疗卫生制度"确立为新的发展目标。然而,对于什么是"基本医疗卫生服务"并未形成一个明确的定义。

《基本医疗卫生与健康促进法》第十五条明确指出,基本医疗卫生服务是指维护人体健康所必需、与经济社会发展水平相适应、公民可公平获得的,采用适宜药物、适宜技术、适宜设备提供的疾病预防、诊断、治疗、护理和康复等服务。基本医疗卫生服务包括基本公共卫生服务和基本医疗服务。基本公共卫生服务由国家免费提供;基本医疗服务主要由政府举办的医疗卫生机构提供,国家鼓励社会力量举办的医疗卫生机构提供基本医疗服务。

二、基本公共卫生服务的组织实施

基本公共卫生服务是促进基本公共卫生服务逐步均等化的重要内容,是我国公共卫生制度建设的重要组成部分。国家基本公共卫生服务项目自2009年启动以来,在基层医疗卫生机构得到了普遍开展,取得了良好成效。

(一)基本公共卫生服务项目的确定

国家采取措施,保障公民享有安全有效的基本公共卫生服务,控制影响健康的危险因素,提高疾病的预防控制水平。国家基本公共卫生服务项目由国务院卫生健康主管部门会同国务院财政部门、中医药主管部门等共同确定。目前,国家基本公共卫生服务项目有14项内容,包括城乡居民健康档案管理、健康教育、预防接种、0～6岁儿童健康管理、孕产妇健康管理、老年人健康管理、慢性病患者健康管理(高血压、糖尿病)、严重精神障碍患者管理、结核病患者健康管理、传染病及突发公共卫生事件报告和处理服务、中医药健康管理、卫生计生监督协管服务、免费提供避孕药具、健康素养促进行动。省、自治区、直辖市人民政府可以在国家基本公共卫生服务项目基础上,补充确定本行政区域的基本公共卫生服务项目,并报国务院卫生健康主管部门备案。

国务院和省、自治区、直辖市人民政府可以将针对重点地区、重点疾病和特定人群的服务内容纳入基本公共卫生服务项目并组织实施。县级以上地方人民政府针对本行政区域重大疾病和主要健康危险因素,开展专项防控工作。县级以上人民政府通过举办专业公共卫生机构、基层医疗卫生机构和医院,或者从其他医疗卫生机构购买服务的方式提供基本公共卫生服务。

(二) 基本公共卫生服务项目的实施

(1) 国家建立健全突发事件卫生应急体系,制定和完善应急预案,组织开展突发事件的医疗救治、卫生学调查处置和心理援助等卫生应急工作,有效控制和消除危害。

(2) 国家建立传染病防控制度,制定传染病防治规划并组织实施,加强传染病监测预警,坚持预防为主、防治结合、联防联控、群防群控、源头防控、综合治理,阻断传播途径,保护易感人群,降低传染病的危害。任何组织和个人应当接受、配合医疗卫生机构为预防、控制、消除传染病危害依法采取的调查、检验、采集样本、隔离治疗、医学观察等措施。

(3) 国家实行预防接种制度,加强免疫规划工作。居民有依法接种免疫规划疫苗的权利和义务。政府向居民免费提供免疫规划疫苗。

(4) 国家建立慢性非传染性疾病防控与管理制度,对慢性非传染性疾病及其致病危险因素开展监测、调查和综合防控干预,及时发现高危人群,为患者和高危人群提供诊疗、早期干预、随访管理和健康教育等服务。

(5) 国家加强职业健康保护。县级以上人民政府应当制定职业病防治规划,建立健全职业健康工作机制,加强职业健康监督管理,提高职业病综合防治能力和水平。用人单位应当控制职业病危害因素,采取工程技术、个体防护和健康管理等综合治理措施,改善工作环境和劳动条件。

(6) 国家发展妇幼保健事业,建立健全妇幼健康服务体系,为妇女、儿童提供保健及常见病防治服务,保障妇女、儿童健康。国家采取措施,为公民提供婚前保健、孕产期保健等服务,促进生殖健康,预防出生缺陷。

(7) 国家发展老年人保健事业。国务院和省、自治区、直辖市人民政府应当将老年人健康管理和常见病预防等纳入基本公共卫生服务项目。

(8) 国家发展残疾预防和残疾人康复事业,完善残疾预防和残疾人康复及其保障体系,采取措施为残疾人提供基本康复服务。县级以上人民政府应当优先开展残疾儿童康复工作,实行康复与教育相结合。

(9) 国家建立健全院前急救体系,为急危重症患者提供及时、规范、有效的急救服务。卫生健康主管部门、红十字会等有关部门、组织应当积极开展急救培训,普及急救知识,鼓励医疗卫生人员、经过急救培训的人员积极参与公共场所急救服务。公共场所应当按照规定配备必要的急救设备、设施。急救中心(站)不得以未付费为由拒绝或者拖延为急危重症患者提供急救服务。

（10）国家发展精神卫生事业，建设完善精神卫生服务体系，维护和增进公民心理健康，预防、治疗精神障碍。国家采取措施，加强心理健康服务体系和人才队伍建设，促进心理健康教育、心理评估、心理咨询与心理治疗服务的有效衔接，设立为公众提供公益服务的心理援助热线，加强未成年人、残疾人和老年人等重点人群心理健康服务。

三、基本医疗服务的组织实施

（一）分级分诊制度

国家推进基本医疗服务实行分级诊疗制度，引导非急诊患者首先到基层医疗卫生机构就诊，实行首诊负责制和转诊审核责任制，逐步建立基层首诊、双向转诊、急慢分治、上下联动的机制，并与基本医疗保险制度相衔接。

县级以上地方人民政府根据本行政区域医疗卫生需求，整合区域内政府举办的医疗卫生资源，因地制宜建立医疗联合体等协同联动的医疗服务合作机制。鼓励社会力量举办的医疗卫生机构参与医疗服务合作机制。

（二）家庭医生签约服务

国家推进基层医疗卫生机构实行家庭医生签约服务，建立家庭医生服务团队，与居民签订协议，根据居民健康状况和医疗需求提供基本医疗卫生服务。

（三）公民的权利和义务

公民接受医疗卫生服务，对病情、诊疗方案、医疗风险、医疗费用等事项依法享有知情同意的权利。需要实施手术、特殊检查、特殊治疗的，医疗卫生人员应当及时向患者说明医疗风险、替代医疗方案等情况，并取得其同意；不能或者不宜向患者说明的，应当向患者的近亲属说明，并取得其同意。法律另有规定的，依照其规定。开展药物、医疗器械临床试验和其他医学研究应当遵守医学伦理规范，依法通过伦理审查，取得知情同意。

公民接受医疗卫生服务，应当受到尊重。医疗卫生机构、医疗卫生人员应当关心爱护、平等对待患者，尊重患者人格尊严，保护患者隐私。公民接受医疗卫生服务，应当遵守诊疗制度和医疗卫生服务秩序，尊重医疗卫生人员。

第三节　医疗卫生机构和人员

一、医疗卫生机构

（一）医疗卫生机构的概念

医疗卫生机构是指基层医疗卫生机构、医院和专业公共卫生机构等。其中，基层医疗卫生机构是指乡镇卫生院、社区卫生服务中心（站）、村卫生室、医务室、门诊部和诊所等。专业公共卫生机构是指疾病预防控制中心、专科疾病防治机构、健康教育机构、急救中心（站）和血站等。

（二）医疗卫生机构的职能

各级各类医疗卫生机构应当分工合作，为公民提供预防、保健、治疗、护理、康复、安宁疗护等全方位全周期的医疗卫生服务。各级人民政府采取措施支持医疗卫生机构与养老机构、儿童福利机构、社区组织建立协作机制，为老年人、孤残儿童提供安全、便捷的医疗和健康服务。

1. 基层医疗卫生机构的职能

基层医疗卫生机构主要提供预防、保健、健康教育、疾病管理，为居民建立健康档案，常见病、多发病的诊疗以及部分疾病的康复、护理，接收医院转诊患者，向医院转诊超出自身服务能力的患者等基本医疗卫生服务。

2. 医院的职能

医院主要提供疾病诊治，特别是急危重症和疑难病症的诊疗，突发事件医疗处置和救援以及健康教育等医疗卫生服务，并开展医学教育、医疗卫生人员培训、医学科学研究和对基层医疗卫生机构的业务指导等工作。

3. 专业公共卫生机构的职能

专业公共卫生机构主要提供传染病、慢性非传染性疾病、职业病、地方病等疾病预防控制和健康教育、妇幼保健、精神卫生、院前急救、采供血、食品安全风险监测评估、出生缺陷防治等公共卫生服务。

（三）医疗卫生机构的设置及审批

国家建立健全由基层医疗卫生机构、医院、专业公共卫生机构等组成的城乡全覆盖、功能互补、连续协同的医疗卫生服务体系。国家加强县级医院、乡镇卫生院、村卫生室、社区卫生服务中心（站）和专业公共卫生机构等的建设，建立健全农村医疗卫生服务网络和城市社区卫生服务网络。国家以建成的医疗卫生机构为基础，合理规划与设置国家医学中心和国家、省级区域性医疗中心，诊治疑难重症，研究攻克重大医学难题，培养高层次医疗卫生人才。

县级以上人民政府应当制定并落实医疗卫生服务体系规划，科学配置医疗卫生资源，举办医疗卫生机构，为公民获得基本医疗卫生服务提供保障。政府举办医疗卫生机构，应当考虑本行政区域人口、经济社会发展状况、医疗卫生资源、健康危险因素、发病率、患病率以及紧急救治需求等情况。

医疗机构依法取得执业许可证。禁止伪造、变造、买卖、出租、出借医疗机构执业许可证。各级各类医疗卫生机构的具体条件和配置应当符合国务院卫生健康主管部门制定的医疗卫生机构标准。举办医疗机构，应当具备下列条件，按照国家有关规定办理审批或者备案手续：① 有符合规定的名称、组织机构和场所；② 有与其开展的业务相适应的经费、设施、设备和医疗卫生人员；③ 有相应的规章制度；④ 能够独立承担民事责任；⑤ 法律、行政法规规定的其他条件。

(四)医疗卫生机构的分类管理

1. 非营利性医疗卫生机构

医疗卫生服务体系坚持以非营利性医疗卫生机构为主体、营利性医疗卫生机构为补充。政府举办非营利性医疗卫生机构,在基本医疗卫生事业中发挥主导作用,保障基本医疗卫生服务公平可及。① 以政府资金、捐赠资产举办或者参与举办的医疗卫生机构不得设立为营利性医疗卫生机构。② 医疗卫生机构不得对外出租、承包医疗科室。③ 非营利性医疗卫生机构不得向出资人、举办者分配或者变相分配收益。④ 政府举办的医疗卫生机构应当坚持公益性质,所有收支均纳入预算管理,按照医疗卫生服务体系规划合理设置并控制规模。⑤ 国家鼓励政府举办的医疗卫生机构与社会力量合作举办非营利性医疗卫生机构。⑥ 政府举办的医疗卫生机构不得与其他组织投资设立非独立法人资格的医疗卫生机构,不得与社会资本合作举办营利性医疗卫生机构。

2. 社会力量举办的医疗卫生机构

① 国家采取多种措施,鼓励和引导社会力量依法举办医疗卫生机构,支持和规范社会力量举办的医疗卫生机构与政府举办的医疗卫生机构开展多种类型的医疗业务、学科建设、人才培养等合作。② 社会力量举办的医疗卫生机构在基本医疗保险定点、重点专科建设、科研教学、等级评审、特定医疗技术准入、医疗卫生人员职称评定等方面享有与政府举办的医疗卫生机构同等的权利。③ 社会力量可以选择设立非营利性或者营利性医疗卫生机构。社会力量举办的非营利性医疗卫生机构按照规定享受与政府举办的医疗卫生机构同等的税收、财政补助、用地、用水、用电、用气、用热等政策,并依法接受监督管理。

(五)医疗卫生服务质量

医疗卫生机构应当遵守法律、法规、规章,建立健全内部质量管理和控制制度,对医疗卫生服务质量负责。① 医疗卫生机构应当按照临床诊疗指南、临床技术操作规范和行业标准以及医学伦理规范等有关要求,合理进行检查、用药、诊疗,加强医疗卫生安全风险防范,优化服务流程,持续改进医疗卫生服务质量。② 医疗卫生机构开展医疗卫生技术临床应用,应当与其功能任务相适应,遵循科学、安全、规范、有效、经济的原则,并符合伦理。③ 医院应当制定章程,建立和完善法人治理结构,提高医疗卫生服务能力和运行效率。④ 医疗卫生机构执业场所是提供医疗卫生服务的公共场所,任何组织或者个人不得扰乱其秩序。

(六)国家医疗卫生服务质量保障

国家对医疗卫生技术的临床应用进行分类管理,对技术难度大、医疗风险高,服务能力、人员专业技术水平要求较高的医疗卫生技术实行严格管理。

国家建立权责清晰、管理科学、治理完善、运行高效、监督有力的现代医院管理制度。

国家完善医疗风险分担机制,鼓励医疗机构参加医疗责任保险或者建立医疗风险基金,鼓励患者参加医疗意外保险。

国家鼓励医疗卫生机构不断改进预防、保健、诊断、治疗、护理和康复的技术、设备与服务,支持开发适合基层和边远地区应用的医疗卫生技术。

国家推进全民健康信息化,推动健康医疗大数据、人工智能等的应用发展,加快医疗卫生信息基础设施建设,制定健康医疗数据采集、存储、分析和应用的技术标准,运用信息技术促进优质医疗卫生资源的普及与共享。县级以上人民政府及其有关部门应当采取措施,推进信息技术在医疗卫生领域和医学教育中的应用,支持探索发展医疗卫生服务新模式、新业态。国家采取措施,推进医疗卫生机构建立健全医疗卫生信息交流和信息安全制度,应用信息技术开展远程医疗服务,构建线上线下一体化医疗服务模式。

发生自然灾害、事故灾难、公共卫生事件和社会安全事件等严重威胁人民群众生命健康的突发事件时,医疗卫生机构、医疗卫生人员应当服从政府部门的调遣,参与卫生应急处置和医疗救治。对致病、致残、死亡的参与人员,按照规定给予工伤或者抚恤、烈士褒扬等相关待遇。

二、医疗卫生人员

(一)医疗卫生人员概述

医疗卫生人员是指执业医师、执业助理医师、注册护士、药师(士)、检验技师(士)、影像技师(士)和乡村医生等卫生专业人员。《医师法》《护士条例》《乡村医生从业管理条例》等法律法规规定了医疗卫生人员管理和保障的主要内容。根据《2020年我国卫生健康事业发展统计公报》的数据显示,2020年末,全国执业(助理)医师408.6万人,注册护士470.9万人,乡村医生和卫生员79.1万人,其他技术人员53.0万人。

(二)医疗卫生人员职业规范

(1)医疗卫生人员的职业精神。医疗卫生人员应当弘扬敬佑生命、救死扶伤、甘于奉献、大爱无疆的崇高职业精神,遵守行业规范,恪守医德,努力提高专业水平和服务质量。医疗卫生行业组织、医疗卫生机构、医学院校应当加强对医疗卫生人员的医德医风教育。

(2)国家对医师、护士等医疗卫生人员依法实行执业注册制度。医疗卫生人员应当依法取得相应的职业资格。

(3)医疗卫生人员的行为规范。医疗卫生人员应当遵循医学科学规律,遵守有关临床诊疗技术规范和各项操作规范以及医学伦理规范,使用适宜技术和药物,合理诊疗,因病施治,不得对患者实施过度医疗。医疗卫生人员不得利用职务之便索要、非法收受财物或者牟取其他不正当利益。

(三)医疗卫生人员管理与保障

(1)国家制定医疗卫生人员培养规划,建立适应行业特点和社会需求的医疗卫生人员培养机制和供需平衡机制,完善医学院校教育、毕业后教育和继续教育体系,建立健全住院医师、专科医师规范化培训制度,建立规模适宜、结构合理、分布均衡的医疗卫生队伍。

(2)国家加强全科医生的培养和使用。全科医生主要提供常见病、多发病的诊疗和转诊、预防、保健、康复,以及慢性病管理、健康管理等服务。

(3)国家建立健全符合医疗卫生行业特点的人事、薪酬、奖励制度,体现医疗卫生人员职业特点和技术劳动价值。

(4)对从事传染病防治、放射医学和精神卫生工作以及其他在特殊岗位工作的医疗卫生人员,应当按照国家规定给予适当的津贴。津贴标准应当定期调整。

（5）国家建立医疗卫生人员定期到基层和艰苦边远地区从事医疗卫生工作制度。

（6）国家采取定向免费培养、对口支援、退休返聘等措施，加强基层和艰苦边远地区医疗卫生队伍建设。执业医师晋升为副高级技术职称的，应当有累计一年以上在县级以下或者对口支援的医疗卫生机构提供医疗卫生服务的经历。对在基层和艰苦边远地区工作的医疗卫生人员，在薪酬津贴、职称评定、职业发展、教育培训和表彰奖励等方面实行优惠待遇。

（7）国家加强乡村医疗卫生队伍建设，建立县乡村上下贯通的职业发展机制，完善对乡村医疗卫生人员的服务收入多渠道补助机制和养老政策。

（8）全社会应当关心、尊重医疗卫生人员，维护良好安全的医疗卫生服务秩序，共同构建和谐的医患关系。医疗卫生人员的人身安全、人格尊严不受侵犯，其合法权益受法律保护。禁止任何组织或者个人威胁、危害医疗卫生人员人身安全，侵犯医疗卫生人员人格尊严。国家采取措施，保障医疗卫生人员执业环境。

第四节 药品供应保障

一、药品供应保障概述

药品是指用于预防、治疗、诊断人的疾病，有目的地调节人的生理机能并规定有适应证或者功能主治、用法和用量的物质，包括中药、化学药和生物制品等。为了加强药品管理，保证药品质量，保障公众用药安全和合法权益，保护和促进公众健康，1984年9月20日，第六届全国人民代表大会常务委员会第七次会议通过《药品管理法》，并于2001年进行了首次修订，2013年和2015年分别进行过两次修正。2019年8月26日，第二次修订的《药品管理法》经十三届全国人大常委会第十二次会议表决通过，于2019年12月1日起施行。当前，我国已初步形成了以《基本医疗卫生与健康促进法》《药品管理法》为基础法律，包括《中医药法》《药品管理法实施条例》《中药品种保护条例》《麻醉药品和精神药品管理条例》《药品生产监督管理办法》《药品注册管理办法》《药品广告审查办法》《放射性药品管理办法》等一系列法律规范为内容的具备中国特色的药品监督管理法律法规体系。

《基本医疗卫生与健康促进法》第五十八条规定："国家完善药品供应保障制度，建立工作协调机制，保障药品的安全、有效、可及。"安全性、有效性及可及性是药物保障的基本目标，也是全面加强药品监管的重要内容。安全性是指在综合考虑药品特性等内容的基础上，能避免药品对人体产生直接或者间接有害作用的相对可能性；有效性是指药品能够产生预期作用的特定能力或效能，它是以该品种的预期给药方法，通过采用合适的试验测定方法或者临床对照研究数据所获得；可及性是指人人能够以可负担的价格，安全、切实地获得对症、高质量以及在文化习俗上可以接受的药品，并可以方便获得合理使用该药品的相关信息。《基本医疗卫生与健康促进法》为强化药品质量安全风险控制，规范和加强药品监管，保障药品安全、有效、可及提供了重要的法治支撑。

二、药品供应保障制度

(一) 基本药物制度

基本药物是指满足疾病防治基本用药需求,适应现阶段基本国情和保障能力,剂型适宜,价格合理,能够保障供应,可公平获得的药品。《基本医疗卫生与健康促进法》第五十九条规定:"国家实施基本药物制度,遴选适当数量的基本药物品种,满足疾病防治基本用药需求。国家公布基本药物目录,根据药品临床应用实践、药品标准变化、药品新上市情况等,对基本药物目录进行动态调整。基本药物按照规定优先纳入基本医疗保险药品目录。国家提高基本药物的供给能力,强化基本药物质量监管,确保基本药物公平可及、合理使用。"

基本药物由世界卫生组织于1977年提出,为响应WHO的号召,世界上各个国家和地区根据本国国情,在所有可以上市的药品当中进行适当的遴选,编制出基本药物目录,优先强化其供应保障体系,以满足大部分国民基本医疗卫生的需要。我国从1979年开始参加WHO基本药物行动计划。1996年,中国首次发布了国家基本药物中成药和化学药品目录。2009年8月18日,中国国家卫生部等9部门发布《关于建立国家基本药物制度的实施意见》(卫药政发〔2009〕78号)、《国家基本药物目录管理办法(暂行)》和《国家基本药物目录(基层医疗卫生机构配备使用部分)》(2009版),正式启动国家基本药物制度建设工作。《关于建立国家基本药物制度的实施意见》指出政府举办的基层医疗卫生机构全部配备和使用基本药物,其他各类医疗机构也都必须按规定使用基本药物。国家基本药物制度是对基本药物的遴选、生产、流通、使用、定价、报销、监测评价等环节实施有效管理的制度,与公共卫生、医疗服务、医疗保障体系相衔接。为贯彻落实全国卫生与健康大会、《"健康中国2030"规划纲要》和深化医药卫生体制改革的部署要求,进一步完善国家基本药物制度,2018年9月19日,国务院办公厅印发《关于完善国家基本药物制度的意见》(国办发〔2018〕88号),从基本药物的遴选、生产、流通、使用、支付、监测等环节,提出了动态调整优化目录、切实保障生产供应、全面配备优先使用、降低群众药费负担、提升质量安全水平等五个方面政策措施,明确指出国家基本药物制度是药品供应保障体系的基础,是医疗卫生领域基本公共服务的重要内容。

国家基本药物目录是各级医疗卫生机构配备使用药品的依据。目录中的药品包括化学药品、生物制品、中成药和中药饮片3部分。化学药品和生物制品主要依据临床药理学分类,中成药主要依据功能分类。国家基本药物工作委员会负责协调解决制定和实施国家基本药物制度过程中各个环节的相关政策问题,确定国家基本药物制度框架,确定国家基本药物目录遴选和调整的原则、范围、程序和工作方案,审核国家基本药物目录,各有关部门在职责范围内做好国家基本药物遴选调整工作。委员会由国家卫生计生委员会、国家发展改革委员会、工业和信息化部、财政部、人力资源社会保障部、商务部、国家食品药品监管总局、国家中医药管理局、总后勤部卫生部组成。办公室设在国家卫生计生委,承担国家基本药物工作委员会的日常工作。

国家基本药物遴选应当按照防治必需、安全有效、价格合理、使用方便、中西药并重、基本保障、临床首选和基层能够配备的原则,结合我国用药特点,参照国际经验,合理确定品种(剂型)和数量。国家基本药物目录在保持数量相对稳定的基础上,实行动态管理,原则上3

年调整一次。必要时,经国家基本药物工作委员会审核同意,可适时组织调整。《国家基本药物目录(2018年版)》包含417个品种化学药品和生物制品,268个品种中成药。

(二)药品审评审批制度

药品作为特殊商品,其质量安全关系到人民群众的身体健康和生命安全。坚决守住药品安全底线,践行人民至上、生命至上理念,推动构建科学、高效、权威的药品监管体系成为药品供应保障的重要内容。药品审评审批是满足国内临床用药需要,确保公众用药更加安全有效的重要方式,是指药品注册申请人依照法定程序和要求提出药物临床研究、药品上市许可、生产药品或者进口药品等,药品监督管理部门依法对安全性、有效性、质量可控性等进行系统评价,并决定是否同意其申请的过程。当前,我国已经建立以《药品管理法》《基本医疗卫生与健康促进法》《药品管理法实施条例》《药品注册管理办法》《药物非临床研究质量管理规范》等法律规范为内容的药品审评审批规范体系。

虽然我国医药产业快速发展,药品审评审批中存在的问题也日益突出,注册申请资料质量不高,审评过程中需要多次补充完善,严重影响审评审批效率;仿制药重复建设、重复申请,市场恶性竞争,部分仿制药质量与国际先进水平存在较大差距;临床急需新药的上市审批时间过长,药品研发机构和科研人员不能申请药品注册,影响药品创新的积极性等。为改革药品及医疗器械审评审批制度,2015年8月,国务院印发《关于改革药品和医疗器械审评审批制度改革的意见》,明确了改革的12项任务,包括提高药品审批标准,推进仿制药质量一致性评价,加快创新药审评审批,开展药品上市许可持有人制度试点,落实申请人主体责任,及时发布药品供求和注册申请信息,改进药品临床试验审批,严肃查处注册申请弄虚作假行为,简化药品审批程序、完善药品再注册制度,改革医疗器械审批方式,健全审评质量控制体系,全面公开药品医疗器械审评审批信息。此外,2016年2月,国务院办公厅印发了《关于开展仿制药质量和疗效一致性评价的意见》;2017年10月,中共中央办公厅、国务院办公厅印发了《关于审评审批制度改革鼓励药品医疗器械创新的意见》等。为规范药品注册行为,保证药品的安全、有效和质量可控,2020年1月15日,国家市场监督管理总局2020年第1次局务会议审议通过《药品注册管理办法》,自2020年7月1日起施行。该办法对药品审评审批制度进行了多项制度性改革,有效解决了我国药品审评审批中的诸多制度问题。《基本医疗卫生与健康促进法》在立法过程中充分吸收药品审评审批制度改革经验,第六十条规定"国家建立健全以临床需求为导向的药品审评审批制度,支持临床急需药品、儿童用药品和防治罕见病、重大疾病等药品的研制、生产,满足疾病防治需求。"

(三)药品全过程追溯制度

药品全过程追溯制度是指药品上市许可持有人、生产企业、经营企业、使用单位、药品监督管理部门、消费者等与药品质量安全相关的追溯相关方,通过信息化手段,对药品生产、流通和使用等全过程的信息进行追踪、溯源的法律制度。《基本医疗卫生与健康促进法》第六十一条:"国家建立健全药品研制、生产、流通、使用全过程追溯制度,加强药品管理,保证药品质量。"药品全过程追溯能够有效促进药品质量安全综合治理,提升药品质量安全保障水平,并能够防范非法药品进入合法渠道,确保发生质量安全风险的药品可召回、责任可追究。

建立健全药品全过程追溯制度是党中央、国务院做出的重大决策部署,是药品供应保障体系的重要组成部分,是强化药品监管的重要基础。2005年,原国家食品药品监督管理局开始牵头建设中国药品电子监管平台,通过全国统一平台、统一编码的方式开展药品追溯。2010 年,原国家食品药品监督管理局要求,基本药物全面接入药品电子监管码。2015 年 12 月,国务院办公厅印发《关于加快推进重要产品追溯体系建设的意见》(国办发〔2015〕95 号)明确包括药品在内的七类产品等为当前及今后一段时期重点推进的七大类产品,提出到 2020 年,追溯体系建设的规划标准体系得到完善,全国追溯数据统一共享交换机制基本形成等目标。为进一步提高药品质量安全保障水平,2018 年 10 月,国家药监局发布了《关于药品信息化追溯体系建设的指导意见》(国药监药管〔2018〕35 号),提出药品生产、流通和使用等环节共同建成覆盖全过程的药品追溯系统。2019 年 8 月 27 日,国家药监局发布《药品追溯系统基本技术要求》《疫苗追溯基本数据集》《疫苗追溯数据交换基本技术要求》等 3 项信息化标准,重点规范了药品追溯系统技术要求,并为疫苗药品追溯体系建设提供科技支撑依据。2020 年 3 月 11 日,国家药监局发布《药品上市许可持有人和生产企业追溯基本数据集》《药品经营企业追溯基本数据集》《药品使用单位追溯基本数据集》《药品追溯消费者查询基本数据集》《药品追溯数据交换基本技术要求》等 5 项信息化标准。

2019 年,我国首次将药品追溯写入立法,《中华人民共和国药品管理法》和《中华人民共和国疫苗管理法》均规定了追溯制度,并明确相关主体的责任、义务以及相应的法律责任。当前,建立健全药品追溯制度已经上升为一项法定义务,我国从事药品研制、生产、经营、使用的单位和个人,以及药品监督管理等部门,必须依法建立健全药品信息化追溯制度体系,并严格遵守和组织实施,通过科学信息化手段,对药品生产、流通、使用等全流程的信息进行追踪、溯源。

(四) 其他药品供应保障制度

(1) 药品价格监测体系。国家建立健全药品价格监测体系,开展成本价格调查,加强药品价格监督检查,依法查处价格垄断、价格欺诈、不正当竞争等违法行为,维护药品价格秩序。国家加强药品分类采购管理和指导。参加药品采购投标的投标人不得以低于成本的报价竞标,不得以欺诈、串通投标、滥用市场支配地位等方式竞标。

(2) 国家医药储备制度。国家建立中央与地方两级医药储备,用于保障重大灾情、疫情及其他突发事件等应急需要。

(3) 药品供求监测体系。国家建立健全药品供求监测体系,及时收集和汇总分析药品供求信息,定期公布药品生产、流通、使用等情况。

(4) 医疗器械管理制度。国家加强对医疗器械的管理,完善医疗器械的标准和规范,提高医疗器械的安全有效水平。国务院卫生健康主管部门和省、自治区、直辖市人民政府卫生健康主管部门应当根据技术的先进性、适宜性和可及性,编制大型医用设备配置规划,促进区域内医用设备合理配置、充分共享。

(5) 中药的保护和发展。国家加强中药的保护与发展,充分体现中药的特色和优势,发挥其在预防、保健、医疗、康复中的作用。

第五节 健 康 促 进

一、健康促进概述

"健康促进"(Health Promotion)一词最早出现在20世纪20年代的公共卫生文献中,80年代得到较大发展。[①] 1986年11月,世界卫生组织在加拿大渥太华召开第一届国际健康促进大会,大会首次界定了健康促进这一概念,将其定义为"促使人们维护和提高自身健康的过程"。2000年,世界卫生组织在墨西哥城召开了第五届全球健康促进大会,世界卫生组织前总干事格罗·哈莱姆·布伦特兰(Gro Harlem Brundland)给健康促进提出了一个更为明晰的定义,"健康促进就是要使人们尽一切可能让他们的精神和身体保持在最优状态,宗旨是使人们知道如何保持健康,在健康的生活方式下生活,并有能力做出健康的选择"。

随着世界卫生组织对健康促进的积极影响,我国学界较早地关注健康促进并积极开展相关研究。1987年,在我国首届健康教育理论学习研讨会上,健康促进的概念及其相关认识第一次出现在我国全国性健康教育学术会议。[②] 党的十八大以来,以习近平同志为核心的党中央以国家长远发展为基点,以民族伟大复兴为目标,吹响了建设健康中国的时代号角,健康促进成为治国理政的崭新课题。2013年5月,国家卫生计生委员会宣传司成立了健康促进处,专门负责处理和推进我国健康促进工作。2016年8月,习近平总书记在全国卫生与健康大会上提出:"要坚持基本医疗卫生事业的公益性,不断完善制度、扩展服务、提高质量,让广大人民群众享有公平可及、系统连续的预防、治疗、康复、健康促进等健康服务。"2016年11月18日上午,国家卫计委、财政部、环保部等10部门联合发布《关于加强健康促进与教育的指导意见》,意见指出加强健康促进与教育,提高人民健康素养,是提高全民健康水平最根本、最经济、最有效的措施之一。

二、健康促进措施

2015年10月,党的十八届五中全会提出了"推进健康中国建设",当前,健康促进的实践已在全国各地展开。《基本医疗卫生与健康促进法》第六章专章规定了"健康促进",内容涉及健康促进工作中的健康教育、健康风险评估、健康环境支持、健康生活方式、健康体检等内容。

(一)健康教育制度

《基本医疗卫生与健康促进法》规定了政府及各部门、机构、学校等主体在健康教育与健

[①] 胡新光,曹春霞,李浴峰.论健康促进在"健康中国"战略中的应用[J].医学与社会,2017,30(04):64-67.
[②] 陆江,李浴峰.中国健康教育史略[M].北京:人民军医出版社,2009.

康促进方面的职责。健康教育是指通过有计划、有组织、有系统的社会教育活动,使人们自觉地采纳有益于健康的行为和生活方式,消除或减轻影响健康的危险因素,预防疾病,促进健康,提高生活质量,并对教育效果作出评价。健康教育是健康促进的重要方式,健康促进是健康教育的目的和结果。加强新时代健康教育制度建设,是全面推进健康中国建设的重要基础,是推动高质量发展及加快现代化建设的重要任务,是不断促进人的全面发展的重要举措。《基本医疗卫生与健康促进法》从两个方面进行了规定:

一方面,《基本医疗卫生与健康促进法》明确规定各级人民政府应当加强健康教育工作及其专业人才培养,建立健康知识和技能核心信息发布制度,普及健康科学知识,向公众提供科学、准确的健康信息。医疗卫生、教育、体育、宣传等机构、基层群众性自治组织和社会组织应当开展健康知识的宣传和普及。医疗卫生人员在提供医疗卫生服务时,应当对患者开展健康教育。新闻媒体应当开展健康知识的公益宣传。健康知识的宣传应当科学、准确。

另一方面,《基本医疗卫生与健康促进法》明确规定国家将健康教育纳入国民教育体系。学校应当利用多种形式实施健康教育,普及健康知识、科学健身知识、急救知识和技能,提高学生主动防病的意识,培养学生良好的卫生习惯和健康的行为习惯,减少、改善学生近视、肥胖等不良健康状况。学校应当按照规定开设体育与健康课程,组织学生开展广播体操、眼保健操、体能锻炼等活动。学校按照规定配备校医,建立和完善卫生室、保健室等。县级以上人民政府教育主管部门应当按照规定将学生体质健康水平纳入学校考核体系。

(二)公民健康责任

健康是促进人的全面发展的必然要求,是经济社会发展的基础条件,是民族昌盛和国家富强的重要标志,也是广大人民群众的共同追求。健康既包括个人健康,也包括公共健康。《基本医疗卫生与健康促进法》对公民个人的健康责任、健康素养、健康生活方式等进行了规定:"公民是自己健康的第一责任人,树立和践行对自己健康负责的健康管理理念,主动学习健康知识,提高健康素养,加强健康管理。倡导家庭成员相互关爱,形成符合自身和家庭特点的健康生活方式。公民应当尊重他人的健康权利和利益,不得损害他人健康和社会公共利益。"

(三)用人单位健康促进责任

用人单位应当为职工创造有益于健康的环境和条件,严格执行劳动安全卫生等相关规定,积极组织职工开展健身活动,保护职工健康。国家鼓励用人单位开展职工健康指导工作。国家提倡用人单位为职工定期开展健康检查。法律、法规对健康检查有规定的,依照其规定。

(四)国家健康促进职责

(1)国家组织居民健康状况调查和统计,开展体质监测,对健康绩效进行评估,并根据评估结果制定、完善与健康相关的法律、法规、政策和规划。

(2)国家建立疾病和健康危险因素监测、调查和风险评估制度。县级以上人民政府及其有关部门针对影响健康的主要问题,组织开展健康危险因素研究,制定综合防治措施。国家加强影响健康的环境问题预防和治理,组织开展环境质量对健康影响的研究,采取措施预防和控制与环境问题有关的疾病。

(3)国家大力开展爱国卫生运动,鼓励和支持开展爱国卫生月等群众性卫生与健康活动,依靠和动员群众控制和消除健康危险因素,改善环境卫生状况,建设健康城市、健康村镇、健康社区。

(4)国家建立科学、严格的食品、饮用水安全监督管理制度,提高安全水平。

(5)国家建立营养状况监测制度,实施经济欠发达地区、重点人群营养干预计划,开展未成年人和老年人营养改善行动,倡导健康饮食习惯,减少不健康饮食引起的疾病风险。

(6)国家发展全民健身事业,完善覆盖城乡的全民健身公共服务体系,加强公共体育设施建设,组织开展和支持全民健身活动,加强全民健身指导服务,普及科学健身知识和方法。国家鼓励单位的体育场地设施向公众开放。

(7)国家制定并实施未成年人、妇女、老年人、残疾人等的健康工作计划,加强重点人群健康服务。国家推动长期护理保障工作,鼓励发展长期护理保险。

(8)国家完善公共场所卫生管理制度。县级以上人民政府卫生健康等主管部门应当加强对公共场所的卫生监督。公共场所卫生监督信息应当依法向社会公开。公共场所经营单位应当建立健全并严格实施卫生管理制度,保证其经营活动持续符合国家对公共场所的卫生要求。

(9)国家采取措施,减少吸烟对公民健康的危害。公共场所控制吸烟,强化监督执法。烟草制品包装应当印制带有说明吸烟危害的警示。禁止向未成年人出售烟酒。

第六节 法 律 责 任

地方各级人民政府、县级以上人民政府卫生健康主管部门和其他有关部门,滥用职权、玩忽职守、徇私舞弊的,对直接负责的主管人员和其他直接责任人员依法给予处分。

未取得医疗机构执业许可证擅自执业的,由县级以上人民政府卫生健康主管部门责令停止执业活动,没收违法所得和药品、医疗器械,并处违法所得五倍以上二十倍以下的罚款,违法所得不足一万元的,按一万元计算。

伪造、变造、买卖、出租、出借医疗机构执业许可证的,由县级以上人民政府卫生健康主管部门责令改正,没收违法所得,并处违法所得五倍以上十五倍以下的罚款,违法所得不足一万元的,按一万元计算;情节严重的,吊销医疗机构执业许可证。

有下列行为之一的,由县级以上人民政府卫生健康主管部门责令改正,没收违法所得,并处违法所得二倍以上十倍以下的罚款,违法所得不足一万元的,按一万元计算;对直接负责的主管人员和其他直接责任人员依法给予处分:① 政府举办的医疗卫生机构与其他组织投资设立非独立法人资格的医疗卫生机构;② 医疗卫生机构对外出租、承包医疗科室;③ 非营利性医疗卫生机构向出资人、举办者分配或者变相分配收益。

医疗卫生机构等的医疗信息安全制度、保障措施不健全,导致医疗信息泄露,或者医疗质量管理和医疗技术管理制度、安全措施不健全的,由县级以上人民政府卫生健康等主管部门责令改正,给予警告,并处一万元以上五万元以下的罚款;情节严重的,可以责令停止相应执业活动,对直接负责的主管人员和其他直接责任人员依法追究法律责任。

违反本法规定,医疗卫生人员有下列行为之一的,由县级以上人民政府卫生健康主管部门依照有关执业医师、护士管理和医疗纠纷预防处理等法律、行政法规的规定给予行政处罚:①利用职务之便索要、非法收受财物或者牟取其他不正当利益;②泄露公民个人健康信息;③在开展医学研究或提供医疗卫生服务过程中未按照规定履行告知义务或者违反医学伦理规范。前款规定的人员属于政府举办的医疗卫生机构中的人员的,依法给予处分。

参加药品采购投标的投标人以低于成本的报价竞标,或者以欺诈、串通投标、滥用市场支配地位等方式竞标的,由县级以上人民政府医疗保障主管部门责令改正,没收违法所得;中标的,中标无效,处中标项目金额千分之五以上千分之十以下的罚款,对法定代表人、主要负责人、直接负责的主管人员和其他责任人员处对单位罚款数额百分之五以上百分之十以下的罚款;情节严重的,取消其二年至五年内参加药品采购投标的资格并予以公告。

以欺诈、伪造证明材料或者其他手段骗取基本医疗保险待遇,或者基本医疗保险经办机构以及医疗机构、药品经营单位等以欺诈、伪造证明材料或者其他手段骗取基本医疗保险基金支出的,由县级以上人民政府医疗保障主管部门依照有关社会保险的法律、行政法规规定给予行政处罚。

扰乱医疗卫生机构执业场所秩序,威胁、危害医疗卫生人员人身安全,侵犯医疗卫生人员人格尊严,非法收集、使用、加工、传输公民个人健康信息,非法买卖、提供或者公开公民个人健康信息等,构成违反治安管理行为的,依法给予治安管理处罚。

违反《基本医疗卫生与健康促进法》规定,构成犯罪的,依法追究刑事责任;造成人身、财产损害的,依法承担民事责任。

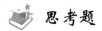 思考题

1. 什么是基本医疗卫生服务?
2. 举办医疗机构应当具备哪些条件?
3. 《基本医疗卫生与健康促进法》对健康促进工作有哪些总体要求?
4. 公民个人在健康促进中负有哪些责任?
5. 围绕药品供应保障,《基本医疗卫生与健康促进法》规定了哪些制度和监测体系?

参 考 文 献

[1] 申卫星.《中华人民共和国基本医疗卫生与健康促进法》理解与适用[M].北京:中国政法大学出版社,2020.

[2] 国家卫生健康委员会法规司.《中华人民共和国基本医疗卫生与健康促进法》专家解读[M].北京:中国人口出版社,2021.

[3] 张怡.《基本医疗卫生与健康促进法》全解析[J].中国医院院长,2020,16(23):84-88.

[4] 许安标.加强公共卫生体系建设的重要法治保障:《基本医疗卫生与健康促进法》最新解读[J].中国法律评论,2020(3):173-186.

[5] 王晨光,张怡.《基本医疗卫生与健康促进法》的功能与主要内容[J].中国卫生法制,2020,28(2):1-8.

第四章 突发公共卫生事件应急管理法律制度

内容提要 突发公共卫生事件的应急处置关系人民生命健康、社会秩序稳定和国家经济发展。突发公共卫生事件应急管理法律制度包括应急管理体系、预防与应急准备、应急处置与救援、事后恢复与重建等,为规范突发事件应对管理活动,保护人民生命财产安全,维护国家安全、公共安全、环境安全和社会秩序提供了制度保证。

重点提示 突发公共卫生事件 应急管理

第一节 突发公共卫生事件应急管理法律制度概述

一、突发公共卫生事件概述

突发公共卫生事件,是指突然发生,造成或者可能造成社会公众健康严重损害的重大传染病疫情、群体性不明原因疾病、重大食物和职业中毒以及其他严重影响公众健康的事件。

重大传染病疫情,是指某种传染病在短时间内发生、波及范围广,出现大量的病人或死亡病例,其发病率远远超过常年的发病率水平的情况。

群体性不明原因疾病,是指在短时间内,某个相对集中的区域内同时或者相继出现具有共同临床表现病人,且病例不断增加,范围不断扩大,又暂时不能明确诊断的疾病。这种疾病可能是传染病,可能是群体性癔症,也可能是某种中毒。

重大食物和职业中毒,是指由于食品污染和职业危害的原因造成的人数众多或者伤亡较重的中毒事件。

其他严重影响公众健康事件,是指针对不特定的社会群体,造成或可能造成社会公众健康严重损害,影响正常社会秩序的重大事件。

突发公共卫生事件较于一般的事件,主要有以下特征:① 突发性。突发公共卫生事件的发生比较突然,没有特别的发生方式,突如其来,带有很大的偶然性,不易预测,使人们难以及时预防;② 特定性。突发公共卫生事件是发生在公共卫生领域的突发事件,具有公共卫生的属性,它不针对特定的人群发生,也不是局限于某一个固定的领域或区域;③ 复杂性。表现在成因复杂,种类复杂和影响复杂;④ 危害性。突发公共卫生事件后果往往较为严重,对公众健康的损害和影响达到一定的程度。

二、突发公共卫生事件立法

2003年5月,原卫生部印发《传染性非典型肺炎防治管理办法》。2003年5月,国务院公布实施《突发公共卫生事件应急条例》(以下简称《应急条例》),以便有效预防、及时控制和消除突发公共卫生事件的危害,保障公众身体健康与生命安全,维护正常的社会秩序。2011年1月,国务院对《突发公共卫生事件应急条例》进行了修订。2003年5月,最高人民法院、最高人民检察院公布了《关于办理妨害预防、控制突发传染病疫情等灾害的刑事案件具体应用法律若干问题的解释》。2003年11月,原卫生部印发《突发公共卫生事件与传染病疫情监测信息报告管理办法》(2006年8月修订)。2006年1月,国务院发布并实施《国家突发公共事件总体应急预案》,明确提出了应对各类突发公共事件的6条工作原则:以人为本,减少危害;居安思危,预防为主;统一领导,分级负责;依法规范,加强管理;快速反应,协同应对;依靠科技,提高素质。"总体预案"是全国应急预案体系的总纲,明确了各类突发公共事件分级分类和预案框架体系,规定了国务院应对特别重大突发公共事件的组织体系、工作机制等内容,是指导预防和处置各类突发公共事件的规范性文件。2006年2月,国务院印发《国家突发公共卫生事件应急预案》《国家突发公共事件医疗卫生救援应急预案》《国家突发重大动物疫情应急预案》《国家重大食品安全事故应急预案》。2006年3月,原卫生部印发《法定传染病疫情和突发公共卫生事件信息发布方案》。2007年2月,原卫生部印发《群体性不明原因疾病应急处置方案》。2007年8月,全国人民代表大会常务委员会制定了《中华人民共和国突发事件应对法》(以下简称《突发事件应对法》)。《突发事件应对法》对突发事件的预防与应急准备、监测与预警、应急处置与救援、事后恢复与重建等应对活动作出了明确规定。为规范突发事件应急预案管理,增强应急预案的针对性、实用性和可操作性。2013年10月,国务院制定颁布了《突发事件应急预案管理办法》。2019年11月,党的十九届四中全会通过的《中共中央关于坚持和完善中国特色社会主义制度推进国家治理体系和治理能力现代化若干重大问题的决定》(以下简称《决定》)提出"强化提高人民健康水平的制度保障","加强公共卫生防疫和重大传染病防控"。

突如其来的新冠肺炎疫情对人民生命健康安全构成重大威胁。应对新冠肺炎疫情,既是对我国全面依法治国能力的一场大考,也是对我国建立的突发事件应对体制机制的一次检验。在党的坚强领导下,中国人民用艰苦卓绝的努力,书写了世界瞩目的战"疫"答卷。党中央高度重视突发事件应对管理工作,习近平总书记多次强调依法防控、依法治理的极端重要性,对完善疫情防控法律体系、健全国家公共卫生应急管理体系、构建生物安全法律法规体系提出明确要求。2020年1月,国家卫健委印发《新型冠状病毒感染的肺炎诊疗方案(试行)》《新型冠状病毒感染的肺炎疫情防控方案》《新型冠状病毒感染的肺炎病例监测方案》等多份新型冠状病毒诊疗、防控方案,以指导各地做好疫情防控。2020年2月,最高人民法院、最高人民检察院、公安部、司法部联合制定了《关于依法惩治妨害新型冠状病毒感染肺炎疫情防控违法犯罪的意见》。2020年3月,栗战书委员长出席"强化公共卫生法治保障立法修法工作"座谈会,明确由张春贤副委员长牵头成立修法工作专班。突发事件应对法修订正是其中一项重点修法项目。2020年4月,国务院印发《新冠病毒无症状感染者管理规范》。2020年6月1日起实施的《基本医疗卫生与健康促进法》第19条规定:"国家建立突发公共卫生事件应急体系,制定和完善应急预案,组织开展突发事件的医疗救治、卫生学调查处置和心理救援等卫生应急工作,有效控制和消除危害。"各地陆续出台突发公共卫生事件应急地方性法规,总结了近年来特别是新冠肺炎疫情发生以来各地应对突发公共卫生事件的经验做法,全面系统规范了突发公共卫生应急全链条工作,为建设统一高效的地方公共卫生应急管理体系,保障人民群众生命安全和身体健康提供了法治保障。如2020年9月,《北京市突发公共卫生事件应急条例》颁布实施;2021年10月,《深圳经济特区突发公共卫生事件应急条例》实施。

2021年12月,《中华人民共和国突发事件应对管理法(草案)》(以下简称《草案》)提请十三届全国人大常委会第三十二次会议审议。《草案》对现行突发事件应对法的名称、体例结构及条文顺序进行了调整,内容从7章70条增加到8章104条,新增"管理体制"一章。从理顺突发事件应对管理工作领导和管理体制、畅通信息报送和发布渠道、完善应急保障制度、加强突发事件应对管理能力建设、充分发挥社会力量作用和保障社会各主体合法权益等方面作出了规定。

三、突发公共卫生事件的分级

根据突发公共卫生事件性质、危害程度、涉及范围,将突发公共卫生事件划分为特别重大(Ⅰ级)、重大(Ⅱ级)、较大(Ⅲ级)和一般(Ⅳ级)四级,依次用红色、橙色、黄色、蓝色进行预警。

(一) 特别重大的突发公共卫生事件(Ⅰ级)

有下列情形之一的,为特别重大的突发公共卫生事件(Ⅰ级):

(1) 肺鼠疫、肺炭疽在大、中城市发生并有扩散趋势,疫情波及2个及以上的省份,并有进一步扩散趋势;或人口稀少和交通不便地区1个县(区)域内在一个平均潜伏区内发病10例及以上。

(2) 发生传染性非典型肺炎、人感染高致病性禽流感病例,疫情波及2个及以上的省份,并有继续扩散趋势。

(3) 涉及多个省份的群体性不明原因疾病,并有扩散趋势,造成重大影响。

(4) 发生新发传染病,或我国尚未发现的传染病发生或传入,并有扩散趋势,或发现我国已消灭的传染病重新流行。

(5) 发生烈性病菌株、毒株、致病因子等丢失事件。

(6) 周边以及与我国通航的国家和地区发生特大传染病疫情,并出现输入性病例,严重危及我国公共卫生安全的事件。

(7) 一次放射事故超剂量照射人数200人以上,或轻、中度放射损伤人数50人以上;或重度放射损伤人数10人以上;或极重度放射损伤人数共5人以上。

(8) 国务院卫生行政部门认定的其他特别重大突发公共卫生事件。

(二) 重大的突发公共卫生事件(Ⅱ级)

有下列情形之一的,为重大的突发公共卫生事件(Ⅱ级):

(1) 边远、地广人稀、交通不便地区发生肺鼠疫、肺炭疽病例,疫情波及2个及以上乡(镇),一个平均潜伏期内发病5例及以上;或其他地区出现肺鼠疫、肺炭疽病例。

(2) 发生传染性非典型肺炎续发病例;或疫情波及 2 个及以上地(市)。

(3) 肺鼠疫发生流行,流行范围波及 2 个及以上县(区),在一个平均潜伏期内多点连续发病 20 例及以上。

(4) 霍乱在一个地(市)范围内流行,1 周内发病 30 例及以上;或疫情波及 2 个及以上地(市),1 周内发病 50 例及以上。

(5) 乙类、丙类传染病疫情波及 2 个及以上县(区),一周内发病水平超过前 5 年同期平均发病水平 2 倍以上。

(6) 发生群体性不明原因疾病,扩散到县(区)以外的地区。

(7) 预防接种或学生预防性服药出现人员死亡。

(8) 一次食物中毒人数超过 100 人并出现死亡病例;或已出现 10 例及以上死亡病例。

(9) 一次发生急性职业中毒 50 人以上,或死亡 5 人及以上。

(10) 一次放射事故超剂量照射人数 101~200 人,或轻、中度放射损伤人数 21~50 人;或重度放射损伤人数 3~10 人;或极重度放射损伤人数 3~5 人。

(11) 鼠疫、炭疽、传染性非典型肺炎、艾滋病、霍乱、脊髓灰质炎等菌种、毒种丢失。

(12) 省级以上人民政府卫生行政部门认定的其他严重突发公共卫生事件。

(三) 较大的突发公共卫生事件(Ⅲ级)

有下列情形之一的,为较大的突发公共卫生事件(Ⅲ级):

(1) 边远、地广人稀、交通不便的局部地区发生肺鼠疫、肺炭疽病例,流行范围在一个乡(镇)以内,一个平均潜伏期内病例数未超过 5 例。

(2) 发生传染性非典型肺炎病例。

(3) 霍乱在县(区)域内发生,1 周内发病 10~30 例;或疫情波及 2 个及以上县;或地级以上城市的市区首次发生;

(4) 一周内在一个县(区)域内乙类、丙类传染病发病水平超过前 5 年同期平均发病水平 1 倍以上。

(5) 在一个县(区)域内发现群体性不明原因疾病。

(6) 一次食物中毒人数超过 100 人;或出现死亡病例;或食物中毒事件发生在学校、地区性或全国性重要活动期间的。

(7) 预防接种或学生预防性服药出现群体心因性反应或不良反应。

(8) 一次性发生急性职业中毒 10~50 人,或死亡 5 人以下。

(9) 一次性放射事故超剂量照射人数 51~100 人,或轻、中度放射损伤人数 11~20 人。

(10) 地市级以上人民政府卫生行政部门认定的其他较大的突发公共卫生事件。

(四) 一般的突发公共卫生事件(Ⅳ级)

有下列情形之一的,为一般的突发公共卫生事件(Ⅳ级):

(1) 鼠疫在县(区)域内发生,一个平均潜伏期内病例数未超过 20 例。

(2) 霍乱在县(区)域内发生,1 周内发病在 10 例以下。

(3) 一次食物中毒人数 30~100 人,且无死亡病例报告。

(4) 一次性急性职业中毒 10 人以下,未出现死亡。

(5) 一次性放射事故超剂量照射人数 10~50 人,或轻、中度放射损伤人数 3~10 人。

(6) 县级以上人民政府卫生行政部门认定的其他一般突发公共卫生事件。

第二节 应急管理体系

一、突发公共卫生事件应急处理指挥机构

突发公共卫生事件应急处理指挥机构分为国家、省级、地市级和县级应急指挥部。每级指挥部成员单位根据突发公共卫生事件的性质和应急处理的需要确定,各级职责分明。全国突发公共卫生事件应急指挥部负责对特别重大突发公共卫生事件的统一领导、统一指挥,作出处理突发公共卫生事件的重大决策。指挥部成员单位根据突发公共卫生事件的性质和应急处理的需要确定。省级突发公共卫生事件应急指挥部由省级人民政府有关部门组成,实行属地管理的原则,负责对本行政区域内突发公共卫生事件应急处理的协调和指挥,作出处理本行政区域内突发公共卫生事件的决策,决定要采取的措施。

国务院卫生行政部门设立卫生应急办公室(突发公共卫生事件应急指挥中心),负责全国突发公共卫生事件应急处理的日常管理工作。各省、自治区、直辖市人民政府卫生行政部门及军队、武警系统要参照国务院卫生行政部门突发公共卫生事件日常管理机构的设置及职责,结合各自实际情况,指定突发公共卫生事件的日常管理机构,负责本行政区域或本系统内突发公共卫生事件应急的协调、管理工作。各市(地)级、县级卫生行政部门要指定机构负责本行政区域内突发公共卫生事件应急的日常管理工作。突发公共卫生事件应急工作结束后,地方各级人民政府应组织有关部门对应急处理期间紧急调集、征用有关单位、企业、个人的物资和劳务进行合理评估,给予补偿。

二、突发公共卫生事件专家咨询委员会

国务院卫生行政部门和省级卫生行政部门负责组建突发公共卫生事件专家咨询委员会。市(地)级和县级卫生行政部门可根据本行政区域内突发公共卫生事件应急工作需要,组建突发公共卫生事件应急处理专家咨询委员会。

为加强国家突发公共卫生事件应急机制建设,充分发挥专家在卫生应急工作中咨询建议、技术指导等作用,有效应对突发公共卫生事件,原卫生部2011年3月决定成立突发事件卫生应急专家咨询委员会,并制定了《卫生部突发事件卫生应急专家咨询委员会管理办法》。这标志着我国突发公共卫生事件应急机制建设进一步完善。专家咨询委员会共计105人,下设6个专业组计95人。其中,传染病防控组19人、中毒处置组17人、医疗救治组20人、核和放射处置组10人、预测预警组11人、综合组18人。国家突发公共卫生事件专家咨询委员会主要职责是:对确定突发公共卫生事件相应的级别以及采取的重要措施提出建议;对突发公共卫生事件应急准备提出咨询建议;参与制定、修订突发公共卫生事件应急预案和技术方案;对突发公共卫生事件应急处理进行技术指导;对突发公共卫生事件应急反应的终止、后期评估提出咨询意见;承担突发公共卫生事件应急指挥机构和日常管理机构交办的其

他工作。国家突发公共卫生事件专家咨询委员会日常管理工作由卫生部卫生应急办公室负责。

三、应急处理专业技术机构

医疗机构、疾病预防控制机构、卫生监督机构、出入境检验检疫机构是突发公共卫生事件应急处理的专业技术机构。应急处理专业技术机构要结合本单位职责开展专业技术人员处理突发公共卫生事件能力培训,提高快速应对能力和技术水平,在发生突发公共卫生事件时,要服从卫生行政部门的统一指挥和安排,开展应急处理工作。

第三节 预防与应急准备

一、突发公共卫生事件应急预案

(一) 突发公共卫生事件预案的制定

国家建立健全突发事件应急预案体系。国务院制定国家突发事件总体应急预案,组织制定国家突发事件专项应急预案;国务院有关部门根据各自的职责和国务院相关应急预案,制定国家突发事件部门应急预案。地方各级人民政府和县级以上地方各级人民政府有关部门根据有关法律、法规、规章、上级人民政府及其有关部门的应急预案以及本地区的实际情况,制定相应的突发事件应急预案。应急预案制定机关应当根据实际需要和情势变化,适时修订应急预案。应急预案的制定、修订程序由国务院规定。

应急预案应当根据本法和其他有关法律、法规的规定,针对突发事件的性质、特点和可能造成的社会危害,具体规定突发事件应急管理工作的组织指挥体系与职责和突发事件的预防与预警机制、处置程序、应急保障措施以及事后恢复与重建措施等内容。

2006年1月,为了提高政府保障公共安全和处置突发公共事件的能力,最大限度地预防和减少突发公共事件及其造成的损害,保障公众的生命财产安全,维护国家安全和社会稳定,促进经济社会全面、协调、可持续发展,国务院颁布实施《国家突发公共事件总体应急预案》,明确提出了应对各类突发公共事件的6条工作原则:以人为本,减少危害;居安思危,预防为主;统一领导,分级负责;依法规范,加强管理;快速反应,协同应对;依靠科技,提高素质。国家突发公共事件总体应急预案由国家专项应急预案、国务院部门应急预案和省级地方应急预案构成,包括4项公共卫生类突发公共事件专项应急预案,分别是《国家突发公共卫生事件应急预案》《国家突发公共事件医疗卫生救援应急预案》《国家突发重大动物疫情应急预案》《国家重大食品安全事故应急预案(2011年修订)》。

依据《中华人民共和国传染病防治法》《中华人民共和国食品卫生法》《中华人民共和国职业病防治法》《中华人民共和国国境卫生检疫法》《突发公共卫生事件应急条例》《国内交通卫生检疫条例》和《国家突发公共事件总体应急预案》,为有效预防、及时控制和消除突发公共卫生事件及其危害,指导和规范各类突发公共卫生事件的应急处理工作,最大限度地减少突发公共卫生事件对公众健康造成的危害,保障公众身心健康与生命安全,2006年2月《国家突发公共卫生事件应急预案》颁布。其适用于突然发生,造成或者可能造成社会公众身心健康严重损害的重大传染病、群体性不明原因疾病、重大食物和职业中毒以及因自然灾害、事故灾难或社会安全等事件引起的严重影响公众身心健康的公共卫生事件的应急处理工作。

为了有效预防、及时控制和消除公共卫生类突发公共事件及其危害,指导和规范相关应急处理工作,最大限度地减少对公众健康造成的危害,保障公众身心健康与生命安全,原卫生部根据《突发公共卫生事件应急条例》和《国家突发公共卫生事件应急预案》制定了《国家突发公共事件医疗卫生救援应急预案》及多项突发公共卫生事件应急预案,如《法定传染病疫情和突发事件应急方案》《群体性不明原因疾病应急处置方案》《人感染高致病性禽流感应急预案》《突发中毒事件卫生应急预案》《处置生物、化学恐怖袭击事件医学应急预案》《国家鼠疫控制应急预案》《应对流感大流行准备计划与应急预案(试行)》、《手足口病预防控制指南》等。

(二)突发公共卫生事件应急预案体系

(1)突发公共事件总体应急预案。总体应急预案是全国应急预案体系的总纲,是国务院应对特别重大突发公共事件的规范性文件。

(2)突发公共事件专项应急预案。专项应急预案主要是国务院及其有关部门为应对某一类型或某几种类型突发公共事件而制定的应急预案。

(3)突发公共事件部门应急预案。部门应急预案是国务院有关部门根据总体应急预案、专项应急预案和部门职责为应对突发公共事件制定的预案。

(4)突发公共事件地方应急预案。具体包括:省级人民政府的突发公共事件总体应急预案、专项应急预案和部门应急预案;各市(地)、县(市)人民政府及其基层政权组织的突发公共事件应急预案。上述预案在省级人民政府的领导下,按照分类管理、分级负责的原则,由地方人民政府及其有关部门分别制定。

(5)企事业单位根据有关法律法规制定的应急预案。

(6)举办大型会展和文化体育等重大活动,主办单位应当制订应急预案。

(三)突发事件应急预案的内容

(1)突发事件应急处理指挥部的组成和相关部门的职责。

(2)突发事件的监测与预警。

(3)突发事件信息的收集、分析、报告、通报制度。

(4)突发事件应急处理技术和监测机构及其任务。

(5)突发事件的分级和应急处理工作方案。

(6)突发事件预防、现场控制,应急设施、设备、救治药品和医疗器械以及其他物资和技术的储备与调度。

(7)突发事件应急处理专业队伍的建设和培训。突发事件应急预案应当根据突发事件的变化和实施中发现的问题及时进行修订、补充。

二、突发公共卫生事件预防控制

(一) 应急宣传教育及演练

县级人民政府及其有关部门、乡级人民政府、街道办事处应当组织开展应急知识的宣传普及活动和必要的应急演练。居民委员会、村民委员会、企业事业单位应当根据所在地人民政府的要求,结合各自的实际情况,开展有关突发事件应急知识的宣传普及活动和必要的应急演练。新闻媒体应当无偿开展突发事件预防与应急、自救与互救知识的公益宣传。各级各类学校应当把应急知识教育纳入教学内容,对学生进行应急知识教育,培养学生的安全意识和自救与互救能力。教育主管部门应当对学校开展应急知识教育进行指导和监督。《突发事件应急预案管理办法》规定,应急预案编制单位应当建立应急演练制度,根据实际情况采取实战演练、桌面推演等方式,组织开展人员广泛参与、处置联动性强、形式多样、节约高效的应急演练。专项应急预案、部门应急预案至少每 3 年进行一次应急演练。《突发公共卫生事件应急条例》规定,县级以上人民政府应组织有关部门利用广播、影视、报刊、互联网、手册等多种形式对社会公众广泛开展突发公共卫生事件应急知识的普及教育,宣传卫生科普知识,指导群众以科学的行为和方式对待突发公共卫生事件;充分发挥有关社会团体在普及卫生应急知识和卫生科普知识方面的作用,增强全社会对突发事件的防范意识和应对能力。

(二) 监测和预警

国务院建立全国统一的突发事件信息系统。县级以上地方各级人民政府应当建立或者确定本地区统一的突发事件信息系统,汇集、储存、分析、传输有关突发事件的信息,并与上级人民政府及其有关部门、下级人民政府及其有关部门、专业机构和监测网点的突发事件信息系统实现互联互通,加强跨部门、跨地区的信息交流与情报合作。国家建立健全突发事件监测制度。县级以上人民政府及其有关部门应当根据自然灾害、事故灾难和公共卫生事件的种类和特点,建立健全基础信息数据库,完善监测网络,划分监测区域,确定监测点,明确监测项目,提供必要的设备、设施,配备专职或者兼职人员,对可能发生的突发事件进行监测。国家建立健全突发事件预警制度。《突发公共卫生事件应急条例》规定,县级以上地方人民政府建立和完善突发事件监测与预警系统。县级以上各级人民政府卫生行政部门,指定机构负责开展突发事件的日常监测,并确保监测与预警系统的正常运行。在日常工作中,要对可能发生的突发公共卫生事件进行监测,并及时发出预警;突发公共卫生事件发生后,要对已经发生的突发公共卫生事件进行跟踪监测,掌握其变化情况,对可能出现的趋势和问题及时进行预警。

(三) 经费保障及物资储备保障

国家鼓励公民、法人和其他组织为人民政府应对突发事件工作提供物资、资金、技术支持和捐赠。国家发展保险事业,建立国家财政支持的巨灾风险保险体系,并鼓励单位和公民参加保险。《突发公共卫生事件应急条例》规定,必须保障突发公共卫生事件应急基础设施项目建设经费,按规定落实对突发公共卫生事件应急处理专业技术机构的财政补助政策和突发公共卫生事件应急处理经费。应根据需要对边远贫困地区突发公共卫生事件应急工作给予经费支持。所需经费列入本级政府财政预算。国务院有关部门和地方各级人民政府应积极通过国际、国内等多渠道筹集资金,用于突发公共卫生事件应急处理工作。

(四)应急医疗救治能力及国家卫生应急队伍建设

县级以上人民政府应当建立健全突发事件应急管理培训制度,对人民政府及其有关部门负有处置突发事件职责的工作人员定期进行培训。县级以上人民政府应当整合应急资源,建立或者确定综合性应急救援队伍。人民政府有关部门可以根据实际需要设立专业应急救援队伍。县级以上人民政府及其有关部门可以建立由成年志愿者组成的应急救援队伍。单位应当建立由本单位职工组成的专职或者兼职应急救援队伍。县级以上人民政府应当加强专业应急救援队伍与非专业应急救援队伍的合作,联合培训、联合演练,提高合成应急、协同应急的能力。国务院有关部门、县级以上地方各级人民政府及其有关部门、有关单位应当为专业应急救援人员购买人身意外伤害保险,配备必要的防护装备和器材,减少应急救援人员的人身风险。中国人民解放军、中国人民武装警察部队和民兵组织应当有计划地组织开展应急救援的专门训练。2010年原卫生部《国家卫生应急队伍管理办法(试行)》规定,国家卫生应急队伍主要由卫生应急管理人员、医疗卫生专业人员和技术保障人员构成。

第四节 报告与信息发布

一、突发事件应急报告制度

(一)国家建立突发事件应急报告制度

国务院卫生行政主管部门制定突发事件应急报告规范,建立重大、紧急疫情信息报告系统。突发公共卫生事件责任报告单位要按照有关规定及时、准确地报告突发公共卫生事件及其处置情况。

县级以上地方各级人民政府应当建立或者确定本地区统一的突发事件信息系统,汇集、储存、分析、传输有关突发事件的信息,并与上级人民政府及其有关部门、下级人民政府及其有关部门、专业机构和监测网点的突发事件信息系统实现互联互通,加强跨部门、跨地区的信息交流与情报合作。县级以上人民政府及其有关部门、专业机构应当通过多种途径收集突发事件信息。县级人民政府应当在居民委员会、村民委员会和有关单位建立专职或者兼职信息报告员制度。获悉突发事件信息的公民、法人或者其他组织,应当立即向所在地人民政府、有关主管部门或者指定的专业机构报告。

任何单位和个人对突发公共卫生事件,不得隐瞒、缓报、谎报或者授意他人隐瞒、缓报、谎报。

(二)报告主体、内容与时限

(1)各级各类医疗卫生机构、卫生行政部门、县级以上地方人民政府和检验检疫机构、食品药品监督管理机构、环境保护监测机构、教育机构等有关单位为突发公共卫生事件的责任报告单位。执行职务的各级各类医疗卫生机构的医疗卫生人员、个体开业医生为突发公共卫生事件的责任报告人。

(2) 突发事件监测机构、医疗卫生机构和有关单位发现有：① 发生或者可能发生传染病暴发、流行的；② 发生或者发现不明原因的群体性疾病的；③ 发生传染病菌种、毒种丢失的；④ 发生或者可能发生重大食物和职业中毒事件的这些情形之一的，应当在2小时内向所在地县级人民政府卫生行政主管部门报告；接到报告的卫生行政主管部门应当在2小时内向本级人民政府报告，并同时向上级人民政府卫生行政主管部门和国务院卫生行政主管部门报告。

(3) 县级人民政府应当在接到报告后2小时内向设区的市级人民政府或者上一级人民政府报告；设区的市级人民政府应当在接到报告后2小时内向省、自治区、直辖市人民政府报告。

省、自治区、直辖市人民政府应当在接到报告1小时内，向国务院卫生行政主管部门报告。

国务院卫生行政主管部门对可能造成重大社会影响的突发事件，应当立即向国务院报告。

(三) 核实与通报

(1) 接到报告的地方人民政府、卫生行政主管部门依照本条例规定报告的同时，应当立即组织力量对报告事项调查核实、确证，采取必要的控制措施，并及时报告调查情况。

(2) 国务院卫生行政主管部门应当根据发生突发事件的情况，及时向国务院有关部门和各省、自治区、直辖市人民政府卫生行政主管部门以及军队有关部门通报。

突发事件发生地的省、自治区、直辖市人民政府卫生行政主管部门，应当及时向毗邻省、自治区、直辖市人民政府卫生行政主管部门通报。

接到通报的省、自治区、直辖市人民政府卫生行政主管部门，必要时应当及时通知本行政区域内的医疗卫生机构。

县级以上地方人民政府有关部门，已经发生或者发现可能引起突发事件的情形时，应当及时向同级人民政府卫生行政主管部门通报。

二、突发事件举报制度

国家建立突发事件举报制度，公布统一的突发事件报告、举报电话。

任何单位和个人有权向人民政府及其有关部门报告突发事件隐患，有权向上级人民政府及其有关部门举报地方人民政府及其有关部门不履行突发事件应急处理职责，或者不按照规定履行职责的情况。接到报告、举报的有关人民政府及其有关部门，应当立即组织对突发事件隐患、不履行或者不按照规定履行突发事件应急处理职责的情况进行调查处理。

对举报突发事件有功的单位和个人，县级以上各级人民政府及其有关部门应当予以奖励。

三、突发事件信息发布制度

国家建立突发事件的信息发布制度。

国务院卫生行政主管部门负责向社会发布突发事件的信息。必要时,可以授权省、自治区、直辖市人民政府卫生行政主管部门向社会发布本行政区域内突发事件的信息。

信息发布应当及时、准确、全面。

第五节 应急处理与重建

一、应急预案启动

突发公共卫生事件发生后,卫生行政部门应当组织专家对突发公共卫生事件进行综合评估,初步判断突发公共卫生事件的类型,提出是否启动突发公共卫生事件应急预案的建议。在全国范围内或者跨省、自治区、直辖市范围内启动全国突发公共卫生事件应急预案,由国务院卫生行政部门报国务院批准后实施。省、自治区、直辖市启动突发公共卫生事件应急预案,由省、自治区、直辖市人民政府决定,并向国务院报告。

突发公共卫生事件应急处理要采取边调查、边处理、边抢救、边核实的方式,以有效措施控制事态发展。事发地之外的地方各级人民政府卫生行政部门接到突发公共卫生事件情况通报后,要及时通知相应的医疗卫生机构,组织做好应急处理所需的人员与物资准备,采取必要的预防控制措施,防止突发公共卫生事件在本行政区域内发生,并服从上一级人民政府卫生行政部门的统一指挥和调度,支援突发公共卫生事件发生地区的应急处理工作。

全国突发事件应急处理指挥部对突发事件应急处理工作进行督察和指导,地方各级人民政府及其有关部门应当予以配合。省、自治区、直辖市突发事件应急处理指挥部对本行政区域内突发事件应急处理工作进行督察和指导。省级以上人民政府卫生行政主管部门或者其他有关部门指定的突发事件应急处理专业技术机构,负责突发事件的技术调查、确证、处置、控制和评价工作。

国务院卫生行政主管部门对新发现的突发传染病,根据危害程度、流行强度,依照《中华人民共和国传染病防治法》的规定及时宣布为法定传染病;宣布为甲类传染病的,由国务院决定。

应急预案启动前,县级以上各级人民政府有关部门应当根据突发事件的实际情况,做好应急处理准备,采取必要的应急措施。

应急预案启动后,突发事件发生地的人民政府有关部门,应当根据预案规定的职责要求,服从突发事件应急处理指挥部的统一指挥,立即到达规定岗位,采取有关的控制措施。

医疗卫生机构、监测机构和科学研究机构,应当服从突发事件应急处理指挥部的统一指挥,相互配合、协作,集中力量开展相关的科学研究工作。

二、应急处置措施

(一) 政府应急处置措施

公共卫生事件发生后,履行统一领导职责的人民政府可以采取下列一项或者多项应急处置措施:

(1) 组织营救和救治受害人员,疏散、撤离并妥善安置受到威胁的人员以及采取其他救助措施。

(2) 迅速控制危险源,标明危险区域,封锁危险场所,划定警戒区,实行交通管制以及其他控制措施。

(3) 立即抢修被损坏的交通、通信、供水、排水、供电、供气、供热等公共设施,向受到危害的人员提供避难场所和生活必需品,实施医疗救护和卫生防疫以及其他保障措施。

(4) 禁止或者限制使用有关设备、设施,关闭或者限制使用有关场所,中止人员密集的活动或者可能导致危害扩大的生产经营活动以及采取其他保护措施。

(5) 启用本级人民政府设置的财政预备费和储备的应急救援物资,必要时调用其他急需物资、设备、设施、工具。

(6) 组织公民参加应急救援和处置工作,要求具有特定专长的人员提供服务。

(7) 保障食品、饮用水、燃料等基本生活必需品的供应。

(8) 依法从严惩处囤积居奇、哄抬物价、制假售假等扰乱市场秩序的行为,稳定市场价格,维护市场秩序。

(9) 依法从严惩处哄抢财物、干扰破坏应急处置工作等扰乱社会秩序的行为,维护社会治安。

(10) 采取防止发生次生、衍生事件的必要措施。

(二) 物资保障应急处置措施

发生突发事件,严重影响国民经济正常运行时,国务院或者国务院授权的有关主管部门可以采取保障、控制等必要的应急措施,保障人民群众的基本生活需要,最大限度地减轻突发事件的影响。履行统一领导职责或者组织处置突发事件的人民政府,必要时可以向单位和个人征用应急救援所需设备、设施、场地、交通工具和其他物资,请求其他地方人民政府提供人力、物力、财力或者技术支援,要求生产、供应生活必需品和应急救援物资的企业组织生产、保证供给,要求提供医疗、交通等公共服务的组织提供相应的服务。履行统一领导职责或者组织处置突发事件的人民政府,应当组织协调运输经营单位,优先运送处置突发事件所需物资、设备、工具、应急救援人员和受到突发事件危害的人员。

突发公共卫生事件发生后,国务院有关部门和县级以上地方人民政府及其有关部门,应当保证突发公共卫生事件应急处理所需的医疗救护设备、救治药品、医疗器械等物资的生产、供应;铁路、交通、民用航空行政主管部门应当保证及时运送。根据突发公共卫生事件应急处理的需要,突发公共卫生事件应急处理指挥部有权紧急调集人员、储备的物资、交通工具以及相应的设施、设备参加应急处理工作。

(三)检疫查验应急处置措施

《突发公共卫生事件应急条例》规定,交通工具上发现根据国务院卫生行政部门的规定需要采取应急控制措施的传染病病人、疑似传染病病人,其负责人应当以最快的方式通知前方停靠点,并向交通工具的营运单位报告。交通工具的前方停靠点和营运单位应当立即向交通工具营运单位行政主管部门和县级以上地方人民政府卫生行政部门报告。卫生行政部门接到报告后,应当立即组织有关人员采取相应的医学处置措施。

交通工具上的传染病病人密切接触者,由交通工具停靠点的县级以上各级人民政府卫生行政部门或者铁路、交通、民用航空行政主管部门,根据各自的职责,依照传染病防治法律、法规的规定,采取控制措施。

涉及国境口岸和入出境的人员、交通工具、货物、集装箱、行李、邮包等需要采取传染病应急控制措施的,依照国境卫生检疫法律、行政法规的规定办理。

突发公共卫生事件应急处理指挥部根据突发事件应急处理的需要,可以对疫区的食物和水源采取控制措施。必要时,对人员进行疏散或者隔离,并可以依法对传染病疫区实行封锁。对传染病暴发、流行区域内流动人口,突发事件发生地的县级以上地方人民政府应当做好预防工作,落实有关卫生控制措施;对传染病病人和疑似传染病病人,应当采取就地隔离、就地观察、就地治疗的措施;对密切接触者根据情况采取集中或居家医学观察;对需要治疗和转诊的,依照规定执行。

《国家突发公共卫生事件应急预案》规定,实施交通卫生检疫,组织铁路、交通、民航、质检等部门在交通站点和出入境口岸设置临时交通卫生检疫站,对出入境、进出疫区和运行中的交通工具及其乘运人员和物资、宿主动物进行检疫查验。

(四)医疗机构应急处置措施

(1)对因突发事件致病的人员提供医疗救护和现场救援,对就诊病人必须接诊治疗,实行重症和普通病人分开管理,并书写详细、完整的病历记录。对需要转送的病人,应当按照规定将病人及其病历记录的复印件转送至接诊的或者指定的医疗机构。对疑似病人及时排除或确诊。

(2)协助疾控机构人员开展标本的采集、流行病学调查工作。

(3)采取卫生防护措施,做好医院内现场控制、消毒隔离、个人防护、医疗垃圾和污水处理工作,防止交叉感染和污染。

(4)做好传染病和中毒病人的报告。对因突发公共卫生事件而引起身体伤害的病人,任何医疗机构不得拒绝接诊。

(5)对群体性不明原因疾病和新发传染病做好病例分析与总结,积累诊断治疗的经验。重大中毒事件,按照现场救援、病人转运、后续治疗相结合的原则进行处置。

(五)疾病预防控制机构应急处置措施

(1)国家、省、市(地)、县级疾控机构做好突发公共卫生事件的信息收集、报告与分析工作。

(2)疾控机构人员到达现场后,尽快制定流行病学调查计划和方案,地方专业技术人员按照计划和方案,开展对突发事件累及人群的发病情况、分布特点进行调查分析,提出并实施有针对性的预防控制措施;对传染病病人、疑似病人、病原携带者及其密切接触者进行追踪调查,查明传播链,并向相关地方疾病预防控制机构通报情况。

(3) 中国疾病预防控制中心和省级疾病预防控制机构指定的专业技术机构在地方专业机构的配合下,按有关技术规范采集足量、足够的标本,分送省级和国家应急处理功能网络实验室检测,查找致病原因。

(4) 开展与突发事件相关的诊断试剂、疫苗、消毒方法、医疗卫生防护用品等方面的研究。开展国际合作,加快病源查寻和病因诊断。

(5) 中国疾病预防控制中心协助卫生行政部门制定全国新发现的突发传染病、不明原因的群体性疾病、重大中毒事件的技术标准和规范。

(6) 中国疾病预防控制中心具体负责全国省级疾病预防控制中心突发公共卫生事件应急处理专业技术人员的应急培训。各省级疾病预防控制中心负责县级以上疾病预防控制机构专业技术人员的培训工作。做好突发公共卫生事件的信息收集、报告与分析工作;开展流行病学调查;进行实验室检测等。

(六) 卫生监督机构应急处置措施

(1) 在卫生行政部门的领导下,开展对医疗机构、疾病预防控制机构突发公共卫生事件应急处理各项措施落实情况的督导、检查。

(2) 围绕突发公共卫生事件应急处理工作,开展食品卫生、环境卫生、职业卫生等的卫生监督和执法稽查。

(3) 协助卫生行政部门依据《突发公共卫生事件应急条例》和有关法律法规,调查处理突发公共卫生事件应急工作中的违法行为。

(七) 出入境检验检疫机构应急处置措施

(1) 调动出入境检验检疫机构技术力量,配合当地卫生行政部门做好口岸的应急处理工作。

(2) 及时上报口岸突发公共卫生事件信息和情况变化。

(八) 非事件发生地区的应急处置措施

未发生突发公共卫生事件的地区应根据其他地区发生事件的性质、特点、发生区域和发展趋势,分析本地区受波及的可能性和程度,重点做好以下工作:

(1) 密切保持与事件发生地区的联系,及时获取相关信息。
(2) 组织做好本行政区域应急处理所需的人员与物资准备。
(3) 加强相关疾病与健康监测和报告工作,必要时,建立专门报告制度。
(4) 开展重点人群、重点场所和重点环节的监测和预防控制工作,防患于未然。
(5) 开展防治知识宣传和健康教育,提高公众自我保护意识和能力。
(6) 根据上级人民政府及其有关部门的决定,开展交通卫生检疫等。

三、应急反应的终止

突发公共卫生事件应急反应的终止需符合以下条件:突发公共卫生事件隐患或相关危

险因素消除,或末例传染病病例发生后经过最长潜伏期无新的病例出现。

特别重大突发公共卫生事件由国务院卫生行政部门组织有关专家进行分析论证,提出终止应急反应的建议,报国务院或全国突发公共卫生事件应急指挥部批准后实施。

特别重大以下突发公共卫生事件由地方各级人民政府卫生行政部门组织专家进行分析论证,提出终止应急反应的建议,报本级人民政府批准后实施,并向上一级人民政府卫生行政部门报告。

上级人民政府卫生行政部门要根据下级人民政府卫生行政部门的请求,及时组织专家对突发公共卫生事件应急反应的终止的分析论证提供技术指导和支持。

四、恢复重建

(一) 评估与恢复

突发事件应急处置工作结束后,履行统一领导职责的人民政府应当立即组织对突发事件造成的损失进行评估,评估内容主要包括事件概况、现场调查处理概况、病人救治情况、所采取措施的效果评价、应急处理过程中存在的问题和取得的经验及改进建议。组织受影响地区尽快恢复生产、生活、工作和社会秩序,制定恢复重建计划,并向上一级人民政府报告。受突发事件影响地区的人民政府应当及时组织和协调公安、交通、铁路、民航、邮电、建设等有关部门恢复社会治安秩序,尽快修复被损坏的交通、通信、供水、排水、供电、供气、供热等公共设施。受突发事件影响地区的人民政府开展恢复重建工作需要上一级人民政府支持的,可以向上一级人民政府提出请求。上一级人民政府应当根据受影响地区遭受的损失和实际情况,提供资金、物资支持和技术指导,组织其他地区提供资金、物资和人力支援。国务院根据受突发事件影响地区遭受损失的情况,制定扶持该地区有关行业发展的优惠政策。

(二) 救助、抚恤、补助与补偿

公民参加应急救援工作或者协助维护社会秩序期间,其在本单位的工资待遇和福利不变;表现突出、成绩显著的,由县级以上人民政府给予表彰或者奖励。民政部门对在突发公共卫生事件应急处理工作中英勇献身的人员,按有关规定追认为烈士。地方各级人民政府要组织有关部门对因参与应急处理工作致病、致残、死亡的人员,按照国家有关规定,给予相应的补助和抚恤;对参加应急处理一线工作的专业技术人员应根据工作需要制定合理的补助标准,给予补助。突发公共卫生事件应急工作结束后,地方各级人民政府应组织有关部门对应急处理期间紧急调集、征用有关单位、企业、个人的物资和劳务进行合理评估,给予补偿。

(三) 责任追究

对在突发公共卫生事件的预防、报告、调查、控制和处理过程中,有玩忽职守、失职、渎职等行为的,依据《突发公共卫生事件应急条例》及有关法律法规追究当事人的责任。

第六节 法律责任

一、《突发公共卫生事件应急条例》相关法律责任规定

（1）县级以上地方人民政府及其卫生行政主管部门未依照本条例的规定履行报告职责，对突发事件隐瞒、缓报、谎报或者授意他人隐瞒、缓报、谎报的，对政府主要领导人及其卫生行政主管部门主要负责人，依法给予降级或者撤职的行政处分；造成传染病传播、流行或者对社会公众健康造成其他严重危害后果的，依法给予开除的行政处分；构成犯罪的，依法追究刑事责任。

（2）国务院有关部门、县级以上地方人民政府及其有关部门未依照本条例的规定，完成突发事件应急处理所需要的设施、设备、药品和医疗器械等物资的生产、供应、运输和储备的，对政府主要领导人和政府部门主要负责人依法给予降级或者撤职的行政处分；造成传染病传播、流行或者对社会公众健康造成其他严重危害后果的，依法给予开除的行政处分；构成犯罪的，依法追究刑事责任。

（3）突发事件发生后，县级以上地方人民政府及其有关部门对上级人民政府有关部门的调查不予配合，或者采取其他方式阻碍、干涉调查的，对政府主要领导人和政府部门主要负责人依法给予降级或者撤职的行政处分；构成犯罪的，依法追究刑事责任。

（4）县级以上各级人民政府卫生行政主管部门和其他有关部门在突发事件调查、控制、医疗救治工作中玩忽职守、失职、渎职的，由本级人民政府或者上级人民政府有关部门责令改正、通报批评、给予警告；对主要负责人、负有责任的主管人员和其他责任人员依法给予降级、撤职的行政处分；造成传染病传播、流行或者对社会公众健康造成其他严重危害后果的，依法给予开除的行政处分；构成犯罪的，依法追究刑事责任。

（5）县级以上各级人民政府有关部门拒不履行应急处理职责的，由同级人民政府或者上级人民政府有关部门责令改正、通报批评、给予警告；对主要负责人、负有责任的主管人员和其他责任人员依法给予降级、撤职的行政处分；造成传染病传播、流行或者对社会公众健康造成其他严重危害后果的，依法给予开除的行政处分；构成犯罪的，依法追究刑事责任。

（6）医疗卫生机构有下列行为之一的，由卫生行政主管部门责令改正、通报批评、给予警告；情节严重的，吊销《医疗机构执业许可证》；对主要负责人、负有责任的主管人员和其他直接责任人员依法给予降级或者撤职的纪律处分；造成传染病传播、流行或者对社会公众健康造成其他严重危害后果，构成犯罪的，依法追究刑事责任：

① 未依照本条例的规定履行报告职责，隐瞒、缓报或者谎报的。
② 未依照本条例的规定及时采取控制措施的。
③ 未依照本条例的规定履行突发事件监测职责的。
④ 拒绝接诊病人的。
⑤ 拒不服从突发事件应急处理指挥部调度的。

（7）在突发事件应急处理工作中，有关单位和个人未依照本条例的规定履行报告职责，

隐瞒、缓报或者谎报,阻碍突发事件应急处理工作人员执行职务,拒绝国务院卫生行政主管部门或者其他有关部门指定的专业技术机构进入突发事件现场,或者不配合调查、采样、技术分析和检验的,对有关责任人员依法给予行政处分或者纪律处分;触犯《中华人民共和国治安管理处罚法》,构成违反治安管理行为的,由公安机关依法予以处罚;构成犯罪的,依法追究刑事责任。

(8) 在突发事件发生期间,散布谣言、哄抬物价、欺骗消费者,扰乱社会秩序、市场秩序的,由公安机关或者工商行政管理部门依法给予行政处罚;构成犯罪的,依法追究刑事责任。

二、《突发事件应对法》相关法律责任规定

(1) 地方各级人民政府和县级以上各级人民政府有关部门违反本法规定,不履行法定职责的,由其上级行政机关或者监察机关责令改正;有下列情形之一的,根据情节对直接负责的主管人员和其他直接责任人员依法给予处分:

① 未按规定采取预防措施,导致发生突发事件,或者未采取必要的防范措施,导致发生次生、衍生事件的。

② 迟报、谎报、瞒报、漏报有关突发事件的信息,或者通报、报送、公布虚假信息,造成后果的。

③ 未按规定及时发布突发事件警报、采取预警期的措施,导致损害发生的。

④ 未按规定及时采取措施处置突发事件或者处置不当,造成后果的。

⑤ 不服从上级人民政府对突发事件应急处置工作的统一领导、指挥和协调的。

⑥ 未及时组织开展生产自救、恢复重建等善后工作的。

⑦ 截留、挪用、私分或者变相私分应急救援资金、物资的。

⑧ 不及时归还征用的单位和个人的财产,或者对被征用财产的单位和个人不按规定给予补偿的。

(2) 有关单位有下列情形之一的,由所在地履行统一领导职责的人民政府责令停产停业,暂扣或者吊销许可证或者营业执照,并处五万元以上二十万元以下的罚款;构成违反治安管理行为的,由公安机关依法给予处罚:

① 未按规定采取预防措施,导致发生严重突发事件的。

② 未及时消除已发现的可能引发突发事件的隐患,导致发生严重突发事件的。

③ 未做好应急设备、设施日常维护、检测工作,导致发生严重突发事件或者突发事件危害扩大的。

④ 突发事件发生后,不及时组织开展应急救援工作,造成严重后果的。

⑤ 前款规定的行为,其他法律、行政法规规定由人民政府有关部门依法决定处罚的,从其规定。

(3) 违反本法规定,编造并传播有关突发事件事态发展或者应急处置工作的虚假信息,或者明知是有关突发事件事态发展或者应急处置工作的虚假信息而进行传播的,责令改正,给予警告;造成严重后果的,依法暂停其业务活动或者吊销其执业许可证;负有直接责任的人员是国家工作人员的,还应当对其依法给予处分;构成违反治安管理行为的,由公安机关依法给予处罚。

(4) 单位或者个人违反本法规定,不服从所在地人民政府及其有关部门发布的决定、命

令或者不配合其依法采取的措施,构成违反治安管理行为的,由公安机关依法给予处罚。

(5) 单位或者个人违反本法规定,导致突发事件发生或者危害扩大,给他人人身、财产造成损害的,应当依法承担民事责任。

(6) 违反本法规定,构成犯罪的,依法追究刑事责任。

思考题

1. 什么是突发公共卫生事件?
2. 传染病突发公共卫生事件应急管理最重要的是做好哪三个环节的关键工作?
3. 什么是突发公共卫生事件预防控制体系?
4. 国家突发公共卫生事件应急预案包括哪些内容?

参考文献

[1] 中国法制出版社.中华人民共和国医药卫生法律法规全书[M].7版.北京:中国法制出版社,2021.

[2] 田侃,冯秀云.卫生法学[M].2版.北京:中国中医药出版社,2017.

第五章 传染病防治法律制度

内容提要 本章主要介绍传染病的概念与特征,传染病的分类管理,传染病的防治制度,传染病疫情的报告、通报和公布制度,传染病疫情的控制制度,传染病病人的医疗救治制度,传染病防治工作的监管制度,违反传染病防治的法律责任以及几种传染病防治的相关法律规定。重点介绍法定传染病的分类、传染病的预防措施、传染病疫情的报告、通报和公布、传染病的控制措施、传染病病人的医疗救治及违反传染病防治的法律责任。

重点提示 传染病 疫情通报 预防接种 疫情公布

第一节 传染病防治法律制度概述

一、传染病防治法的概念、适用范围及分类管理

(一)传染病防治法的概念

传染病防治法是调整预防、控制和消除传染病的发生与流行,保障人体健康和公共卫生活动中产生的各种社会关系的法律规范的总和。

传染病是由病源性细菌、病毒、立克次体和原虫等引起的一类疾病,它可以在人与人之间、动物与动物之间或人与动物之间相互传播。由于这类疾病具有传染性、流行性和反复性等特点,因而发病率高,对人体健康和生命构成威胁,对国家经济建设的影响也最大。为了更好地预防、控制和消灭各类传染病的发生和流行,保障人体健康,有利于国家经济建设,总结上海爆发甲型病毒型肝炎(以下简称甲肝)(1988年,上海市由于人群食用受粪便污染的未煮熟毛蚶而引起新中国成立以来最大的一次甲肝大流行,四个月内共发生31万病例,最高日确诊感染人数超过万人,给医疗防疫系统带来巨大压力)的经验和教训,1989年2月21日,七届全国人大常委会第六次会议通过了《中华人民共和国传染病防治法》(以下简称1989《传染病防治法》),并于同年9月1日开始施行。该法确立了传染病的预防、疫情的公布、传染病的控制措施、传染病防治工作的监督等方面的制度框架,使我国传染病防治工作走上了法制化的轨道。为了贯彻1989《传染病防治法》,1991年12月6日,经国务院批准,原卫生部发布了《中华人民共和国传染病防治法实施办法》,对1989《传染病防治法》的实施进行了细化。2003年,"非典"在中国内地的肆虐,诚如中国原卫生部一位官员所说的,暴露出1989《传染病防治法》存在的许多缺陷,"例如,国家对传染病爆发流行的监测、预警能力较弱;疫情信息报告、通报渠道不畅;医疗机构对传染病病人的救治能力、医院内交叉感染的控制能

力薄弱；传染病爆发流行时采取紧急控制措施的制度不够完善；疾病预防控制的财政保障不足。"① 为了有效预防、及时控制和消除突发公共卫生事件的危害，保障公众身体健康与生命安全，维护正常的社会秩序，国务院依照1989《传染病防治法》和其他有关法律的相关规定，在总结前阶段防治"非典"工作实践经验的基础上，于同年5月9日签署国务院第376号令，公布施行《突发公共卫生事件应急条例》，以在我国建立起"信息畅通、反应快捷、指挥有力、责任明确"的处理突发公共卫生事件的应急法律制度。这标志着我国突发公共卫生事件应急处理工作纳入法制化轨道，突发公共卫生事件应急处理机制进一步完善。当举国上下处于抗击"非典"的严峻关头，最高人民法院和最高人民检察院于2003年5月13日通过了《最高人民法院、最高人民检察院关于办理妨害预防、控制突发传染病疫情等灾害的刑事案件具体应用法律若干问题的解释》（自2003年5月15日起施行）。这是直接涉及传染病预防和控制的司法解释。在涉及危害国家安全的犯罪、危害公共安全的犯罪、破坏经济秩序罪、妨害社会管理秩序罪和渎职罪等五个主要领域的18条司法解释里，司法机关强调了对妨碍抗击"非典"的行为或者与"非典"相关行为的从重处罚力度。2003年及时总结应对"非典"和禽流感疫情的经验和教训，解决法律中存在的不足和缺陷，启动起草工作后14个月，2004年8月28日，第十届全国人民代表大会常务委员会第十一次会议修订通过《传染病防治法》，自2004年12月1日起施行。新修订的《传染病防治法》从整体上看，保留了原法律框架，增加了两章，即第五章"医疗救治"和第七章"保障措施"，总章节由七章增为九章。从内容上看，修订是全面的。从现行传染病防治法的41条法条中，删除3条，对其余38条进行了修改，又新制定42条，法条增至80条，从而使其更加完善，更加人性化，更加体现时代特色，给以后的传染病防治带来了深远的影响。

非典疫情还催生了《突发事件应对法》。这部法律曾以紧急状态法的名称列入十届全国人大常委会立法规划。2003年5月起，国务院有关部门着手研究起草工作。2006年6月提请全国人大常委会审议，2007年8月经三审通过。

2013年6月，十二届全国人大常委会第三次会议作出关于修改文物保护法等十二部法律的决定，其中对传染病防治法中有关调整法定传染病种类和分级的职责、程序等规定进行了完善。

（二）传染病防治法的适用范围

《传染病防治法》规定，在中华人民共和国领域内的一切单位和个人，必须接受疾病预防控制机构、医疗机构有关传染病的调查、检验、采集样本、隔离治疗等预防、控制措施，如实提供有关情况。一切单位包括我国的一切机关、团体、企事业单位，也包括我国领域内的外资企业和中外合资、合作企业等。一切个人，即我国领域内的一切自然人，包括中国人、具有外国国籍的人和无国籍人。根据我国有关法律规定和国际惯例，外交人员没有传染病防治方面的豁免权，所有驻中国的外国使、领馆人员也必须遵守传染病防治法的规定。

（三）传染病的分类管理

《传染病防治法》根据传染病的危害程度和应采取的监督、监测、管理措施，参照国际上

---

① 2004年4月2日，时任卫生部长高强在第十届全国人民代表大会常务委员会第八次会议上对《中华人民共和国传染病防治法（修订草案）》作出说明。

的统一分类标准,结合我国的实际情况,将全国发病率较高、流行面较大、危害严重的37种急性和慢性传染病列为法定管理的传染病,并根据其传播方式、速度及其对人类危害程度的不同,分为甲、乙、丙三类,实行分类管理。

(1) 甲类传染病。甲类传染病也称为强制管理传染病,包括鼠疫、霍乱。对此类传染病发生后报告疫情的时限,对病人、病原携带者的隔离、治疗方式以及对疫点、疫区的处理等,均强制执行。

(2) 乙类传染病。乙类传染病也称为严格管理传染病,包括新冠肺炎、传染性非典型肺炎、艾滋病、病毒性肝炎、脊髓灰质炎、人感染高致病性禽流感、麻疹、流行性出血热、狂犬病、流行性乙型脑炎、登革热、炭疽、细菌性和阿米巴性痢疾、肺结核、伤寒和副伤寒、流行性脑脊髓膜炎、百日咳、白喉、新生儿破伤风、猩红热、布鲁氏菌病、淋病、梅毒、钩端螺旋体病、血吸虫病、疟疾。对乙类传染病中新冠肺炎、传染性非典型肺炎、炭疽中的肺炭疽和人感染高致病性禽流感,采取甲类传染病的预防、控制措施。其他乙类传染病和突发原因不明的传染病需要采取甲类传染病的预防、控制措施的,由国务院卫生行政部门及时报经国务院批准后予以公布、实施。2020年1月20日,国家卫生健康委员会报经国务院批准并发布公告,将新冠肺炎纳入乙类传染病,采取甲类传染病的预防、控制措施。

(3) 丙类传染病。丙类传染病也称为监测管理传染病,包括流行性感冒、流行性腮腺炎、风疹、急性出血性结膜炎、麻风病、流行性和地方性斑疹伤寒、黑热病、包虫病、丝虫病,除霍乱、细菌性和阿米巴性痢疾、伤寒和副伤寒以外的感染性腹泻病。对此类传染病要按国务院卫生行政部门规定的监测管理办法进行管理。

上述规定以外的其他传染病,根据其爆发、流行情况和危害程度,需要列入乙类、丙类传染病的,由国务院卫生行政部门决定并予以公布。2008年5月2日,卫生部将手足口病列入《传染病防治法》规定的丙类传染病进行管理。

二、《传染病防治法》的特点

现行的《传染病防治法》(2013年修正)与1989《传染病防治法》相比更加完善,更加人性化,更加体现时代特色,主要有以下几个特点:

(1) 传染性非典型肺炎、人感染高致病性禽流感列入乙类但按甲类传染病对待。1989《传染病防治法》将35种传染病列为法定传染病,并分为甲、乙、丙三类。2003年,我国发生了突如其来的"非典"疫情,在我国部分地区和周边国家发生了禽流感,引发了社会对这两种新型传染病的关注。《传染病防治法》将传染性非典型肺炎、人感染高致病性禽流感列为乙类传染病,使列入法律的法定传染病达37种(2020年增加新冠肺炎,现在法定传染病达38种),其中甲类2种,乙类25种(2020年增加新冠肺炎,现26种),丙类10种。虽然人感染高致病性禽流感在我国很少发病,对是否将此列入法定传染病管理有不同意见,但考虑到英国、澳大利亚、新西兰等国以及我国香港、台湾地区都把人感染高致病性禽流感列入法定传染病管理,世界卫生组织也建议各国将人感染高致病性禽流感列入甲类传染病管理。因此将其列入乙类传染病,但按甲类传染病对待。

(2) 艾滋病虽降级管理但仍受到"重点关照"。1989《传染病防治法》将艾滋病按照甲类传染病管理,《传染病防治法》改为按照一般乙类传染病管理。但目前我国艾滋病防治的形势严峻,正处于防治的关键时期。2004年,原卫生部开展的流行病学调查结果显示,目前我国有艾滋病病毒感染者约 84 万人,其中艾滋病患者约 8 万例。尤其是近年来,艾滋病的流行呈快速上升趋势,流行范围广,局部地区疫情相当严重,疫情正在从高危人群向一般人群传播。

(3) 建立疫情报告、通报和公布制度,隐瞒、谎报、缓报者将受惩处。在传染病防治过程中,一些地方出现了疫情报告不及时、传染病防治专业人员获取信息不畅通、掌握疫情信息的有关主管部门和单位沟通不够等问题。这在"非典"爆发时尤为明显。《传染病防治法》对现行传染病疫情报告和公布制度作了完善,并新设立了传染病疫情信息通报制度。本法还规定了有关单位和人员未履行报告职责,或者隐瞒、谎报、缓报传染病疫情的法律责任。

(4) 强化实验室安全,严防病原体扩散。2004 年春天,"非典"疫情在北京再度扩散,源于实验室疏于管理。《传染病防治法》加强了实验室的管理,严防传染病病原体的实验室感染和病原微生物的扩散。本法还规定,国家对可能导致甲类传染病传播以及国务院卫生主管部门规定的菌种、毒种、传染病检测样本的采集、保藏、携带、运输和使用实行许可制度,以保障传染病菌种、毒种以及传染病检测样本在采集、保藏、携带、运输和使用过程中的安全。违反规定的有关单位和个人应承担相应的法律责任。

(5) 疫情控制更加具体,隔离有了法律依据。《传染病防治法》详细规定了医疗机构和疾病预防控制机构发现病人和疫情后应当采取的措施。对于甲类疑似病人,过去只规定"医学观察",现规定确诊前在指定场所单独隔离治疗。对于甲类病人、病原携带者、疑似病人的密切接触者,也规定了在指定场所进行医学观察的措施。本法还增加规定,对已经发生甲类传染病病例的场所或者该场所内的特定区域的人员,可以由县级以上地方人民政府实施隔离措施;在隔离期间,实施隔离措施的人民政府应当为被隔离人员提供生活保障;被隔离人员有工作单位的,所在单位不得停止支付隔离期间的工作报酬。针对禽流感发生时的需要,法律还增加授权,可以在传染病爆发、流行时采取控制或者扑杀染疫野生动物、家禽家畜等手段以切断传染病的传播途径。本法还增加条款,对患甲类传染病死亡后的尸体处置,以及疫区中被传染病病原体污染或者可能被污染的物品的使用、出售和运输作了更为具体的规定。

(6) 严防医院成为传染源,医院不得拒收传染病病人。传染病爆发,医院往往容易成为传染源。尤其在 2003 年"非典"期间,一些医疗机构因建筑通风设计不合理,管理不科学等原因,造成较严重的院内感染。针对这种情况,《传染病防治法》规定,医疗机构的基本标准、建筑设计和服务流程应当符合预防传染病医院感染的要求。医疗机构必须严格执行国务院卫生行政部门的管理制度、操作规范,防止传染病的医源性感染和医院感染。针对一些医疗机构在传染病救治过程中不同程度存在对患者相互推诿、诊治不及时的现象,《传染病防治法》规定,医疗机构应当对传染病病人或者疑似传染病病人提供医疗救护、现场救援和接诊治疗;应当实行传染病预检、分诊制度;对传染病病人、疑似传染病病人,应当引导至相对隔离的分诊点进行初诊;医疗机构不具备相应救治能力的,应当将患者及其病历记录复印件一并转至具备相应救治能力的医疗机构。

(7) 乙肝携带者等不再受歧视,法律给予平等地位。现实生活中,"非典"病人以及"非典"疑似病人曾受到歧视和乙肝病人在就业工作中遭受到不公正待遇,成为社会关注的焦点。《传染病防治法》规定,国家和社会应当关心、帮助传染病病人、病原携带者和疑似传染病病人,使其得到及时救治;任何单位和个人不得歧视传染病病人、病原携带者和疑似传染病病人。

(8) 传染病病人权利受保护,个人隐私受尊重。在传染病病人承担义务时也应保护其权益。1989《传染病防治法》没有规定保护传染病个人隐私,容易使病人及其家属的个人隐私在传染病预防和救治过程中受到侵犯,造成伤害。《传染病防治法》以人为本,规定疾病预防控制机构、医疗机构不得泄露涉及个人隐私的有关信息、资料,违者承担相应的法律责任。

2020年暴发的新冠肺炎疫情,是新中国成立以来在我国发生的传播速度最快、感染范围最广、防控难度最大的一次重大突发公共卫生事件,也是对我国国家治理体系和治理能力的一次大考。习近平总书记作出重要指示,要求放眼长远,总结经验、吸取教训,针对这次疫情暴露出来的短板和不足,抓紧补短板、堵漏洞、强弱项,还提出要全面加强和完善公共卫生领域相关法律法规建设,认真评估对《传染病防治法》等法律法规的修改完善。

第二节 传染病预防、控制和监督的法律规定

一、传染病的预防制度

传染病预防是传染病管理工作中一项极其重要的措施。做好传染病的预防工作,防患于未然,就能减少、控制和消灭传染病的发生和流行。对此,《传染病防治法》规定必须做好下列各项工作。

(一)开展卫生宣传教育制度

《传染病防治法》第十条和第十三条规定,各级政府、相关的行政部门、有关的组织和单位有责任开展卫生宣传教育活动,消除传染病传播媒介。广泛开展卫生宣传教育,提高人民群众健康意识,增加人民群众识别和预防传染病的知识,养成良好的卫生习惯,是预防传染病发生和早期发现传染病疫情的重要环节。

(二)计划预防接种制度

计划预防接种制度是国家根据疫情监测和人群免疫状况分析,按照规定的免疫程序,有计划地利用生物制品进行人体预防接种,提高人体的免疫能力,达到控制、消灭相应传染病的目的。从医学预防技术的角度看,实行计划预防接种制度是从源头杜绝人体感染传染病病毒的有效措施。因此,《传染病防治法》第十五条规定,国家实行有计划的预防接种制度。预防接种制度包括以下内容:

(1)具体负责预防接种的机关是国务院卫生行政部门和省、自治区、直辖市人民政府卫生行政部门,这些部门制定传染病预防接种规划并组织实施。

(2)用于预防接种的疫苗必须符合国家质量标准。

(3)预防接种的对象是人民群众,但是为了强调对儿童身体健康的保护,法律一方面明确规定儿童必须实行预防接种制度,另一方面,医疗机构、疾病预防控制机构和儿童的监护人负有互相配合、保证儿童及时接受预防接种的责任,具体的办法授权国务院制定。

(4)用于预防接种的费用,属于国家免疫规划项目的预防接种的部分实行免费,由国家承担。

(三) 传染病监测制度

传染病监测制度是国家为预防传染病的发生,或者控制新发生的传染病,制定和落实监测规划和方案,对传染病的发生和流行以及影响其发生和流行的因素进行监测的一整套法律规范。传染病的发生和流行有一定的条件和外部因素,如果能够对具体传染病的发生和流行的条件,以及影响其发生和流行的因素进行预测和控制,抑制其发生和流行条件、减少外部因素,便能有效预防和控制传染病,防患于未然或遏制于初期。《传染病防治法》对此有如下规定:

(1) 由国务院卫生行政部门制定全国性的传染病监测规划和方案;省、自治区、直辖市人民政府卫生行政部门依据全国性的监测规划和方案制定本行政区域的传染病监测规划和方案。根据《传染病防治法》第18条第1款第1项和第3款,各级疾病预防控制机构负责实施传染病预防控制规划、计划和方案,其中,设区的市和县级的疾病预防控制机构负责传染病预防控制规划、方案的落实。

(2) 由国务院卫生行政部门和省级卫生行政部门实施各自制定的监测规划和方案。

(3) 各级疾病预防控制机构负责具体监测任务。

(四) 传染病预警制度

传染病预警制度是政府根据传染病发生、流行趋势的预测,及时发出传染病预测、预防警报,根据具体情况通过官方的媒体正式公布,以便有关国家机关、疾病预防控制机构、医疗机构和人民群众提前做好预防控制传染病的措施的一整套法律规范。传染病的预警是在对传染病可能发生的精确的预测基础之上的一种防范传染病的措施和制度。《传染病防治法》有如下规定:

(1) 有责任发出传染病预警的行政机关是国务院卫生行政部门和省、自治区、直辖市人民政府。

(2) 县级以上地方人民政府有责任制定传染病预防、控制预案,并且必须报上一级人民政府备案。

(3) 地方人民政府和疾病预防控制机构接到国务院卫生行政部门或者省、自治区、直辖市人民政府发出的传染病预警后,应当按照传染病预防、控制预案,采取相应的预防、控制措施。

(五) 其他规定

(1) 强调传染病病人、病原携带者和疑似传染病病人的权利义务。《传染病防治法》第十六条第一款规定了传染病病人、病原携带者和疑似传染病病人的权利。条文表述为:"国家和社会应当关心、帮助传染病病人、病原携带者和疑似传染病病人,使其得到及时救治。任何单位和个人不得歧视传染病病人、病原携带者和疑似传染病病人。"在同一条文的第二款中对传染病病人、病原携带者和疑似传染病病人规定了严格的义务。从第二款的内容看,立法者要求传染病病人、病原携带者和疑似传染病病人,在治愈前或者在排除传染病嫌疑前,不得从事法律、行政法规和国务院卫生行政部门规定禁止从事的、易使该传染病扩散的工作。

(2) 医疗机构在传染病预防中的职责。《传染病防治法》第二十一条规定了医疗机构在预防传染病中的职责：一方面必须严格执行国务院卫生行政部门规定的管理制度、操作规范，防止传染病的医源性感染和医院感染。另一方面，应当确定专门的部门或者人员，承担传染病疫情报告、本单位的传染病预防、控制以及责任区域内的传染病预防工作；承担医疗活动中与医院感染有关的危险因素监测、安全防护、消毒、隔离和医疗废物处置工作；同时应当接受疾病预防控制机构对其预防工作进行的指导、考核，以及流行病学调查。

（3）传染病防治中的生物安全。《传染病防治法》第二十二条规定，疾病预防控制机构、医疗机构的实验室和从事病原微生物实验的单位，应当符合国家规定的条件和技术标准，建立严格的监督管理制度。对传染病病原体样本按照规定的措施实行严格监督管理，严防传染病病原体的实验室感染和病原微生物的扩散。第二十三条规定，采供血机构、生物制品生产单位必须严格执行国家有关规定，保证血液、血液制品的质量。禁止非法采集血液或者组织他人出卖血液。疾病预防控制机构、医疗机构使用血液和血液制品，必须遵守国家有关规定，防止因输入血液、使用血液制品引起经血液传播疾病的发生。第二十六条规定，国家建立传染病菌种、毒种库，对传染病菌种、毒种和传染病检测样本的采集、保藏、携带、运输和使用实行分类管理；建立健全严格的管理制度，对可能导致甲类传染病传播的以及国务院卫生行政部门规定的菌种、毒种和传染病检测样本，确需采集、保藏、携带、运输和使用的，须经省级以上人民政府卫生行政部门批准。具体办法由国务院制定。

（4）人畜共患传染病的预防。人畜共患传染病是指人与脊椎动物共同罹患的传染病，如鼠疫、狂犬病、血吸虫病等。《传染病防治法》第七十八条第六项对此类传染病的预防，《传染病防治法》第二十五条规定，县级以上人民政府农业、林业行政部门以及其他有关部门，依据各自的职责负责与人畜共患传染病有关的动物传染病的防治管理工作。与人畜共患传染病有关的野生动物、家畜家禽，经检疫合格后，方可出售、运输。

（5）污染物和场所的消毒管理。消毒是指采用化学、物理、生物的方法杀灭或消除环境中的致病性微生物，这是切断传染病传播途径的重要工作。根据《传染病防治法》第二十七条的规定，对被传染病病原体污染的污水、污物、场所和物品，有关单位和个人必须在疾病预防控制机构的指导下或者按照其提出的卫生要求，进行严格消毒处理；拒绝消毒处理的，由当地卫生行政部门或者疾病预防控制机构进行强制消毒处理。

（6）自然疫源地建设项目的卫生调查。《传染病防治法》第二十八条规定，在国家确认的自然疫源地计划兴建水利、交通、旅游、能源等大型建设项目的，应当事先由省级以上疾病预防控制机构对施工环境进行卫生调查。建设单位应当根据疾病预防控制机构的意见，采取必要的传染病预防、控制措施。施工期间，建设单位应当设专人负责工地上的卫生防疫工作。工程竣工后，疾病预防控制机构应当对可能发生的传染病继续进行监测。

（7）传染病防治用品和饮用水的规范。根据第二十九条的规定，用于传染病防治的消毒产品、饮用水供水单位供应的饮用水和涉及饮用水卫生安全的产品，应当符合国家卫生标准和卫生规范。饮用水供水单位从事生产或者供应活动，应当依法取得卫生许可证。生产用于传染病防治的消毒产品的单位和生产用于传染病防治的消毒产品，应当经省级以上人民政府卫生行政部门审批。具体办法由国务院制定。

二、传染病疫情的报告、通报和公布制度

政府的信息公开是一项法治原则，也是我们建设法治国家追求的目标。传染病疫情涉

及公共安全问题,传染病的防治需要人民群众的参与。因此,有关传染病疫情的信息应当及时公开,让人民群众知道传染病疫情的真实情况。传染病疫情报告、通报和公布制度是政府信息公开在传染病防治领域的表现。它具体包括疫情报告制度、疫情通报制度和疫情公布制度。

(一) 疫情报告制度

疫情报告是有关的疾病预防控制机构和医疗机构、人民政府卫生行政部门掌握疫情,及时做出反应,预防、控制的前奏。《传染病防治法》第三十至三十三条及国务院《突发公共卫生事件应急条例》第十九至二十二条有如下规定:

(1) 我国传染病报告遵循属地管理原则。《传染病防治法》第30条规定,疾病预防控制机构、医疗机构和采供血机构及其执行职务的人员,发现本法规定的传染病疫情或者发现其他传染病爆发、流行以及突发原因不明的传染病时,应当遵循疫情报告属地管理原则,按照国务院规定的或者国务院卫生行政部门规定的内容、程序、方式和时限报告。军队医疗机构向社会公众提供医疗服务,发现传染病疫情时,应当按照国务院卫生行政部门的规定报告。第三十一条规定,任何单位和个人发现传染病病人或者疑似传染病病人时,应当及时向附近的疾病预防控制机构或者医疗机构报告。第三十二条规定港口、机场、铁路疾病预防控制机构以及国境卫生检疫机关发现甲类传染病病人、病原携带者、疑似传染病病人时,应当按照国家有关规定立即向国境口岸所在地的疾病预防控制机构或者所在地县级以上地方人民政府卫生行政部门报告并互相通报。第三十三条规定疾病预防控制机构应当主动收集、分析、调查、核实传染病疫情信息。接到甲类、乙类传染病疫情报告或者发现传染病爆发、流行时,应当立即报告当地卫生行政部门,由当地卫生行政部门立即报告当地人民政府,同时报告上级卫生行政部门和国务院卫生行政部门。疾病预防控制机构应当设立或者指定专门的部门、人员负责传染病疫情信息管理工作,及时对疫情报告进行核实、分析。

(2) 疫情报告必须遵循的程序。根据国务院《突发公共卫生事件应急条例》第十九至二十二条的规定,传染病疫情的报告分以下几个层次:① 突发事件监测机构、医疗卫生机构和有关单位有获悉发生或可能发生传染病爆发、流行的信息的,应当在2小时内向所在地的县级人民政府卫生行政主管部门报告;② 县级人民政府卫生行政主管部门接到疫情后,应当在2小时内向本级人民政府报告,并同时向上级人民政府卫生行政主管部门和国务院卫生行政主管部门报告。③ 县级人民政府应当在接到疫情报告后2小时内向设区的市人民政府或上一级人民政府报告;设区的市人民政府应当在接到报告后2小时内向省、自治区、直辖市人民政府报告。④ 省、自治区、直辖市人民政府在接到疫情报告后,1小时内必须向国务院卫生行政部门报告。⑤ 国务院卫生行政主管部门对可能造成重大社会影响的传染病突发事件,应当立即向国务院报告。

(3) 违反疫情报告制度应承担的法律责任。由于种种原因(部门利益、报喜不报忧的错误观念等),现实生活中有少部分政府官员、疾病预防控制机构、采供血机构、医疗机构不愿意、不真实或不及时报告疫情,贻误了预防控制的最佳时机,从而造成严重危害。因此,为了保障报告制度的落实,本法强调,任何单位和个人,特别是负有传染病疫情报告职责的人民政府有关部门、疾病预防控制机构、医疗机构、采供血机构及其工作人员,不得隐瞒、谎报、缓报或者授意他人隐瞒、谎报、缓报传染病疫情(《传染病防治法》第三十七条,《突发公共卫生事件应急条例》第二十一条)。否则,视情况承担相应的民事责任,给予行政处罚或行政处分,或依法追究刑事责任(《传染病防治法》第六十五至七十七条,《突发公共卫生事件应急条例》第四十五条)。

(二)疫情通报制度

传染病疫情通报是接到传染病疫情后,在法定的时间内,按法定的程序,卫生行政部门向同级的行政部门或下级的卫生行政部门,毗邻的卫生行政部门之间,其他行政部门向同级卫生行政部门,卫生行政部门向辖区内的疾病预防控制机构和医疗机构,动物防疫机构和疾病预防控制机构之间通报有关传染病疫情信息的制度。由于传染病防治工作本身的复杂性和系统性,为了避免现实生活中掌握疫情信息的有关主管部门和单位沟通不够,造成疾病预防控制不力,贻误防治时机等实际问题,《传染病防治法》增加了通报制度。关于负有通报责任的主体,法律规定是县级以上地方人民政府卫生行政部门、掌握疫情的其他行政部门、部队的卫生主管部门以及动物防疫部门和疾病预防控制机构。《传染病防治法》第三十四条、第三十五条、第三十六条的规定,是由于我国目前行政管理体系的条块结构,条块之间缺乏有效的沟通和协作机制。为有效预防控制传染病,只有改变沟通渠道不畅、部门机构协作不力的状况,通过有关的机关、机构和人员的疫情沟通,有关机关和机构才可能及时地应对传染病的发生和流行,有效地抑制病毒传播,减少人员伤亡。关于疫情的通报必须遵循的程序还有待于法规和规章进一步明确。

(三)疫情公布制度

疫情的公布是我国政府信息公开在传染病防治领域的反映,它是在抗击"非典"的过程中逐步产生的。(《传染病防治法》第三十八条第一款明确规定:"国家建立传染病疫情信息公布制度。")由于政府是社会信息的最大占有者,国务院卫生行政部门是中国政府最高卫生主管部门,它肩负着全国卫生管理的重大职责,能够通过职权获得全国各地疾病的相关信息。因此国务院卫生行政部门成为法定最主要的传染病疫情公布的义务机关。然而,相对于自下而上的疫情报告制度,《传染病防治法》修改前,疫情公布制度采用了自上而下的模式,信息的发布权主要集中在国务院卫生行政部门,必要时国务院卫生行政部门可以授权省、自治区、直辖市人民政府卫生行政部门发布本行政区域内的传染病疫情信息。但地方政府是否有职责发布本地疫情信息,没有做任何规定。此种状况曾遭到一些学者的批评。修改后的《传染病防治法》扩大了疫情信息发布主体的范围(《传染病防治法》第三十八条第二、三款)。众所周知,疫情信息是否真实、准确,发布的时间是否及时,直接关系到传染病的有效预防。因此《传染病防治法》第三十八条第四款规定,公布传染病疫情信息应当及时、准确。国务院《突发公共卫生事件应急条例》第二十五条第三款也规定了突发事件信息发布应当及时、准确、全面。然而,如何及时公布传染病疫情,至今法律、法规没有作具体规定。

三、传染病的控制制度

传染病控制是指当传染病发生或爆发、流行时,为了阻止传染病的扩散和蔓延而采取的措施。

(一) 一般性控制措施

(1) 对甲类传染病病人和病原携带者,乙类传染病中的新冠肺炎、传染性非典型肺炎、炭疽中的肺炭疽、人感染高致病性禽流感的病人,予以隔离治疗,隔离期限根据医学检查结果确定。拒绝隔离治疗或者隔离期未满擅自脱离隔离治疗的,可以由公安部门协助治疗单位采取强制隔离治疗措施。对医疗机构内的病人、病原携带者、疑似病人的密切接触者,在指定场所进行医学观察和采取其他必要的预防措施。

(2) 对除新冠肺炎、传染性非典型肺炎、炭疽中的肺炭疽、人感染高致病性禽流感的病人以外的乙类、丙类传染病病人,根据病情采取必要的治疗和控制传播措施。

(3) 对疑似甲类传染病病人,在明确诊断前,在指定场所单独隔离治疗。

(4) 对传染病病人、病原携带者、疑似传染病病人传染的场所、物品和密切接触的人员,实施必要的卫生处理和预防措施。在实施以上传染病控制措施时,传染病病人及其亲属和有关单位以及居民或者村民组织应当配合实施。

(二) 紧急措施

传染病暴发、流行时,县级以上地方人民政府应当立即组织力量,按照预防、控制预案进行防治,切断传染病的传播途径,必要时,报经上一级人民政府决定,可以采取下列紧急措施并予以公告:

(1) 限制或者停止集市、影剧院演出或者其他人群聚集的活动。

(2) 停工、停业、停课。

(3) 封闭或者封存被传染病病原体污染的公共饮用水源、食品以及相关物品。

(4) 控制或者扑杀染疫野生动物、家畜家禽。

(5) 封闭可能造成传染病扩散的场所。

上级人民政府接到下级人民政府关于采取前款所列紧急措施的报告时,应当及时作出决定。紧急措施的解除,由原决定机关决定并宣布。

(三) 疫区封锁

疫区是指传染病在人群中暴发或者流行,其病原体向周围传播时可能波及的地区。疫区封锁就是限制疫区与非疫区之间的各种形式的交往。《传染病防治法》规定,甲类、乙类传染病暴发、流行时,县级以上地方政府报经上一级地方政府决定,可以宣布为疫区,在疫区内可采取前述紧急措施,并可对出入疫区的人员、物资和交通工具实施卫生检疫。由于封锁疫区关系到政治、经济以及人民群众生活、安全等问题,传染病暴发、流行时,根据传染病疫情控制的需要,国务院有权在全国范围或者跨省、自治区、直辖市范围内,县级以上地方人民政府有权在本行政区域内紧急调集人员或者调用储备物资,临时征用房屋、交通工具以及相关设施、设备。紧急调集人员的,应当按照规定给予合理报酬;临时征用房屋、交通工具以及相关设施、设备的,应当依法给予补偿;能返还的,应当及时返还。《传染病防治法》还规定,省、自治区、直辖市人民政府可以决定对本行政区域内的甲类传染病疫区实施封锁。但是,封锁大、中城市的疫区或者封锁跨省、自治区、直辖市的疫区,以及封锁疫区导致中断干线交通或者封锁国境的,由国务院决定。疫区封锁的解除,由原决定机关决定并宣布。

四、传染病的医疗救治制度

疫情控制的主要目的是切断传染病的传播途径,控制感染范围,而彻底消灭传染病病毒、救治生命、维护健康,最终必须依靠有效的医疗救治手段。然而,医疗救治手段的有效与否在更大程度上取决于医疗救治能力的提高。因此,这主要是涉及专业技术方面的问题。法律的作用无非是明确规范各级政府和各地区、各层级医疗机构的医疗救治责任、医疗救治规范和设施标准,督促医疗机构严格依法救治传染病病人。为此,《传染病防治法》从传染病救治服务网络建设、传染病医疗机构设备要求和医疗机构救治规范三个方面作了原则规定,并授权有关行政机关确立相关标准。

(一)关于传染病救治服务网络建设

《传染病防治法》要求县级以上人民政府应当加强和完善传染病医疗救治服务网络的建设,指定具备传染病救治条件和能力的医疗机构承担传染病救治任务,或者根据传染病救治需要设置传染病医院。

(二)关于传染病医疗机构设备要求

《传染病防治法》强调:第一,医疗机构的基本标准、建筑设计和服务流程,应当符合预防传染病医院感染的要求。第二,医疗机构应当按照规定对使用的医疗器械进行消毒。对按照规定一次性使用的医疗器具,应当在使用后予以销毁。第三,医疗机构应当按照国务院卫生行政部门规定的传染病诊断标准和治疗要求,采取相应措施,提高传染病医疗救治能力。

(三)关于医疗机构救治规范

《传染病防治法》规定:第一,医疗机构应当对传染病病人或者疑似传染病病人提供医疗救护、现场救援和接诊治疗,书写病历记录以及其他有关资料,并妥善保管。第二,医疗机构应当实行传染病预检、分诊制度。对传染病病人、疑似传染病病人,应当引导至相对隔离的分诊点进行初诊。医疗机构不具备相应救治能力的,应当将患者及其病历记录复印件一并转至具备相应救治能力的医疗机构。具体办法由国务院卫生行政部门规定。

五、传染病的监督管理制度

为了保障传染病的预防、控制和救治措施的落实,《传染病防治法》确立了监督管理制度,具体包括卫生行政执法监督、内部卫生行政监督和卫生行政法制监督。

(一)卫生行政执法监督

卫生行政执法监督是特定的行政主体(主要是卫生行政部门),对有履行传染病的预防、控制和救治义务的外部行政相对人履行传染病的预防、控制和救治义务的情况进行监督、检查,对不履行或不正确履行的行政相对人依法采取强制措施或行政处罚的活动。根据《传染病防治法》的规定,我国传染病卫生行政监督的主体是卫生行政部门。卫生行政部门在传染病卫生行政监督中的职权有:① 监督检查权(《传染病防治法》第五十三条);② 重大事项处理权。《传染病防治法》规定,省级以上人民政府卫生行政部门负责组织对传染病防治重大事项的处理;③ 调查权(《传染病防治法》第五十四条);④ 采取控制措施的权力(《传染病防治法》第五十五条)。卫生行政部门执法监督的程序和要求:首先,卫生行政部门执法监督时必须遵循行政执法的一般程序;其次,执法人员应当符合法定条件(《传染病防治法》第五十六条)。

(二) 内部卫生行政监督

内部卫生行政监督是卫生行政机关对其具体职能部门和工作人员,上级卫生行政机关对下级卫生行政机关及其工作人员,以及卫生行政机关对其委托的组织依法履行职责的情况所作的监督。根据《传染病防治法》的规定,卫生行政部门应当依法建立健全内部监督制度,对其工作人员依据法定职权和程序履行职责的情况进行监督;上级卫生行政部门发现下级卫生行政部门不及时处理职责范围内的事项或者不履行职责的,应当责令纠正或者直接予以处理。

(三) 卫生行政法制监督

卫生行政法制监督指的是卫生行政机关以外的其他国家机关、政党、社会团体、企事业单位和公民个人,对卫生行政机关及其工作人员是否依法履行职责进行的监督活动(《传染病防治法》第五十八条)。

六、传染病的财政支持制度

对传染病预防制度、疫情报告、通报和公布制度、控制和救治制度、监督制度的设计,主要是从疾病本身的发生和流行规律的角度应对的,而传染病的财政支持制度则为维持这些制度的活力注入了血液。在吸取"非典"教训的基础上,《传染病防治法》增加了财政支持制度。首先,法律要求政府将传染病防治工作作为关系民生大计之一纳入本行政区域的国民经济和社会发展计划中(《传染病防治法》第五十九条)。其次,法律确定了传染病防治的经费来源。根据《传染病防治法》第六十至六十四条的规定,传染病防治的经费包括日常经费、项目经费、扶持经费、救助经费、物资储备经费及补贴经费。

第三节 违反传染病防治法的法律责任

一、行政责任

(一) 行政处罚

《传染病防治法》第七十三条规定,违反本法规定,有下列情形之一,导致或者可能导致传染病传播、流行的,由县级以上人民政府卫生行政部门责令限期改正,没收违法所得,可以并处五万元以下的罚款;已取得许可证的,原发证部门可以依法暂扣或者吊销许可证;构成犯罪的,依法追究刑事责任:① 饮用水供水单位供应的饮用水不符合国家卫生标准和卫生规范的;② 涉及饮用水卫生安全的产品不符合国家卫生标准和卫生规范的;③ 用于传染病防治的消毒产品不符合国家卫生标准和卫生规范的;④ 出售、运输疫区中被传染病病原体污染或者可能被传染病病原体污染的物品,未进行消毒处理的;⑤ 生物制品生产单位生产的血液制品不符合国家质量标准的。当事人对罚款决定不服的,可以自收到处罚决定通知书之日起十五日内向上一级卫生行政部门申请复议,上一级卫生行政部门在受理复议申请六十天内作出复议决定。对复议决定仍然不服的,可以自收到复议决定通知书之日起十五日内向法院提起诉讼。当事人也可以自收到处罚决定通知书之日起十五日内,直接向法院提起诉讼。逾期不申请复议或者不提起诉讼又不履行的,做出处罚决定的卫生行政部门可以申请法院强制执行。

(二) 行政处分

根据《传染病防治法》第六十五至七十二条的规定,地方各级人民政府、县级以上人民政府卫生行政部门、县级以上人民政府有关部门、疾病预防控制机构、医疗机构、采供血机构、国境卫生检疫机关、动物防疫机构和铁路、交通、民用航空经营单位违反本法,给予行政处分。

二、刑事责任

对违反《传染病防治法》,情节严重、造成严重后果的,由司法机关依法追究刑事责任。《刑法》第三百三十条规定,违反传染病防治法的规定,有下列情形之一,引起甲类传染病传播或者有传播严重危险的,处三年以下有期徒刑或者拘役;后果特别严重的,处三年以上七年以下有期徒刑:① 供水单位供应的饮用水不符合国家规定的卫生标准的;② 拒绝按照卫生防疫机构提出的卫生要求,对传染病病原体污染的污水、污物、粪便进行消毒处理的;③ 准许或者纵容传染病病人、病原携带者和疑似传染病病人从事国务院卫生行政部门规定禁止从事的易使该传染病扩散的工作的;④ 拒绝执行卫生防疫机构依照传染病防治法提出的预防、控制措施的。单位犯前款罪的,对单位判处罚金,并对其直接负责的主管人员和其他直接责任人员,依照前款的规定处罚。甲类传染病的范围,依照《传染病防治法》和国务院有关规定确定。《刑法》第三百三十一条规定,从事实验、保藏、携带、运输传染病菌种、毒种的人员,违反国务院卫生行政的有关规定,造成传染病菌种、毒种扩散,后果严重的,处三年以下有期徒刑或者拘役;后果特别严重的,处三年以上七年以下有期徒刑。《刑法》第三百三十二条规定,违反国境卫生检疫规定,引起检疫传染病传播或者有传播严重危险的,处三年以下有期徒刑或者拘役,并处或者单处罚金。《刑法》第三百六十条规定,明知自己患有梅毒、淋病等严重性病卖淫、嫖娼的,处五年以下有期徒刑、拘役或者管制,并处罚金。

第四节　几种传染病防治的法律规定

一、艾滋病的监测管理

艾滋病(Acquired Immune Deficiency Syndrome,AIDS),即获得性免疫缺陷综合征,其致病病原是人类免疫缺陷病毒(Human Immunodeficiency Virus,HIV),潜伏 5~10 年后衍变为艾滋病。自 1981 年在美国发现第一例艾滋病病例以来,这种致命的传染病以不可抵挡之势,在世界各地蔓延。2022 年,联合国艾滋病规划署发布的《2022 全球艾滋病防治进展报告:危急关头》数据表明,尽管拥有有效的治疗方法以及机会性感染的预防、检测和治疗工具,但 2021 年仍有 65 万人死于艾滋病相关疾病,约有 150 万艾滋病病毒新发感染。自从 1985 年 6 月我国发现第一例艾滋病患者至今,艾滋病在我国已从传入期、扩散期进入到快速增长期。截至 2018 年 9 月 30 日,全国报告现存活艾滋病病毒感染者/AIDS 病人 849602 例,报告死亡 262442 例。现存活 HIV 感染者 497231 例,AIDS 病人 352371 例。艾滋传播呈现的新特点如下:"十三五"期间,我国艾滋病经输血感染病例接近零报告,母婴传播率降至历史最低水平,主要转播途径转为性传播。传播人群方面,青年学生群体和老年人群体感染人数大幅增加。新确诊感染 HIV 的大学生人数年增长率约 30%~50%。中国 60 岁以上的男性群体感染病例报告数,从 2012 年的 8391 例上升到 2018 年的 24465 例。传播方式方面,性传播占据绝对主力,据《2020 年预防艾滋病最新核心信息》显示,近年来中国新增的感染病例中,95%通过性传播感染,其中异性传播约占 70%。国家检测数据显示,男性同性性行为者每 100 人中约有 8 人感染艾滋病,风险相对较高,但不应将男性同性性行为与艾滋病画等号。遗憾的是,目前尚无有效疫苗和治愈药物。1988 年 1 月,经国务院批准,卫生部、外交部、公安部、国家教委、国家旅游局、民航总局、国家外国专家局联合发布了《艾滋病监测管理的若干规定》。2006 年 2 月 12 日,国务院公布了《艾滋病防治条例》,本条例自 2006 年 3 月 1 日起施行,《艾滋病监测管理的若干规定》同时废止。该条例为预防艾滋病从国外传入或者在我国发生和流行,保护艾滋病病毒感染者和病人的合法权益,保护人体健康提供了法律保障。2019 年 3 月 2 日,国务院总理李克强签署国务院令,公布《国务院关于修改部分行政法规的决定》,包括对《艾滋病防治条例》的修改,自公布之日起施行。

(一) 宣传教育

根据《艾滋病防治条例》第十至二十一条的规定,地方各级人民政府和政府有关部门应当在车站、码头、机场、公园等公共场所以及旅客列车和从事旅客运输的船舶等公共交通工具显著位置,设置固定的艾滋病防治广告牌或者张贴艾滋病防治公益广告,组织发放艾滋病防治宣传材料。

(二) 预防与控制

根据《艾滋病防治条例》第二十二至三十七条的规定,国家建立健全艾滋病监测网络。

国务院卫生主管部门制定国家艾滋病监测规划和方案。省、自治区、直辖市人民政府卫生主管部门根据国家艾滋病监测规划和方案，制定本行政区域的艾滋病监测计划和工作方案，组织开展艾滋病监测和专题调查，掌握艾滋病疫情变化情况和流行趋势。疾病预防控制机构负责对艾滋病发生、流行以及影响其发生、流行的因素开展监测活动。出入境检验检疫机构负责对出入境人员进行艾滋病监测，并将监测结果及时向卫生主管部门报告。国家实行艾滋病自愿咨询和自愿检测制度。国务院卫生主管部门会同国务院其他有关部门根据预防、控制艾滋病的需要，可以规定应当进行艾滋病检测的情形。根据《艾滋病防治条例》第三十八条的规定，艾滋病病毒感染者和艾滋病病人应当履行下列义务：① 接受疾病预防控制机构或者出入境检验检疫机构的流行病学调查和指导；② 将感染或者发病的事实及时告知与其有性关系者；③ 就医时，将感染或者发病的事实如实告知接诊医生；④ 采取必要的防护措施，防止感染他人。艾滋病病毒感染者和艾滋病病人不得以任何方式故意传播艾滋病。

（三）治疗与救助

1. 医疗机构治疗与救助

根据《艾滋病防治条例》第四十一至四十三条的规定，医疗机构应当为艾滋病病毒感染者和艾滋病病人提供艾滋病防治咨询、诊断和治疗服务。不得因就诊的病人是艾滋病病毒感染者或者艾滋病病人，推诿或者拒绝对其其他疾病进行治疗。对确诊的艾滋病病毒感染者和艾滋病病人，医疗卫生机构的工作人员应当将其感染或者发病的事实告知本人。本人为无行为能力人或者限制行为能力人的，应当告知其监护人。医疗卫生机构应当按照国务院卫生主管部门制定的预防艾滋病母婴传播技术指导方案的规定，对孕产妇提供艾滋病防治咨询和检测，对感染艾滋病病毒的孕产妇及其婴儿，提供预防艾滋病母婴传播的咨询、产前指导、阻断、治疗、产后访视、婴儿随访和检测等服务。

2. 政府的关怀与救助

根据《艾滋病防治条例》第四十四条的规定，县级以上人民政府应当采取下列艾滋病防治关怀、救助措施：① 向农村艾滋病病人和城镇经济困难的艾滋病病人免费提供抗艾滋病病毒治疗药品；② 对农村和城镇经济困难的艾滋病病毒感染者、艾滋病病人适当减免抗机会性感染治疗药品的费用；③ 向接受艾滋病咨询、检测的人员免费提供咨询和初筛检测；④ 向感染艾滋病病毒的孕产妇免费提供预防艾滋病母婴传播的治疗和咨询。生活困难的艾滋病病人遗留的孤儿和感染艾滋病病毒的未成年人接受义务教育的，应当免收杂费、书本费；接受学前教育和高中阶段教育的，应当减免学费等相关费用。县级以上地方人民政府应当对生活困难并符合社会救助条件的艾滋病病毒感染者、艾滋病病人及其家属给予生活救助。县级以上地方人民政府有关部门应当创造条件，扶持有劳动能力的艾滋病病毒感染者和艾滋病病人，从事力所能及的生产和工作。

（四）保障措施

根据《艾滋病防治条例》第四十八至五十一条的规定，县级以上人民政府应当将艾滋病防治工作纳入国民经济和社会发展规划，加强和完善艾滋病预防、检测、控制、治疗和救助服务网络的建设，建立健全艾滋病防治专业队伍。应当根据艾滋病防治工作需要，将艾滋病防治经费列入本级财政预算，并负责艾滋病预防、控制、监督工作所需经费。

(五) 法律责任

根据《艾滋病防治条例》第五十二至六十二条的规定,地方各级人民政府、县级以上人民政府卫生主管部门未依照本条例规定履行艾滋病防治工作职责,由上级人民政府责令改正,通报批评;造成艾滋病传播、流行或者其他严重后果的,对负有责任的主管人员依法给予行政处分;构成犯罪的,依法追究刑事责任。

二、性传播疾病的防治

性传播疾病(简称性病)是通过性行为传播的感染性疾病,其病原体除螺旋体、细菌外,还包括病毒、衣原体、支原体、真菌、原虫和昆虫等。1976年,世界卫生组织把性病所包含的种类扩大至十多种,并总称为性传播疾病。1983年11月,在日内瓦召开的专家会议上,确定用"性传播疾病"代替过去使用的"性病"一词。近年来,性病已扩展至包括最少50种微生物所感染的疾病。目前,较多的性病有淋病、梅毒、尖锐湿疣、艾滋病等,在原来4种经典性性病的基础上,增加到20余种。新增加的病种有:生殖器疱疹、传染性软疣、尖锐湿疣、艾滋病、腹股沟肉芽肿、非淋菌性尿道炎、巨细胞病毒感染、传染性单核细胞增多症、阿米巴病、生殖器念珠菌病、加特纳菌性阴道炎、肠梨形鞭毛虫病、疥疮、滴虫病、股癣、阴虱病、乙型肝炎等。我国已规定将淋病、梅毒、尖锐湿疣、非淋菌性尿道炎、生殖器疱疹、软性下疳、艾滋病等几种疾病作为我国的性病监测病种,其他一些疾病如乙型肝炎、阿米巴病、阴道念珠菌病、滴虫病等虽然也可以通过性交传染,但性交只是其途径之一,未列入监测病种。我国法律明确规定,淋病、梅毒和艾滋病为法定性病,软性下疳、性病性淋巴肉芽肿、非淋菌性尿道炎、尖锐湿疣和生殖器疱疹为监测性病。我国在1964年已宣布消灭了性病。但自1979年以来,性病又在我国重新出现。目前,我国性病患者为数不少,其中以淋病最为多见,其次为非淋菌性尿道炎、尖锐湿疣、梅毒和生殖器疱疹等。针对性病在世界范围内广泛流行,对人们的身心健康造成了严重的威胁,各国政府和社会各界都十分重视性病防治工作,我国性病防治工作已被纳入预防控制艾滋病中长期规划,作为控制艾滋病的基本策略之一。据全国性病控制中心提供的数据表明,性病已经取代结核病成为继痢疾和肝炎之后我国第三大传染病,更为严重的是在婴儿中已陆续发现先天性梅毒。所以,必须充分认识到性病对人民健康、社会安定和社会经济发展的影响和危害。为了预防、控制和消除性病的发生和蔓延,保障人体健康,原卫生部于1986年9月发布了《性病监测工作试行方案》,1991年8月发布了《性病防治管理办法》,进一步明确国家对性病防治实行"预防为主、防治结合、综合治理"的方针,并要求各级卫生行政部门在各级政府领导下,积极开展性病防治工作。2012年11月23日,中华人民共和国卫生部令第89号公布《性病防治管理办法》,自2013年1月1日起施行。1991年8月12日原卫生部公布的《性病防治管理办法》予以废止。性病防治是一项社会性很强的工作,在动员社会各方力量齐抓共管,综合治理的同时,还要加强性病知识的普及教育。使群众了解并掌握有关性病预防的知识,从而提高他们的自我防护能力,是预防和控制性病最有效的方法之一。

(一) 防治机构

根据《性病防治管理办法》第九条规定,卫生行政部门应当根据当地性病防治工作需求,指定承担性病防治任务的疾病预防控制机构,合理规划开展性病诊疗业务的医疗机构。性病防治机构是疾病预防控制机构和开展性病诊疗业务的医疗机构。

(二)预防和控制

根据《性病防治管理办法》第十七至二十四条规定,性病防治机构要利用多种形式宣传性病的危害、传播方式和防治知识,严格执行各项管理制度和技术操作规程。开展妇幼保健和助产服务的医疗机构应当对孕产妇进行梅毒筛查检测、咨询、必要的诊疗或者转诊服务,预防先天梅毒的发生。性病患者应当采取必要的防护措施,防止感染他人,不得以任何方式故意传播性病。性病流行严重的地区,卫生行政部门可以根据当地情况,对特定人群采取普查普治的防治措施。

(三)诊断和治疗

根据《性病防治管理办法》第二十五至三十三条规定,开展性病诊疗业务的医疗机构,应当实行首诊医师负责制,建立门诊日志,对就诊者逐例登记,对有可能感染性病或者具有性病可疑症状、体征的就诊者应当及时进行相关性病检查,不得以任何理由推诿。当性病患者存在严重危及健康和生命的伴随疾病,可以转诊至伴随疾病的专科诊治,并给予性病诊治支持。医疗机构及其医务人员对就诊者进行性病相关检查时,应当遵循知情同意的原则。应当按照安全、有效、经济、方便的原则提供性病治疗服务,优先使用基本药物。开展性病诊疗业务的医疗机构,应当公示诊疗、检验及药品、医疗器械等服务价格,按照有关规定收费。性病治疗基本用药纳入基本药物目录并逐步提高报销比例,性病基本诊疗服务费用纳入报销范围。开展性病诊疗业务的医务人员,应当严格按照卫生部发布的性病诊断标准及相关规范的要求,采集完整病史,进行体格检查、临床检验和诊断治疗,应当告知性病患者及早通知与其有性关系者及时就医。医疗机构应当采取措施预防性病的医源性感染,加强医务人员的职业安全防护。

(四)检测和报告

根据《性病防治管理办法》第三十四至三十八条规定,中国疾病预防控制机构制定全国性病监测方案。省级疾病预防控制机构根据全国性病监测方案和本地性病疫情,制定本行政区域的性病监测实施方案;组织开展性病监测和专题调查,了解不同人群的性病发病特点和流行趋势。

开展性病诊疗业务的医疗机构是性病疫情责任报告单位,开展性病诊疗的医务人员是性病疫情责任报告人。性病疫情责任报告单位应当建立健全性病疫情登记和报告制度;性病疫情责任报告人发现应当报告的性病病例时,应当按照要求及时报告疫情,不得隐瞒、谎报、缓报疫情。艾滋病自愿咨询检测机构和社区药物维持治疗门诊应当按照要求收集和上报相关信息。医疗卫生机构不得泄露性病患者涉及个人隐私的有关信息、资料。

各级卫生行政部门负责本行政区域内性病疫情报告网络建设,为网络的正常运行提供必要的保障条件。疾病预防控制机构负责本行政区域内性病疫情信息报告的业务管理和技术指导工作,对性病疫情信息进行收集、核实、分析、报告和反馈,预测疫情趋势,对疫情信息报告质量进行检查。

(五) 监督管理

根据《性病防治管理办法》第三十九至四十四条规定，国务院卫生行政部门负责对全国性病防治工作进行监督管理，组织开展性病防治工作绩效考核和效果评估。县级以上地方卫生行政部门负责对本行政区域内性病防治工作进行监督管理，定期开展性病防治工作绩效考核与督导检查。督导检查内容包括：

（1）疾病预防控制机构性病防治工作职责落实情况。
（2）开展性病诊疗业务的医疗机构工作职责落实情况。
（3）不具备开展性病诊疗资质的医疗机构发现疑似性病患者的转诊情况。
（4）疾病预防控制机构与开展性病诊疗业务的医疗机构性病防治培训情况。

卫生行政部门对开展性病诊疗服务的医疗机构进行校验和评审时，应当将性病诊治情况列入校验和评审内容。卫生行政部门应当受理个人或者组织对违反本办法行为的举报，并依法进行处理。疾病预防控制机构和开展性病诊疗业务的医疗机构应当加强本机构性病防治工作管理，对违反本办法规定的本机构工作人员，应当根据情节轻重，给予批评教育或者相应的纪律处分。

(六) 法律责任

根据《性病防治管理办法》第四十五至五十三条规定，县级以上卫生行政部门对督导检查中发现的或者接到举报查实的违反本办法的行为，应当依法及时予以纠正和处理；对工作不力、管理不规范的医疗卫生机构及其工作人员，应当予以通报批评；对负有责任的主管人员和其他直接责任人员，可以根据情节依法给予处分。造成性病疫情传播扩散的，按照《传染病防治法》的有关规定进行处理；构成犯罪的，依法追究刑事责任。

未取得《医疗机构执业许可证》擅自开展性病诊疗活动的，按照《医疗机构管理条例》的有关规定进行处理。医疗机构违反本办法规定，超出诊疗科目登记范围开展性病诊疗活动的，按照《医疗机构管理条例》及其实施细则的有关规定进行处理。医疗机构违反本办法规定，未按照有关规定报告疫情或者隐瞒、谎报、缓报传染病疫情或者泄露性病患者涉及个人隐私的有关信息、资料，按照《传染病防治法》的有关规定进行处理。

医师在性病诊疗活动中违反本办法规定，有下列情形之一的，由县级以上卫生行政部门按照《执业医师法》第三十七条的有关规定进行处理：① 违反性病诊疗规范，造成严重后果的；② 泄露患者隐私，造成严重后果的；③ 未按照规定报告性病疫情，造成严重后果的；④ 违反本办法其他规定，造成严重后果的。

护士在性病诊疗活动中违反本办法规定泄露患者隐私或者发现医嘱违反法律、法规、规章、诊疗技术规范未按照规定提出或者报告的，按照《中华人民共和国护士条例》第三十一条的有关规定进行处理。

性病患者违反规定，导致性病传播扩散，给他人人身、财产造成损害的，应当依法承担民事赔偿责任；构成犯罪的，依法追究刑事责任。

三、结核病防治

结核病俗称"肺痨"，它是由结核杆菌侵入人体后引起的一种具有强烈传染性的慢性消耗性疾病,也是严重危害人民群众健康的和公共卫生安全的重大传染病。它不受年龄、性别、种族、职业、地区的影响,人体许多器官、系统均可患结核病,其中以肺结核最为常见。肺结核90%以上是通过呼吸道传染的。肺结核病人通过咳嗽、打喷嚏、高声喧哗使带有结核菌的飞沫(医学上称微滴核)喷出体外,健康人吸入后而被感染。结核病是一种顽固的慢性疾病,一旦感染发病,若不及时、不规范、不彻底治疗,最终导致复发、恶化、产生耐药,形成难治性肺结核,形成慢性传染源,危害家庭、社会,最终因反复发作引发多种并发症而死亡。近年来我国结核病防治工作取得显著进展,全国结核病疫情持续下降,报告发病率从2012年的70.6/10万下降到2018年的59.3/10万,治疗成功率保持在90%以上。但是,当前我国结核病流行形势仍然严峻,是全球30个结核病高负担国家之一,位居全球第2位,每年新报告肺结核患者约80万例,位居甲乙类传染病第2位,部分地区疫情依然严重,学校聚集性疫情时有发生,耐药问题比较突出,患者医疗负担较重,防治任务十分艰巨。为此,2019年国家卫生健康委员会、国家发展改革委员会、教育部、科技部、民政部、财政部、国务院扶贫办、国家医保局等8部门联合印发了《遏制结核病行动计划(2019—2022年)》,提出到2020年,全国肺结核发病率要降至55/10万以下,死亡率维持在较低水平(3/10万以下)。在医院工作中,咳嗽、咳痰两周以上的患者,必须开展结核病筛查。

国家已将结核病由丙类传染病升为乙类传染病,列入严格管理范畴。1991年9月,卫生部发布了《结核病防治管理办法》(以下简称《办法》),对结核病防治机构、预防接种、调查与报告、治疗以及控制传染等作了规定。20多年来,各地认真落实《办法》,有力地推动了我国结核病防治工作的开展。但是,近些年来,我国结核病防治形势、政策环境、工作要求等发生了很大变化,《办法》已不能适应防治工作需求,主要表现在几个方面:一是我国结核病疫情形势依然严峻,同时耐多药肺结核危害日益凸显,未来数年内可能出现以耐药菌为主的结核病流行态势。结核病控制策略更加强调提升短程督导化疗等基本工作的质量,注重应对耐多药肺结核、结核菌/艾滋病病毒双重感染等新挑战,这也与全球防治战略调整相一致。二是为适应新形势下防治工作的需求,我国结核病防治服务体系不断完善,已初步形成结核病定点医疗机构、基层医疗卫生机构和疾病预防控制机构分工配合的防治结合新局面。《办法》强调的以疾控系统为主体的防治模式正在逐步改变。三是近年来我国修订了《传染病防治法》,并颁布了涉及实验室生物安全管理、医疗卫生机构感染控制等工作的多个法规规章,对包括结核病在内的传染病防治工作提出了诸多新的要求。为了应对我国结核病防治形势、政策环境、工作要求等的变化,国务院卫生行政部门对1991年实施的《办法》进行了修订,并于2013年3月24日实施,1991年9月12日卫生部公布的《结核病防治管理办法》同时废止。

(一)防治机构

根据《办法》第三条的规定,原卫生部负责全国结核病防治及其监督管理工作,县级以上地方卫生行政部门负责本辖区内的结核病防治及其监督管理工作。卫生行政部门应当积极协调有关部门加强结核病防治能力建设,逐步构建结核病定点医疗机构、基层医疗卫生机构、疾病预防控制机构分工明确、协调配合的防治服务体系。

(二)预防

根据《办法》第十一至十七条的规定,各级各类医疗卫生机构应当开展结核病防治的宣传教育,对就诊的肺结核患者及家属进行健康教育,宣传结核病防治政策和知识。基层医疗卫生机构定期对辖区内居民进行健康教育和宣传。疾病预防控制机构对易患结核病重点人群和重点场所进行有针对性的健康教育和宣传工作。根据国家免疫规划对适龄儿童开展卡介苗预防接种工作。承担预防接种工作的医疗卫生机构应当按照《疫苗流通和预防接种管理条例》和预防接种工作规范的要求,规范提供预防接种服务。

医疗卫生机构要制定结核病感染预防与控制计划,健全规章制度和工作规范,开展结核病感染预防与控制相关工作,落实各项结核病感染防控措施,防止医源性感染和传播。医务人员在工作中严格遵守个人防护的基本原则,接触传染性肺结核患者或者疑似肺结核患者时,应当采取必要的防护措施。肺结核疫情构成突发公共卫生事件的,应当按照有关预案采取相应控制措施。

(三) 肺结核患者发现、报告与登记

根据《办法》第十八至二十三条的规定,各级各类医疗机构应当对肺结核可疑症状者及时进行检查,对发现的确诊和疑似肺结核患者应当按照有关规定进行疫情报告,并将其转诊到患者居住地或者就诊医疗机构所在地的结核病定点医疗机构。结核病定点医疗机构对肺结核患者进行管理登记。登记内容包括患者诊断、治疗及管理等相关信息。结核病定点医疗机构应当根据患者治疗管理等情况,及时更新患者管理登记内容。结核病疫情的报告、通报和公布,依照《传染病防治法》的有关规定执行。

(四) 肺结核患者治疗与管理

根据《办法》第二十四至三十条的规定,结核病定点医疗机构对发现的肺结核患者进行规范化治疗和督导管理,应当为肺结核患者制定合理的治疗方案,提供规范化的治疗服务。医疗卫生机构对流动人口肺结核患者实行属地化管理,提供与当地居民同等的服务。各级各类医疗机构对危、急、重症肺结核患者负有救治的责任,应当及时对患者进行医学处置,不得以任何理由推诿,不得因就诊的患者是结核病病人拒绝对其其他疾病进行治疗。疾病预防控制机构应当及时掌握肺结核患者的相关信息,督促辖区内医疗卫生机构落实肺结核患者的治疗和管理工作。

(五) 监督管理

根据《办法》第三十一至三十三条的规定,县级以上地方卫生行政部门对结核病防治工作行使下列监管职责:

(1) 对结核病的预防、患者发现、治疗管理、疫情报告及监测等管理措施落实情况进行监管。

(2) 对违反本办法的行为责令被检查单位或者个人限期进行改进,依法查处。

(3) 负责预防与控制结核病的其他监管事项。

县级以上地方卫生行政部门要重点加强对相关单位结核病防治工作的监管。卫生行政部门依照本办法实施监管职责时,根据结核病防治工作的需要,可向有关单位和个人了解情况,索取必要的资料,对有关场所进行检查。在执行公务中应当保护患者的隐私,不得泄漏患者个人信息及相关资料等。被检查单位和个人应当予以配合,如实提供有关情况,不得拒绝、阻挠。

(六) 法律责任

根据《办法》第三十四至三十八条的规定，县级以上地方卫生行政部门违反本法规定，由上级卫生行政部门责令改正，通报批评；造成肺结核传播、流行或者其他严重后果的，对负有责任的主管人员和其他直接责任人员，依法给予行政处分；构成犯罪的，依法追究刑事责任。

疾病预防控制机构违反本办法规定，由县级以上卫生行政部门责令限期改正，通报批评，给予警告；对负有责任的主管人员和其他直接责任人员，依法给予处分；构成犯罪的，依法追究刑事责任。

医疗机构违反本办法规定，由县级以上卫生行政部门责令改正，通报批评，给予警告；造成肺结核传播、流行或者其他严重后果的，对负有责任的主管人员和其他直接责任人员，依法给予处分；构成犯罪的，依法追究刑事责任；基层医疗卫生机构违反本办法规定，由县级卫生行政部门责令改正，给予警告。

其他单位和个人违反本办法规定，导致肺结核传播或者流行，给他人人身、财产造成损害的，应当依法承担民事责任；构成犯罪的，依法追究刑事责任。

四、狂犬病防治

狂犬病又称恐水病、疯狗病，是一种人、兽(畜)共患的死亡率极高的传染病，多因携带狂犬病病毒的犬、狼、猫、鼠等肉食动物咬伤或抓伤而感染。临床表现为特有的狂躁、恐惧不安、怕风恐水、流涎和咽肌痉挛，终至发生瘫痪而危及生命。已感染狂犬病毒未发病的动物同样能使人感染狂犬病。人的狂犬病绝大多数是因被带狂犬病病毒的动物咬伤(抓伤)而感染发病。其潜伏期短到 10 天，长至 2 年或更长，一般为 31~60 天，15% 发生在 3 个月以后，视被咬部位距离中枢神经系统的远近和咬伤程度，或感染病毒的剂量而异。发病后 90% 以上的病人都会死亡。因此，做好预防工作至关重要。新中国成立后，各地为预防和控制狂犬病做了大量工作，取得了一定成绩。但是，目前在我国许多地区出现了狂犬病疫情上升的趋势，这与我国养犬数量增加和缺乏严格的管理有着直接关系。为预防、控制和消灭狂犬病，保障人民生命安全，《传染病防治法实施办法》规定，狂犬病防治管理工作，由各级政府畜牧兽医、卫生、公安部门按照国务院的规定分工负责。公安部门负责对县以上城市养犬的审批与违章养犬的处理，捕杀狂犬、野犬。畜牧兽医部门负责兽用预防狂犬病疫苗的研制、生产和供应，对城乡所有经批准的养犬进行预防接种、登记和发放"免疫证"，对犬类狂犬病的疫情进行监测，负责进出口犬类的检疫、免疫及管理。乡(镇)政府本着适当限制养犬的原则负责辖区内养犬的管理，组织力量捕杀狂犬、野犬。卫生部门负责对抗狂犬疫苗的研制、生产、供应、接种和病人的诊治。

五、其他传染病

(一) 鼠疫

鼠疫是由鼠疫杆菌所致的烈性传染病，属于国际检疫传染病之一，也是我国法定管理的甲类传染病。鼠疫是传染性极强、发病快、病情重、死亡率高的法定传染病。鼠疫通常有腺型、肺型和败血症型三种。鼠疫的主要防治对策是:改造主要宿主(鼠、蚤)动物的生态环境,破坏其生存条件,达到间接消灭鼠疫的目的;加强鼠疫监测工作,建立全国重点疫区的监测机构,对已知的鼠疫自然疫源地进行系统监测,作出短期或中长期科学预报;加强国境卫生检疫,进行预防接种以及疫区处理等。

(二) 麻风病

麻风病(Leprosy)是由麻风分枝杆菌(*Mycobacterium leprae*)引起的一种慢性传染病。主要侵犯人体皮肤和周围神经的慢性传染病,是严重危害人类健康的地方病之一。目前我国麻风病患区主要集中在东南沿海和大江流域。早在20世纪50年代,我国政府就制定防治规划,采取"积极防治,控制污染"的原则,做到"早期发现、早期隔离、早期治疗"。1988年9月20日,原卫生部颁布的《全国麻风病防治管理条例》提出,要加强领导,多部门协作,统一规划,广泛宣传,建立防治机构,开展联合治疗等综合措施。

(三) 布氏杆菌病

布氏杆菌病是人畜共患的一种接触性传染病。主要侵害生殖道,引起子宫、胎膜、关节、睾丸及附睾的炎症以及淋巴结炎、关节炎、流产、不育等。各种布氏杆菌对其相应种类的动物具有极高的致病性,并对其他种类的动物也有一定的致病力,致使本病广泛流行。因此,加强对本病的监测和控制,保证人、畜健康是极其重要的。为预防和消灭布氏杆菌病,1979年12月22日国务院批准,原卫生部、农业部发布《防治布氏杆菌病暂行办法》,自1980年3月1日起施行。2020年4月2日,根据中华人民共和国国务院令(第726号),对《防治布氏杆菌病暂行办法》予以废止。

思考题

1. 传染病有哪些法定的种类?每个种类都包括哪些传染病?
2. 什么是传染病的预防?包括哪些措施?
3. 对于传染病人应该如何依法救治?
4. 传染病爆发流行时该依法采取哪些控制措施?
5. 违反传染病防治法应承担哪些法律责任?

参 考 文 献

[1] 吴崇其.中国卫生法学[M].3版.北京:中国协和医科大学出版社,2011.
[2] 马怀德,等.应急反应的法学思考:"非典"法律问题研究[M].北京:中国政法大学出版社,2004.
[3] 达庆东,田侃.卫生法学纲要[M].5版.上海:复旦大学出版社,2014.
[4] 赵敏,何振.卫生法学概论[M].武汉:华中科技大学出版社,2019.
[5] 申卫星.中国卫生法前沿问题研究[M].北京:北京大学出版社,2005.

第六章 职业病防治法律制度

内容提要 阐述《职业病防治法》的立法宗旨、适用范围,职业病防治的工作方针与基本制度,廓清用人单位在职业病防治中的职责与义务、从业人员的权利和义务,明确职业病的诊断、鉴定制度、职业病防治的监督管理以及违反职业病防治法的法律责任等。

重点提示 法定职业病 职业卫生保护权 职业病病人的待遇 法律责任

第一节 职业病防治法概述

一、国外职业病防治立法沿革

职业健康立法是工业革命的产物。20世纪初,工业污染加剧,职业损害严重。针对一些国家以职业危害为代价片面追求经济增长的情况,1948年联合国全体会议通过的《全球人权宣言》宣称所有人享受公正和良好工作条件的权利。1950年国际劳工组织、世界卫生组织在第一届职业健康联合委员会上明确提出"职业健康"的概念。1992年世界环境与发展大会将职业危害相关问题列为必须解决的七大全球问题之一,要求各国将其作为一项重要的政治任务尽快立法规制。1996年世界卫生组织向全球宣告实施"人人享有职业健康的全球战略"。国际劳工组织也先后制定有关职业健康的国际公约和建议书。

法律作为遏制职业病的重要手段一直为许多国家所重视。从19世纪初,西欧一些国家开始制定工厂法。进入20世纪以来,职业健康立法有了较大发展。英国是全球最早颁布职业健康安全法律法规的国家,1974年颁布的《职业安全与健康法》是改善英国职业安全的里程碑,英国现有职业安全与健康管理系统和制度框架就是根据这个法案建立健全的。为了给职业安全与健康监管工作注入新活力,2000年6月英国职业安全与健康委员会颁布《重塑职业安全与健康战略声明》,[①] 这是英国历史上首次为职业安全与健康确立战略目标,旨在确定进一步改善安全与健康的新方法,确保职业安全与健康法案适应今后形势的变化。美国1970年颁布的《职业安全与健康法》是美国现有职业健康安全法体系的基础。1971年依法成立的职业安全健康局,是制定职业健康与安全标准、监督《职业安全与健康法》实施情况,以及帮助企业改善职业安全健康状况的专门机构。在亚洲,日本制定的《劳动安全卫生法》《矿山安全法》等一系列法律法规,由于体系健全、措施得当,日本职业安全问题基本得到有效控制。由此可见,虽然各国的社会制度、经济发展水平、立法体系不同,但立法目的异曲

---

① 房照增.英国的职业安全与健康(一)[J].现代职业安全,2004(4):52-54.

同工,旨在控制和消除职业危害,确保劳动者身体健康。

二、我国职业病防治立法概况

在我国,依法治理职业危害是从源头控制和减少职业病危害,保护广大劳动者职业健康的有效途径。新中国成立七十多年来,党和国家始终高度重视职业病防治工作。经过几十年的努力,目前已经初步建立起一套适合我国国情又行之有效的职业病防治管理制度和措施,一些大中型国有企业劳动条件得到很大改善,职业病防治工作取得显著成效。但是,职业病和职业性疾患依然是影响劳动者健康、造成劳动者过早失去劳动能力的最主要的卫生问题,因粉尘、放射污染和有毒、有害作业导致劳动者患职业病死亡、致残、丧失劳动能力的人数不断增加,其危害程度远远高于生产安全事故和交通事故。

面对这些问题,职业病防治立法得到最高立法机关的高度重视,2001年10月27日《职业病防治法》经第九届全国人民代表大会常务委员会第二十四次会议审议通过,后经2011年、2016年、2017年和2018年四次修正。修订后的《职业病防治法》共七章八十八条,内容主要按照前期预防、劳动过程中的防护与管理、职业病发病后的诊断治疗与职业病病人的保障三个阶段对职业病防治活动分别规定了相应的制度和措施,①具体包括职业卫生监督管理制度、职业病危害项目申报制度、用人单位职业病防治主体责任制度、职业病危害因素监测及评价制度、劳动者依法享有职业卫生防护的权利、职业病诊断与鉴定制度、职业病病人待遇制度等。

此外,有关部门还陆续发布一系列配套规章和文件,包括:《职业病分类和目录》(2013年)、《国家职业卫生标准管理办法》(2002年)、《职业病危害事故调查处理办法》(2002年)、《职业健康监护管理办法》(2002年)、《职业病危害项目申报管理办法》(2012年)、《建设项目职业病防护设施"三同时"监督管理办法》(2017年)、《建设项目职业病危害分类管理办法》(2006年)、《工作场所职业卫生管理规定》(2021年)、《职业病诊断与鉴定管理办法》(2021年)、《职业病诊断文书书写规范》(2015年)等。至此,具有中国特色的职业病防治法律体系已经基本形成。

(二) 立法宗旨

根据《职业病防治法》第一条,其立法宗旨是,为了预防、控制和消除职业病危害,防治职业病,保护劳动者健康及其相关权益,促进经济社会发展。

1. 预防、控制和消除职业病危害,防治职业病

我国是职业病危害较严重的国家之一。尽管党和国家高度重视职业病防治工作,但是我国职业病防治形势不容乐观。随着我国对外开放和高科技产业的发展,一些行业存在较大职业危害隐患,预防、控制和消除职业病危害就成为《职业病防治法》的首要任务。这既体现国家对预防、控制和消除职业病危害的高度重视,又为预防、控制和消除职业病危害提供了有力的法律保障。

---

① 中国法制出版社.中华人民共和国职业病防治法注解与配套[M].5版.北京:中国法制出版社,2020:1.

2. 保护劳动者健康及其相关权益

《职业病防治法》的颁布实施，对于维护广大劳动者合法权益有着重要意义。我国是社会主义国家，劳动者不仅是社会发展的中坚力量，也是社会可持续发展的创造者和保障者，没有劳动者的职业健康就没有全民健康。保护广大劳动者职业活动中的安全、健康及相关权益，是我国的一项基本国策。保护劳动者健康及其相关权益，是我国制定劳动有关法律、法规的基本出发点，也是现行《职业病防治法》的重要立法宗旨。《职业病防治法》内容丰富，但最根本的宗旨是保护劳动者健康及其相关权益。换言之，《职业病防治法》立法宗旨中的"预防、控制和消除职业病危害，防治职业病"都是手段和措施，而"保护劳动者健康及其相关权益"才是根本目的。

3. 促进经济和社会可持续发展

职业病防治工作不仅关系着劳动者的生命与健康，还直接影响着经济社会发展。职业安全和健康是国家经济发展的重要条件，也是社会安定团结的基本标志。目前，我国的职业健康工作还落后于经济社会发展形势，难以满足维护人民健康的切实需要，在某种程度上已经成为我国经济腾飞和社会进步的阻碍。同时，作为制约企业发展的重要因素之一，职业健康工作极大地影响着企业的可持续发展。因此，不断提高职业健康管理水平，并积极与国际职业健康管理模式接轨，对我国经济社会的发展具有重要意义。

二、法定职业病的构成和认定

学理上的职业病是劳动者在生产环境和劳动过程中，因接触粉尘、放射性物质和其他有毒、有害物质等职业性有害因素所引起的疾病。法律上所称的职业病一般是指由国家确认并经法定程序公布的职业病。许多国家采取由国家向社会公布职业病名单的方式确定职业病范围，列入该范围的职业病称为法定职业病。我国《职业病防治法》也采用法定职业病的办法。该法第二条第二款、第三款分别规定："本法所称职业病，是指企业、事业单位和个体经济组织等用人单位的劳动者在职业活动中，因接触粉尘、放射性物质和其他有毒、有害因素而引起的疾病。""职业病的分类和目录由国务院卫生行政部门会同国务院劳动保障行政部门制定、调整并公布。"这就意味着，职业性疾病必须满足一定条件，达到一定程度，并且进入国家职业病名单受《职业病防治法》的调整。

明确职业病的法定范围，是分类管理、综合治理的基础环节。根据《职业病防治法》第2条，法定职业病应当具备以下四个条件：

1. 劳动者的疾病在工作或其他职业活动中产生

这里的"劳动者"仅指"企业、事业单位和个体经济组织等用人单位的劳动者"，具体包括我国各类性质企业（国有、集体、外资企业和个体经济组织）以及事业单位、社会团体的劳动者。此外，根据第八十六条，上述用人单位以外的单位（如政府机关、社会团体、劳务派遣用工单位等）产生职业病危害的，其职业病防治活动可以参照《职业病防治法》执行。中国人民解放军参照执行《职业病防治法》的办法，由国务院、中央军事委员会制定。

2. 职业危害因素客观存在

职业危害因素按其来源可分为三类：一类是与生产过程有关联的职业危害因素，如铅、苯、一氧化碳等工业毒物；一类是与劳动过程有关联的职业危害因素，如作业时间过长、作业强度过大等；另一类是与生产环境一般状况有关联的职业危害因素，如露天作业的气温高、厂房狭小、照明不良等。《职业病防治法》将其统称为职业活动中存在的各种有害的化学、物理、生物因素以及在作业过程中产生的其他职业有害因素。

3. 职业病损害系职业危害因素直接引起

职业危害因素对接触者健康造成各种不良影响,并可能导致职业病,统称为职业性危害、职业损害,职业损害不一定都是职业病。根据职业危害因素的性质、发病机理、临床表现、影响程度,职业损害可分为职业性特征、工作有关疾病、非特异作用、职业病等四种情况。职业病是在从事生产劳动过程中,直接由职业危害因素引起的特定疾病。导致职业病的直接原因是职业危害因素,如果劳动者的健康损害和职业危害因素之间没有因果联系,即使劳动条件中存在职业危害因素,也不能作为认定职业病的依据。如果劳动者受到损害,排除职业因素以外的致病因素,但因为科学技术的原因不能明确直接职业危害因素,没有确凿充分的证据证明职业危害与病人临床表现之间的必然联系的,劳动者的合法权益将得不到有效的法律保障。鉴于此,《职业病防治法》第四十六条第二款规定:没有证据否定职业病危害因素与病人临床表现之间的必然联系的,应当诊断为职业病。

4. 职业病的法定性

只有列入国家相关法律法规或规范性法律文件中的才是职业病。我国《职业病防治法》确定法定职业病范围的基本原则是:第一,国家对职业病采取"预防为主、防治结合"的方针,对职业病和职业损害采取分类管理、综合治理的原则。有些职业病能够用法律调整,通过法律的强制性,促使有关部门履行职责、承担义务,从而改善劳动条件,降低职业病发病率,依法保护劳动者的健康权利;有些不便于法律调整,应当通过安全和健康教育、道德感化、行政管理手段加以解决。第二,适应国民经济和社会发展的水平。由于我国尚处于社会主义初级阶段,生产力发展水平不高,因此,法定职业病的范围必须符合中国的现实国情。若超越国情范围宽泛,即使用法律手段进行保护也难以执行。第三,依靠科技进步,积极与世界接轨。职业病和职业损害是随着生产发展和时代变化而变化的,它与科学进步密切相关,涉及生理、心理、人类工效学、卫生化学、毒理、卫生工程和临床等学科,在立法中应注意因时制宜,与时俱进。正是基于这种考虑,《职业病防治法》并未直接列举职业病的名单,而是进行概括式的规定:"职业病的分类和目录由国务院卫生行政部门会同国务院劳动保障行政部门规定、调整和公布。"第四,便于操作。职业危害是在生产过程中产生的,由于产生职业危害的因素种类很多,导致职业病的范围较广,职业病的类别较多,不同类别的职业病对劳动者产生的危害差异较大,对各类职业病的防治也不同,不可能把所有职业病的防治都纳入法律的调整范围。

根据 2013 年《职业病分类和目录》,法定职业病范围已由 2002 年的 115 种调整为 132 种(含 4 项开放性条款),调整后的目录仍将职业病分为 10 类,其中 3 类的名称做了调整:一是将原"尘肺"与"其他职业病"中的呼吸系统疾病合并为"职业性尘肺病及其他呼吸系统疾病";二是将原"职业中毒"修改为"职业性化学中毒";三是将"生物因素所致职业病"修改为"职业性传染病"。

第二节 职业病的前期预防、防护和监督检查

一、职业病的前期预防

职业病预防工作是职业病防治体系中最有效最经济的措施。职业病危害的产生往往是由于建设单位缺乏职业健康防护意识,在项目设计和施工阶段忽视职业健康防护要求,没有配备应有的职业安全设施,从而导致项目建成后存在严重的先天性或设计性职业病危害隐患,如消除这些职业危害需要付出巨大代价,进而导致严重的职业病危害后果。因此用人单位应当依照法律、法规的要求,严格遵守国家职业卫生标准,在建设项目设计施工阶段落实职业病预防措施,从源头上控制和消除职业病危害。这是用人单位的一般义务。基于此,用人单位需要遵守下列各项法律制度。

(一)工作场所职业卫生要求

这是防治职业病的逻辑起点,也是保护劳动者健康的有力措施,抓好这一环节可以最大限度消除或者减少劳动者受到职业病因素的危害。《职业病防治法》规定,产生职业病危害的用人单位在其设立时,不仅要符合法律、行政法规(如《民法典》《公司法》《合伙企业法》等)所规定的一般的条件,其工作场所还应当符合下列职业卫生要求:

(1)职业病危害因素的强度或者浓度符合国家职业卫生标准。
(2)有与职业病危害防护相适应的设施。
(3)生产布局合理,符合有害与无害作业分开的原则。
(4)有配套的更衣间、洗浴间、孕妇休息间等卫生设施。
(5)设备、工具、用具等设施符合保护劳动者生理、心理健康的要求。
(6)法律、行政法规和国务院卫生行政部门关于保护劳动者健康的其他要求。

(二)职业病危害项目申报制度

确立职业病危害项目申报制度是职业病防治法的一项重要制度,是根据职业病防治监督管理的实际需要和职业健康工作的实践经验确立的,充分体现"预防为主、防治结合"的卫生工作方针。《职业病防治法》第十六条规定,国家建立职业病危害项目申报制度。用人单位工作场所存在职业病目录所列职业病的危害因素的,应当及时、如实向所在地卫生行政部门申报危害项目,接受监督。职业病危害因素分类目录由国务院卫生行政部门制定、调整并公布。根据《职业病危害项目申报办法》,用人单位工作场所存在职业病目录所列职业病的危害因素的,应当及时、如实向所在地安全生产监督管理部门申报危害项目,并接受安全生产监督管理部门的监督管理。职业病危害项目申报工作实行属地分级管理的原则。职业病危害项目申报不得收取任何费用。安全生产监督管理部门应当依法对用人单位职业病危害项目申报情况进行抽查,并对职业病危害项目实施监督检查。安全生产监督管理部门及其工作人员应当保守用人单位商业秘密和技术秘密。违反有关保密义务的,应当承担相应的

法律责任。安全生产监督管理部门应当建立健全举报制度,依法受理和查处有关用人单位违反本办法行为的举报。

(三)建设项目职业病危害预评价制度

建设项目职业病危害预评价是在建设项目前期根据建设项目可行性研究报告或初步设计报告的内容,运用科学评价方法,依据相关法律、法规和相关标准,分析、预测该建设项目存在的有害因素和危害程度,并提出科学、合理、可行的职业病防治技术措施和管理对策。其主要作用在于从源头控制职业病危害,积极改善作业环境,有力保障劳动力资源的可持续利用,同时也为企业在国际竞争中树立良好形象。职业病危害项目预评价及有关制度具体如下:

(1)新建、扩建、改建建设项目和技术改造、技术引进项目(以下统称建设项目)可能产生职业病危害的,建设单位在可行性论证阶段应当进行职业病危害预评价。医疗机构建设项目可能产生放射性职业病危害的,建设单位应当向卫生行政部门提交放射性职业病危害预评价报告。

(2)职业病危害预评价报告应当对建设项目可能产生的职业病危害因素及其对工作场所和劳动者健康的影响作出评价,确定危害类别和职业病防护措施。

(3)卫生行政部门应当自收到预评价报告之日起三十日内,作出审核决定并书面通知建设单位。未提交预评价报告或者预评价报告未经卫生行政部门审核同意的,不得开工建设。职业病危害预评价报告应当对建设项目可能产生的职业病危害因素及其对工作场所和劳动者健康的影响作出评价,确定危害类别和职业病防护措施。

(四)建设项目职业病防护实施"三同时"制度

建设项目的职业病防护设施"三同时"制度、职业病防护设施设计的审查制度和职业病危害控制效果制度在建设项目职业病危害前期预防中发挥重要作用。

(1)建设项目的职业病防护设施所需费用应当纳入建设项目工程预算,并与主体工程同时设计,同时施工,同时投入生产和使用。

(2)建设项目的职业病防护设施设计应当符合国家职业卫生标准和卫生要求;其中,医疗机构放射性职业病危害严重的建设项目的防护设施设计,应当经卫生行政部门审查同意后,方可施工。

(3)建设项目在竣工验收前,建设单位应当进行职业病危害控制效果评价。

(4)医疗机构可能产生放射性职业病危害的建设项目竣工验收时,其放射性职业病防护设施经卫生行政部门验收合格后,方可投入使用;其他建设项目的职业病防护设施应当由建设单位负责依法组织验收,验收合格后,方可投入生产和使用。卫生行政部门应当加强对建设单位组织的验收活动和验收结果的监督核查。

(5)国家对从事放射性、高毒、高危粉尘等作业实行特殊管理。具体管理办法由国务院制定。

二、劳动过程中的防护和管理

用人单位对劳动者劳动过程中的防护与管理不仅是职业病防治中前期预防义务的自然

延伸,而且在此过程中要遵守更具体的义务性规范。

(一)职业病防治管理义务

用人单位防治职业病防治管理义务要求用人单位要按照现代企业制度,采取各种管理手段和方法,加强企业内部的职业健康管理。其主要内容有:

(1) 设置或者指定职业卫生管理机构或者组织,配备专职或者兼职的职业卫生管理人员,负责本单位的职业病防治工作。

(2) 制定职业病防治计划和实施方案。

(3) 建立、健全职业卫生管理制度和操作规程。

(4) 建立、健全职业卫生档案和劳动者健康监护档案。

(5) 建立、健全工作场所职业病危害因素监测及评价制度。

(6) 建立、健全职业病危害事故应急救援预案。

以上各项规定是用人单位职业病防治的基本制度,它要求必须从组织、人员、档案上落实,要有防治计划,在实际中要有相应的措施,坚实的基础工作,能有效地应对事故的发生。

(二)职业病防治保障资金投入和防护用品提供义务

(1) 用人单位应当保障职业病防治所需的资金投入,不得挤占、挪用,并对因资金投入不足导致的后果承担责任。

(2) 用人单位必须采用有效的职业病防护设施,并为劳动者提供个人使用的职业病防护用品。用人单位为劳动者个人提供的职业病防护用品必须符合防治职业病的要求;不符合要求的,不得使用。

(三)职业有害因素替代义务

替代制度是预防、控制和消除职业病危害的重要手段,是指如果有一种危险因素可以被另一种安全因素所替代时,则该种危险因素就不允许以任何理由在工作场所中使用;如果有一种危险因素需要在工作场所中使用,同时又存在另一种作用相当的危害较小的危险因素时,则应当用后者代替前者。[①] 据此,用人单位应当优先采用有利于防治职业病和保护劳动者健康的新技术、新工艺、新设备、新材料,逐步替代职业病危害严重的技术、工艺、设备、材料。

(四)有毒有害工作环境和工作场所的警示说明和防护义务

工作环境和工作场所是劳动者从事职业活动所在的环境,其中的危害因素是产生职业病的重要因素,必须采取有效防护措施消除或者减少劳动者的危害。

(1) 产生职业病危害的用人单位,应当在醒目位置设置公告栏,公布有关职业病防治的规章制度、操作规程、职业病危害事故应急救援措施和工作场所职业病危害因素检测结果。

(2) 对产生严重职业病危害的作业岗位,应当在其醒目位置,设置警示标志和中文警示说明。

(3) 警示说明应当载明产生职业病危害的种类、后果、预防以及应急救治措施等内容。

---

① 法律出版社法规中心. 中华人民共和国职业病防治法:(注解本)[M]. 北京:法律出版社,2021:22.

(4) 对可能发生急性职业损伤的有毒、有害工作场所,用人单位应当设置报警装置,配置现场急救用品、冲洗设备、应急撤离通道和必要的泄险区。

(5) 对放射工作场所和放射性同位素的运输、贮存,用人单位必须配置防护设备和报警装置,保证接触放射线的工作人员佩戴个人剂量计。

(6) 对职业病防护设备、应急救援设施和个人使用的职业病防护用品,用人单位应当进行经常性的维护、检修,定期检测其性能和效果,确保其处于正常状态,不得擅自拆除或者停止使用。

(五) 设备警示说明和防护义务

(1) 向用人单位提供可能产生职业病危害的设备的,应当提供中文说明书,并在设备的醒目位置设置警示标志和中文警示说明。警示说明应当载明设备性能、可能产生的职业病危害、安全操作和维护注意事项、职业病防护以及应急救治措施等内容。

(2) 向用人单位提供可能产生职业病危害的化学品、放射性同位素和含有放射性物质的材料的,应当提供中文说明书。说明书应当载明产品特性、主要成分、存在的有害因素、可能产生的危害后果、安全使用注意事项、职业病防护以及应急救治措施等内容。产品包装应当有醒目的警示标志和中文警示说明。贮存上述材料的场所应当在规定的部位设置危险物品标志或者放射性警示标志。国内首次使用或者首次进口与职业病危害有关的化学材料,使用单位或者进口单位按照国家规定经国务院有关部门批准后,应当向国务院卫生行政部门报送该化学材料的毒性鉴定以及经有关部门登记注册或者批准进口的文件等资料。进口放射性同位素、射线装置和含有放射性物质的物品的,按照国家有关规定办理。

(3) 任何单位和个人不得生产、经营、进口和使用国家明令禁止使用的可能产生职业病危害的设备或者材料。

(4) 任何单位和个人不得将产生职业病危害的作业转移给不具备职业病防护条件的单位和个人。不具备职业病防护条件的单位和个人不得接受产生职业病危害的作业。

(六) 职业病危害因素监测、检测、评价及治理义务

(1) 用人单位应当实施由专人负责的职业病危害因素日常监测,并确保监测系统处于正常运行状态。

(2) 用人单位应当按照国务院卫生行政部门的规定,定期对工作场所进行职业病危害因素检测、评价。检测、评价结果存入用人单位职业卫生档案,定期向所在地卫生行政部门报告并向劳动者公布。

(3) 职业病危害因素检测、评价由依法设立的取得国务院卫生行政部门或者设区的市级以上地方人民政府卫生行政部门按照职责分工给予资质认可的职业卫生技术服务机构进行。职业卫生技术服务机构所作检测、评价应当客观、真实。

(4) 发现工作场所职业病危害因素不符合国家职业卫生标准和卫生要求时,用人单位应当立即采取相应治理措施,仍然达不到国家职业卫生标准和卫生要求的,必须停止存在职业病危害因素的作业;职业病危害因素经治理后,符合国家职业卫生标准和卫生要求的,方可重新作业。

(七)职业健康监护档案义务

(1) 用人单位应当为劳动者建立职业健康监护档案,并按照规定的期限妥善保存。

(2) 职业健康监护档案应当包括劳动者的职业史、职业病危害接触史、职业健康检查结果和职业病诊疗等有关的个人健康资料。

(3) 劳动者离开用人单位时,有权索取本人职业健康监护档案复印件,用人单位应当如实、无偿提供,并在所提供的复印件上签章。

(八)职业病危害事故应急救援义务

(1) 发生或者可能发生急性职业病危害事故时,用人单位应当立即采取应急救援和控制措施,并及时报告所在地卫生行政部门和有关部门。卫生行政部门接到报告后,应当及时会同有关部门组织调查处理;必要时,可以采取临时控制措施。卫生行政部门应当组织做好医疗救治工作。

(2) 对遭受或者可能遭受急性职业病危害的劳动者,用人单位应当及时组织救治、进行健康检查和医学观察,所需费用由用人单位承担。

三、职业病防治工作的监督检查

(一)监督机关及监督人员

(1) 职业卫生技术服务机构依法从事职业病危害因素检测、评价工作,接受卫生行政部门的监督检查。卫生行政部门应当依法履行监督职责。

(2) 县级以上人民政府职业卫生监督管理部门依照职业病防治法律、法规、国家职业卫生标准和卫生要求,依据职责划分,对职业病防治工作进行监督检查。

(二)监督检查措施

卫生行政部门履行监督检查职责时,有权采取下列措施:
(1) 进入被检查单位和职业病危害现场,了解情况,调查取证。
(2) 查阅或者复制与违反职业病防治法律、法规的行为有关的资料和采集样品。
(3) 责令违反职业病防治法律、法规的单位和个人停止违法行为。

(三)临时控制措施

发生职业病危害事故或者有证据证明危害状态可能导致职业病危害事故发生时,卫生行政部门可以采取下列临时控制措施:
(1) 责令暂停导致职业病危害事故的作业。
(2) 封存造成职业病危害事故或者可能导致职业病危害事故发生的材料和设备。
(3) 组织控制职业病危害事故现场。
(4) 在职业病危害事故或者危害状态得到有效控制后,卫生行政部门应当及时解除控制措施。

(四) 监督检查权的行使

(1) 职业卫生监督执法人员依法执行职务时,应当出示监督执法证件。职业卫生监督执法人员应当忠于职守,秉公执法,严格遵守执法规范;涉及用人单位的秘密的,应当为其保密。

(2) 职业卫生监督执法人员依法执行职务时,被检查单位应当接受检查并予以支持配合,不得拒绝和阻碍。

(3) 卫生行政部门及其职业卫生监督执法人员履行职责时,不得有下列行为:

① 对不符合法定条件的,发给建设项目有关证明文件、资质证明文件或者予以批准。

② 对已经取得有关证明文件的,不履行监督检查职责。

③ 发现用人单位存在职业病危害的,可能造成职业病危害事故,不及时依法采取控制措施。

④ 其他违法行为。

(4) 职业卫生监督管理部门应当加强队伍建设,提高职业卫生监督执法人员的政治、业务素质,依法建立、健全内部监督制度,对其工作人员执行法律、法规和遵守纪律的情况,进行监督检查。

第三节 劳动者职业卫生保护权

一、劳动者职业卫生保护权的范围

(一) 知情权

(1) 劳动者有权了解工作场所产生或者可能产生的职业病危害因素、危害后果和应当采取的职业病防护措施。

(2) 用人单位与劳动者订立劳动合同(含聘用合同,下同)时,应当将工作过程中可能产生的职业病危害及其后果、职业病防护措施和待遇等如实告知劳动者,并在劳动合同中写明,不得隐瞒或者欺骗。

(3) 劳动者在已订立劳动合同期间因工作岗位或者工作内容变更,从事与所订立劳动合同中未告知的存在职业病危害的作业时,用人单位应当依照前款规定,向劳动者履行如实告知的义务,并协商变更原劳动合同相关条款。

(4) 用人单位违反前项义务性规定的,劳动者有权拒绝从事存在职业病危害的作业,用人单位不得因此解除与劳动者所订立的劳动合同。

(5) 用人单位对采用的技术、工艺、设备、材料,应当知悉其产生的职业病危害,对有职业病危害的技术、工艺、设备、材料隐瞒其危害而采用的,对所造成的职业病危害后果承担责任。

(二) 获得职业卫生教育、培训权

（1）用人单位的主要负责人和职业卫生管理人员应当接受职业卫生培训，遵守职业病防治法律、法规，依法组织本单位的职业病防治工作。

（2）用人单位应当对劳动者进行上岗前的职业卫生培训和在岗期间的定期职业卫生培训，普及职业卫生知识，督促劳动者遵守职业病防治法律、法规、规章和操作规程，指导劳动者正确使用职业病防护设备和个人使用的职业病防护用品。

（3）劳动者应当学习和掌握相关的职业卫生知识，增强职业病防范意识，遵守职业病防治法律、法规、规章和操作规程，正确使用、维护职业病防护设备和个人使用的职业病防护用品，发现职业病危害事故隐患应当及时报告。劳动者不履行前款规定义务的，用人单位应当对其进行教育。

(三) 获得职业健康检查、职业病诊疗、康复等职业病防治服务权

（1）对从事接触职业病危害的作业的劳动者，用人单位应当按照国务院卫生行政部门的规定组织上岗前、在岗期间和离岗时的职业健康检查，并将检查结果书面告知劳动者。职业健康检查费用由用人单位承担。

（2）用人单位不得安排未经上岗前职业健康检查的劳动者从事接触职业病危害的作业；不得安排有职业禁忌的劳动者从事其所禁忌的作业；对在职业健康检查中发现有与所从事的职业相关的健康损害的劳动者，应当调离原工作岗位，并妥善安置；对未进行离岗前职业健康检查的劳动者不得解除或者终止与其订立的劳动合同。

（3）职业健康检查应当由取得《医疗机构执业许可证》的医疗卫生机构承担。卫生行政部门应当加强对职业健康检查工作的规范管理，具体管理办法由国务院卫生行政部门制定。

(四) 个人防护权

要求用人单位提供符合防治职业病要求的职业病防护设施和个人使用的职业病防护用品，改善工作条件，包括：

（1）用人单位必须采用有效的职业病防护设施，并为劳动者提供个人使用的职业病防护用品。

（2）用人单位为劳动者个人提供的职业病防护用品必须符合防治职业病的要求；不符合要求的，不得使用。

（3）对职业病防护设备、应急救援设施和个人使用的职业病防护用品，用人单位应当进行经常性的维护、检修，定期检测其性能和效果。

(五) 特殊保障权

（1）产生职业病危害的用人单位在工作场所应有配套的更衣间、洗浴间、孕妇休息间等卫生设施。

（2）国家对从事放射、高毒等作业实行特殊管理。

（3）不得安排有职业禁忌的劳动者从事其所禁忌的作业。

（4）用人单位不得安排未成年工从事接触职业病危害的作业。

（5）用人单位不得安排孕期、哺乳期的女职工从事对本人和胎儿、婴儿有危害的作业。

(六)检举、控告权

对违反职业病防治法律、法规以及危及生命健康的行为提出批评、检举和控告。任何单位和个人有权对违法行为进行检举和控告。对违反职业病防治法律、法规以及危及生命健康的行为提出批评、检举和控告,是职业病防治法赋予劳动者一项职业卫生保护权利。用人单位若因劳动者依法行使检举、控告权而降低其工资、福利等待遇或者解除、终止与其订立劳动合同,则该行为无效。

(七)拒绝冒险权

劳动者有权拒绝违章指挥和强令进行没有职业病防护措施的作业。

(1)劳动者有权拒绝在没有职业病防护措施下从事职业危害作业,有权拒绝违章指挥和强令的冒险作业。

(2)用人单位若与劳动者设立劳动合同时,没有将可能产生的职业病危害及其后果等告知劳动者,劳动者有权拒绝从事存在职业病危害的作业,用人单位不得因此解除或者终止与劳动者所订立的劳动合同。

(八)参与决策权

参与用人单位职业卫生工作的民主管理,对职业病防治工作提出意见和建议,是职业病防治法规定的劳动者所享有的又一项职业卫生保护权利。

二、劳动者职业卫生保护权的实现

(1)用人单位应当保障劳动者行使上述各项权利。因劳动者依法行使正当权利而降低其工资、福利等待遇或者解除、终止与其订立的劳动合同的,其行为无效。

(2)工会组织应当督促并协助用人单位开展职业卫生宣传教育和培训,有权对用人单位的职业病防治工作提出意见和建议,依法代表劳动者与用人单位签订劳动安全卫生专项集体合同,与用人单位就劳动者反映的有关职业病防治的问题进行协调并督促解决。工会组织对用人单位违反职业病防治法律、法规,侵犯劳动者合法权益的行为,有权要求纠正;产生严重职业病危害时,有权要求采取防护措施,或者向政府有关部门建议采取强制性措施;发生职业病危害事故时,有权参与事故调查处理;发现危及劳动者生命健康的情形时,有权向用人单位建议组织劳动者撤离危险现场,用人单位应当立即作出处理。

(3)用人单位按照职业病防治要求,用于预防和治理职业病危害、工作场所卫生检测、健康监护和职业卫生培训等费用,按照国家有关规定,在生产成本中据实列支。

(4)职业卫生监督管理部门应当按照职责分工,加强对用人单位落实职业病防护管理措施情况的监督检查,依法行使职权,承担责任。

第四节 职业病诊断与职业病病人待遇

一、职业病诊断

(一)职业病诊断机构的条件

根据《职业病防治法》和2021年版《职业病诊断与鉴定管理办法》,承担职业病诊断的医疗卫生机构应当具备一定条件,并在开展职业病诊断工作前十五日内向省级卫生健康主管部门备案。从事职业病诊断的医师应当具备一定条件,并取得省级卫生健康主管部门颁发的职业病诊断资格证书。承担职业病诊断的医疗卫生机构不得拒绝劳动者进行职业病诊断的要求。职业病诊断机构依法独立行使诊断权,并对其作出的职业病诊断结论负责。劳动者可以在用人单位所在地、本人户籍所在地或者经常居住地的职业病诊断机构进行职业病诊断。

(二)职业病诊断规则

1. 职业病诊断标准

职业病诊断标准和职业病诊断、鉴定办法由国务院卫生行政部门制定。职业病伤残等级的鉴定办法由国务院劳动保障行政部门会同国务院卫生行政部门制定。

2. 职业病诊断过程

职业病诊断应当综合分析下列因素:病人的职业史;职业病危害接触史和工作场所职业病危害因素情况;临床表现以及辅助检查结果等。没有证据否定职业病危害因素与病人临床表现之间的必然联系的,应当诊断为职业病。职业病诊断证明书应当由参与诊断的取得职业病诊断资格的执业医师签署,并经承担职业病诊断的医疗卫生机构审核盖章。

二、职业病诊断争议的鉴定

职业病诊断是一项复杂的技术工作,同时又涉及职业病病人的重大利益与用人单位的经济负担,因此必须认真对待,矛盾的焦点往往集中在诊断的争议,职业病防治法在制度上作出规定,主要内容为:

(一)职业病诊断争议鉴定机构

(1)当事人对职业病诊断有异议的,可以向作出诊断的医疗卫生机构所在地地方人民政府卫生行政部门申请鉴定。

(2)职业病诊断争议由设区的市级以上地方人民政府卫生行政部门根据当事人的申请,组织职业病诊断鉴定委员会进行鉴定。

(3)当事人对设区的市级职业病诊断鉴定委员会的鉴定结论不服的,可以向省、自治区、直辖市人民政府卫生行政部门申请再鉴定。

(二)职业病诊断争议鉴定规则

(1) 职业病诊断鉴定委员会由相关专业的专家组成。省、自治区、直辖市人民政府卫生行政部门应当设立相关的专家库,需要对职业病争议作出诊断鉴定时,由当事人或者当事人委托有关卫生行政部门从专家库中以随机抽取的方式确定参加诊断鉴定委员会的专家。职业病诊断鉴定委员会应当按照国务院卫生行政部门颁布的职业病诊断标准和职业病诊断、鉴定办法进行职业病诊断鉴定,向当事人出具职业病诊断鉴定书。

(2) 职业病诊断、鉴定费用由用人单位承担。

(3) 职业病诊断鉴定委员会组成人员应当遵守职业道德,客观、公正地进行诊断鉴定,并承担相应的责任。职业病诊断鉴定委员会组成人员不得私下接触当事人,不得收受当事人的财物或者其他好处,与当事人有利害关系的,应当回避。

(4) 人民法院受理有关案件需要进行职业病鉴定时,应当从省、自治区、直辖市人民政府卫生行政部门依法设立的相关的专家库中选取参加鉴定的专家。

三、职业病诊断、鉴定的基本要求

(1) 用人单位应当如实提供职业病诊断、鉴定所需的劳动者职业史和职业病危害接触史、工作场所职业病危害因素检测结果等资料;卫生行政部门应当监督检查和督促用人单位提供上述资料;劳动者和有关机构也应当提供与职业病诊断、鉴定有关的资料。职业病诊断、鉴定机构需要了解工作场所职业病危害因素情况时,可以对工作场所进行现场调查,也可以向卫生行政部门提出,卫生行政部门应当在十日内组织现场调查。用人单位不得拒绝、阻挠。

(2) 职业病诊断、鉴定过程中,用人单位不提供工作场所职业病危害因素检测结果等资料的,诊断、鉴定机构应当结合劳动者的临床表现、辅助检查结果和劳动者的职业史、职业病危害接触史,并参考劳动者的自述、卫生行政部门提供的日常监督检查信息等,作出职业病诊断、鉴定结论。劳动者对用人单位提供的工作场所职业病危害因素检测结果等资料有异议,或者因劳动者的用人单位解散、破产,无用人单位提供上述资料的,诊断、鉴定机构应当提请卫生行政部门进行调查,卫生行政部门应当自接到申请之日起三十日内对存在异议的资料或者工作场所职业病危害因素情况作出判定;有关部门应当配合。

(3) 职业病诊断、鉴定过程中,在确认劳动者职业史、职业病危害接触史时,当事人对劳动关系、工种、工作岗位或者在岗时间有争议的,可以向当地的劳动人事争议仲裁委员会申请仲裁;接到申请的劳动人事争议仲裁委员会应当受理,并在三十日内作出裁决。当事人在仲裁过程中对自己提出的主张,有责任提供证据。劳动者无法提供由用人单位掌握管理的与仲裁主张有关的证据的,仲裁庭应当要求用人单位在指定期限内提供;用人单位在指定期限内不提供的,应当承担不利后果。劳动者对仲裁裁决不服的,可以依法向人民法院提起诉讼。用人单位对仲裁裁决不服的,可以在职业病诊断、鉴定程序结束之日起十五日内依法向人民法院提起诉讼;诉讼期间,劳动者的治疗费用按照职业病待遇规定的途径支付。

四、职业病病人待遇的规定

劳动者在职业活动中,因遭受职业病危害因素的危害而引起疾病,用人单位应当保障职业病病人依法享受国家规定的职业病待遇。具体内容如下:

(一)一般规定

(1)用人单位应当按照国家有关规定,安排职业病病人进行治疗、康复和定期检查。用人单位对不适宜继续从事原工作的职业病病人,应当调离原岗位,并妥善安置。用人单位对从事接触职业病危害的作业的劳动者,应当给予适当岗位津贴。

(2)职业病病人的诊疗、康复费用,伤残以及丧失劳动能力的职业病病人的社会保障,按照国家有关工伤保险的规定执行。

(3)职业病病人除依法享有工伤保险外,依照有关民事法律,尚有获得赔偿的权利的,有权向用人单位提出赔偿要求。

(二)特殊规定

(1)劳动者被诊断患有职业病,但用人单位没有依法参加工伤保险的,其医疗和生活保障由该用人单位承担。

(2)职业病病人变动工作单位,其依法享有的待遇不变。用人单位在发生分立、合并、解散、破产等情形时,应当对从事接触职业病危害的作业的劳动者进行健康检查,并按照国家有关规定妥善安置职业病病人。

(3)用人单位已经不存在或者无法确认劳动关系的职业病病人,可以向地方人民政府医疗保障、民政部门申请医疗救助和生活等方面的救助。地方各级人民政府应当根据本地区的实际情况,采取其他措施,使前款规定的职业病病人获得医疗救治。

(三)职业病病人和疑似职业病病人的报告

(1)医疗卫生机构发现疑似职业病病人时,应当告知劳动者本人并及时通知用人单位。

(2)用人单位应当及时安排对疑似职业病病人进行诊断;在疑似职业病病人诊断或者医学观察期间,不得解除或者终止与其订立的劳动合同。

(3)疑似职业病病人在诊断、医学观察期间的费用,由用人单位承担。

第五节 违反《职业病防治法》的法律责任

行为人对违法行为所应承担的法律责任,根据违反的法律的性质分为三种,即行政法律责任、民事法律责任、刑事法律责任。根据《职业病防治法》,建设单位、用人单位、职业卫生技术服务机构、职业病诊断鉴定委员会以及卫生健康主管部门等职业病防治责任主体的违反职业病防治法的法律责任包括民事责任、行政责任和刑事责任。

一、行政责任

(1) 建设单位违反法律规定,有下列行为之一的,由卫生行政部门给予警告,责令限期改正;逾期不改正的,处十万元以上五十万元以下的罚款;情节严重的,责令停止产生职业病危害的作业,或者提请有关人民政府按照国务院规定的权限责令停建、关闭:

① 未按照规定进行职业病危害预评价的。

② 医疗机构可能产生放射性职业病危害的建设项目未按照规定提交放射性职业病危害预评价报告,或者放射性职业病危害预评价报告未经卫生行政部门审核同意,开工建设的。

③ 建设项目的职业病防护设施未按照规定与主体工程同时设计、同时施工、同时投入生产和使用的。

④ 建设项目的职业病防护设施设计不符合国家职业卫生标准和卫生要求,或者医疗机构放射性职业病危害严重的建设项目的防护设施设计未经卫生行政部门审查同意擅自施工的。

⑤ 未按照规定对职业病防护设施进行职业病危害控制效果评价的。

⑥ 建设项目竣工投入生产和使用前,职业病防护设施未按照规定验收合格的。

(2) 违反法律规定,有下列行为之一的,由卫生行政部门给予警告,责令限期改正;逾期不改正的,处十万元以下的罚款:

① 工作场所职业病危害因素检测、评价结果没有存档、上报、公布的。

② 未依法采取职业病防治管理措施的。

③ 未按照规定公布有关职业病防治的规章制度、操作规程、职业病危害事故应急救援措施的。

④ 未按照规定组织劳动者进行职业卫生培训,或者未对劳动者个人职业病防护采取指导、督促措施的。

⑤ 国内首次使用或者首次进口与职业病危害有关的化学材料,未按照规定报送毒性鉴定资料以及经有关部门登记注册或者批准进口的文件的。

(3) 用人单位违反法律规定,有下列行为之一的,由卫生行政部门责令限期改正,给予警告,可以并处五万元以上十万元以下的罚款:

① 未按照规定及时、如实向卫生行政部门申报产生职业病危害的项目的。

② 未实施由专人负责的职业病危害因素日常监测,或者监测系统不能正常监测的。

③ 订立或者变更劳动合同时,未告知劳动者职业病危害真实情况的。

④ 未按照规定组织职业健康检查、建立职业健康监护档案或者未将检查结果书面告知劳动者的。

⑤ 未依照法律规定在劳动者离开用人单位时提供职业健康监护档案复印件的。

(4) 用人单位违反法律规定,有下列行为之一的,由卫生行政部门给予警告,责令限期改正,逾期不改正的,处五万元以上二十万元以下的罚款;情节严重的,责令停止产生职业病危害的作业,或者提请有关人民政府按照国务院规定的权限责令关闭:

① 工作场所职业病危害因素的强度或者浓度超过国家职业卫生标准的。

② 未提供职业病防护设施和个人使用的职业病防护用品,或者提供的职业病防护设施

和个人使用的职业病防护用品不符合国家职业卫生标准和卫生要求的。

③ 对职业病防护设备、应急救援设施和个人使用的职业病防护用品未按照规定进行维护、检修、检测,或者不能保持正常运行、使用状态的。

④ 未按照规定对工作场所职业病危害因素进行检测、评价的。

⑤ 工作场所职业病危害因素经治理仍然达不到国家职业卫生标准和卫生要求时,未停止存在职业病危害因素的作业的。

⑥ 未按照规定安排职业病病人、疑似职业病病人进行诊治的。

⑦ 发生或者可能发生急性职业病危害事故时,未立即采取应急救援和控制措施或者未按照规定及时报告的。

⑧ 未按照规定在产生严重职业病危害的作业岗位醒目位置设置警示标志和中文警示说明的。

⑨ 拒绝职业卫生监督管理部门监督检查的。

⑩ 隐瞒、伪造、篡改、毁损职业健康监护档案、工作场所职业病危害因素检测评价结果等相关资料,或者拒不提供职业病诊断、鉴定所需资料的。

⑪ 未按照规定承担职业病诊断、鉴定费用和职业病病人的医疗、生活保障费用的。

(5) 向用人单位提供可能产生职业病危害的设备、材料,未按照规定提供中文说明书或者设置警示标志和中文警示说明的,由卫生行政部门责令限期改正,给予警告,并处五万元以上二十万元以下的罚款。

(6) 用人单位和医疗卫生机构未按照规定报告职业病、疑似职业病的,由有关主管部门依据职责分工责令限期改正,给予警告,可以并处一万元以下的罚款;弄虚作假的,并处二万元以上五万元以下的罚款;对直接负责的主管人员和其他直接责任人员,可以依法给予降级或者撤职的处分。

(7) 违反法律规定,有下列情形之一的,由卫生行政部门责令限期治理,并处五万元以上三十万元以下的罚款;情节严重的,责令停止产生职业病危害的作业,或者提请有关人民政府按照国务院规定的权限责令关闭:

① 隐瞒技术、工艺、设备、材料所产生的职业病危害而采用的。

② 隐瞒本单位职业卫生真实情况的。

③ 可能发生急性职业损伤的有毒、有害工作场所、放射工作场所或者放射性同位素的运输、贮存不符合《职业病防治法》第二十五条规定的。

④ 使用国家明令禁止使用的可能产生职业病危害的设备或者材料的。

⑤ 将产生职业病危害的作业转移给没有职业病防护条件的单位和个人,或者没有职业病防护条件的单位和个人接受产生职业病危害的作业的。

⑥ 擅自拆除、停止使用职业病防护设备或者应急救援设施的。

⑦ 安排未经职业健康检查的劳动者、有职业禁忌的劳动者、未成年工或者孕期、哺乳期女职工从事接触职业病危害的作业或者禁忌作业的。

⑧ 违章指挥和强令劳动者进行没有职业病防护措施的作业的。

(8) 生产、经营或者进口国家明令禁止使用的可能产生职业病危害的设备或者材料的,依照有关法律、行政法规的规定给予处罚。

(9) 用人单位违反法律规定,已经对劳动者生命健康造成严重损害的,由卫生行政部门责令停止产生职业病危害的作业,或者提请有关人民政府按照国务院规定的权限责令关闭,并处十万元以上五十万元以下的罚款。

（10）用人单位违反法律规定，造成重大职业病危害事故或者其他严重后果，构成犯罪的，对直接负责的主管人员和其他直接责任人员，依法追究刑事责任。

（11）未取得职业卫生技术服务资质认可擅自从事职业卫生技术服务的，由卫生行政部门责令立即停止违法行为，没收违法所得；违法所得五千元以上的，并处违法所得二倍以上十倍以下的罚款；没有违法所得或者违法所得不足五千元的，并处五千元以上五万元以下的罚款；情节严重的，对直接负责的主管人员和其他直接责任人员，依法给予降级、撤职或者开除的处分。

（12）从事职业卫生技术服务的机构和承担职业病诊断的医疗卫生机构违反法律规定，有下列行为之一的，由卫生行政部门责令立即停止违法行为，给予警告，没收违法所得；违法所得五千元以上的，并处违法所得二倍以上五倍以下的罚款；没有违法所得或者违法所得不足五千元的，并处五千元以上二万元以下的罚款；情节严重的，由原认可或者登记机关取消其相应的资格；对直接负责的主管人员和其他直接责任人员，依法给予降级、撤职或者开除的处分；构成犯罪的，依法追究刑事责任：

① 超出资质认可或者诊疗项目登记范围从事职业卫生技术服务或者职业病诊断的。

② 不按照法律规定履行法定职责的。

③ 出具虚假证明文件的。

（13）职业病诊断鉴定委员会组成人员收受职业病诊断争议当事人的财物或者其他好处的，给予警告，没收收受的财物，可以并处三千元以上五万元以下的罚款，取消其担任职业病诊断鉴定委员会组成人员的资格，并从省、自治区、直辖市人民政府卫生行政部门设立的专家库中予以除名。

（14）卫生行政部门不按照规定报告职业病和职业病危害事故的，由上一级行政部门责令改正，通报批评，给予警告；虚报、瞒报的，对单位负责人、直接负责的主管人员和其他直接责任人员依法给予降级、撤职或者开除的处分。

（15）县级以上地方人民政府在职业病防治工作中未依法履行职责，本行政区域出现重大职业病危害事故、造成严重社会影响的，依法对直接负责的主管人员和其他直接责任人员给予记大过直至开除的处分。县级以上人民政府职业卫生监督管理部门不履行本法规定的职责，滥用职权、玩忽职守、徇私舞弊，依法对直接负责的主管人员和其他直接责任人员给予记大过或者降级的处分；造成职业病危害事故或者其他严重后果的，依法给予撤职或者开除的处分。

二、民事责任

民事责任是职业病防治责任主体不履行或者不完全履行对劳动者的民事义务应当依法承担的法律后果，这是救济劳动者健康损害的必要措施，也是保护劳动者民事权利的直接手段。根据《职业病防治法》第58条，职业病病人除依法享有工伤保险外，依照有关民事法律，尚有获得赔偿的权利的，有权向用人单位提出赔偿要求。

三、刑事责任

根据《职业病防治法》第 84 条,构成犯罪的,依法追究刑事责任。

思考题

1. 如何理解职业病防治法实施的意义。
2. 简述法定职业病的条件。
3. 职业病病人有哪些特殊待遇?
4. 简述违反职业病防治法的法律责任有哪些。

参 考 文 献

[1] 法律出版社法规中心.中华人民共和国职业病防治法注释本[M].北京:法律出版社,2021.
[2] 刘移民,刘建清.职业病防治理论与实践[M].2 版.北京:化学工业出版社,2021.
[3] 陈云良.卫生法学[M].北京:高等教育出版社,2019.
[4] 杨磊,李卫东.职业健康服务与管理[M].北京:人民卫生出版社,2020.
[5] 张惠军.职业危害与个体防护需求实用手册[M].北京:应急管理出版社,2021.
[6] 张忠彬,刘宝龙,孙庆云.职业健康监管与法规标准体系建设[M].北京:应急管理出版社,2019.
[7] 杨爱初,瞿红鹰.业健康监护质量控制[M].中山:中山大学出版社,2021.

第七章 精神卫生法律制度

内容提要 阐述《精神卫生法》的立法宗旨、适用范围、心理健康促进和精神障碍预防、精神障碍的诊断和治疗、精神障碍患者的权利及其保障措施以及相关法律责任等。

重点提示 精神障碍的诊断和治疗　精神障碍患者的权利　法律责任

第一节　精神卫生及其立法概述

一、精神卫生和精神卫生立法

（一）精神卫生和精神障碍的概念

精神卫生是重大的公共卫生问题，也是严重的社会经济问题。在我国，随着经济社会转型，生活节奏加快，竞争压力加剧，常见精神障碍和心理行为异常人数逐渐增多，截至2020年底，全国已登记在册的严重精神障碍患者已达620万人。[①] 如做到早发现早治疗，70％以上的精神疾病患者可治愈。因此，《精神卫生法》第三条规定了精神卫生工作的基本原则，即精神卫生工作实行预防为主的方针，坚持预防、治疗和康复相结合的原则。

精神卫生（Mental Health）活动的概念有狭义和广义之分，狭义的精神卫生活动特指精神障碍的预防、诊断、治疗和康复活动；广义的精神卫生活动还包括精神健康促进及相关的保障措施等。我国《精神卫生法》取其广义，把心理援助、心理健康指导、卫生服务体系等纳入其中。

精神障碍（Mental Disorder）是指由各种原因引起的感知、情感和思维等精神活动的紊乱或者异常，导致患者明显的心理痛苦或者社会适应等功能损害。精神障碍根据病情的严重程度，分为一般精神障碍和严重精神障碍。严重精神障碍是指疾病症状严重，导致患者社会适应等功能严重损害、对自身健康状况或者客观现实不能完整认知，或者不能处理自身事务的精神障碍。

（二）精神卫生法及其立法沿革

精神卫生法的概念有狭义和广义之分。狭义的精神卫生法特最高立法机关制定的精神

---

① 央视网.今天是世界精神卫生日 至9月底在册严重精神障碍患者620万人.（2020-10-10）[2022-8-1].http://tv.cctv.com/2020/10/11/VIDEAbqJfMjTktUvkUQwAptm201011.shtml.[2021-12-28].

卫生"法律"。广义的精神卫生法是指在维护和增进公民心理健康、预防和治疗精神障碍、促进精神障碍患者康复的活动中产生的各种社会关系的法律规范总和,包括《严重精神障碍发病报告管理办法(试行)》(2013年)、《精神障碍治疗指导原则》(2013年)、《心理治疗规范》(2013年)以及《精神障碍诊疗规范》(2020年)等。

我国精神卫生立法历时30多年,大致分为三个阶段:原卫生部立法调研、论证和起草阶段,国务院法制办审查、修改和征求意见阶段,全国人大常委会审议和修正阶段。《精神卫生法》于2012年10月26日经第十一届全国人民代表大会常务委员会第二十九次会议通过,自2013年5月1日起正式施行,适用于在中国境内开展的维护和增进公民心理健康、预防和治疗精神障碍、促进精神障碍患者康复的活动。

基于回应国务院机构"大部制"改革的需要,2018年4月27日第十三届全国人民代表大会常务委员会第二次会议修正《精神卫生法》,只对承担社会医疗保障与医疗救助的主体进行了调整,将第八条第二款中的"人力资源社会保障"修改为"医疗保障",将第六十八条第二款中的"人力资源社会保障、卫生、民政"修改为"医疗保障",将该条第三款中的"民政"修改为"医疗保障"。

二、精神卫生立法的意义

(一)提升社会公众精神健康水平

《精神卫生法》赋予政府、单位、学校等在精神健康促进和精神障碍预防方面的法律义务和社会责任,有助于做好精神障碍的预防、治疗和康复工作,引导公众关注心理健康问题,增强心理健康意识,增进和维护公众身心健康,保障我国社会经济全面、协调和可持续发展。

(二)维护精神障碍患者合法权益

精神障碍患者作为弱势群体经常受到歧视和排斥,合法权益得不到保障,"被精神病"问题备受舆论和社会关注。有鉴于此,精神卫生法对规范精神卫生服务,保护精神障碍患者合法权益给予特别关注和切实保障,包括宣示其人格尊严和财产安全,受教育、劳动、医疗以及从国家和社会获得物质帮助等方面的正当权益不容侵犯等。这些规定有利于营造尊重、理解和关怀精神障碍患者的社会氛围,改变歧视精神障碍患者的社会现象,切实维护患者合法权益。

(三)推动精神卫生事业高质量发展

我国精神卫生形势严峻,精神卫生工作相对薄弱,精神障碍防治康复能力相对不足。基于此,《精神卫生法》从人、财、物投入等方面加强了精神障碍预防、治疗和康复服务能力建设,切实加强精神障碍预防能力弱化,医疗机构数量不足,专业人员能力低下,患者得不到及时有效的诊断、治疗、康复等突出问题,对于促进我国精神卫生事业发展具有重要意义。

(四)弥补精神卫生领域的立法空白

《精神卫生法》共七章八十五条,对精神卫生工作实行预防为主的方针,坚持预防、治疗和康复相结合的原则,首次规定了精神卫生工作的方针原则和管理机制、心理健康促进和精神障碍预防、精神障碍的诊断和治疗、精神障碍的康复、精神卫生工作的保障措施、维护精神障碍患者合法权益等,填补了我国精神卫生领域的法律空白。

第二节 精神障碍患者的权利及其保障措施

精神障碍患者是弱势群体,一方面因为罹患精神疾病而遭受身心痛苦,另一方面因为精神疾病而可能遭受社会歧视,因此,需要对其合法权益进行法律保护和特别保障。

一、精神障碍患者的权利

(一) 精神障碍患者的人格尊严、人身和财产安全权

人格尊严、人身和财产安全既是宪法规定的基本权利,也是民法典规定的民事权利。《宪法》第三十八条规定:"中华人民共和国公民的人格尊严不受侵犯。禁止用任何方法对公民进行侮辱、诽谤和诬告陷害。"《民法典》第一百零九条规定:"自然人的人身自由、人格尊严受法律保护。"依法维护精神障碍患者的人格尊严、人身和财产安全不受侵犯具有更为重要意义。由于社会上歧视和偏见的存在,精神障碍患者的人格尊严未能得到应有尊重;同时,由于监护人没有履行好监护职责,患者人身安全、财产安全受到侵犯的个案时有发生。为了有效保护精神障碍患者的人身权益和财产权益,《精神卫生法》明确规定:精神障碍患者的人格尊严、人身和财产安全不受侵犯。全社会应当尊重、理解、关爱精神障碍患者。任何组织或者个人不得歧视、侮辱、虐待精神障碍患者,不得非法限制精神障碍患者的人身自由。

(二) 精神障碍患者的教育、劳动、医疗以及获得物质帮助权

(1) 精神障碍患者的教育、劳动、医疗以及从国家和社会获得物质帮助等方面的合法权益受法律保护。

(2) 县级以上地方人民政府及其有关部门应当采取有效措施,保证患有精神障碍的适龄儿童、少年接受义务教育,扶持有劳动能力的精神障碍患者从事力所能及的劳动,并为已经康复的人员提供就业服务。国家对安排精神障碍患者就业的用人单位依法给予税收优惠,并在生产、经营、技术、资金、物资、场地等方面给予扶持。国家对安排精神障碍患者就业的用人单位依法给予税收优惠,并在生产、经营、技术、资金、物资、场地等方面给予扶持。

(3) 县级以上人民政府卫生行政部门应当组织医疗机构为严重精神障碍患者免费提供基本公共卫生服务;精神障碍患者通过基本医疗保险支付医疗费用后仍有困难,或者不能通过基本医疗保险支付医疗费用的,医疗保障部门应当优先给予医疗救助。

(4) 对符合城乡最低生活保障条件的严重精神障碍患者,民政部门应当会同有关部门及时将其纳入最低生活保障。对属于农村五保供养对象的严重精神障碍患者,以及城市中无劳动能力、无生活来源且无法定赡养、抚养、扶养义务人,或者其法定赡养、抚养、扶养义务人无赡养、抚养、扶养能力的严重精神障碍患者,民政部门应当按照国家有关规定予以供养、救助。前两种情况以外的严重精神障碍患者确有困难的,民政部门可以采取临时救助等措

施,帮助其解决生活困难。

(三) 精神障碍患者的隐私权

(1) 有关单位和个人应当对精神障碍患者的姓名、肖像、住址、工作单位、病历资料以及其他可能推断出其身份的信息予以保密;但是,依法履行职责需要公开的除外。

(2) 心理咨询人员应当尊重接受咨询人员的隐私,并为其保守秘密。

(四) 精神障碍患者有通讯和会见探访者等权利

(1) 医疗机构及其医务人员应当尊重住院精神障碍患者的通讯和会见探访者等权利。

(2) 除在急性发病期或者为了避免妨碍治疗可以暂时性限制外,不得限制患者的通讯和会见探访者等权利。

(五) 精神障碍患者有查阅、复制病历资料的权利

(1) 医疗机构及其医务人员应当在病历资料中如实记录精神障碍患者的病情、治疗措施、用药情况、实施约束、隔离措施等内容,并如实告知患者或者其监护人。

(2) 患者及其监护人可以查阅、复制病历资料;但是,患者查阅、复制病历资料可能对其治疗产生不利影响的除外。

(3) 病历资料保存期限不得少于三十年。

二、精神障碍患者的保障措施

(一) 政府及各部门的职责

(1) 国家加强基层精神卫生服务体系建设,扶持贫困地区、边远地区的精神卫生工作,保障城市社区、农村基层精神卫生工作所需经费。

(2) 省、自治区、直辖市人民政府根据本行政区域的实际情况,统筹规划,整合资源,建设和完善精神卫生服务体系,加强精神障碍预防、治疗和康复服务能力建设。县级人民政府根据本行政区域的实际情况,统筹规划,建立精神障碍患者社区康复机构。县级以上地方人民政府应当采取措施,鼓励和支持社会力量举办从事精神障碍诊断、治疗的医疗机构和精神障碍患者康复机构。

(3) 各级人民政府应当根据精神卫生工作需要,加大财政投入力度,保障精神卫生工作所需经费,将精神卫生工作经费列入本级财政预算。

(4) 县级以上人民政府卫生行政部门会同有关部门依据国民经济和社会发展规划的要求,制定精神卫生工作规划并组织实施。精神卫生监测和专题调查结果应当作为制定精神卫生工作规划的依据。县级以上人民政府卫生行政部门应当组织医务人员进行精神卫生知识培训,提高其识别精神障碍的能力。

(5) 县级以上人民政府教育行政部门对教师进行上岗前和在岗培训,应当有精神卫生的内容,并定期组织心理健康教育教师、辅导人员进行专业培训。

(二) 学校的职责

(1) 医学院校应当加强精神医学的教学和研究,按照精神卫生工作的实际需要培养精

神医学专门人才,为精神卫生工作提供人才保障。

(2) 师范院校应当为学生开设精神卫生课程;医学院校应当为非精神医学专业的学生开设精神卫生课程。

(三) 医疗机构的职责

(1) 综合性医疗机构应当按照国务院卫生行政部门的规定开设精神科门诊或者心理治疗门诊,提高精神障碍预防、诊断、治疗能力。

(2) 医疗机构应当组织医务人员学习精神卫生知识和相关法律、法规、政策。

(3) 从事精神障碍诊断、治疗、康复的机构应当定期组织医务人员、工作人员进行在岗培训,更新精神卫生知识。

(四) 其他组织和个人的责任

做好精神障碍的预防、治疗和康复工作,不仅需要各级政府及其有关部门发挥主导作用和家庭承担应有的扶助义务,还需要积极发挥社会组织和个人的力量。这些组织和个人与群众密切联系,贴近基层生活,在服务特定人群方面有着得天独厚的优势,也负有相应职责,应当充分发挥好这些团体在精神卫生工作方面的作用。

(五) 精神卫生工作人员权利保障

精神卫生工作人员的人格尊严、人身安全不受侵犯,精神卫生工作人员依法履行职责受法律保护。全社会应当尊重精神卫生工作人员。县级以上人民政府及其有关部门、医疗机构、康复机构应当采取措施,加强对精神卫生工作人员的职业保护,提高精神卫生工作人员的待遇水平,并按照规定给予适当的津贴。精神卫生工作人员因工致伤、致残、死亡的,其工伤待遇以及抚恤按照国家有关规定执行。

第三节 心理健康促进、精神障碍预防和康复

一、心理健康促进和精神障碍预防的行动方案

(一) 心理健康促进

心理健康作为健康的重要组成部分,是人在成长和发展过程中,认知合理、情绪稳定、行为适当、人际和谐、适应变化的一种完好状态。心理健康水平决定精神障碍发生率,通常来讲,心理健康水平越高精神障碍发生率就越低,反之,亦然。因此,心理健康促进是预防精神障碍的重要途径,有助于提升公众幸福感,促进人际关系和谐与社会稳定。

(二) 精神障碍预防

精神障碍预防分为三级:一级预防系病因预防,也是最积极、最主动的预防措施,是通过

消除或减少致病因素防止精神障碍发生,心理援助(心理危机干预)是一级预防的重要措施。二级预防的重点是早发现、早诊断、早治疗,争取良好预后,防止复发。三级预防的重点是做好精神障碍患者的康复训练,最大限度地促进患者社会功能的恢复,减少功能残疾,延缓精神衰退进程,提高生活质量。

(三)精神障碍康复

精神障碍康复是精神障碍患者摆脱疾病、走向健康、回归社会的重要环节,是多学科、多专业融合发展的社会服务,需要社区康复机构、医疗机构、基层群众性自治组织、残疾人组织、用人单位、监护人等单位和个人的共同努力。社区康复是一种适合我国国情的精神障碍康复基本策略,也是精神障碍患者回归社会的主要途径。[①] 根据2017年10月26日民政部会同财政部、卫生计生委、中国残联起草的《关于加快精神障碍社区康复服务发展的意见》,我国正在构建的以家庭为基础、以机构为支撑,"社会化、综合性、开放式"的精神障碍社区康复服务体系,有助于预防精神障碍患者致残致贫,帮助患者家庭减轻负担,促进家庭幸福、社区和谐和社会稳定。

(四)心理咨询和心理治疗

心理咨询与心理治疗在开展工作的基本原则、基本步骤和理论方法上大体一致,均是运用心理学理论和方法,帮助人们改善心理症状、促进心理健康的方法,但具体任务、对象、情景、性质、内容和方式略有不同,[②]前者是心理咨询师通过协商、讨论帮助来访者解决心理问题、促进成长的过程;后者是心理治疗师通过语言和非语言技术,矫治患者认知、情绪、行为等方面的障碍,促进人格完善,恢复心理与环境协调的过程。[③] 基于此,《精神卫生法》对心理咨询与心理治疗进行了区别对待,即心理咨询人员不得从事心理治疗或者精神障碍的诊断、治疗;心理咨询人员发现接受咨询的人员可能患有精神障碍的,应当建议其到法定医疗机构就诊。心理治疗活动应当在医疗机构内开展。专门从事心理治疗的人员不得从事精神障碍的诊断,不得为精神障碍患者开具处方或者提供外科治疗。心理治疗的技术规范由国务院卫生行政部门制定。

二、心理健康促进和精神障碍预防的责任主体

我国心理健康工作实行政府组织领导、部门各负其责、全社会共同参与的综合管理机制,《精神卫生法》明确了各级人民政府及有关部门、用人单位、学校等的责任,增强公众心理健康意识,减少精神障碍的发生。

(一)国务院卫生行政部门

(1)国务院卫生行政部门建立精神卫生监测网络,实行严重精神障碍发病报告制度,组织开展精神障碍发生状况、发展趋势等的监测和专题调查工作。

---

① 杨卫卫,卫博,杨世昌.精神障碍的社区康复现况[J].精神医学杂志,2018,31(6):476-480.
② 齐安甜.《道德经》与心理咨询[M].上海:上海远东出版社,2019:2-3.
③ 余毅震.医学心理学[M].武汉:华中科技大学出版社,2020:212.

(2) 精神卫生监测和严重精神障碍发病报告管理办法,由国务院卫生行政部门制定。

(3) 国务院卫生行政部门应当会同有关部门、组织,建立精神卫生工作信息共享机制,实现信息互联互通、交流共享。

(二) 各级政府以及相关部门

(1) 各级人民政府和县级以上人民政府有关部门应当采取措施,加强心理健康促进和精神障碍预防工作,提高公众心理健康水平。

(2) 各级人民政府和县级以上人民政府有关部门制定的突发事件应急预案,应当包括心理援助的内容。

(3) 发生突发事件,履行统一领导职责或者组织处置突发事件的人民政府应当根据突发事件的具体情况,按照应急预案的规定,组织开展心理援助工作。

(三) 用人单位

用人单位是职工活动的主要场所,工作环境是影响职工心理健康的重要因素。用人单位应当创造有益于职工身心健康的工作环境,关注职工的心理健康;对处于职业发展特定时期或者在特殊岗位工作的职工,应当有针对性地开展心理健康教育。

(四) 各级各类学校

青少年心理行为问题较为突出。学校普及精神卫生知识、开展心理健康教育,是精神卫生预防工作的重要环节。

(1) 各级各类学校应当对学生进行精神卫生知识教育;配备或者聘请心理健康教育教师、辅导人员,并可以设立心理健康辅导室,对学生进行心理健康教育。学前教育机构应当对幼儿开展符合其特点的心理健康教育。

(2) 发生自然灾害、意外伤害、公共安全事件等可能影响学生心理健康的事件,学校应当及时组织专业人员对学生进行心理援助。

(3) 教师应当学习和了解相关的精神卫生知识,关注学生心理健康状况,正确引导、激励学生。

(4) 地方各级人民政府教育行政部门和学校应当重视教师心理健康。学校和教师应当与学生父母或者其他监护人、近亲属沟通学生心理健康情况。

(五) 医疗机构的医务人员

医疗环节是产生精神障碍的重要诱因之一,也是发现精神障碍苗头的重要渠道,尽早开展心理健康指导,是精神卫生预防工作的重要组成部分。医疗实践中,医务人员开展疾病诊疗服务,应当按照诊断标准和治疗规范的要求,对就诊者进行心理健康指导;发现就诊者可能患有精神障碍的,应当建议其到法定医疗机构就诊。

(六) 监狱等场所

为了缓解被监管人员的心理压力和维护正常的监所秩序,监狱、看守所、拘留所、强制隔离戒毒所等场所,应当对服刑人员,被依法拘留、逮捕、强制隔离戒毒的人员等,开展精神卫生知识宣传,关注其心理健康状况,必要时提供心理咨询和心理辅导。

(七) 基层群众性自治组织

(1) 村民委员会、居民委员会应当协助所在地人民政府及其有关部门开展社区心理健康指导、精神卫生知识宣传教育活动,创建有益于居民身心健康的社区环境。

(2) 乡镇卫生院或者社区卫生服务机构应当为村民委员会、居民委员会开展社区心理健康指导、精神卫生知识宣传教育活动提供技术指导。

(八) 家庭

家庭和谐是预防精神障碍发生的基础。家庭成员之间应当相互关爱,创造良好、和睦的家庭环境,提高精神障碍预防意识;发现家庭成员可能患有精神障碍的,应当帮助其及时就诊,照顾其生活,做好看护管理。

(九) 心理咨询人员

心理咨询对预防精神障碍发挥十分重要的作用。心理咨询人员应当提高业务素质,遵守执业规范,为社会公众提供专业化的心理咨询服务。不得从事心理治疗或者精神障碍的诊断、治疗。发现接受咨询的人员可能患有精神障碍的,应当建议其到符合法定医疗机构就诊。应当尊重接受咨询人员的隐私,并为其保守秘密。

(十) 其他部门和社会组织

(1) 县级以上地方人民政府人力资源社会保障、教育、卫生、司法行政、公安等部门应当在各自职责范围内分别对用人单位和监狱、看守所、拘留所、强制隔离戒毒所等场所依法履行精神障碍预防义务的情况进行督促和指导。

(2) 国家鼓励和支持新闻媒体、社会组织开展精神卫生的公益性宣传,普及精神卫生知识,引导公众关注心理健康,预防精神障碍的发生。

第四节 精神障碍的诊断和治疗

一、精神障碍诊断、治疗的条件和原则

(一) 开展精神障碍诊断、治疗活动的条件

(1) 开展精神障碍诊断、治疗活动,应当具备下列条件,并依照医疗机构的管理规定办理有关手续:
① 有与从事的精神障碍诊断、治疗相适应的精神科执业医师、护士。
② 有满足开展精神障碍诊断、治疗需要的设施和设备。
③ 有完善的精神障碍诊断、治疗管理制度和质量监控制度。
(2) 从事精神障碍诊断、治疗的专科医疗机构还应当配备从事心理治疗的人员。

(二)精神障碍诊断、治疗应当遵循的原则

1. 人格尊严的原则

根据宪法第三十八条、《精神卫生法》第二十七条和《严重精神障碍管理治疗工作规范（2018年版）》，精神障碍的诊断、治疗，应当遵循维护患者合法权益、尊重患者人格尊严的原则，保障患者在现有条件下获得良好精神卫生服务。

2. 自愿医疗原则

个人在选择就诊地点和就诊方式、接受医学检查和治疗、进行康复活动的整个过程中，享有自由表达意愿和自主做出选择的权利，具体包括检查自愿、就医自愿、住院自愿和出院自愿等方面。

3. 特殊情况实施非自愿治疗原则

根据《精神卫生法》，非自愿治疗患者包括：特定的疑似精神障碍患者、有伤害自身的行为或危险的严重精神病患者、有危害他人的行为或危险的严重精神障碍患者。

二、疑似精神障碍患者送诊主体和条件

疑似精神障碍患者的送诊是进行精神障碍诊断、治疗的第一步，也是一个关键环节，既要确保需要到医疗机构进行精神障碍诊断、治疗的疑似精神障碍患者及时就诊，又要防范送诊程序滥用和侵害公民合法权益。为此，《精神卫生法》规定，除个人自行到医疗机构进行精神障碍诊断外，对通常情况和紧急情况下两种情形下的送诊主体、条件进行了区别规定。

(一)通常情况下的送诊

（1）疑似精神障碍患者的近亲属可以将其送往医疗机构进行精神障碍诊断，近亲属包括配偶、父母、子女、兄弟姐妹、祖父母、外祖父母、孙子女、外孙子女。

（2）对查找不到近亲属的流浪乞讨疑似精神障碍患者，由当地民政等有关部门按照职责分工，帮助送往医疗机构进行精神障碍诊断。

(二)紧急情况下的送诊

（1）疑似精神障碍患者发生伤害自身、危害他人安全的行为，或者有伤害自身、危害他人安全的危险的，其近亲属、所在单位、当地公安机关应当立即采取措施予以制止，并将其送往医疗机构进行精神障碍诊断。

（2）医疗机构接到送诊的疑似精神障碍患者，不得拒绝为其作出诊断。

三、精神障碍的诊断和医学鉴定

(一)关于精神障碍诊断和再次诊断的规定

（1）精神障碍的诊断应当以精神健康状况为依据，并且由精神科执业医师作出。除法律另有规定的外，不得违背本人意志进行确定其是否患有精神障碍的医学检查。

（2）发生伤害自身、危害他人安全的行为，或者有伤害自身、危害他人安全的危险的疑

似精神障碍患者被送诊的,医疗机构应当将其留院,立即指派精神科执业医师进行诊断,并及时出具诊断结论。

(3) 精神障碍患者已经发生危害他人安全的行为,或者有危害他人安全的危险的;以及在这种情况下,患者或者其监护人对需要住院治疗的诊断结论有异议,不同意对患者实施住院治疗的,可以要求再次诊断。要求再次诊断的,应当自收到诊断结论之日起三日内向原医疗机构或者其他具有合法资质的医疗机构提出。

(4) 承担再次诊断的医疗机构应当在接到再次诊断要求后指派二名初次诊断医师以外的精神科执业医师进行再次诊断,并及时出具再次诊断结论。承担再次诊断的执业医师应当到收治患者的医疗机构面见、询问患者,该医疗机构应当予以配合。

(二) 关于精神障碍的医学鉴定

1. 申请

患者或者其监护人对需要住院治疗的诊断结论有异议,不同意对患者实施住院治疗的,可以要求鉴定。对再次诊断结论有异议的,患者或者其监护人可以自主委托依法取得执业资质的鉴定机构进行精神障碍医学鉴定。

2. 公示

医疗机构应当公示经公告的鉴定机构名单和联系方式。

3. 鉴定机构

接受委托的鉴定机构应当指定本机构具有该鉴定事项执业资格的二名以上鉴定人共同进行鉴定,并及时出具鉴定报告。

4. 鉴定人面见患者及鉴定人回避

鉴定人应当到收治精神障碍患者的医疗机构面见、询问患者,该医疗机构应当予以配合。鉴定人本人或者其近亲属与鉴定事项有利害关系,可能影响其独立、客观、公正进行鉴定的,应当回避。

5. 鉴定的基本要求

鉴定机构、鉴定人应当遵守有关法律、法规、规章的规定,尊重科学,恪守职业道德,按照精神障碍鉴定的实施程序、技术方法和操作规范,依法独立进行鉴定,出具客观、公正的鉴定报告。鉴定人应当对鉴定过程进行实时记录并签名。记录的内容应当真实、客观、准确、完整,记录的文本或者声像载体应当妥善保存。

四、精神障碍患者的住院治疗

(一) 精神障碍患者住院的条件和程序

1. 精神障碍患者住院的条件

(1) 排除条件。再次诊断结论或者鉴定报告表明,不能确定就诊者为严重精神障碍患者,或者患者不需要住院治疗的,医疗机构不得对其实施住院治疗。

(2) 必备条件。再次诊断结论或者鉴定报告表明,精神障碍患者有下列情形之一的,应当对其实施住院治疗:① 已经发生伤害自身的行为,或者有伤害自身的危险的;② 已经发生危害他人安全的行为,或者有危害他人安全的危险的。其监护人应当同意对患者实施住院治疗。监护人阻碍实施住院治疗或者患者擅自脱离住院治疗的,可以由公安机关协助医疗机构采取措施对患者实施住院治疗。

(3) 在相关机构出具再次诊断结论、鉴定报告前,收治精神障碍患者的医疗机构应当按照诊疗规范的要求对患者实施住院治疗。

2. 精神障碍患者住院手续办理

(1) 诊断结论表明需要住院治疗的精神障碍患者,本人没有能力办理住院手续的,由其监护人办理住院手续;患者属于查找不到监护人的流浪乞讨人员的,由送诊的有关部门办理住院手续。

(2) 精神障碍患者已经发生危害他人安全的行为,或者有危害他人安全的危险的,其监护人不办理住院手续的,由患者所在单位、村民委员会或者居民委员会办理住院手续,并由医疗机构在患者病历中予以记录。

(二)精神障碍患者的住院治疗

1. 医疗机构及其医务人员的告知义务

(1) 医疗机构及其医务人员应当将精神障碍患者在诊断、治疗过程中享有的权利,告知患者或者其监护人。

(2) 医疗机构及其医务人员应当遵循精神障碍诊断标准和治疗规范,制订治疗方案,并向精神障碍患者或者其监护人告知治疗方案和治疗方法、目的以及可能产生的后果。

(3) 精神障碍患者在医疗机构内发生或者将要发生伤害自身、危害他人安全、扰乱医疗秩序的行为,医疗机构及其医务人员在没有其他可替代措施的情况下,可以实施约束、隔离等保护性医疗措施。实施保护性医疗措施应当遵循诊断标准和治疗规范,并在实施后告知患者的监护人。

2. 精神障碍治疗的具体要求

(1) 安全舒适的环境要求。医疗机构应当配备适宜的设施、设备,保护就诊和住院治疗的精神障碍患者的人身安全,防止其受到伤害,并为住院患者创造尽可能接近正常生活的环境和条件。

(2) 保护性医疗措施。精神障碍患者在医疗机构内发生或者将要发生伤害自身、危害他人安全、扰乱医疗秩序的行为,医疗机构及其医务人员在没有其他可替代措施的情况下,可以实施约束、隔离等保护性医疗措施。实施保护性医疗措施应当遵循诊断标准和治疗规范,并在实施后告知患者的监护人。禁止利用约束、隔离等保护性医疗措施惩罚精神障碍患者。

(3) 药物的使用。对精神障碍患者使用药物,应当以诊断和治疗为目的,使用安全、有效的药物,不得为诊断或者治疗以外的目的使用药物。医疗机构不得强迫精神障碍患者从事生产劳动。

(4) 精神外科手术。禁止对非自愿住院患者实施住院治疗的精神障碍患者实施以治疗精神障碍为目的的外科手术。

(5) 特殊治疗措施及程序。医疗机构对精神障碍患者实施下列治疗措施,应当向患者或者其监护人告知医疗风险、替代医疗方案等情况,并取得患者的书面同意;无法取得患者意见的,应当取得其监护人的书面同意,并经本医疗机构伦理委员会批准:① 导致人体器官丧失功能的外科手术;② 与精神障碍治疗有关的实验性临床医疗。实施导致人体器官丧失功能的外科手术,因情况紧急查找不到监护人的,应当取得本医疗机构负责人和伦理委员会批准。

(6) 医疗机构不得因就诊者是精神障碍患者,推诿或者拒绝为其治疗属于本医疗机构诊疗范围的其他疾病。

(三) 精神障碍患者的出院

(1) 自愿住院治疗的精神障碍患者可以随时要求出院,医疗机构应当同意。

(2) 对已经发生伤害自身的行为,或者有伤害自身的危险的精神障碍患者实施住院治疗的,监护人可以随时要求患者出院,医疗机构应当同意。

(3) 医疗机构认为上述两种精神障碍患者不宜出院的,应当告知不宜出院的理由;患者或者其监护人仍要求出院的,执业医师应当在病历资料中详细记录告知的过程,同时提出出院后的医学建议,患者或者其监护人应当签字确认。

(4) 对已经发生危害他人安全的行为,或者有危害他人安全的危险的精神障碍患者实施住院治疗,医疗机构认为患者可以出院的,应当立即告知患者及其监护人。

(5) 医疗机构应当根据精神障碍患者病情,及时组织精神科执业医师对已经发生伤害自身的行为或者有伤害自身的危险的,以及已经发生危害他人安全的行为,或者有危害他人安全的危险的这两种实施住院治疗的患者进行检查评估。评估结果表明患者不需要继续住院治疗的,医疗机构应当立即通知患者及其监护人。

(6) 精神障碍患者出院,本人没有能力办理出院手续的,监护人应当为其办理出院手续。

五、其他规定

(一) 未住院精神障碍患者的看护

精神障碍患者的监护人应当妥善看护未住院治疗的患者,按照医嘱督促其按时服药、接受随访或者治疗。村民委员会、居民委员会、患者所在单位等应当依患者或者其监护人的请求,对监护人看护患者提供必要的帮助。

(二) 卫生行政部门的定期检查

(1) 县级以上地方人民政府卫生行政部门应当定期就下列事项对本行政区域内从事精神障碍诊断、治疗的医疗机构进行检查:
① 相关人员、设施、设备是否符合法律要求。
② 诊疗行为是否符合法律以及诊断标准、治疗规范的规定。
③ 对精神障碍患者实施住院治疗的程序是否符合法律规定。
④ 是否依法维护精神障碍患者的合法权益。

(2) 县级以上地方人民政府卫生行政部门进行上述检查,应当听取精神障碍患者及其监护人的意见;发现存在违法行为的,应当立即制止或者责令改正,并依法作出处理。

(三) 其他相关部门的职责

(1) 监狱、强制隔离戒毒所等场所应当采取措施,保证患有精神障碍的服刑人员、强制隔离戒毒人员等获得治疗。

(2) 精神障碍患者违反治安管理处罚法或者触犯刑法的,依照有关法律的规定处理。

第五节 违反《精神卫生法》的法律责任

一、行政责任

(一) 卫生行政部门的行政责任

县级以上人民政府卫生行政部门和其他有关部门未依法履行精神卫生工作职责,或者滥用职权、玩忽职守、徇私舞弊的,由本级人民政府或者上一级人民政府有关部门责令改正,通报批评,对直接负责的主管人员和其他直接责任人员依法给予警告、记过或者记大过的处分;造成严重后果的,给予降级、撤职或者开除的处分。

(二) 医疗机构及医务人员的行政责任

(1) 符合法定条件的医疗机构擅自从事精神障碍诊断、治疗的,由县级以上人民政府卫生行政部门责令停止相关诊疗活动,给予警告,并处五千元以上一万元以下罚款,有违法所得的,没收违法所得;对直接负责的主管人员和其他直接责任人员依法给予或者责令给予降低岗位等级或者撤职、开除的处分;对有关医务人员,吊销其执业证书。

(2) 医疗机构及其工作人员有下列行为之一的,由县级以上人民政府卫生行政部门责令改正,给予警告;情节严重的,对直接负责的主管人员和其他直接责任人员依法给予或者责令给予降低岗位等级或者撤职、开除的处分,并可以责令有关医务人员暂停一个月以上六个月以下执业活动:

① 拒绝对送诊的疑似精神障碍患者作出诊断的。

② 对已经发生伤害自身的行为或者有伤害自身的危险的,以及已经发生危害他人安全的行为或者有危害他人安全的危险的实施住院治疗的患者未及时进行检查评估或者未根据评估结果作出处理的。

(3) 医疗机构及其工作人员有下列行为之一的,由县级以上人民政府卫生行政部门责令改正,对直接负责的主管人员和其他直接责任人员依法给予或者责令给予降低岗位等级或者撤职的处分;对有关医务人员,暂停六个月以上一年以下执业活动;情节严重的,给予或者责令给予开除的处分,并吊销有关医务人员的执业证书。

① 违法实施约束、隔离等保护性医疗措施的。

② 违反法律规定,强迫精神障碍患者劳动的。

③ 违反法律规定对精神障碍患者实施外科手术或者实验性临床医疗的。

④ 违反法律规定,侵害精神障碍患者的通讯和会见探访者等权利的。
⑤ 违反精神障碍诊断标准,将非精神障碍患者诊断为精神障碍患者的。

(三) 心理咨询人员和心理治疗人员的行政责任

有下列情形之一的,由县级以上人民政府卫生行政部门、工商行政管理部门依据各自职责责令改正,给予警告,并处五千元以上一万元以下罚款,有违法所得的,没收违法所得;造成严重后果的,责令暂停六个月以上一年以下执业活动,直至吊销执业证书或者营业执照:

(1) 心理咨询人员从事心理治疗或者精神障碍的诊断、治疗的。
(2) 从事心理治疗的人员在医疗机构以外开展心理治疗活动的。
(3) 专门从事心理治疗的人员从事精神障碍的诊断的。
(4) 专门从事心理治疗的人员为精神障碍患者开具处方或者提供外科治疗的。

(四) 其他单位及人员的行政责任

(1) 有关单位和个人违反法律规定,侵犯精神障碍患者隐私,给患者造成损害的,对单位直接负责的主管人员和其他直接责任人员,应当依法给予处分。
(2) 在精神障碍的诊断、治疗、鉴定过程中,寻衅滋事,阻挠有关工作人员依法履行职责,扰乱医疗机构、鉴定机构工作秩序的,依法给予治安管理处罚。

二、民事责任

(1) 心理咨询人员、专门从事心理治疗的人员在心理咨询、心理治疗活动中造成他人人身、财产或者其他损害的,依法承担民事责任。
(2) 违反法律规定,有下列情形之一,给精神障碍患者或者其他公民造成人身、财产或者其他损害的,依法承担赔偿责任:
① 将非精神障碍患者故意作为精神障碍患者送入医疗机构治疗的。
② 精神障碍患者的监护人遗弃患者,或者有不履行监护职责的其他情形的。
③ 歧视、侮辱、虐待精神障碍患者,侵害患者的人格尊严、人身安全的。
④ 非法限制精神障碍患者人身自由的。
⑤ 其他侵害精神障碍患者合法权益的情形。
(3) 医疗机构出具的诊断结论表明精神障碍患者应当住院治疗而其监护人拒绝,致使患者造成他人人身、财产损害的,或者患者有其他造成他人人身、财产损害情形的,其监护人依法承担民事责任。
(4) 行政机关、医疗机构或者其他有关单位和个人违反法律规定侵害患者合法权益的,可以依法提起诉讼。

三、刑事责任

违反《精神卫生法》规定构成犯罪的,依法追究刑事责任。

思考题

1. 如何理解《精神卫生法》的立法宗旨?
2. 简述精神障碍患者享有的法定权利。
3. 简述精神障碍患者接受非自愿治疗的法定条件。
4. 心理咨询师为什么不能从事心理治疗?
5. 违反《精神卫生法》的法律责任有哪些?

参 考 文 献

[1] 信春鹰,黄薇.中华人民共和国精神卫生法解读[M].北京:中国法制出版社,2012.

[2] 全国人大常委会法制工作委员会行政法室.《中华人民共和国精神卫生法》释义及实用指南[M].北京:中国民主法制出版社,2012.

[3] (日)浅井邦彦.精神医学和精神医疗:从临床到社区[M].上海:复旦大学出版社,2011.

[4] 法律出版社法规中心.中华人民共和国精神卫生法(注释本)[M].北京:法律出版社,2021.

[5] 国家卫生健康委员会疾病预防控制局.致为精神卫生共同奋斗的70年[M].北京:人民卫生出版社,2020.

[6] 戴庆康,葛菊莲,袁帅,李波.人权视野下的中国精神卫生立法问题研究.南京:东南大学出版社,2016.

第八章 母婴保健法律制度

内容简介 本章介绍母婴保健法律制度。《母婴保健法》是保障母婴健康的基本法律制度,内容包括总则、婚前保健、孕产期保健、母婴保健技术鉴定、行政管理、法律责任等。
重点提示 婚前保健 孕产期保健 母婴保健医学技术鉴定 法律责任

第一节 母婴保健法律制度概述

一、母婴保健立法的进展

母婴健康是全民健康的基石和社会文明的标志,是人类可持续发展的基础和前提。母婴保健法制建设是妇幼卫生健康事业的基础性工作,也是卫生健康法制建设的一项艰巨任务。新中国成立后,我国母婴健康事业实现了跨越式发展。1949年《中国人民政治协商会议共同纲领》提出"注意保护母亲、婴儿和儿童的健康",同年成立的卫生部内设妇幼卫生局,积极建立妇幼健康行政管理体系。1950年开始创设妇幼保健机构,逐步构筑保障母婴健康的专业服务阵地。改革开放以来,随着我国综合国力的提升,妇女儿童健康水平持续改善,形成了"以保健为中心,以保障生殖健康为目的,实行保健和临床相结合,面向群体、面向基层和预防为主"的工作方针。为了促进母婴健康和提高出生人口素质,1994年第八届全国人民代表大会常务委员会第十次会议通过《母婴保健法》,我国妇幼健康工作制度更加成熟定型。

《母婴保健法》是我国第一部专门保护母亲儿童健康的法律,是我国妇幼卫生工作的重大立法成果,1995年6月1日起施行,2017年11月4日第十二届全国人民代表大会常务委员会第三十次会议修改。内容共七章三十九条,内容包括总则、婚前保健、孕产期保健、技术鉴定、行政管理、法律责任等,主要是围绕妇女结婚、妊娠、生产和婴幼儿生长发育这些特殊生理时期对关系母亲安全、后代健康的婚前检查、孕产期保健、遗传疾病筛查以及产前诊断、分娩服务、婴幼儿健康保护等工作提出的具体要求,并规定了保健服务的内容、项目以及处理原则,从而强化了医疗保健机构和各级卫生行政部门的基本职责,并使上述服务的开展得到法律支持和物质保障。

此外,我国母婴保健法还包括立法机关陆续颁布的相关配套法规、规章和规范性文件,包括《母婴保健法实施办法》(2022年4月7日第二次修订)、《妇幼保健机构管理办法》(2006年)、《母婴保健专项技术服务许可及人员资格管理办法》(2021年1月8日第二次修订)、《婚前保健工作规范》(2002年修订)、《关于加强婚前保健工作的通知》(2020年)、《产前诊断技术管理办法》(2019 年修订)、《母婴保健医学技术鉴定管理办法》(1995 年)、《新生儿疾病筛查管理办法》(2009 年)、《人类辅助生殖管理办法》(2001 年)、《人类精子库管理办法》(2001 年)等,初步形成具有中国特色的母婴健康法律体系,基本涵盖在我国境内从事计划生育技术服务的机构开展的计划生育技术服务活动,具体包括有关母婴保健的科普宣传、教育和咨询,婚前医学检查,产前诊断和遗传病诊断,助产技术,实施医学上需要的节育手术,新生儿疾病筛查,有关生育、节育、不育的其他生殖保健服务(从事计划生育技术服务的机构开展计划生育技术服务活动依照《计划生育技术服务管理条例》的规定执行),标志着我国母婴健康服务步入法治轨道,对保障妇女儿童健康、提高人口素质以及促进经济社会的繁荣稳定都起着不可估量的作用。

党的十八以来,我国实施健康中国战略,推动妇幼健康事业取得历史性新成就,实现由"保生存"向"促发展"转变,为建设更高水平的母婴保健法律制度指明了前进方向、提供了根本遵循。2016 年 10 月,中共中央、国务院印发《"健康中国 2030"规划纲要》,提出"实现从胎儿到生命终点的全程健康服务和健康保障";2019 年 7 月,《国务院关于实施健康中国行动的意见》针对妇女儿童群体实施妇幼健康促进行动,将"主动接受婚前医学检查和孕前优生健康检查"纳入评估指标体系,将健康教育、婚前医学检查、孕前优生健康检查、增补叶酸作为重点任务,列入妇幼健康促进及健康知识普及专项行动,为妇幼健康事业发展指明了战略方向。同年颁布的《基本医疗卫生与健康促进法》明确将婚前孕前保健纳入基本医疗卫生服务,规定"国家发展妇幼保健事业,建立健全妇幼健康服务体系,为妇女、儿童提供保健及常见病防治服务,保障妇女、儿童健康"。"国家采取措施,为公民提供婚前保健、孕产期保健等服务,促进生殖健康,预防出生缺陷。"为贯彻《基本医疗卫生与健康促进法》《健康中国行动(2019—2030 年)》,国家卫生健康委制定印发《关于统筹推进婚前孕前保健工作的通知》,指导各地统筹推进婚前孕前保健工作,不断提高服务可及性、促进服务均等化。2021 年 9 月国务院印发《中国妇女发展纲要(2021—2030 年)》和《中国儿童发展纲要(2021—2030 年)》规划,部署了未来十年妇女儿童发展的目标任务,不断健全妇幼健康服务体系,提升妇幼健康服务能力,推进妇幼健康事业高质量发展。以上举措都将进一步推动中国特色社会主义母婴保健法治体系的建设。

二、母婴保健立法的意义

《母婴保健法》是我国妇女儿童保健工作的基本法,规定公民的生育自由权、优生优育选择权、婚前保健服务权、知情同意权等基本权利,以及配合母婴保健机构进行检查并交纳费用等义务。它的颁行标志着我国妇幼卫生健康迈入法治化轨道,体现了党和政府对妇女和儿童基本人权的高度重视,[①]以及对母婴健康权、发展权保障的尊重和对提供母婴保健服务的承诺,[②]充分认识《母婴保健法》颁行的重大意义,对于规范和加强妇幼卫生工作、科学有效地组织妇女儿童保健活动、提高卫生执法的紧迫感和自觉性、促进妇女儿童全面发展和妇女儿童权益保护、保证计划生育国策落实和维护国家的国际声誉都具有重要作用。

---

① 周绍明. 实施《母婴保健法》保障妇女儿童健康[J]. 中国妇幼保健,1995(04):8-9,63.
② 王凤兰. 试论《中华人民共和国母婴保健法》与我国人口政策的关系[J]. 中国妇幼保健,1997(6):2-4,58.

(一)《母婴保健法》使妇幼健康服务有法可依、有章可循

母婴保健工作是卫生健康事业的重要组成部分,与经济社会发展和人民美好生活密切相关。加强母婴健康工作是增强劳动者健康素质和促进生产力发展的重要保障,是提高人民生活质量和创建文明幸福家庭的重要措施。《母婴保健法》作为母婴保健工作的根本大法,是宪法对人民的健康和对妇女儿童保护原则规定的具体化。它从宪法规定的"国家发展医疗卫生事业""保护人民健康"这个基本前提出发,提出"国家发展母婴保健事业,提供必要条件和物质帮助,使母亲和婴儿获得医疗保健服务。国家对边远贫困地区的母婴保健事业给予扶持",同时鼓励、支持母婴保健领域的教育和科学研究,各级人民政府应当将母婴保健工作纳入本级国民经济和社会发展计划,为母婴保健事业的发展提供必要的经济、技术和物质条件,并对少数民族地区、贫困地区的母婴保健事业给予特殊支持。这无疑彻底改变了母婴健康事业长期以来无法可依的状况,促进了我国母婴健康事业的发展,充分发挥母婴健康工作在社会经济发展中的重要作用。

(二)《母婴保健法》有利于落实计划生育国策,提高妇女儿童健康水平

过去,我国围绕孕产妇和婴幼儿童保健开展了一系列工作,取得了令人瞩目的成绩。但是由于母婴健康工作无法可依、无章可循,加之地区经济发展不平衡和一些旧传统旧观念的影响,以致其发展速度与人民群众的需求还有很大差距,某些贫困地区妇女和儿童健康保障仍然不足。《母婴保健法》首次以法律的形式促进母婴健康和优生优育,对有利于母亲安全、后代健康的婚前保健、孕产妇保健以及严重遗传病传染病精神病筛查等工作给予明确规定,确定其服务内容、具体项目、医疗保健机构和妇幼健康工作人员的职责,有利于确保孕期对孕妇胎儿进行监护、分娩期施行安全分娩产、后期促进母亲康复和保护婴儿不受疾病侵扰,从而最大限度预防出生缺陷,保护母婴健康,提高人口素质,促进中华民族复兴。

(三)《母婴保健法》是与国际立法的成功接轨,彰显了中国特色社会主义制度的显著优势

妇女儿童人权是我国人权事业的重要组成部分,妇女儿童的健康状况直接影响国家民族的昌盛和子孙万代的幸福,促进和保护妇女儿童合法权益是社会主义国家的坚定国家意志。维护妇女儿童的合法权益首先要维护妇女儿童的生存权和健康权,让母婴得到充分的保健。正是基于这一根本立场,《母婴保健法》作为中国特色的社会主义法律体系的重要组成部分,依法保障公民获得适宜的母婴保健服务的权利,不仅充分体现了我国社会主义制度的优越性,而且顺应了国际社会普遍关注妇女儿童健康的潮流。《母婴保健法》在尊重我国现实国情的基础上借鉴国际公约相关制度的内容,明确国家和各级政府担负的给付义务,诸如"国务院卫生行政部门主管全国母婴保健工作,制定母婴保健法及本办法的配套规章和技术规范,按照分级分类指导的原则,制定全国母婴保健工作发展规划和实施步骤,组织推广母婴保健及其他生殖健康的适宜技术,并对全国母婴保健工作实施监督管理。""国务院其他有关部门在各自职责范围内,配合卫生行政部门做好母婴保健工作。""县级以上各级人民政府财政、公安、民政、教育、劳动保障、计划生育等部门应当在各自职责范围内,配合同级卫生行政部门做好母婴保健工作。"这些规定是履行国际义务、彰显中国担当的重要表现,表明了我国信守国际承诺的坚定决心以及保护公民基本人权的神圣责任,确保每一个新生命从孕

育到出生以后都拥有良好的发展环境。

第二节 婚前保健、孕产期保健和婴儿保健

婚前保健、孕产期保健和婴儿保健是婚前孕前保健及生育全程服务的重要内容和核心阶段,也是国家提供母婴保健之行政给付的法定职责和基本内容,[①]对于促进生殖健康、预防出生缺陷和提高出生人口素质具有重要作用。

一、婚前保健

(一) 婚前保健服务的主要内容

婚前保健是减少出生缺陷、提高母婴健康水平的第一道防线,是对准备结婚的男女双方,在结婚登记前进行的婚前医学检查、婚育健康指导和咨询服务,具体包括婚前卫生指导、婚前卫生咨询、婚前医学检查三个方面。

1. 婚前卫生指导

婚前卫生指导是对准备结婚的男女双方进行的以生殖健康为核心,与结婚和生育有关的保健知识的宣传教育,具体包括下列事项:有关性卫生的保健和教育、新婚避孕知识及计划生育指导、受孕前的准备、环境和疾病对后代影响等孕前保健知识、遗传病的基本知识、影响婚育的有关疾病的基本知识以及其他生殖健康知识。婚前卫生指导方法是:由省级妇幼保健机构根据婚前卫生指导的内容,制定宣传教育材料。婚前保健机构通过多种方法系统地为服务对象进行婚前生殖健康教育,并向婚检对象提供婚前保健宣传资料。宣教时间不少于40分钟,并进行效果评估。

2. 婚前卫生咨询

对有关婚配、生育保健等问题提供医学意见。医师进行婚前卫生咨询时,应当为服务对象提供科学的信息,对可能产生的后果进行指导,并提出适当的建议。婚检医师应针对医学检查结果发现的异常情况以及服务对象提出的具体问题进行解答、交换意见、提供信息,帮助受检对象在知情的基础上作出适宜决定。医师在提出医学意见时,应充分尊重服务对象的意愿,耐心、细致地讲明科学道理,对可能产生的后果给予重点解释,并由受检双方在体检表上签署知情意见。

3. 婚前医学检查

对准备结婚的男女双方可能患影响结婚和生育的疾病进行医学检查。婚前医学检查包括对严重遗传性疾病、指定传染病、有关精神病的检查。经婚前医学检查,医疗保健机构应当出具婚前医学检查证明或者医学鉴定证明。

---

① 聂学.浅谈母婴保健法律关系[J].中国卫生人才,2016(6):44-48.

（二）婚前医学检查规范

鉴于婚前医学检查对控制遗传性疾病、避免缺陷儿出生、提高人口素质和促进婚姻幸福意义重大，遵循婚前医学检查规范非常重要。

1. 申请从事婚前医学检查的条件

从事婚前医学检查的医疗、保健机构，由其所在地县级人民政府卫生行政部门进行审查；符合条件的，在其《医疗机构执业许可证》上注明。申请从事婚前医学检查的医疗、保健机构应当具备下列条件：

（1）分别设置专用的男、女婚前医学检查室，配备常规检查和专科检查设备。

（2）设置婚前生殖健康宣传教育室。

（3）具有符合条件的进行男、女婚前医学检查的执业医师。

2. 婚前医学检查项目

婚前医学检查项目包括询问病史，体格检查，常规辅助检查和其他特殊检查。检查女性生殖器官时应做肛门腹壁双合诊，如需做阴道检查，须征得本人或家属同意后进行。除处女膜发育异常外，严禁对其完整性进行描述。对可疑发育异常者，应慎重诊断。常规辅助检查应进行胸部透视，血常规、尿常规、梅毒筛查、血转氨酶和乙肝表面抗原检测、女性阴道分泌物滴虫、霉菌检查。其他特殊检查（如乙型肝炎血清学标志检测、淋病、艾滋病、支原体和衣原体检查、精液常规、B型超声、乳腺、染色体检查等），应根据需要或自愿原则确定。

3. 婚前医学检查的主要疾病

婚前医学检查证明应当列明是否发现下列疾病：

（1）严重遗传性疾病：由于遗传因素先天形成，患者全部或部分丧失自主生活能力，子代再现风险高，医学上认为不宜生育的疾病。

（2）在传染期内的指定传染病，即《传染病防治法》规定的艾滋病、淋病、梅毒以及医学上认为影响结婚和生育的其他传染病。

（3）在发病期内的有关精神病，即精神分裂症、躁狂抑郁型精神病及其他重型精神病。

（4）不宜生育的严重遗传性疾病，如重要脏器疾病和生殖系统疾病等。

（5）医学上认为不宜结婚的其他疾病。

4. 婚前医学检查的转诊

婚前医学检查实行逐级转诊制度。医疗、保健机构经婚前医学检查，不能确诊的疑难病症，应当填写统一的转诊单，转至设区的市级以上人民政府卫生行政部门指定的医疗保健机构确诊。该机构应将确诊结果和检测报告反馈给原婚前医学检查单位。原婚前医学检查单位应根据确诊结果填写《婚前医学检查证明》，并保留原始资料。

5. 婚前医学检查证明（或者医学鉴定证明）

（1）根据《母婴保健法》及其实施办法，经婚前医学检查，医疗、保健机构应当向接受婚前医学检查的当事人出具婚前医学检查证明。

（2）接受婚前医学检查的人员对检查结果持有异议的，可以申请医学技术鉴定，取得医学鉴定证明。

（3）经婚前医学检查，对在传染期内的指定传染病、在发病期内的有关精神病和不宜生育的严重遗传性疾病，医师应当向当事人说明情况，提出预防、治疗以及采取相应医学措施的建议。当事人依据医生的医学意见，可以暂缓结婚，也可以自愿采用长效避孕措施或者结扎手术;医疗、保健机构应当为其治疗提供医学咨询和医疗服务。但《民法典》规定禁止结婚的除外(即直系血亲或者三代以内的旁系血亲禁止结婚)。

6. 医学意见

婚前医学检查单位向接受婚前医学检查的当事人出具《婚前医学检查证明》,应在"医学意见"栏内注明以下事项:

(1) 双方为直系血亲、三代以内旁系血亲关系,以及医学上认为不宜结婚的疾病,如发现一方或双方患有重度、极重度智力低下,不具有婚姻意识能力;重型精神病,在病情发作期有攻击危害行为的,注明"建议不宜结婚"。

(2) 发现医学上认为不宜生育的严重遗传性疾病或其他重要脏器疾病,以及医学上认为不宜生育的疾病的,注明"建议不宜生育"。

(3) 发现指定传染病在传染期内、有关精神病在发病期内或其他医学上认为应暂缓结婚的疾病时,注明"建议暂缓结婚";对于婚检发现的可能会终生传染的不在发病期的传染病患者或病原体携带者,在出具婚前检查医学意见时,应向受检者说明情况,提出预防、治疗及采取其他医学措施的意见。若受检者坚持结婚,应充分尊重受检双方的意愿,注明"建议采取医学措施,尊重受检者意愿"。

(4) 未发现前款第(1)(2)(3)类情况,为婚检时法定允许结婚的情形,注明"未发现医学上不宜结婚的情形"。

(5) 在出具任何一种医学意见时,婚检医师应当向当事人说明情况,并进行指导。

(三)关于婚前医学检查和医学意见的两个法律问题

1. 婚前医学检查的发起是自愿还是强制问题

《母婴保健法》第十二条将持有婚前医学检查证明作为结婚登记的必要条件,规定在实行婚前医学检查的地区,准备结婚的男女双方在办理结婚登记前,应当到医疗、保健机构进行婚前医学检查,在结婚登记时,应当持有婚前医学检查证明或者医学鉴定证明,婚姻登记机关应当查验婚前医学检查证明或者医学鉴定证明。但2003年施行的《婚姻登记条例》对婚前医学检查未作强制性规定。由于不同位阶和领域的相关法律规范存在冲突,婚前医学检查应当"自愿"还是"强制"自2003年《婚姻登记条例》施行以来一直争议不断,悬而未决。

2. 关于《民法典》实施背景下重大疾病的婚前检查医学意见问题

《民法典》第一千零五十三规定了因重大疾病可向法院请求撤销婚姻制度,即"一方患有重大疾病的,应当在结婚登记前如实告知另一方;不如实告知的,另一方可以向人民法院请求撤销婚姻。"该条规定是对原《婚姻法》第十条即对婚前患有医学上不应当结婚的疾病,婚后尚未治愈的情况列为无效婚姻的修改。另外,《民法典》规定的可导致撤销婚姻的"重大疾病"和《婚姻法》规定的"医学上认为不应当结婚的疾病",其涵盖范围并无明确规定。《母婴保健法》第八条和第三十八条从保护后代健康的角度规定了严重遗传性疾病、指定传染病、有关精神病三大类疾病,但是可否理解为"重大疾病"也无定论,因此亟须确定"重大疾病"的认定标准来指导司法实践和医疗实践。为此,2021年12月全国人大常委会法工委提交全国人大常委会的审议的《关于2021年备案审查工作情况的报告》称"推动根据民法典精神适时统筹修改完善有关法律法规制度"。医疗实践中,重大疾病如实告知义务有赖于婚前医学检查制度予以保障。根据《民法典》有关条款的内在逻辑分析,有学者认为其确立了婚前医学检查的强制性。①

二、孕产期保健

孕产期保健是指各级各类医疗保健机构为育龄妇女和孕产妇及胎儿婴儿提供全程医疗保健服务。医疗、保健机构应当为育龄妇女提供有关避孕、节育、生育、不育和生殖健康的咨询和医疗保健服务。孕产期保健具体包括母婴保健指导、孕产妇保健、胎儿保健和新生儿保健。

（一）母婴保健指导

母婴保健指导是对孕育健康后代以及严重遗传性疾病和碘缺乏病等地方病的发病原因、治疗和预防方法提供医学意见。对患严重疾病或者接触致畸物质，妊娠可能危及孕妇生命安全或者可能严重影响孕妇健康和胎儿正常发育的，医疗保健机构应当予以医学指导。医师发现或者怀疑患严重遗传性疾病的育龄夫妻，应当提出医学意见。限于现有医疗技术水平难以确诊的，应当向当事人说明情况。育龄夫妻应当根据医师的医学意见选择避孕、节育、不孕等相应的医学措施。

（二）孕产妇保健

孕产妇保健是为孕妇、产妇提供卫生、营养、心理等方面的咨询和指导以及产前定期检查等医疗保健服务。医疗、保健机构应当为孕产妇提供下列医疗保健服务：为孕产妇建立保健手册（卡），定期进行产前检查；为孕产妇提供卫生、营养、心理等方面的医学指导与咨询；对高危孕妇进行重点监护、随访和医疗保健服务；为孕产妇提供安全分娩技术服务；定期进行产后访视，指导产妇科学喂养婴儿；提供避孕咨询指导和技术服务；对产妇及其家属进行生殖健康教育和科学育儿知识教育；其他孕产期保健服务。

医疗、保健机构发现孕妇患有下列严重疾病或者接触物理、化学、生物等有毒、有害因素，可能危及孕妇生命安全或者可能严重影响孕妇健康和胎儿正常发育的，应当对孕妇进行医学指导和下列必要的医学检查：严重的妊娠合并症或者并发症；严重的精神性疾病；国务院卫生行政部门规定的严重影响生育的其他疾病。

（三）终止妊娠

（1）经产前诊断，有下列情形之一的，医师应当向夫妻双方说明情况，并提出终止妊娠的医学意见：胎儿患严重遗传性疾病的；胎儿有严重缺陷的；因患严重疾病，继续妊娠可能危及孕妇生命安全或者严重危害孕妇健康的。依法施行终止妊娠或者结扎手术，应当经本人同意，并签署意见。本人无行为能力的，应当经其监护人同意，并签署意见。依法施行终止妊娠或者结扎手术的，接受免费服务。

（2）根据《母婴保健法》第三十二条及《人口与计划生育法》第三十五条，医疗保健机构依法开展婚前医学检查、遗传病诊断、产前诊断以及施行结扎手术和终止妊娠手术的，必须

---

① 乔茹，胡晓翔.可撤销婚姻的实践困境与制度完善：以《民法典》第一千零五十三条为中心展开[J].社会科学家，2022(2)：136-142.

符合国务院卫生行政部门规定的条件和技术标准,并经县级以上地方人民政府卫生行政部门许可。

(3) 严禁采用技术手段对胎儿进行性别鉴定,但医学上确有需要的除外。对怀疑胎儿可能为伴性遗传病,需要进行性别鉴定的,由省、自治区、直辖市人民政府卫生行政部门指定的医疗、保健机构按照国务院卫生行政部门的规定进行鉴定。

(四)住院分娩

国家提倡住院分娩。医师和助产人员应当严格遵守有关操作规程,提高助产技术和服务质量,预防和减少产伤。没有条件住院分娩的,应当由经过培训、具备相应接生能力的家庭接生人员接生。不能住院分娩的孕妇应当由经过培训、具备相应接生能力的接生人员实行消毒接生。高危孕妇应当在医疗、保健机构住院分娩。医疗、保健机构应当按照国务院卫生行政部门制定的技术操作规范,实施消毒接生和新生儿复苏,预防产伤及产后出血等产科并发症,降低孕产妇及围产儿发病率、死亡率。

医疗保健机构和从事家庭接生的人员按照国务院卫生行政部门的规定,出具统一制发的新生儿出生医学证明;有产妇和婴儿死亡以及新生儿出生缺陷情况的,应当向卫生行政部门报告。

三、胎儿和婴儿保健

(一)胎儿保健

胎儿保健是为胎儿生长发育进行监护,提供咨询和医学指导。生育过严重遗传性疾病或者严重缺陷患儿的,再次妊娠前,夫妻双方应当应当按照国家有关规定,到县级以上医疗保健机构接受医学检查。医疗、保健机构应当向当事人介绍有关遗传性疾病的知识,给予咨询、指导。对诊断患有医学上认为不宜生育的严重遗传性疾病的,医师应当向当事人说明情况,并提出医学意见。

胎儿保健主要是为胎儿进行产前诊断。经产前检查,医师发现或者怀疑胎儿有下列异常情形的,应当对孕妇进行产前诊断:羊水过多或者过少的;胎儿发育异常或者胎儿有可疑畸形的;孕早期接触过可能导致胎儿先天缺陷的物质的;有遗传病家族史或者曾经分娩过先天性严重缺陷婴儿的;初产妇年龄超过35周岁的。

(二)婴儿保健

(1) 医疗保健机构为产妇提供科学育儿、合理营养和母乳喂养的指导。

(2) 医疗保健机构应当按照国家有关规定对婴儿进行体格检查和预防接种,逐步开展新生儿先天性、遗传性代谢病筛查、诊断、治疗和监测以及婴儿多发病和常见病防治等医疗保健服务。

(3) 医疗保健机构应当按照规定进行新生儿访视,建立儿童保健手册(卡),定期对其进行健康检查,提供有关预防疾病、合理膳食、促进智力发育等科学知识,做好婴儿多发病、常见病防治等医疗保健服务。

(4) 医疗保健机构应当按照规定的程序和项目对婴儿进行预防接种。婴儿的监护人应当保证婴儿及时接受预防接种。

(5) 国家推行母乳喂养。医疗、保健机构应当为实施母乳喂养提供技术指导，为住院分娩的产妇提供必要的母乳喂养条件。医疗保健机构不得向孕产妇和婴儿家庭宣传、推荐母乳代用品。

(6) 母乳代用品产品包装标签应当在显著位置标明母乳喂养的优越性。母乳代用品生产者、销售者不得向医疗、保健机构赠送产品样品或者以推销为目的有条件地提供设备、资金和资料。

(7) 妇女享有国家规定的产假。有不满1周岁婴儿的妇女，所在单位应当在劳动时间内为其安排一定的哺乳时间。

第三节 母婴保健医学技术鉴定

一、母婴保健医学技术鉴定的意义

母婴保健医学技术鉴定是指接受母婴保健服务的公民或提供母婴保健服务的医疗保健机构，对婚前医学检查、遗传病诊断和产前诊断结果或医学技术鉴定结论持有异议所进行的医学技术鉴定。母婴保健医学技术鉴定制度化的意义在于确保母婴保健医学技术鉴定工作必须坚持实事求是、尊重科学、公正鉴定、保守秘密的原则；保障母亲和婴儿的健康权益，保护和监督医疗保健机构依法开展母婴保健工作。

二、母婴保健医学技术鉴定组织的设立、组成和职责

(1) 县级以上人民政府应当分别设立母婴保健医学技术鉴定组织，统称母婴保健医学技术鉴定委员会，负责对婚前医学检查、遗传病诊断和产前诊断结果有异议的进行医学技术鉴定。母婴保健医学技术鉴定委员会分为省、市、县三级。母婴保健医学技术鉴定委员会办事机构设在同级妇幼保健院内，负责母婴保健医学技术鉴定委员会的日常工作。

(2) 母婴保健医学技术鉴定组织的组成人员，由卫生行政部门提名，同级人民政府聘任，其名单应当报上级卫生行政部门备案。医学技术鉴定委员会成员任期四年，可以连任。

(3) 从事母婴保健医学技术鉴定成员，必须具有临床经验和医学遗传学知识的妇产科、儿科、妇女保健、儿童保健、生殖保健、医学遗传、神经病学、精神病学、传染病学等医学专家组成。医学技术鉴定委员会成员应符合下列任职条件：县级母婴保健医学技术鉴定委员会成员应当具有主治医师以上专业技术职务；设区的市级和省级母婴保健医学技术鉴定委员会成员应当具有副主任医师以上专业技术职务。

(4) 因医学技术鉴定需要，医学技术鉴定委员会可以临时聘请有关专家参加鉴定工作，所聘人员有发表医学诊断意见的权力，但无表决权。

(5) 母婴保健医学技术鉴定委员会负责本行政区域内有异议的婚前医学检查、遗传病诊断、产前诊断结果和有异议的下一级医学技术鉴定结论的医学技术鉴定工作。

(6) 母婴保健医学技术鉴定委员有以下权利和义务：

① 要求有关医疗保健机构提供有关资料(包括病案、各项检查、检验报告、所采用的技术方法等)的原始记录。

② 要求当事人补充材料或者对有关事实情节进行复查。

③ 应当认真收集和审查有关资料，广泛听取各方意见，做好调查分析工作。

④ 应当以事实为依据，以科学为准则，自主发表医学技术鉴定意见，不受任何部门和个人的干预。

⑤ 应当慎重作出医学技术鉴定结论。

三、母婴保健医学技术鉴定组织的鉴定程序

(一) 鉴定申请

当事人对婚前医学检查、遗传病诊断、产前诊断结果有异议，需要进一步确诊的，可以自接到检查或者诊断结果之日起 15 日内，向所在地县级或者设区的市级母婴保健医学技术鉴定委员会提出书面鉴定申请，同时填写《母婴保健医学技术鉴定申请表》，提供与鉴定有关的材料。

(二) 鉴定时限和异议

母婴保健医学技术鉴定委员会应当自接到《母婴保健医学技术鉴定申请表》之日起 30 日内作出医学技术鉴定意见，并及时通知当事人。如有特殊情况，最长不得超过 90 日。当事人对鉴定意见有异议的，可以自接到鉴定意见通知书之日起 15 日内向上一级母婴保健医学技术鉴定委员会申请再鉴定。省级鉴定为终级鉴定。如省级技术鉴定有困难，可转至有条件的医疗保健机构进行检查确诊，出具检测报告，由省级医学技术鉴定委员会作出鉴定结论。

(三) 鉴定回避

母婴保健医学技术鉴定委员会进行医学鉴定时须有 5 名以上相关专业医学技术鉴定委员会成员参加。母婴保健医学技术鉴定实行回避制度。参加鉴定人员中与当事人有利害关系，可能影响公正鉴定的人员，应当回避。母婴保健医学技术鉴定委员会成员发表医学技术鉴定意见时，当事人应当回避。鉴定委员会成员应当在鉴定结论上署名；不同意见应当如实记录。鉴定委员会根据鉴定结论向当事人出具鉴定意见书。

(四) 鉴定流程

(1) 母婴保健医学技术鉴定委员会成员在发表鉴定意见前，可以要求当事人及有关人员到会陈述理由和事实经过，当事人应当如实回答提出的询问。当事人无正当理由不到会的，鉴定仍可照常进行。

(2) 在医学技术鉴定过程中，母婴保健医学技术鉴定委员会认为需要重新进行临床检查、检验的，应当在医学技术鉴定委员会指定的医疗保健机构进行。

(3) 参加鉴定的母婴保健医学技术鉴定委员会成员应当在鉴定书上签名，对鉴定结论

有不同意见时,应当如实记录。与鉴定有关的材料和鉴定结论原件必须立卷存档,严禁涂改、伪造。母婴保健医学技术鉴定委员会成员在进行医学技术鉴定工作中滥用职权,玩忽职守,徇私舞弊的,可依照规定取消医学技术鉴定委员会成员资格,并由其所在单位给予行政处分。

(五)鉴定证明的出具和送达

(1)母婴保健医学技术鉴定委员会办事机构在医学技术鉴定委员会作出鉴定结论后,应当出具《母婴保健医学技术鉴定证明》,并及时送达当事人各一份。

(2)《母婴保健医学技术鉴定证明》必须加盖医学技术、鉴定委员会鉴定专用章后方可生效。

(3)当事人对鉴定结论有异议,可在接到《母婴保健医学技术鉴定证明》之日起15日内向上一级医学技术鉴定委员会申请重新鉴定。省级医学技术鉴定委员会的医学技术鉴定结论,为最终鉴定结论。

第四节 产前诊断和新生儿疾病筛查管理

一、产前诊断技术管理制度

(一)产前诊断技术及其目的

产前诊断是指对胎儿进行先天性缺陷和遗传性疾病的诊断,包括相应的筛查。产前诊断技术项目包括遗传咨询、医学影像、生化免疫、细胞遗传学和分子遗传学技术等。

产前诊断技术的应用应当以医疗为目的,符合国家有关法律规定和伦理原则,由经资格认定的医务人员在经许可的医疗保健机构中进行。医疗保健机构和医务人员不得实施任何非医疗目的的产前诊断技术。

为保障母婴健康,提高出生人口素质,保证产前诊断技术的安全、有效,必须遵循《母婴保健法》《母婴保健法实施办法》和《产前诊断技术管理办法》,规范产前诊断技术和各类开展产前诊断技术的医疗保健机构的监督管理。

(二)产前诊断技术的管理机构

1. 国家卫生健康委员会负责全国产前诊断技术应用的监督管理工作

国家卫生健康委根据医疗需求、技术发展状况、组织与管理的需要等实际情况,制定产前诊断技术应用规划。

2. 产前诊断技术应用实行分级管理

(1)国家卫生健康委制定开展产前诊断技术医疗保健机构的基本条件和人员条件;颁布有关产前诊断的技术规范;指定国家级开展产前诊断技术的医疗保健机构;对全国产前诊断技术应用进行质量管理和信息管理;对全国产前诊断专业技术人员的培训进行规划。

(2) 省、自治区、直辖市人民政府卫生健康主管部门(以下简称省级卫生健康主管部门)根据当地实际,因地制宜地规划、审批或组建本行政区域内开展产前诊断技术的医疗保健机构;对从事产前诊断技术的专业人员进行系统培训和资格认定;对产前诊断技术应用进行质量管理和信息管理。

(3) 县级以上人民政府卫生健康主管部门负责本行政区域内产前诊断技术应用的日常监督管理。

(三)产前诊断技术的审批

(1) 从事产前诊断的卫生专业技术人员应符合以下所有条件:

① 从事临床工作的,应取得执业医师资格。

② 从事医技和辅助工作的,应取得相应卫生专业技术职称。

③ 符合《从事产前诊断卫生专业技术人员的基本条件》。

④ 经省级卫生健康主管部门考核合格,取得从事产前诊断的《母婴保健技术考核合格证书》或者《医师执业证书》中加注母婴保健技术(产前诊断类)考核合格的。

(2) 申请开展产前诊断技术的医疗保健机构应符合下列所有条件:

① 设有妇产科诊疗科目。

② 具有与所开展技术相适应的卫生专业技术人员。

③ 具有与所开展技术相适应的技术条件和设备。

④ 设有医学伦理委员会。

⑤ 符合《开展产前诊断技术医疗保健机构的基本条件》及相关技术规范。

(3) 申请开展产前诊断技术的医疗保健机构,必须明确提出拟开展的产前诊断具体技术项目,并且向所在地省级卫生健康主管部门提交下列文件:

① 医疗机构执业许可证副本。

② 开展产前诊断技术的母婴保健技术服务执业许可申请文件。

③ 可行性报告。

④ 拟开展产前诊断技术的人员配备、设备和技术条件情况。

⑤ 开展产前诊断技术的规章制度。

⑥ 省级以上卫生健康主管部门规定提交的其他材料。

(4) 申请开展产前诊断技术的医疗保健机构,由所属省、自治区、直辖市人民政府卫生健康主管部门审查批准。省、自治区、直辖市人民政府卫生健康主管部门收到相关材料后,组织有关专家进行论证,并在收到专家论证报告后30个工作日内进行审核。经审核同意的,发给开展产前诊断技术的母婴保健技术服务执业许可证,注明开展产前诊断以及具体技术服务项目;经审核不同意的,书面通知申请单位。

(5) 国家卫生健康委根据全国产前诊断技术发展需要,在经审批合格的开展产前诊断技术服务的医疗保健机构中,指定国家级开展产前诊断技术的医疗保健机构。

(6) 开展产前诊断技术的《母婴保健技术服务执业许可证》每三年校验一次,校验由原审批机关办理。经校验合格的,可继续开展产前诊断技术;经校验不合格的,撤销其许可证书。

(7) 省、自治区、直辖市人民政府卫生健康主管部门指定的医疗保健机构,协助卫生健康主管部门负责对本行政区域内产前诊断的组织管理工作。

(8) 从事产前诊断的人员不得在未许可开展产前诊断技术的医疗保健机构中从事相关工作。

(四) 产前诊断技术的实施

1. 产前诊断实施的知情选择

对一般孕妇实施产前筛查以及应用产前诊断技术坚持知情选择。开展产前筛查的医疗保健机构要与经许可开展产前诊断技术的医疗保健机构建立工作联系,保证筛查病例能落实后续诊断。

2. 产前诊断实施的条件

孕妇有下列情形之一的,经治医师应当建议其进行产前诊断:

(1) 羊水过多或者过少的。
(2) 胎儿发育异常或者胎儿有可疑畸形的。
(3) 孕早期时接触过可能导致胎儿先天缺陷的物质的。
(4) 有遗传病家族史或者曾经分娩过先天性严重缺陷婴儿的。
(5) 年龄超过35周岁的。

3. 遗传咨询的条件和要求

既往生育过严重遗传性疾病或者严重缺陷患儿的,再次妊娠前,夫妻双方应当到医疗保健机构进行遗传咨询。医务人员应当对当事人介绍有关知识,给予咨询和指导。经治医师根据咨询的结果,对当事人提出医学建议。

4. 产前诊断重点疾病确定的条件

确定产前诊断重点疾病,应当符合下列条件:

(1) 疾病发生率较高。
(2) 疾病危害严重,社会、家庭和个人疾病负担大。
(3) 疾病缺乏有效的临床治疗方法。
(4) 诊断技术成熟、可靠、安全和有效。

5. 夫妻患有严重遗传性疾病的医疗保健服务

(1) 开展产前检查、助产技术的医疗保健机构在为孕妇进行早孕检查或产前检查时,医师发现或者怀疑育龄夫妻患有严重遗传性疾病的孕妇,应当进行有关知识的普及,提供咨询服务,并以书面形式如实告知孕妇或其家属,建议孕妇进行产前诊断。

(2) 孕妇自行提出进行产前诊断的,经治医师可根据其情况提供医学咨询,由孕妇决定是否实施产前诊断技术。

6. 产前诊断报告的出具

(1) 开展产前诊断技术的医疗保健机构出具的产前诊断报告,应当由2名以上经资格认定的执业医师签发。

(2) 对于产前诊断技术及诊断结果,经治医师应本着科学、负责的态度,向孕妇或家属告知技术的安全性、有效性和风险性,使孕妇或家属理解技术可能存在的风险和结果的不确定性。

(3) 在发现胎儿异常的情况下,经治医师必须将继续妊娠和终止妊娠可能出现的结果以及进一步处理意见,以书面形式明确告知孕妇,由孕妇夫妻双方自行选择处理方案,并签署知情同意书。若孕妇缺乏认知能力,由其近亲属代为选择。涉及伦理问题的,应当交医学伦理委员会讨论。

7. 终止妊娠娩出胎儿的处理

开展产前诊断技术的医疗保健机构对经产前诊断后终止妊娠娩出的胎儿,在征得其家属同意后,进行尸体病理学解剖及相关的遗传学检查。

8. 档案管理和追踪观察制度

开展产前诊断技术的医疗保健机构应当建立健全技术档案管理和追踪观察制度。

二、新生儿疾病筛查管理制度

为规范新生儿疾病筛查的管理,保证新生儿疾病筛查工作质量,依据《母婴保健法》和《母婴保健法实施办法》,2009年6月1日《新生儿疾病筛查管理办法》施行,适用于全国新生儿疾病筛查病种包括先天性甲状腺功能减低症、苯丙酮尿症等新生儿遗传代谢病和听力障碍。全国卫生健康主管部门根据需要对全国新生儿疾病筛查病种进行调整。省、自治区、直辖市人民政府卫生行政部门可以根据本行政区域的医疗资源、群众需求、疾病发生率等实际情况,增加本行政区域内新生儿疾病筛查病种,并报全国卫生主管部门备案。

(一) 新生儿疾病筛查的范围

新生儿疾病筛查是指在新生儿期对严重危害新生儿健康的先天性、遗传性疾病施行专项检查,提供早期诊断和治疗的母婴保健技术。新生儿遗传代谢病筛查程序包括血片采集、送检、实验室检测、阳性病例确诊和治疗。新生儿听力筛查程序包括初筛、复筛、阳性病例确诊和治疗。新生儿疾病筛查是提高出生人口素质,减少出生缺陷的预防措施之一。各级各类医疗机构和医务人员应当在工作中开展新生儿疾病筛查的宣传教育工作。

(二) 新生儿疾病筛查的监督

国家卫生行政管理部门负责全国新生儿疾病筛查的监督管理工作,根据医疗需求、技术发展状况、组织与管理的需要等实际情况制定全国新生儿疾病筛查工作规划和技术规范。省、自治区、直辖市人民政府卫生行政部门负责本行政区域新生儿疾病筛查的监督管理工作,建立新生儿疾病筛查管理网络,组织医疗机构开展新生儿疾病筛查工作。

(三) 新生儿疾病筛查机构及其工作范围

1. 新生儿疾病筛查机构的设置规划和工作范围

省、自治区、直辖市人民政府卫生行政部门应当根据本行政区域的实际情况,制定本地区新生儿遗传代谢病筛查中心和新生儿听力筛查中心(以下简称新生儿疾病筛查中心)设置规划,指定具备能力的医疗机构为本行政区域新生儿疾病筛查中心。新生儿疾病筛查中心的工作范围如下:

(1) 开展新生儿遗传代谢疾病筛查的实验室检测、阳性病例确诊和治疗或者听力筛查阳性病例确诊、治疗。

(2) 掌握本地区新生儿疾病筛查、诊断、治疗、转诊情况。

(3) 负责本地区新生儿疾病筛查人员培训、技术指导、质量管理和相关的健康宣传教育。

(4) 承担本地区新生儿疾病筛查有关信息的收集、统计、分析、上报和反馈工作。开展新生儿疾病筛查的医疗机构应当及时提供病例信息,协助新生儿疾病筛查中心做好上述工作。

2. 诊疗科目中设有产科或者儿科的医疗机构的工作范围

诊疗科目中设有产科或者儿科的医疗机构,应当按照《新生儿疾病筛查技术规范》的要求,开展新生儿遗传代谢病血片采集及送检、新生儿听力初筛及复筛工作。不具备开展新生儿疾病筛查血片采集、新生儿听力初筛和复筛服务条件的医疗机构,应当告知新生儿监护人到有条件的医疗机构进行新生儿疾病筛查血片采集及听力筛查。

3. 新生儿遗传代谢病筛查实验室开设条件

新生儿遗传代谢病筛查实验室设在新生儿疾病筛查中心,并应当具备下列条件:

(1) 具有与所开展工作相适应的卫生专业技术人员,具有与所开展工作相适应的技术和设备。

(2) 符合《医疗机构临床实验室管理办法》的规定。

(3) 符合《新生儿疾病筛查技术规范》的要求。

(四)新生儿疾病筛查规范

(1) 新生儿遗传代谢病筛查中心发现新生儿遗传代谢病阳性病例时,应当及时通知新生儿监护人进行确诊。开展新生儿听力初筛、复筛的医疗机构发现新生儿疑似听力障碍的,应当及时通知新生儿监护人到新生儿听力筛查中心进行听力确诊。

(2) 新生儿疾病筛查遵循自愿和知情选择的原则。医疗机构在实施新生儿疾病筛查前,应当将新生儿疾病筛查的项目、条件、方式、灵敏度和费用等情况如实告知新生儿的监护人,并取得签字同意。

(3) 从事新生儿疾病筛查的医疗机构和人员,应当严格执行新生儿疾病筛查技术规范,保证筛查质量。

(4) 医疗机构发现新生儿患有遗传代谢病和听力障碍的,应当及时告知其监护人,并提出治疗和随诊建议。

第五节 母婴保健行政管理

一、母婴保健行政管理机构及其职责

(一)国务院卫生行政部门和其他有关部门的职责

(1) 国务院卫生行政部门主管全国母婴保健工作,根据不同地区情况提出分级分类指导原则,并对全国母婴保健工作实施监督管理,履行下列职责:

① 制定母婴保健法及本办法的配套规章和技术规范。

② 按照分级分类指导的原则,制定全国母婴保健工作发展规划和实施步骤。

③ 组织推广母婴保健及其他生殖健康的适宜技术。
④ 对母婴保健工作实施监督。

(2) 国务院其他有关部门在各自职责范围内,配合卫生行政部门做好母婴保健工作。县级以上各级人民政府财政、公安、民政、教育、劳动保障、计划生育等部门应当在各自职责范围内,配合同级卫生行政部门做好母婴保健工作。

(二) 各级人民政府及其卫生行政部门的职责

(1) 各级人民政府应当采取措施,加强母婴保健工作,提高医疗保健服务水平,积极防治由环境因素所致严重危害母亲和婴儿健康的地方性高发性疾病,促进母婴保健事业的发展。县级以上地方人民政府卫生行政部门管理本行政区域内的母婴保健工作。

(2) 县级以上地方人民政府卫生行政部门管理本行政区域内的母婴保健工作,履行下列监督管理职责:

① 依照母婴保健法和本办法以及国务院卫生行政部门规定的条件和技术标准,对从事母婴保健工作的机构和人员实施许可,并核发相应的许可证书。
② 对母婴保健法和本办法的执行情况进行监督检查。
③ 对违反母婴保健法和本办法的行为,依法给予行政处罚。
④ 负责母婴保健工作监督管理的其他事项。

(3) 省、自治区、直辖市人民政府卫生行政部门指定的医疗保健机构负责本行政区域内的母婴保健监测和技术指导。

二、母婴保健机构及其人员的义务

母婴保健机构是由政府举办,不以营利为目的,具有公共卫生性质的公益性事业单位,是为妇女儿童提供婚前医学检查、遗传病诊断、产前诊断、施行助产技术、结扎手术和终止妊娠手术技术服务的等公共卫生和基本医疗服务的专业机构。

(一) 母婴保健专项技术服务许可及其人员资质管理

1. 审批机构

根据《母婴保健法》第三十二条、第三十三条及其实施办法第三十五条,以及2021年1月8日据此发布的《母婴保健专项技术服务许可及人员资格管理办法》,凡开展《母婴保健法》及其实施办法规定的婚前医学检查、遗传病诊断、产前诊断、施行助产技术、结扎手术和终止妊娠手术技术服务的医疗保健机构,必须符合相应的法定条件,经卫生健康主管部门审查批准,取得《母婴保健技术服务执业许可证》。具体如下:

(1) 开展遗传病诊断、产前诊断的医疗保健机构和人员,必须经过省、自治区、直辖市人民政府卫生健康主管部门审批。

(2) 开展婚前医学检查的医疗保健机构和人员,必须经过设区的市级卫生健康主管部门审批。

(3) 施行助产技术、结扎手术和终止妊娠手术的医疗保健机构和人员的审批,由县级卫生健康主管部门负责。

2. 审批条件

申请开展婚前医学检查、遗传病诊断、产前诊断以及施行助产技术、结扎手术、终止妊娠手术的医疗保健机构，必须同时具备下列条件：

(1) 符合当地医疗保健机构设置规划。
(2) 取得《医疗机构执业许可证》。
(3) 符合母婴保健专项技术服务基本标准。
(4) 法律法规规章规定的其他条件。

3. 提交材料

申请婚前医学检查、遗传病诊断、产前诊断以及施行助产技术、结扎手术、终止妊娠手术许可的医疗保健机构，必须向审批机关提交《母婴保健技术服务执业许可申请登记书》并交验下列材料：《医疗机构执业许可证》及其副本；有关医师的《母婴保健技术考核合格证书》或者加注母婴保健技术考核合格及技术类别的《医师执业证书》；可行性报告；与拟开展母婴保健专项技术相应的技术、设备条件及人员配备情况；开展母婴保健专项技术的规章制度；法律法规规章规定的其他材料。

(二) 母婴保健机构及其人员的基本义务

(1) 医疗保健机构按照国务院卫生行政部门的规定，负责其职责范围内的母婴保健工作，建立医疗保健工作规范，提高医学技术水平，采取各种措施方便人民群众，做好母婴保健服务工作。医疗保健机构应当按照国务院卫生行政部门的规定，对托幼园、所卫生保健工作进行业务指导。

(2) 医疗保健机构应当根据其从事的业务，配备相应的人员和医疗设备，对从事母婴保健工作的人员加强岗位业务培训和职业道德教育，并定期对其进行检查、考核。

(3) 医师和助产人员（包括家庭接生人员）应当严格遵守有关技术操作规范，认真填写各项记录，提高助产技术和服务质量。助产人员的管理，按照国务院卫生行政部门的规定执行。

(4) 从事母婴保健工作的人员应当严格遵守职业道德，为当事人保守秘密。

第六节　违反《母婴保健法》的法律责任

一、行政责任

(1) 未取得国家颁发的有关合格证书的，有下列行为之一，县级以上地方人民政府卫生行政部门应当予以制止，并可以根据情节给予警告或者处以罚款：

① 从事婚前医学检查、遗传病诊断、产前诊断或者医学技术鉴定的。
② 施行终止妊娠手术的。
③ 违法出具有关医学证明的（违法出具的有关医学证明无效）。

(2) 从事母婴保健工作的人员违反法律规定，出具有关虚假医学证明或者进行胎儿性别鉴定的,由医疗保健机构或者卫生行政部门根据情节给予行政处分;情节严重的,依法取消执业资格。

二、民事责任

《母婴保健法》未直接规定违法行为的民事责任,但是,如果从事母婴保健工作的人员(含未取得国家颁发的有关合格证书)施行终止妊娠手术或者采取其他方法终止妊娠,致人死亡、残疾、丧失或者基本丧失劳动能力的,应当根据《民法典》第七编第六章"医疗损害责任"承担相应的民事责任。

三、刑事责任

未取得国家颁发的有关合格证书,施行终止妊娠手术或者采取其他方法终止妊娠,致人死亡、残疾、丧失或者基本丧失劳动能力的,依照刑法有关规定追究刑事责任。

思考题

1. 简述母婴保健立法的意义。
2. 简述婚前保健、孕产期保健和婴儿保健制度的主要内容。
3. 简述母婴保健医学技术鉴定制度的内容。
4. 简述母婴保健机构和母婴保健监督管理制度。

参 考 文 献

[1] 本书编写组.中华人民共和国母婴保健法(附新旧条文对照)[M].北京:中国民主法制出版社,2017.
[2] 法律出版社.中华人民共和国母婴保健法·中华人民共和国母婴保健法实施办法[M].北京:法律出版社,2017.
[3] 陈云良.卫生法学[M].北京:高等教育出版社,2019.
[4] 母婴照护标准化丛书课题组.母婴照护常识及其拓展[M].广东:中山大学出版社,2021.
[5] 施晓玲.妇产科医疗纠纷鉴定实务[M]北京:科学出版社,2021.
[6] 吴瑞芳,姜辉作.生育力保护与生殖健康[M].北京:科学出版社,2020.

第九章 人口与计划生育法律制度

内容简介 本章介绍人口与计划生育法律制度。实行计划生育是我国的基本国策。《人口与计划生育法》是我国人口与计划生育工作的基本法律,是推行计划生育,维护公民的合法权益,促进家庭幸福、民族繁荣与社会进步的法律依据。开展计划生育服务是计划生育工作的重要环节,包括婚前保健、孕产期保健等。

重点提示 《人口与计划生育法》 生育政策 计划生育技术服务 法律责任

第一节 人口与计划生育法律制度概述

一、我国的人口与生育政策及其立法变迁

人口问题是关乎国家兴旺发达和民族永续发展的全局性、战略性问题。我国是世界上人口最多的国家,人均资源相对不足,人口压力较大。我国自20世纪70年代全面推行计划生育,随后写入《宪法》,规定:"国家推行计划生育,使人口的增长同经济和社会发展计划相适应。"2001年12月29日第九届全国人民代表大会常务委员会第二十五次会议通过《人口与计划生育法》(自2002年9月1日起施行),公民生育权和计划生育基本国策用法律形式固定下来,为进一步做好人口与计划生育工作和地方人口与计划开展生育立法提供了法律依据。此外,《人口与计划生育法》颁行后,我国依据本国实际情况和国际人口趋势,先后颁布一系列配套文件。1991年12月,经国务院批准,国家人口和计划生育委员会发布《流动人口计划生育工作管理办法》(1998年9月修订为《流动人口计划生育工作条例》);2001年6月国务院发布《计划生育技术服务管理条例》;2002年8月国务院发布《社会抚养费征收管理办法》。同时,国家卫生计生主管部门根据实际工作的需要,依据上述法律法规制定了《计划生育技术服务管理条例实施细则》《计划生育技术服务机构执业管理办法》《流动人口计划生育管理和服务工作若干规定》《禁止非医学需要的胎儿性别鉴定和选择性别的人工终止妊娠的规定》《计划生育统计工作管理办法》《女性节育手术并发症诊断标准》《男性节育手术并发症诊断标准》等部门规章,为人口与计划生育工作提供了法律依据。此外,我国已加入涉及人口与计划生育的国际人权公约,如《经济、社会和文化权利国际公约》《消除对妇女一切形式歧视公约》《儿童权利公约》等。这些法律法规和规章制度的制定和实施,形成了具有中国特色的社会主义人口与计划生育法律体系,为稳定我国的生育政策提供了必要的法律保障,也为保障我国公民的生殖健康和规范计划生育服务提供了主要法律准绳,表明我国计划生

育事业已经走过了从纯粹的政策主导到形式法治的历程,[①]对于落实计划生育基本国策,促进人口与经济、社会、资源、环境的协调发展发挥了积极作用。

进入21世纪,我国人口老龄化加剧,人口红利逐渐消失,独生子女家庭抵御风险能力持续下降。[②] 党和政府高度重视积极应对人口老龄化带来的挑战,在坚持计划生育基本国策的前提下,及时根据我国人口变化的新形势,作出逐步调整完善生育政策、促进人口长期均衡发展的重大决策,先后实施"单独二孩""全面二孩""全面三孩"生育政策,并取得显著成效。在这种背景下,为了依法落实党中央决策部署,以法治方式保障人口发展战略目标的顺利实现,在法治轨道上统筹推进鼓励生育政策及配套支持措施,《人口与计划生育法》历经2015年12月27日第十二届全国人民代表大会常务委员会第十八次会议第一次修正和2021年8月20日第十三届全国人民代表大会常务委员会第三十次会议第二次修正。作为我国以人口与计划生育工作为主要内容的基本法律,现行《人口与计划生育法》共七章四十八条,包括总则、人口发展规划的制定与实施、生育调节、鼓励与社会保障、计划生育服务和法律责任等内容。随着鼓励生育政策的实施,《计划生育技术服务管理条例》《社会抚养费征收管理办法》《流动人口计划生育工作条例》等大批规范性法律文件废止。

随着三孩生育政策的实施,以及《人口与计划生育法》的功能及其内容的大规模调整,未来需要制定一系列配套法规政策制度,尽快对地方性法规进行修改,确保修改后的人口计生法的各项规定落实到位、执行到位,更加注重人文关怀,不断增强其科学性、预见性和针对性。一方面,在价值理念和指导思想上应强化以人为本、公平公正与文明和谐的理念,出台一系列对计划生育家庭的奖励扶持制度以及生殖健康服务规范性文件,以社会主义核心价值观融入人口与计划生育政策及其效果评估,要明确政策目标,选择合乎规律性的措施和手段。[③] 另一方面,从顶层设计上要推动优化生育政策、促进人口长期均衡发展的各项法律制度和政策措施不断完善,强化计划生育服务方面的制度,侧重保障生育自由权和维护生殖健康,并且将服务对象从已婚育龄妇女向以已婚育龄妇女为主的相关群体转变;在具体制度和调整方法上,应从以行政规制为主转向社会综合治理为主,注重依法治理、利益导向和服务优先。[④]

二、《人口与计划生育法》修改宗旨和内容变化

(一)《人口与计划生育法》的修法宗旨

1. 运用法治方式保障人口发展战略目标顺利实现的客观需要

积极应对人口老龄化,事关国家发展和民生福祉,是实现人口与经济、社会、资源、环境的协调发展的重要举措。此次修法是贯彻落实党中央决策部署的重要举措,是运用法治方

---

① 湛中乐,苏宇.计划生育制度变革与法治化[J].清华法学,2010,4(2):84-98.
② 裴玉玺.计划生育政策改革路径分析:以"单独二孩"政策为视角[J].四川行政学院学报,2014(3):9-12.
③ 慈勤英.人口政策的规范性及价值导向——基于社会主义核心价值观建设的思考[J].湖北大学学报(哲学社会科学版),2011,38(5):142-147.
④ 郭未,孙远君,李冰.合理性与合法性之间的冲突:《人口与计划生育法》面临的困局及破解[J].社会主义研究,2014(3):168-172.

式保障人口发展战略目标顺利实现的必然要求,也是在法治轨道上统筹推进三孩生育政策及配套支持措施的客观需要。党的十九届五中全会提出"优化生育政策,增强生育政策包容性,促进人口长期均衡发展"。2021年6月26日《中共中央国务院关于优化生育政策促进人口长期均衡发展的决定》提出,修改《人口与计划生育法》,提倡适龄婚育、优生优育,实施三孩生育政策。修改的后的《人口与计划生育法》,贯彻落实党中央关于积极应对人口老龄化的决策部署,通过法定程序将三孩生育政策上升为国家法律制度,规定:"国家提倡适龄婚育、优生优育。一对夫妻可以生育三个子女。"同时删除原有关于抚养费征收、计划生育证明、采取长效避孕措施等与现行生育政策不相适应的规定。可以有效推动各方面完善配套支持措施,保障育龄妇女实现生育自主权,为家庭生育三孩提供法治保障。而"提倡适龄婚育、优生优育"有利于形成良好社会氛围,减小育龄妇女推迟婚育的影响因素。是体现新时代人口工作指导思想转变和人口发展变化的客观规律。

2. 在法治轨道上统筹推进三孩生育政策配套支持措施的必然要求

一段时间以来,生育、抚养、教育成本不断提高,逐步成为孕龄妇女"不愿生""不敢生"的重要因素,为了破解生育、养育、教育难题,完善积极生育支持措施,修改的《人口与计划生育法》为解除生、养、教的后顾之忧作出有针对性的规定,增加一条:"国家采取财政、税收、保险、教育、住房、就业等支持措施,减轻家庭生育、养育、教育负担。"为推进普惠托育服务体系建设,新法规定:"县级以上各级人民政府综合采取规划、土地、住房、财政、金融、人才等措施,推动建立普惠托育服务体系,提高婴幼儿家庭获得服务的可及性和公平性。国家鼓励和引导社会力量兴办托育机构,支持幼儿园和机关、企业事业单位、社区提供托育服务。"婴幼儿场所及配套服务设施的健全与否直接关系到婴儿的养育质量。新法将建设婴幼儿活动场所和配置母婴设施写进法律,规定:"县级以上地方各级人民政府应当在城乡社区建设改造中,建设与常住人口规模相适应的婴幼儿活动场所及配套服务设施。公共场所和女职工比较多的用人单位应当配置母婴设施,为婴幼儿照护、哺乳提供便利条件。"这些规定有助于建立健全母婴设施建设的长效机制,在全社会形成爱母爱婴的氛围,推动释放生育潜能,促进家庭和谐幸福,以法治方式引领推动实施三孩生育政策。①

3. 依法保障计划生育家庭合法权益的务实选择

计划生育家庭是我国特定时期人口和计划生育政策下形成的群体,计划生育家庭是基本国策的积极支持者和响应者,为全面建成小康社会做出了巨大贡献。保障计划生育家庭合法权益是坚持以人民为中心的发展思想的重要体现。为此,《中共中央国务院关于优化生育政策促进人口长期均衡发展的决定》在加强政策调整有序衔接方面规定:"维护好计划生育家庭合法权益。对全面两孩政策调整前的独生子女家庭和农村计划生育双女家庭,继续实行现行各项奖励扶助制度和优惠政策。探索设立独生子女父母护理假制度。加强立法,保障响应党和国家号召、实行计划生育家庭的合法权益。"新法修订是贯彻党的十九届五中全会精神和《中共中央国务院关于优化生育政策促进人口长期均衡发展的决定》的体现。这表明未来计划生育家庭的权益保障不会弱化,而是根据家庭发展需求不断完善和加强。这就为《人口与计划生育法》的修订及其配套支持制度指明了方向。为此,第三十一条至第三十四条了计划生育家庭合法权益,其中第三十四条规定,该法规定的奖励和社会保障措施,

---

① 周誉东.《人口与计划生育法》修改:为促进人口长期均衡发展提供法治保障[J].中国人大,2021(17):32-33.

省、自治区、直辖市和设区的市、自治州的人民代表大会及其常务委员会或者人民政府可以依据该法和有关法律、行政法规的规定，结合当地实际情况，制定具体实施办法。

(二)《人口与计划生育法》的内容变化

目前，人口众多仍然是我国的基本国情，计划生育仍然是不折不扣的基本国策，并贯穿《人口与计划生育法》始终，其主要目标包括六个方面：控制人口数量、提高人口素质、推动实现适度生育水平、优化人口结构、促进人口长期均衡发展等，基本途径是国家依靠宣传教育、科学技术进步、综合服务、建立健全奖励和社会保障制度。为此，《人口与计划生育法》的修订立足促进人口长期均衡发展，重点围绕实施三孩生育政策、取消社会抚养费等制约措施和配套实施积极生育支持措施等进行修改，同时完善对全面两孩政策实施前计划生育家庭合法权益的保障。

1. 在优化生育政策方面

（1）规定"一对夫妻可以生育三个子女"。这是此次修法的核心内容之一。

（2）规定国家采取综合措施，调控人口数量，提高人口素质，推动实现适度生育水平，优化人口结构，促进人口长期均衡发展；县级以上各级人民政府制定的人口与计划生育实施方案，应当规定调控人口数量，提高人口素质，推动实现适度生育水平，优化人口结构，加强母婴保健和婴幼儿照护服务，促进家庭发展的措施。

（3）提倡适龄婚育、优生优育。提倡适龄婚育，有利于形成良好的社会氛围。党的十九届五中全会提出"提高优生优育服务水平"，此次修改也在法律中予以体现。

（4）删除了原来有关社会抚养费征收、计划生育证明等与实施三孩生育政策不适应的规定。

2. 在完善积极生育支持措施方面

（1）国家采取财政、税收、保险、教育、住房、就业等支持措施，减轻家庭生育、养育、教育负担。法律对主要的积极生育支持措施作出规定，有利于引导各级政府提升公共服务水平，采取有效措施，切实降低生育、养育、教育成本，破解"生不起""养不起"的矛盾，解决群众后顾之忧。

（2）推动建立普惠托育服务体系。此次修法根据今后一段时期普惠托育服务体系建设目标，规定县级以上各级人民政府综合采取规划、土地、住房、财政、金融、人才等措施，推动建立普惠托育服务体系，提高婴幼儿家庭获得服务的可及性和公平性。同时，明确规定国家鼓励和引导社会力量兴办托育机构，支持幼儿园和机关、企业事业单位、社区提供托育服务。

（3）促进婴幼儿活动场所及配套服务设施建设。规定县级以上地方各级人民政府应当在城乡社区建设改造中，建设与常住人口规模相适应的婴幼儿活动场所及配套服务设施。公共场所和女职工比较多的用人单位应当配置母婴设施，为婴幼儿照护、哺乳提供便利条件。这样的规定有利于巩固和拓展母婴设施建设成果，有助于建立健全母婴设施建设的长效机制，在全社会形成爱母爱婴的氛围，支持母乳喂养，保障母婴权益。

（4）加强婴幼儿照护支持与指导。规定县级以上各级人民政府应当加强对家庭婴幼儿照护的支持和指导，增强家庭的科学育儿能力。医疗卫生机构应当按照规定为婴幼儿家庭开展预防接种、疾病防控等服务，提供膳食营养、生长发育等健康指导。这些规定有利于促进婴幼儿照护服务专业化、规范化发展。同时，此次修法还增加"国家支持有条件的地方设立父母育儿假"的规定，倡导夫妻共同承担育儿责任，增强家庭育儿能力。

(5) 积极促进优生优育。贯彻落实党的十九届五中全会及决定关于提高优生优育服务水平有关要求,此次修法规定医疗卫生机构应当针对育龄人群开展优生优育知识宣传教育,对育龄妇女开展围孕期、孕产期保健服务,承担计划生育、优生优育、生殖保健的咨询、指导和技术服务,规范开展不孕不育症诊疗。

3. 在保障计划生育家庭的合法权益方面

(1) 在国家提倡一对夫妻生育一个子女期间,自愿终身只生育一个子女的夫妻,国家发给《独生子女父母光荣证》。获得《独生子女父母光荣证》的夫妻,按照国家和省、自治区、直辖市有关规定享受独生子女父母奖励。法律、法规或者规章规定给予获得《独生子女父母光荣证》的夫妻奖励的措施中由其所在单位落实的,有关单位应当执行。在国家提倡一对夫妻生育一个子女期间,按照规定应当享受计划生育家庭老年人奖励扶助的,继续享受相关奖励扶助,并在老年人福利、养老服务等方面给予必要的优先和照顾。

(2) 获得《独生子女父母光荣证》的夫妻,独生子女发生意外伤残、死亡的,按照规定获得扶助。县级以上各级人民政府建立、健全对上述人群的生活、养老、医疗、精神慰藉等全方位帮扶保障制度。

(3) 地方各级人民政府对农村实行计划生育的家庭发展经济,给予资金、技术、培训等方面的支持、优惠;对实行计划生育的贫困家庭,在扶贫贷款、以工代赈、扶贫项目和社会救济等方面给予优先照顾。

第二节 《人口与计划生育法》的基本制度

一、人口发展规划的制定与实施

人口是人类社会存在和发展的前提,人口发展与社会经济发展相互依存、相互制约。制定符合国情的人口发展规划,并纳入国民经济和社会发展战略之中,是经济社会发展宏观决策的重要支撑。我国自20世纪70年代开始制定全国人口发展规划。按照修订的《人口与计划生育法》,人口发展规划的制定与实施制度如下:

(一) 人口发展规划编制主体和要求

国务院编制人口发展规划,并将其纳入国民经济和社会发展计划。县级以上地方各级人民政府根据全国人口发展规划以及上一级人民政府人口发展规划,结合当地实际情况编制本行政区域的人口发展规划,并将其纳入国民经济和社会发展计划。

(二) 人口与计划生育实施方案的责任主体

县级以上各级人民政府根据人口发展规划,制定人口与计划生育实施方案并组织实施。县级以上各级人民政府卫生健康主管部门负责实施人口与计划生育实施方案的日常工作。乡、民族乡、镇的人民政府和城市街道办事处负责本管辖区域内的人口与计划生育工作,贯彻落实人口与计划生育实施方案。

(三)人口与计划生育实施方案的主要措施

人口与计划生育实施方案应当规定调控人口数量,提高人口素质,推动实现适度生育水平,优化人口结构,加强母婴保健和婴幼儿照护服务,促进家庭发展的措施。

(四)人口与计划生育实施方案的协助主体

1. 村民委员会、居民委员会

村民委员会、居民委员会应当依法做好计划生育工作。机关、部队、社会团体、企业事业组织应当做好本单位的计划生育工作。

2. 卫生健康、教育、科技、文化、民政、新闻出版、广播电视等部门

卫生健康、教育、科技、文化、民政、新闻出版、广播电视等部门应当组织开展人口与计划生育宣传教育。大众传媒负有开展人口与计划生育的社会公益性宣传的义务。学校应当在学生中,以符合受教育者特征的适当方式,有计划地开展生理卫生教育、青春期教育或者性健康教育。

(五)流动人口计划生育工作管理原则

流动人口的计划生育工作由其户籍所在地和现居住地的人民政府共同负责管理,以现居住地为主。

(六)计划生育经费投入和保障

国家根据国民经济和社会发展状况逐步提高人口与计划生育经费投入的总体水平。各级人民政府应当保障人口与计划生育工作必要的经费。各级人民政府应当对欠发达地区、少数民族地区开展人口与计划生育工作给予重点扶持。国家鼓励社会团体、企业事业组织和个人为人口与计划生育工作提供捐助。任何单位和个人不得截留、克扣、挪用人口与计划生育工作费用。

二、生育调节

生育调节是以经济、行政、法律以及医学手段等调整人类的生育行为。新修《人口与计划生育法》分别对生育权、生育政策、生育责任、计划生育技术服务等核心内容作出了规定。

(一)公民生育权与实行计划生育的义务

1. 公民有生育的权利

公民生育权是一项基本人权,包括自由而负责地决定生育子女的时间、数量和间隔的权利,生育和不生育的自由,夫妻生育平等权、生殖健康权等。

2. 公民依法实行计划生育的义务

我国宪法规定:"夫妻双方有实行计划生育的义务。"我国公民应当履行的计划生育义务包括:依照法律、法规的规定决定生育子女的数量和间隔时间,依照法律规定,自觉落实避孕节育措施;公民在工作、生活中,要遵守计划生育有关法律、法规的规定。

3. 夫妻双方在实行计划生育中的共同责任

计划生育是生育权的一部分,夫妻在生育问题上享有平等权,在计划生育问题上承担共同责任。我国宪法规定:"夫妻双方有实行计划生育的义务。"《民法典》也规定:"夫妻在婚姻家庭中地位平等。"

(二)关于生育政策的基本原则

(1)国家提倡适龄婚育、优生优育。一对夫妻可以生育三个子女。符合法律、法规规定条件的,可以要求安排再生育子女。具体办法由省、自治区、直辖市人民代表大会或者其常务委员会规定。少数民族也要实行计划生育,具体办法由省、自治区、直辖市人民代表大会或者其常务委员会规定。夫妻双方户籍所在地的省、自治区、直辖市之间关于再生育子女的规定不一致的,按照有利于当事人的原则适用。

(2)国家创造条件,保障公民知情选择安全、有效、适宜的避孕节育措施。实施避孕节育手术,应当保证受术者的安全。

(3)育龄夫妻自主选择计划生育避孕节育措施,预防和减少非意愿妊娠。

(4)实行计划生育的育龄夫妻免费享受国家规定的基本项目的计划生育技术服务。所需经费按照国家有关规定列入财政预算或者由社会保险予以保障。

(5)禁止歧视、虐待生育女婴的妇女和不育的妇女。禁止歧视、虐待、遗弃女婴。

三、计划生育奖励与社会保障

计划生育奖励和社会保障是国家通过制定有利于实行计划生育的家庭和个人提高生产、生活水平的社会经济政策,运用奖励、优惠、优先、扶持、补偿等经济手段,建立有利于计划生育的社会保障制度,激励实行计划生育的公民及其家庭自觉自愿实行计划生育。

(1)国家对实行计划生育的夫妻,按照规定给予奖励。

(2)国家建立、健全基本养老保险、基本医疗保险、生育保险和社会福利等社会保障制度,促进计划生育。国家鼓励保险公司举办有利于计划生育的保险项目。

(3)符合法律、法规规定生育子女的夫妻,可以获得延长生育假的奖励或者其他福利待遇。国家支持有条件的地方设立父母育儿假。

(4)妇女怀孕、生育和哺乳期间,按照国家有关规定享受特殊劳动保护并可以获得帮助和补偿。国家保障妇女就业合法权益,为因生育影响就业的妇女提供就业服务。公民实行计划生育手术,享受国家规定的休假。

(5)国家采取财政、税收、保险、教育、住房、就业等支持措施,减轻家庭生育、养育、教育负担。

(6)县级以上各级人民政府综合采取规划、土地、住房、财政、金融、人才等措施,推动建立普惠托育服务体系,提高婴幼儿家庭获得服务的可及性和公平性。国家鼓励和引导社会力量兴办托育机构,支持幼儿园和机关、企业事业单位、社区提供托育服务。托育机构的设置和服务应当符合托育服务相关标准和规范。托育机构应当向县级人民政府卫生健康主管部门备案。

(7)县级以上地方各级人民政府应当在城乡社区建设改造中,建设与常住人口规模相适应的婴幼儿活动场所及配套服务设施。公共场所和女职工比较多的用人单位应当配置母婴设施,为婴幼儿照护、哺乳提供便利条件。

(8) 县级以上各级人民政府应当加强对家庭婴幼儿照护的支持和指导,增强家庭的科学育儿能力。医疗卫生机构应当按照规定为婴幼儿家庭开展预防接种、疾病防控等服务,提供膳食营养、生长发育等健康指导。

第三节 计划生育服务与胎儿性别鉴定的相关规定

一、计划生育服务相关规定

(一) 计划生育服务概述

"计划生育服务"是《人口与计划生育法》第五章的章名,修改前原名为"计划生育技术服务"。计划生育技术服务是计划生育工作的重要环节,是指通过手术、药物、工具、仪器、信息和其他手段,有目的地调节人的生育行为,并围绕生育、节育、不育开展相关的生殖保健服务,包括计划生育技术指导、咨询以及与计划生育有关的临床医疗服务。而计划生育服务不仅包括个体服务,还包括群体服务,不仅包括技术支持,而且包括心理服务、健康促进与健康教育方面的服务,以及围绕生育、不育方面的生殖保健项目,其目的是通过面向群众、深入基层的生殖健康宣传服务,帮助每一个公民安全、健康地度过育龄期,不断提高公民的生殖健康水平。为了加强对计划生育技术服务工作的管理,国务院 2001 年 6 月 13 日发布《计划生育技术服务管理条例》(2004 年 12 月 10 日修订),《计划生育技术服务管理条例》主要为避孕、节育技术等控制人口数量目标而制定。为了适应中国人口与经济社会发展的新形势,2021 年修改《人口与计划生育法》已删除或修改相关规定,而以鼓励、支持家庭生育为主,因此该条例已无上位法依据,2021 年 9 月 26 日国务院遂以第 747 号令将其废止。

(二) 计划生育服务的内容

修订的《人口与计划生育法》将"计划生育服务"的重点放在提高人口素质和保护生殖健康方面,主要内容如下:

(1) 国家建立婚前保健、孕产期保健制度,防止或者减少出生缺陷,提高出生婴儿健康水平。(详见第七章第二节相关内容)

(2) 各级人民政府应当采取措施,保障公民享有计划生育服务,提高公民的生殖健康水平。

(3) 医疗卫生机构应当针对育龄人群开展优生优育知识宣传教育,对育龄妇女开展围孕期、孕产期保健服务,承担计划生育、优生优育、生殖保健的咨询、指导和技术服务,规范开展不孕不育症诊疗。

(4) 计划生育技术服务人员应当指导实行计划生育的公民选择安全、有效、适宜的避孕措施。国家鼓励计划生育新技术、新药具的研究、应用和推广。

(5) 严禁利用超声技术和其他技术手段进行非医学需要的胎儿性别鉴定;严禁非医学

需要的选择性别的人工终止妊娠。

二、胎儿性别鉴定的相关规定

我国男女人口性别比多年来始终处于失衡状态,非医学需要的胎儿性别鉴定和选择性别人工终止妊娠是导致出生人口性别比长期偏高的直接原因。非医学需要的胎儿性别鉴定和选择性别人工终止妊娠,是指除经医学诊断胎儿可能为伴性遗传病等需要进行胎儿性别鉴定和选择性别人工终止妊娠以外,所进行的胎儿性别鉴定和选择性别人工终止妊娠,具体包括:非法鉴定胎儿性别、非法选择性别终止妊娠、不明原因孕情消失、溺(遗)弃女婴、非法施行计划生育手术、非法使用B超、非法销售终止妊娠药品等,由于发现难、取证难、查处难以及市场需求和暴利驱使,个别地方形成跨省域的黑色非法胎儿性别鉴定产业链,造成女性在社会人口中比例萎缩,人口再生产能力的降低,出生率水平下降,人口老龄化加快,对社会经济的冲击是全方位的。[1]

(一)"两非"行为的法律规定

我国一直严厉打击"两非"行为,禁止任何单位或者个人实施非医学需要的胎儿性别鉴定和选择性别人工终止妊娠。禁止任何单位或者个人介绍、组织孕妇实施非医学需要的胎儿性别鉴定和选择性别人工终止妊娠。如《人口与计划生育法》第三十九条和第四十条规定,《母婴保健法》第十八条、第三十二条和三十七条,《母婴保健法实施办法》第四十条,《产前诊断技术管理办法》第二十七条。为进一步治理"两非"行为,我国还制定了专门性的规范文件。如2002年11月29日经国家计划生育委员会委务会议、卫生部部务会议和国家药品监督管理局局务会议审议通过并发布《关于禁止非医学需要的胎儿性别鉴定和选择性别的人工终止妊娠的规定》,2014年12月26日国家卫生和计划生育委员会等十四部门发布《关于加强打击防控采血鉴定胎儿性别行为的通知》。2016年4月12日,国家卫生和计划生育委员会发布实施《禁止非医学需要的胎儿性别鉴定和选择性别人工终止妊娠的规定》,新规定于2016年5月1日施行。

(二)监管机制

各级卫生行政部门和食品药品监管部门应当建立查处非医学需要的胎儿性别鉴定和选择性别人工终止妊娠违法行为的协作机制和联动执法机制,共同实施监督管理。卫生行政部门和食品药品监管部门应当按照各自职责,制定胎儿性别鉴定、人工终止妊娠以及相关药品和医疗器械等管理制度。禁止非医学需要的胎儿性别鉴定和选择性别人工终止妊娠的工作应当纳入计划生育目标管理责任制。

(三)实施选择性别人工终止妊娠的法定条件

(1)胎儿患严重遗传性疾病的。
(2)胎儿有严重缺陷的。

---

[1] 中国新闻网.七部门严打胎儿性别鉴定多地农村坚信养儿防老[EB/OL].(2015-05-09)[2020-10-18].http://district.ce.cn/newarea/roll/201505/09/t20150509_5321477.shtml.

(3) 因患严重疾病,继续妊娠可能危及孕妇生命安全或者严重危害孕妇健康的。
(4) 法律法规规定的或医学上认为确有必要终止妊娠的其他情形。

(四) 医学需要的胎儿性别鉴定的实施规范

(1) 医学需要的胎儿性别鉴定,由省、自治区、直辖市卫生健康主管部门批准设立的医疗卫生机构按照国家有关规定实施。

(2) 实施医学需要的胎儿性别鉴定,应当由医疗卫生机构组织三名以上具有临床经验和医学遗传学知识,并具有副主任医师以上的专业技术职称的专家集体审核。经诊断,确需人工终止妊娠的,应当出具医学诊断报告,并由医疗卫生机构通报当地县级卫生健康主管部门。

(3) 医疗卫生机构应当在工作场所设置禁止非医学需要的胎儿性别鉴定和选择性别人工终止妊娠的醒目标志;医务人员应当严格遵守有关法律法规和超声诊断、染色体检测、人工终止妊娠手术管理等相关制度。

(4) 实施人工终止妊娠手术的机构应当在手术前登记、查验受术者身份证明信息,并及时将手术实施情况通报当地县级卫生健康主管部门。

第四节　违反《人口与计划生育法》的法律责任

《人口与计划生育法》主要针对医疗卫生机构、计划生育技术服务机构及其从事计划生育技术服务的人员,公民、法人和其他组织及国家机关工作人员违反《人口与计划生育法》的违法行为,规定了严厉的行政、民事、刑事三种法律责任,其范围之广、力度之大是空前的。[①] 同时对公民、法人或者其他组织权益受侵犯的法律救济渠道作出了明确规定。

一、行政责任

(一) 违反计划生育服务规定的行政责任

有下列行为之一的,由卫生健康主管部门责令改正,给予警告,没收违法所得;违法所得一万元以上的,处违法所得二倍以上六倍以下的罚款;没有违法所得或者违法所得不足一万元的,处一万元以上三万元以下的罚款;情节严重的,由原发证机关吊销执业证书:

(1) 非法为他人施行计划生育手术的。

(2) 利用超声技术和其他技术手段为他人进行非医学需要的胎儿性别鉴定或者选择性别的人工终止妊娠的。

(二) 违反托育服务相关标准和规范的行政责任

(1) 托育机构违反托育服务相关标准和规范的,由卫生健康主管部门责令改正,给予警

[①] 孙学梅.人口与计划生育法律责任分析[J].胜利油田党校学报,2009,22(5):126-127.

告;拒不改正的,处五千元以上五万元以下的罚款;情节严重的,责令停止托育服务,并处五万元以上十万元以下的罚款。

(2) 托育机构有虐待婴幼儿行为的,其直接负责的主管人员和其他直接责任人员终身不得从事婴幼儿照护服务;构成犯罪的,依法追究刑事责任。

(三) 计划生育技术服务人员违章操作或者延误抢救、诊治的行政责任

计划生育技术服务人员承担的主要任务是满足群众计划生育和生殖健康的需求。计划生育技术服务人员违章操作或者延误抢救、诊治,造成严重后果的,依照有关法律、行政法规的规定承担相应的行政责任,造成医疗事故的,要按照《医疗事故处理条例》的规定给予行政处分。

(四) 国家机关工作人员违法违规的行政责任

国家机关工作人员在计划生育工作中,有下列行为之一,尚不构成犯罪的,依法给予处分;有违法所得的,没收违法所得:
(1) 侵犯公民人身权、财产权和其他合法权益的。
(2) 滥用职权、玩忽职守、徇私舞弊的。
(3) 索取、收受贿赂的。
(4) 截留、克扣、挪用、贪污计划生育经费的。
(5) 虚报、瞒报、伪造、篡改或者拒报人口与计划生育统计数据的。

(五) 相关部门和组织不履行协助计划生育管理义务的行政责任

违反法律规定,不履行协助计划生育管理义务的,由有关地方人民政府责令改正,并给予通报批评;对直接负责的主管人员和其他直接责任人员依法给予处分。

(六) 拒绝、阻碍依法执行公务的行政责任

拒绝、阻碍卫生健康主管部门及其工作人员依法执行公务的,由卫生健康主管部门给予批评教育并予以制止;构成违反治安管理行为的,依法给予治安管理处罚。

二、民事责任

计划生育技术服务人员违章操作或者延误抢救、诊治,造成医疗损害的,依据《民法典》《医师法》《母婴保健法》《母婴保健法实施办法》《医疗纠纷预防和处理条例》等有关法律法规承担相应的民事责任。

三、刑事责任

(1) 违反人口与计划生育法律法规,有下列行为之一,构成犯罪的,依法追究刑事责任:
① 非法为他人施行计划生育手术的。
② 利用超声技术和其他技术手段为他人进行非医学需要的胎儿性别鉴定或者选择性别的人工终止妊娠的。

(2) 托育机构有虐待婴幼儿行为的,其直接负责的主管人员和其他直接责任人员终身不得从事婴幼儿照护服务,构成犯罪的,依法追究刑事责任。

(3) 计划生育技术服务人员违章操作或者延误抢救、诊治,造成严重后果的,依照有关法律、行政法规的规定承担相应的刑事责任。

(4) 国家机关工作人员在计划生育工作中,有下列行为之一,构成犯罪的,依法追究刑事责任:

① 侵犯公民人身权、财产权和其他合法权益的。

② 滥用职权、玩忽职守、徇私舞弊的。

③ 索取、收受贿赂的。

④ 截留、克扣、挪用、贪污计划生育经费的。

⑤ 虚报、瞒报、伪造、篡改或者拒报人口与计划生育统计数据的。

(5) 拒绝、阻碍卫生健康主管部门及其工作人员依法执行公务的,构成犯罪的,依法追究刑事责任。

思考题

1. 简述人口与计划生育政策及其立法的变迁。
2. 简述《人口与计划生育法》的主要内容。
3. 简述违反人口与计划生育法律制度的法律责任。

参 考 文 献

[1] 中华人民共和国人口与计划生育法(含草案说明)[M].北京:中国法制出版社,2021.

[2] 中共中央国务院关于优化生育政策促进人口长期均衡发展的决定[M].北京:人民出版社,2021.

[3] 国家卫生和计划生育委员会法制司.新编常用卫生与计划生育法规汇编:2017年版[M].北京:法律出版社,2017.

[4] 陈云良.卫生法学[M].北京:高等教育出版社,2019.

[5] 吕红平,吕静.生育政策调整后计划生育奖励扶助政策改革研究[M].北京:人民出版社,2021.

[6] 陈卫.中国的低生育率与两孩政策效应[M].北京:清华大学出版社,202.

[7] 张本波.生育政策评估及改革取向[M].北京:企业管理出版社,2019.

[8] 国家卫生健康委法规司.中华人民共和国基本医疗卫生与健康促进法专家解读[M].北京:中国人口出版社,2021.

第十章 医疗机构管理法律制度

内容提要 本章介绍我国医疗机构管理法律制度。医疗机构是依法设立的从事疾病诊断、治疗活动的卫生机构。医疗机构管理包括医疗机构的规划布局和设置审批,医疗机构的登记和执业,医疗机构的名称,医疗广告管理等。本章以医疗机构管理的对象为线索,重点介绍医院、社会办医疗机构、院前医疗急救机构的管理。

重点提示 医疗机构 医院 社会办医疗机构 医疗急救机构

第一节 医疗机构管理法律制度概述

一、医疗机构和医疗机构管理立法

(一) 医疗机构的概念

医疗机构,是指依法设立的从事疾病诊断、治疗活动的卫生机构。从这个概念可以看出:

第一,医疗机构必须依法成立。也就是说,医疗机构必须依据国务院《医疗机构管理条例》及其实施细则的规定进行设置和登记。只有依法取得设置医疗机构批准证书,并履行登记手续,领取"医疗机构执业许可证"的单位或者个人才能开展相应的诊断、治疗活动。

第二,医疗机构是从事疾病诊断和治疗活动的卫生机构。根据卫生机构目的的不同,我国的卫生机构分为医疗机构和疾病预防机构等。医疗机构从事疾病诊断和治疗活动,疾病预防机构主要开展卫生防疫、疾病预防和控制活动。

第三,医疗机构是从事疾病诊断、治疗活动的卫生机构的总称。医院、卫生院是我国医疗机构的主要形式,还有疗养院、门诊部、诊所、卫生所(室)以及急救站等,共同构成了我国的医疗机构。

(二) 医疗机构的分类

按医疗机构的功能、任务、规模等,医疗机构可分为:① 综合医院、中医医院、中西医结合医院、民族医医院、专科医院、康复医院;② 妇幼保健院、妇幼保健计划生育服务中心;③ 社区卫生服务中心、社区卫生服务站;④ 中心卫生院、乡(镇)卫生院、街道卫生院;⑤ 疗养院;⑥ 综合门诊部、专科门诊部、中医门诊部、中西医结合门诊部、民族医门诊部;⑦ 诊所、中医诊所、民族医诊所、卫生所、医务室、卫生保健所、卫生站;⑧ 村卫生室(所);⑨ 急救中心、急救站;⑩ 临床检验中心;⑪ 专科疾病防治院、专科疾病防治所、专科疾病防治站;⑫ 护理院、护理站;⑬ 医学检验实验室、病理诊断中心、医学影像诊断中心、血液透析中心、安宁疗护中心;⑭ 其他诊疗机构。

卫生防疫、国境检验检疫、医学科研和教学等机构在本机构业务范围之外开展诊疗活动以及美容服务机构开展医疗美容业务,应根据医疗机构管理条例和实施细则申请设置相应类别的医疗机构。中国人民解放军和中国人民武装警察部队编制外的医疗机构,由地方卫生计生行政部门按照医疗机构管理条例和实施细则管理。

为促进医疗机构和医药行业健康发展,让广大人民群众享有价格合理、质量优良的医疗服务,提高人民的健康水平,从2000年起,国家建立新的医疗机构分类管理制度,将医疗机构分为非营利性和营利性两类进行管理。非营利性医疗机构是指为社会公众利益服务而设立和运营的医疗机构,不以营利为目的,其收入用于弥补医疗服务成本,实际运营中的收支节余只能用于自身的发展,如改善医疗条件、引进技术、开展新的医疗服务项目等。非营利性医疗机构在医疗服务体系中占主导地位,享受相应的税收优惠政策。政府举办的非营利性医疗机构由同级财政给予合理补助,并按扣除财政和药品差价收入后的成本制定医疗服务价格。其他非营利性医疗机构不享受政府补助,医疗服务价格执行政府指导价。卫生、财政等部门要加强对非营利性医疗机构的财政监督管理。营利性医疗机构是指医疗服务所得收益可用于投资者经济回报的医疗机构。政府不举办营利性医疗机构。营利性医疗机构医疗服务价格放开,依法自主经营,照章纳税。

随着卫生领域的对外开放和交流合作,我国允许外国医疗机构、公司、企业和其他经济组织,按照平等互利的原则,经中国政府主管部门批准,在中国境内(香港、澳门及台湾地区除外)与中国的医疗机构、公司、企业和其他经济组织以合资或者合作形式设立医疗机构。

(三)医疗机构管理立法

新中国成立后,党和政府为改变旧中国医疗机构少、设施落后、分布不平衡的状况,在国民经济十分困难的情况下,本着"先普及后提高,以加强基层卫生组织建设为重点"的原则,依靠国家、集体、群众三方面力量兴办医疗事业,使我国的医疗机构有了较大的发展。同时,也颁布了一些医疗机构管理方面的法律、法规。1951年1月政务院批准颁发的《医院诊所管理暂行条例》是我国第一个医疗机构管理方面的行政法规。之后,国务院以及卫生部等又陆续制定了一些有关医疗机构管理方面的行政法规和部门规章,如《医院诊所组织编制原则(草案)》《关于组织联合医疗机构实施办法》《县卫生院暂行组织通则》《县属区卫生所暂行组织通则》等,但由于种种原因,这些法规和规章没有得到很好地贯彻和实施。

改革开放以来,国家实行多层次、多形式和多渠道办医的政策,准许社会组织甚至个人举办医疗机构,允许军队、企事业单位的医疗机构向社会开放。为了对医疗机构进行规范管理,卫生部先后制定颁布了一些部门规章,如《综合医院组织编制原则(试行草案)》《农村合作医疗章程(试行草案)》《全国城市街道卫生院工作条例(试行草案)》《全国医院工作条例》《医院工作制度》《医师、中医师个体开业暂行管理办法》《医院分级管理办法(试行)》《医院工作制度补充规定(试行)》等。由于立法层次较低,权威性不够,这些规章未能充分发挥规范管理医疗机构的作用。

为了加强对医疗机构的管理,稳定正常工作秩序,保证医疗质量,促进医疗卫生事业的发展,保障公民健康,1994年2月26日,国务院发布了《医疗机构管理条例》,自同年9月1

日起施行。此后,原卫生部又陆续颁布了《医疗机构管理条例实施细则》《医疗机构监督管理行政处罚程序》《医疗机构设置规划指导原则》《医疗机构基本标准(试行)》《医疗机构诊疗科目名录》《医疗机构评审委员会章程》等规章。随着卫生改革的深入和社会需要的变化。2000年2月,国务院办公厅转发了由国务院体改办等八部门制定的《关于城镇医药卫生体制改革的指导意见》。之后,为贯彻该指导意见,国务院有关部委相继发布了《关于城镇医疗机构分类管理的实施意见》《关于医疗卫生机构有关税收政策的通知》《国家计委、卫生部印发关于改革医疗服务价格管理的意见的通知》等一系列规范性文件。

为了加强对中外合资、合作医疗机构的管理,2000年5月15日,原卫生部、对外经济贸易合作部联合发布了《中外合资、合作医疗机构暂行管理办法》。

为了实施医疗机构分类管理制度,2000年12月民政部、原卫生部联合发布了《关于城镇非营利性医疗机构进行民办非企业单位登记有关问题的通知》。

为了进一步规范和加强医疗机构审批(包括设置审批和执业登记)管理,2008年6月24日原卫生部颁布了《卫生部关于医疗机构审批管理的若干规定》。

为了加强医疗机构监督管理,2009年原卫生部制定了《医疗机构校验管理办法(试行)》。

为了建立中国特色医药卫生体制,逐步实现人人享有基本医疗卫生服务的目标,提高全民健康水平,2009年3月17日,中共中央、国务院提出《关于深化医药卫生体制改革的意见》。

为了促进医疗机构的多样化发展,2012年4月,原卫生部发布《卫生部关于社会资本举办医疗机构经营性质的通知》,明确规定,社会资本可以按照经营目的,自主申办营利性或非营利性医疗机构。

为了加强院前医疗急救管理,规范院前医疗急救行为,2013年国家卫生计生委通过《院前医疗急救管理办法》。

根据国务院推进简政放权、放管结合、优化服务的改革部署和促进健康服务业发展的工作要求,2016年2月国家卫生计生委修订《医疗机构管理条例》,2017年2月修改《医疗机构管理条例实施细则》。

(四) 医疗卫生体制改革中的医疗机构管理

改革开放以来,医疗卫生体制发生了很大的变化,基本走向是商业化、市场化。在医疗卫生服务体制方面,医疗机构的所有制结构从单一公有制变为多种所有制并存;公立机构的组织与运行机制在扩大经营管理自主权的基础上发生了很大变化;不同医疗服务机构之间的关系从分工协作走向全面竞争;医疗机构的服务目标从追求公益目标为主转变为全面追求经济目标。

商业化、市场化走向的体制变革,极大提高了医疗服务领域的供给能力,医疗机构的数量、医生数量以及床位数量都有了明显的增长,技术装备水平全面改善,医务人员的业务素质迅速提高,能够开展的诊疗项目不断增加。

然而,商业化、市场化的变革过分重视经济增长,忽视甚至否认了医疗卫生服务的公共性,违背了医疗卫生事业发展的基本规律,导致医疗服务的公平性下降和卫生投入的宏观效率低下。

2007年1月召开的全国卫生工作会议上,时任卫生部部长、医改协调小组组长高强指出,医疗卫生体制改革要借鉴国外的有益经验,但是更要符合我国的国情,要着眼于人人享有基本卫生保健服务,着眼于缩小医疗卫生服务差距,着力于建设让群众能及时就医、安全用药、合理负担的医疗服务体系,以基本卫生保健制度、医疗保障体系、国家基本药物制度和公立医院管理制度为支撑,探索中国特色的卫生发展道路。在医疗机构管理的问题上,要强化公立医院的公共服务职能,纠正片面追求经济收益的倾向,实行"政事分开"和"管办分开"以及"医药分开"。"政事分开"和"管办分开"意在强化政府对医疗机构的监管,申明实行属地化全行业管理。即对医疗机构不分投资渠道和隶属关系,由属地政府明确有关部门监管职责,实行各负其责、密切配合、形成合力、共同监管的机制。"医药分开"的实质是改变医院"以药补医"的状况,逐步取消药品加成政策,政府财政对医院给予相应经费补贴,并实行药品收支两条线管理,切断药品收入与医院的经济收入联系。

2009年3月17日,中共中央、国务院提出《关于深化医药卫生体制改革的意见》,明确指出必须进一步完善医疗服务体系。坚持非营利性医疗机构为主体、营利性医疗机构为补充,公立医疗机构为主导,非公立医疗机构共同发展的办医原则,建设结构合理,覆盖城乡的医疗服务体系,大力发展农村医疗卫生服务体系。进一步健全以县级医院为龙头,乡镇卫生院和村卫生室为基础的农村医疗卫生服务网络。完善以社区卫生服务为基础的新型城市医疗卫生服务体系。充分发挥中医药(民族医药)在疾病预防控制、应对突发公共卫生事件、医疗服务中的作用。

2018年3月,根据党的十九届三中全会审议通过的《中共中央关于深化党和国家机构改革的决定》《深化党和国家机构改革方案》和第十三届全国人民代表大会第一次会议批准的《国务院机构改革方案》设立中华人民共和国国家卫生健康委员会。国家中医药管理局由国家卫生健康委员会管理,不再保留国家卫生和计划生育委员会,不再设立国务院深化医药卫生体制改革领导小组办公室。

2019年6月10日,国务院办公厅印发《国务院办公厅关于印发深化医药卫生体制改革2019年重点工作任务的通知》,紧紧围绕解决看病难、看病贵问题,深化医疗、医保、医药联动改革,坚定不移推动医改落地见效、惠及人民群众。

2020年7月,国务院办公厅印发《深化医药卫生体制改革2020年下半年重点工作任务》。在加强公共卫生体系建设方面,明确要求,改革完善疾病预防控制体系,强化各级医疗机构疾病预防控制职责,增强公立医院传染病救治能力,实行传染病报告首诊负责制,改进不明原因疾病和异常健康事件监测机制。

二、医疗机构的规划布局和设置审批

(一) 医疗机构的规划布局

1. 医疗机构设置规划的制定

制定医疗机构设置规划的目的是为了合理配置卫生资源,全面统筹医疗机构的数量、规模和分布,使有限的医疗卫生资源能得到充分利用,更好地为公民提供符合成本效益的医疗、预防、保健、康复服务。根据《医疗机构管理条例》,医疗机构设置规划由县级以上地方人民政府卫生计生行政部门根据本行政区域内的人口、医疗资源、医疗需求和现有医疗机构的分布状况,依据《医疗机构设置规划指导原则》制定,经上一级卫生计生行政部门审核,报同级人民政府批准后,在本行政区域内发布实施。机关、企业和事业单位可以根据需要设置医疗机构,并纳入当地医疗机构的设置规划。

2. 医疗机构设置规划的原则

第一,公平性原则。医疗机构的设置应当从当地的医疗供需实际出发,面向全体人群,充分发挥现有医疗资源的作用。现阶段发展要以农村、基层为重点,严格控制城市医疗机构的发展规模,保证全体居民尤其是广大农民公平地享有基本医疗服务。

第二,整体效益原则。医疗机构的设置要符合当地卫生发展总体规划的要求,要充分发挥医疗系统的整体功能,合理配置医疗资源,提高医疗预防保健网的整体效益,局部要服从全局。

第三,可及性原则。医疗机构服务的半径适宜,交通便利,布局合理,易于为群众服务。

第四,分级原则。按医疗机构的功能、任务、规模将其分为不同级别,实行标准有别、要求不同的管理,建立和完善分级医疗体系,从而合理有效地利用卫生资源,确保医疗机构的服务质量。

第五,公有制主导原则。医疗机构应坚持国家和集体举办为主,个人和其他社会团体举办为补充的原则。

第六,中西医并重原则。医疗机构的设置应当遵循卫生工作的基本方针,中西医并重,实现中西医结合,保证民族医疗机构的合理布局及资源配置。

(二) 医疗机构的设置审批

1. 申请设置医疗机构的条件

医疗机构不分类别、所有制形式、隶属关系、服务对象,其设置必须符合当地《医疗机构设置规划》和医疗机构基本标准。

《医疗机构管理条例》及其实施细则规定,有下列情形之一的,不得申请设置医疗机构:① 不能独立承担民事责任的单位;② 正在服刑或者不具有完全民事行为能力的个人;③ 发生二级以上医疗事故未满五年的医务人员;④ 因违反有关法律、法规和规章,已被吊销执业证书的医务人员;⑤ 被吊销"医疗机构执业许可证"的医疗机构法定代表人或者主要负责人;⑥ 省、自治区、直辖市政府卫生计生行政部门规定的其他情形。

在城市申请设置诊所的个人,应当同时具备下列条件:① 经医师执业技术考核合格,取得"医师执业证书";② 取得"医师执业证书"或者医师职称后,从事五年以上同一专业临床工作;③ 省、自治区、直辖市卫生计生行政部门规定的其他条件。在乡镇和村申请设置诊所的个人的条件,由省、自治区、直辖市卫生计生行政部门规定。

中外合资、合作医疗机构的设置和发展必须符合区域卫生规划和医疗机构设置规划,并执行医疗机构基本标准;能够提供国际先进的医疗机构管理经验、管理模式和服务模式,能够提供具有国际领先水平的医学技术和设备,可以补充或完善当地在医疗服务能力、医疗技术、资金和医疗设施方面的不足。同时应当符合以下条件:① 必须是独立的法人;② 投资总额不得低于2000万元人民币;③ 中方在中外合资、中外合作医疗机构中所占有的股份比例或权益不得低于30%;④ 合资、合作期限不超过20年;⑤ 省级以上卫生计生行政部门规定的其他条件。

2. 医疗机构的设置审批程序

《医疗机构管理条例》及其实施细则规定,任何单位或者个人设置医疗机构,必须经县级以上地方人民政府卫生计生行政部门审查批准,并取得设置医疗机构批准书,方可向有关部门办理其他手续。申请设置医疗机构时,应当提交设置申请书、设置可行性研究报告、选址报告和建筑设计平面图。

设置不设床位或者床位不满100张的医疗机构,向所在地的县级人民政府卫生计生行政部门申请。设置床位在100张以上的综合医院、中医医院、中西医结合医院、民族医医院以及专科医院、疗养院、康复医院、妇幼保健院、急救中心、临床检验中心和专科疾病防治机构,按照省、自治区、直辖市人民政府卫生计生行政部门规定的设置审批权限,向卫生计生行政部门提出申请。医学检验实验室、病理诊断中心、医学影像诊断中心、血液透析中心、安宁疗护中心的设置审批权限另行规定。机关、企业、事业单位按照国家医疗机构基本标准设置为内部职工服务的门诊部、诊所、卫生所(室),报所在地的县级人民政府卫生既及时行政部门备案。国家统一规划的医疗机构的设置,由国务院卫生计生行政部门决定。

卫生计生行政部门对设置医疗机构的申请,应当自受理之日起30日内依据当地医疗机构设置规划进行审查,对符合医疗机构设置规划和医疗机构基本标准的,发给设置医疗机构批准书。有下列情形之一的不予批准:① 不符合当地《医疗机构设置规划》;② 设置人不符合规定的条件;③ 不能提供满足投资总额的资信证明;④ 投资总额不能满足各项预算开支;⑤ 医疗机构选址不合理;⑥ 污水、污物、粪便处理方案不合理;⑦ 省、自治区、直辖市卫生计生行政部门规定的其他情形。对不予批准的要以书面形式告知理由。

设置中外合资、合作医疗机构的,其申请获卫生部批准后,还需按有关规定向外经贸部提出申请,取得"外商投资企业批准证书"。

简化并规范外资办医的审批程序。中外合资、合作医疗机构的设立由省级卫生部门和商务部门审批,其中设立中医、中西医结合、民族医医院的应征求省级中医药管理部门意见。外商独资医疗机构的设立由卫生部和商务部审批,其中设立中医、中西医结合、民族医医院的应征求国家中医药局意见。具体办法由相关部门另行制定。

三、医疗机构的登记和执业

(一) 医疗机构的登记

医疗机构执业,必须进行登记,领取"医疗机构执业许可证"。

1. 申请

申请执业登记必须具备下列条件:① 有设置医疗机构批准书;② 符合医疗机构的基本标准;③ 有适合的名称、组织机构和场所;④ 与其开展的业务相适应的经费、设施和卫生技术人员;⑤ 有相应的规章制度;⑥ 能够独立承担民事责任。

申请医疗机构执业登记必须填写"医疗机构申请执业登记注册书",并向登记机关提交下列材料:① "设置医疗机构批准书"或者"设置医疗机构备案回执";② 医疗机构用房产权证明或者使用证明;③ 医疗机构建筑设计平面图;④ 验资证明、资产评估报告;⑤ 医疗机构规章制度;⑥ 医疗机构法定代表人或者主要负责人以及各科室负责人名录和有关资格证书、执业证书复印件;⑦ 省、自治区、直辖市卫生计生行政部门规定提交的其他材料。

申请门诊部、诊所、卫生所、医务室、卫生保健所和卫生站登记的,还应当提交附设药房(柜)的药品种类清单、卫生技术人员名录及其有关资格证书、执业证书复印件以及省、自治区、直辖市卫生计生行政部门规定提交的其他材料。

2. 审核批准

医疗机构的执业登记，由批准其设置的人民政府卫生计生行政部门办理。卫生计生行政部门在受理医疗机构执业登记申请后，应当按照规定的条件和时限对申请人提交的材料进行审查和实地考察、核实，并对有关执业人员进行消毒、隔离和无菌操作等基本知识和技能的现场抽查考核。经审核合格的，发给"医疗机构执业许可证"；审核不合格的，将审核结果和不予批准的理由以书面形式通知申请人。

3. 不予登记

申请医疗机构执业登记有下列情形之一的，不予登记：① 不符合"设置医疗机构批准书"核准的事项；② 不符合《医疗机构基本标准》；③ 投资不到位，医疗机构用房不能满足诊疗服务功能；⑤ 通信、供电、上下水道等公共设施不能满足医疗机构正常运转；⑥ 医疗机构规章制度不符合要求；⑦ 消毒、隔离和无菌操作等基本知识和技能的现场抽查考核不合格；⑧ 省、自治区、直辖市卫生计生行政部门规定的其他情形。

4. 登记事项

医疗机构执业登记的事项包括：① 类别、名称、地址、法定代表人或者主要负责人；② 所有制形式；③ 注册资金（资本）；④ 服务方式；⑤ 诊疗科目；⑥ 房屋建筑面积、床位（牙椅）；⑦ 服务对象；⑧ 职工人数；⑨ 执业许可证登记号（医疗机构代码）；⑩ 省、自治区、直辖市卫生计生行政部门规定的其他登记事项。

门诊部、诊所、卫生所、医务室、卫生保健所、卫生站，还应当核准登记附设药房（柜）的药品种类。

5. 变更登记和注销登记

医疗机构变更名称、地址、法定代表人或者主要负责人、所有制形式、服务对象、服务方式、注册资金（资本）、诊疗科目、床位（牙椅）的，必须向登记机关申请办理变更登记。机关、企业和事业单位设置的为内部职工服务的医疗机构向社会开放，也必须按规定申请办理变更登记。

医疗机构歇业，必须向原登记机关办理注销登记，经登记机关核准后，收缴"医疗机构执业许可证"。医疗机构非因改建、扩建、迁建原因停业超过一年的，视为歇业。

6. 登记校验

床位在 100 张以上的综合医院、中医医院、中西医结合医院、民族医医院以及专科医院、疗养院、康复医院、妇幼保健院、急救中心、临床检验中心和专科疾病防治机构的校验期为三年，其他医疗机构的校验期为一年。医疗机构应当于校验期满前三个月向登记机关申请办理校验手续。

（二）医疗机构的执业

医疗机构开展执业活动，首先应当进行登记，领取"医疗机构执业许可证"，这是医疗机构合法行医的前提。任何单位或者个人，未取得"医疗机构执业许可证"，不得开展诊疗活动。为内部职工服务的医疗机构未经许可和变更登记不得向社会开放。医疗机构被吊销或者注销执业许可证后，不得继续开展诊疗活动。

医疗机构开展执业活动，必须遵守有关法律、法规和医疗技术规范，并做好以下工作：将"医疗机构执业许可证"、诊疗科目、诊疗时间和收费标准悬挂于明显处；按照核准登记的诊疗科目开展诊疗活动;不得使用非卫生技术人员从事医疗卫生技术工作;工作人员上岗工作,必须佩带载有本人姓名、职务或者职称的标牌;应当按照政府物价等有关部门核准的收费标准收取医疗费用,详细列项,并出具收据;正确使用医疗机构标志;严格执行无菌消毒、隔离制度,采取科学有效的措施处理污水和废弃物,预防和减少医院感染;遵守病历管理的有关规定,门诊病历的保存期不得少于15年,住院病历的保存期不得少于30年。

同时,医疗机构开展诊疗活动必须遵守如下执业规则:① 对危重病人应立即抢救,对限于设备或技术条件不能诊治的病人应当及时转院;② 未经医师(士)亲自诊查病人,不得出具疾病诊断书、健康证明书或死亡证明书等证明文件;未经医师(士)、助产人员亲自接产,不得出具出生证明书或死产报告书;③ 施行手术、特殊检查或特殊治疗时,必须征得患者同意,并应当取得其家属或者关系人同意并签字;④ 发生医疗事故,按国家有关规定处理;⑤ 对传染病、精神病、职业病等患者的特殊诊治和处理,应按国家有关法律、法规的规定办理;⑥ 必须按照有关药品管理的法律、法规,加强药品管理。

除开展疾病诊疗外,医疗机构还必须承担相应的预防保健工作,承担县级以上人民政府卫生计生行政部门委托的支援农村、指导基层医疗卫生工作等任务。在发生重大灾害、事故、疾病流行或者其他意外情况时,医疗机构及其卫生技术人员必须服从县级以上人民政府卫生计生行政部门的调遣。

四、医疗机构的名称

(一) 医疗机构的名称的组成

医疗机构的名称由识别名称和通用名称依次组成。

医疗机构的通用名称为:医院、中心卫生院、卫生院、疗养院、妇幼保健院、门诊部、诊所、卫生所、卫生站、卫生室、医务室、卫生保健所、急救中心、急救站、临床检验中心、防治院、防治站、护理院、护理站、中心以及国家卫生计生委规定或者认可的其他名称。

医疗机构可以下列名称作为识别名称:地名、单位名称、个人姓名、医学学科名称、医学专业和专科名称、诊疗科目名称和核准机关批准使用的名称。

(二) 医疗机构的命名原则

(1) 医疗机构的命名必须符合下列原则:① 名称必须名副其实;② 名称必须与医疗机构类别或者诊疗科目相适应;③ 各级地方人民政府设置的医疗机构的识别名称中应当含有省、市、县、区、街道、乡、镇、村等行政区划名称,其他医疗机构的识别名称中不得含有行政区划名称;④ 国家机关、企业和事业单位、社会团体或者个人设置的医疗机构的名称中应当含有设置单位名称或者个人的姓名。

(2) 医疗机构不得使用的名称。医疗机构不得使用下列名称:① 有损于国家、社会或者公共利益的名称;② 侵犯他人利益的名称;③ 以外文字母、汉语拼音组成的名称;④ 以医疗仪器、药品、医用产品命名的名称;⑤ 含有"疑难病""专治""专家""名医"或者同类含义文字的名称以及其他宣传或者暗示诊疗效果的名称;⑥ 超出登记的诊疗科目范围的名称;⑦ 省级以上卫生计生行政部门规定不得使用的名称。

除专科疾病防治机构以外,医疗机构不得以具体疾病名称作为识别名称,确有需要的由省、自治区、直辖市卫生计生行政部门核准。

(三) 医疗机构名称的核准

医疗机构的名称由识别名称和通用名称依次组成。

医疗机构的名称中含有外国国家(地区)名称及其简称、国际组织名称,或者含有"中国""全国""中华""国家"等字样以及跨省地域名称,或者各级地方人民政府设置的医疗机构的识别名称中不含有行政区划名称的,由国家卫生计生委核准。

属于中医、中西医结合和民族医医疗机构的,名称由国家中医药管理局核准。

以"中心"作为医疗机构通用名称的医疗机构名称,由省级以上卫生计生行政部门核准;在识别名称中含有"中心"字样的医疗机构名称的核准,由省、自治区、直辖市卫生计生行政部门规定。含有"中心"字样的医疗机构名称必须同时含有行政区划名称或者地名。

(四) 医疗机构名称的使用

医疗机构名称经核准登记,于领取"医疗机构执业许可证"后方可使用,在核准机关管辖范围内享有专用权。

医疗机构名称不得买卖、出借。未经核准机关许可,医疗机构名称不得转让。

医疗机构只准使用一个名称。确有需要,经核准机关核准可以使用两个或者两个以上名称,但必须确定一个第一名称。

(五) 医疗机构名称的争议

两个以上申请人向同一核准机关申请相同的医疗机构名称,核准机关依照申请在先原则核定。属于同一天申请的,应当由申请人双方协商解决;协商不成的,由核准机关作出裁决。

两个以上医疗机构因已经核准登记的医疗机构名称相同发生争议时,核准机关依照登记在先原则处理。属于同一天登记的,应当由双方协商解决;协商不成的,由核准机关报上一级卫生计生行政部门作出裁决。

五、医疗广告管理

医疗广告是指医疗机构利用各种媒介或者形式直接或间接介绍医疗机构或医疗服务的广告。2006年11月,国家工商行政管理总局、原卫生部联合颁布《医疗广告管理办法》,2007年1月1日实施。

(一) 医疗广告的内容限制

《医疗广告管理办法》规定,医疗广告必须真实、健康、科学、准确,不得以任何形式欺骗或误导公众。

医疗广告内容仅限于:① 医疗机构第一名称;② 医疗机构地址;③ 所有制形式;④ 医疗机构类别;⑤ 诊疗科目;⑥ 床位数;⑦ 接诊时间;⑧ 联系电话等项目。

医疗广告的表现形式不得含有以下情形:① 涉及医疗技术、诊疗方法、疾病名称、药物的;② 保证治愈或者隐含保证治愈的;③ 宣传治愈率、有效率等诊疗效果的;④ 淫秽、迷信、荒诞的;⑤ 贬低他人的;⑥ 利用患者、卫生技术人员、医学教育科研机构及人员以及其他社会社团、组织的名义、形象作证明的;⑦ 使用解放军和武警部队名义的;⑧ 法律、行政法规规定禁止的其他情形。

(二) 医疗广告的监督管理

卫生计生行政部门、中医药管理部门负责医疗广告的审查,并对医疗机构进行监督管理。

医疗机构发布医疗广告,应当向其所在地省级卫生计生行政部门申请,并提交以下材料:①《医疗广告审查申请表》;②《医疗机构执业许可证》副本原件和复印件,复印件应当加盖核发其《医疗机构执业许可证》的卫生计生行政部门公章;③ 医疗广告成品样件。电视、广播广告可以先提交镜头脚本和广播文稿。

中医、中西医结合、民族医医疗机构发布医疗广告,应当向其所在地省级中医药管理部门申请。

六、医疗机构的监督管理

(一) 医疗机构监督管理机构及其职责

各级卫生计生行政部门负责所辖区域内医疗机构的监督管理工作。县级以上人民政府卫生计生行政部门行使下列监督管理职权:① 负责医疗机构的设置审批、执业登记和校验;② 对医疗机构的执业活动进行检查指导;③ 负责组织对医疗机构的评审;④ 对违反本条例的行为给予处罚。

各级卫生计生行政部门对医疗机构的执业活动进行检查指导,项目包括:① 执行国家有关法律、法规、规章和标准;② 执行医疗机构内部各项规章制度和各级各类人员岗位责任制;③ 医德医风;④ 服务质量和服务水平;⑤ 执行医疗收费标准;⑥ 组织管理;⑦ 人员任用;⑧ 省、自治区、直辖市卫生计生行政部门规定的其他检查、指导项目。

县级以上卫生计生行政部门设立医疗机构监督管理办公室。

县级以上卫生计生行政部门设医疗机构监督员,履行规定的监督管理职责。

在监督管理工作中,要充分发挥医院管理学会和卫生工作者协会等学术性和行业性社会团体的作用。

(二) 医疗机构评审制度

国家实行医疗机构评审制度,由专家组成的评审委员会按照医疗机构评审办法和评审标准,对医疗机构的基本标准、服务质量、技术水平、管理水平等进行综合评价。

县级以上地方人民政府卫生计生行政部门负责组织本行政区域医疗机构评审委员会,并根据评审委员会的评审意见,对达到评审标准的医疗机构,发给评审合格证书;对未达到评审标准的医疗机构,提出处理意见。

县级以上中医(药)行政管理部门成立医疗机构评审委员会,负责中医、中西医结合和民族医医疗机构的评审。

医疗机构评审包括周期性评审、不定期重点检查。

（三）处罚

(1) 未取得"医疗机构执业许可证"擅自执业的,责令其停止执业活动,没收非法所得和药品、器械,并处以三千元以下的罚款。有下列情形之一的,责令其停止执业活动,没收非法所得和药品、器械,处以三千元以上一万元以下的罚款：① 因擅自执业曾受过卫生计生行政部门处罚的；② 擅自执业的人员为非卫生技术专业人员的；③ 擅自执业时间在三个月以上的；④ 给患者造成伤害的；⑤ 使用假药、劣药蒙骗患者的；⑥ 以行医为名骗取患者钱物的；⑦ 省自治区、直辖市卫生计生行政部门规定的其他情形。

(2) 医疗机构逾期不校验"医疗机构执业许可证"又不停止诊疗活动的,责令其限期补办校验手续；拒不校验的,吊销其"医疗机构执业许可证"。

(3) 医疗机构出卖、转让、出借"医疗机构执业许可证"转让、出借"医疗机构执业许可证"的,没收其非法所得,并处以三千元以下的罚款。有下列情形之一的,没收其非法所得,处以三千元以上五千元以下的罚款,并吊销"医疗机构执业许可证"：① 出卖"医疗机构执业许可证"的；② 转让或者出借"医疗机构执业许可证"是以营利为目的的；③ 受让方或者承借方给患者造成伤害的；④ 转让、出借"医疗机构执业许可证"给非卫生技术专业人员的；⑤ 省、自治区、直辖市卫生计生行政部门规定的其他情形。

(4) 除急诊和急救外,医疗机构诊疗活动超出登记的诊疗科目范围,情节轻微的,处以警告。有下列情形之一的,责令其限期改正,并可处三千元以下罚款：① 超出登记的诊疗科目范围的诊疗活动累计收入在三千元以下的；② 给患者造成伤害的。有下列情形之一的,处以三千元罚款,并吊销"医疗机构执业许可证"：① 超出登记的诊疗科目范围的诊疗活动累计收入在三千元以上的；② 给患者造成伤害的；③ 省、自治区、直辖市卫生计生行政部门规定的其他情形。

(5) 医疗机构任用非卫生技术人员从事医疗卫生技术工作的,责令其立即改正,并可处以三千元以下的罚款。有下列情形之一的,处以三千元以上五千元以下罚款并可以吊销其"医疗机构执业许可证"：① 任用两名以上非卫生技术人员从事诊疗活动的；② 任用的非卫生技术人员给患者造成伤害的。医疗机构使用卫生技术人员从事本专业以外的诊疗活动的,按使用非卫生技术人员处理。

(6) 医疗机构出具虚假证明文件,情节轻微的,给予警告,并可处以五百元以下的罚款。有下列情形之一的,处以五百元以上一千元以下的罚款：① 出具虚假证明文件造成延误诊治的；② 出具虚假证明文件给患者精神造成伤害的；③ 造成其他危害后果的。对直接责任人员由所在单位或者上级机关给予行政处分。

(7) 当事人对行政处罚决定不服的,可以依照国家法律、法规的规定申请行政复议或者提起行政诉讼。当事人对罚款及没收药品、器械的处罚决定未在法定期限内申请复议或者提起诉讼又不履行的,县级以上人民政府卫生计生行政部门可以申请人民法院强制执行。

第二节 医院管理的法律规定

一、医院的组织结构和编制原则

(一)医院的概念和任务

1. 医院的概念

医院是指拥有一定数量的病床设施,具备相应的医务人员和医疗设备,通过医务人员的集体协作,对住院病人或门诊病人实行诊疗活动,达到防病治病、保障人体健康的医疗机构。

2. 医院的分类

医院按不同的标准有不同的分类。依所有制形式,可以分为全民所有制医院、集体所有制医院、股份合作制医院及个体医院;依医院规模、医疗技术水平及服务区域,可以分为一级医院、二级医院、三级医院;按隶属关系,可分为军队医院、企业医院、医学院校附属医院等。

医院分类最常见的是依据收治病人的范围,分为综合医院和专科医院。综合医院是指设有一定数量的病床,划分内、外、妇、儿、中医、五官等专科,配备药剂、检验、放射等医技部门和相应的人员和设备的医疗机构。综合医院的多专科性最容易实现现代医学所要求的对病人进行多专科协作诊疗的功能,是各类医院的主体,占我国医院总数的80%。

专科医院是指为医疗某些特种疾病而设立的单科性医疗机构。专科医院包括:传染病医院、精神病医院、结核病医院、麻风病医院、职业病医院、儿童医院、妇幼保健院、肿瘤医院、口腔医院、眼耳鼻喉科医院、胸科医院、骨科医院、中医医院等十多种。

中医医院和儿童医院,由于其有较完全的分科,可视为特殊类型的综合医院。

3. 医院的任务

根据《全国医院工作条例》,我国医院的任务是:以医疗工作为中心,在提高医疗质量的基础上,保证教学和科研任务的完成,并不断提高教学质量和科研水平,同时做好扩大预防、指导基层和计划生育的技术工作。

医院的任务和功能具有综合性。它既是医疗机构中的主要组成部分,又是医疗与卫生防疫、专业保健机构相互衔接的纽带,同时也是医学教育和科学研究的重要基地。

(二)医院的组织结构

科学合理的医院组织结构,是完成医院各项任务,提高医疗工作质量和管理水平的组织保证。我国的综合性医院通常由诊疗部门、辅助诊疗部门、护理部门、行政、后勤等部门构成。

(三)综合医院组织编制

医院人员编制是指医院工作人员的定员、结构比例和职务配备。医院人员编制是以病床为基数核定的。

《综合医院组织编制原则(试行草案)》规定,综合医院机构设置实行院和科室两级制。医院设置科室,应以医院的性质、任务、规模、本身的技术力量和业务实际需要和业务发展规划为依据,从有利于病员的诊断、治疗、康复和增进健康出发设立。

综合医院病床数与工作人员编制比例为:① 300张床位以下的,按1:1.3~1.4计算;② 300~500张床位的,按1:1.4~1.5计算;③ 500张床位以上的,按1:1.6~1.7计算。病床与门诊量之比应按1:3计算,不符合1:3时,可按每增减100门诊人次增减5~7人。对于医药科研和教学所需人员,可在总编制内增加5%~15%。

综合医院各类人员的比例为:卫生技术人员占总编制的70%~72%,其中中西医师占25%,护理人员占50%,药剂人员占8%,检验人员占4.6%,放射人员占4.4%,其他卫生技术人员占8%;行政、管理和工勤人员占总编制的28%~30%,其中行政管理人员占总编制的8%~10%。

新建医院的编制申报,由主管局人事部门以正式文件的形式,向编制主管部门提出编制的专项申请。申请的内容包括新开设医院的理由、规模、级别、人员编制总额、主要内部机构设置、人员来源及分步实施的步骤等。医院因病床增加或其他因素要求增加编制时,必须向主管局提出申请报告,经业务主管局审核后,再由主管局向编制主管部门提出申请报告。

二、医院分级管理和评审

医院分级管理和评审,是运用现代卫生管理和医院管理理论,在总结我国三级医疗网建设经验的基础上,吸取国际上"区域卫生发展规划"的思想,借鉴国外医院评审的经验,实行具有中国特色的医院宏观管理制度。医院分级管理和评审是我国医院管理体制的一项重大改革,也是加强行业管理、深化卫生改革的一个重要步骤。其目的在于优化医疗服务整体结构,增强医疗卫生机构的整体效能,调整与健全三级医疗预防体系,充分合理地利用卫生资源,提高医院科学管理水平和医疗卫生服务质量,更好地为人民健康服务。

(一)医院分级管理

医院分级管理是指从地区医疗保健供求现状出发,制定区域卫生规划,适当调整原有医疗机构,并根据地区内医院的不同功能、任务、规模、服务面大小和技术条件等,划分为一定的级别和等次,按相应的医院分级管理标准,实行标准化、目标化管理的制度。

根据卫生部发布的《综合医院分级管理标准(试行)》及《医疗机构基本标准》,现行的医院分级管理标准由以下三部分组成:

(1) 医院基本标准,即各级医院无论其规模大小、技术水平高低都必须达到的必备条件和最低要求。其主要内容是:① 医院规模;② 医院功能和任务;③ 医院管理;④ 质量管理;⑤ 思想政治工作和医德医风建设;⑥ 医院安全;⑦ 医院环境。

(2) 医院分级标准,即依据国际惯例和我国三级医疗保健网建设的实际情况,根据医院的功能和任务,将医院划分为一级、二级和三级医院三个级别。其划分标准是:① 一级医院是直接向一定人口的社区提供预防、医疗、保健、康复服务的基层医院、卫生院,属初级卫生保健机构;② 二级医院是向多个社区提供综合医疗卫生服务和承担一定教学、科研任务的地区性医院;③ 三级医院是向几个地区提供高水平专科性医疗卫生服务和执行高等医学教学、科研任务的区域性以上的医院。在卫生计生行政部门的规划和指导下,一、二、三级医院之间应建立与完善双向转诊制度和逐级技术指导关系。

(3)医院分等标准,即各级医院建设和发展的标准,由临床、医技、教学、科研及护理等部门的管理水平、技术水平和技术质量所组成,是对医院医疗技术质量和医院学术水平的评价依据。我国医院共分为三级十等,即一、二级医院各分为甲、乙、丙三等,三级医院分为特、甲、乙、丙四等。

(二)医院评审

医院评审是按医院分级管理标准,对医院综合质量作出的院外评价。医院评审是对医院评价质量的有效形式和手段,可以推动医院实行标准化、目标化管理,提高科学管理水平,促进医院提高医疗质量和服务质量,改善医疗条件和就医环境,充分发挥医院的功能。

为实施医院评审,各级卫生计生行政部门要按照有关规定,聘请有经验的医院管理、医学教育、临床、医技、护理和财务等有关方面专家组成评审委员会。评审委员会是在同级卫生计生行政部门领导下,独立从事医院评审的专业组织。

我国的医院评审委员会分为部级评审委员会、省级评审委员会、地(市)级评审委员会三级。部级评审委员会,由国家卫生健康委员会组织,负责评审三级特等医院,制定与修订医院分级管理标准及实施方案,并对地方各级评审结果进行必要的抽查复核。省级评审委员会,由省、自治区、直辖市卫生计生厅(局)组织,负责评审二、三级甲、乙、丙等医院(包括计划单列市的二、三级医院)。地(市)评审委员会,由地(市)卫生计生局组织,负责评审一级甲、乙、丙等医院。

医院评审,一般规定三年为一个评审周期。

三、医院工作制度

为加强对医院的科学管理,提高医疗护理质量,保证医院各项工作任务的完成,保障公民健康,原卫生部先后发布了《全国卫生工作条例》《医院工作制度》《医院工作人员职责》《医务人员医德规范及实施办法》和《医疗机构院务公开监督考核办法(试行)》,以使医院各项工作和医院各级各类工作人员的管理有章可循。

《全国医院工作条例》规定了医院实行党委领导下的院长负责制,科室实行科主任负责制。同时,对医院的门诊、急诊和住院诊疗工作作了详细规定,并对护理、医技、中医和中西医结合、隔离消毒、医院预防保健、计划生育门诊以及划区划级分工医疗等工作提出了具体要求。另外,对教学科研工作、技术管理工作、经济管理工作和总务工作以及思想政治工作等制度也作了规定。

《医院工作制度》,是为加强对医院的科学管理,建立正常工作秩序,改善服务态度,提高医疗护理质量,防止医疗差错事故,在总结经验的基础上,对医院各项工作制度提出的原则要求。其内容涉及医院工作的各个方面和环节。

《医院工作人员职责》,是为增强各级各类工作人员的责任心,实行岗位责任制而制定的,内容包括各个岗位的职责范围和履行岗位职责的具体要求。

《医疗机构院务公开监督考核办法(试行)》,是为了进一步推动和规范院务公开工作,促进医疗机构民主科学管理,依法执业,提高医疗机构的医疗服务能力,构建和谐的医患关系。

第三节　社会办医疗机构管理的法律规定

一、个体医疗机构的性质和管理

新中国成立以来,根据我国的实际情况,在大力发展国家办和集体办医疗机构的同时,一直允许少数符合个体开业的医师行医。1963 年原卫生部发布了《开业医师暂行管理办法》。

改革开放以后,许多地方陆续出现了个体开业从业人员。为了对社会办医疗机构进行统一规范和管理,1980 年 8 月 20 日,国务院批转了卫生部《关于允许个体开业行医问题的请示报告》;1988 年 11 月 21 日,原卫生部、国家中医药管理局联合发布了《医师、中医师个体开业暂行管理办法》,对个体开业医师的开业资格、执业管理等作了明确规定;1989 年 5 月 3 日,国家中医药管理局又发布了《中医人员个体开业管理补充规定》;1994 年 2 月 26 日,国务院《医疗机构管理条例》及其实施细则对个人设置医疗机构作了规定;1998 年制定的《执业医师法》(已失效)及 2021 年制定的《医师法》对执业医师申请个体行医以及管理作了明确规定,从而使我国的社会办医疗机构管理也纳入了法制化轨道。2017 年 7 月 1 日实施的《中医药法》对举办中医医疗机构作出了明确规定。

(一)个体医疗机构的性质

个体医疗机构是社会主义卫生事业的组成部分,其任务是:贯彻预防为主的方针,承担卫生计生行政部门规定的初级卫生保健工作。

个体开业医师、中医师等在执业活动中必须遵守国家法律、法规、医疗卫生工作制度和技术操作规程,遵守医疗道德规范,坚持文明行医,钻研业务技术,保证医疗卫生工作质量,并且必须参加当地的卫生工作者协会,接受行业性监督、管理和业务培训。

个体开业医师依靠自身的医疗技术,在国家规定的范围内,依法从事医疗卫生活动,受国家法律保护。

(二)个体医疗机构的开业条件

申请在城市设置诊所的个人,应当同时具备下列条件:① 具有执业医师资格;② 经注册取得"医师执业证书"或医师职称后,在医疗、预防、保健机构中从事同一专业临床工作五年以上;③ 取得"医疗机构执业许可证"。

在乡镇和村设置诊所的个人条件,由省、自治区、直辖市卫生行政部门规定。未经批准,不得行医。

(三)个体医疗机构的监督管理

县级以上地方人民政府卫生行政部门对个体行医的医师,应当经常监督检查。凡发现医师注册后有下列情形之一的,应当即时注销注册,收回医师执业证书:① 死亡或被宣告失踪的;② 受刑事处罚的;③ 受吊销医师执业证书行政处罚的;④ 依照执业医师法有关规定,定期考核不合格暂停执业活动期满,再次考核仍不合格的;⑤ 中止医师执业活动满两年的;⑥ 有国务院卫生行政部门规定不宜从事医疗、预防、保健业务的其他情形的。

二、社会办医疗机构的性质和管理

社会办医疗机构是相对于政府办医疗机构而言的,是指公民或社会组织根据国家法律规定单独或者联合开办的门诊所、病房、康复医院或医院。

社会办医疗机构是我国医疗卫生服务体系的重要组成部分,是满足不同人群医疗卫生服务需求并为全社会提供更多医疗服务供给的重要力量。社会办医疗机构不仅指私人投资,也包括社会组织的单独或联合投资。传统的个体医疗机构只是社会办医疗机构的一种形式。

随着我国医疗体制改革的深入,政府出资兴办医疗机构的局面逐步被打破。医疗机构的投资主体呈现多元化,包括政府、民间资本、外资或者是国有资本与其他资本共股等。相应地,根据投资主体的不同,医疗机构划分为政府办医疗机构和社会办医疗机构。国家鼓励兴办社会办医疗机构,目的是为了吸引社会资金投向医院,以缓解目前存在的就医难问题,满足人们多层次的医疗需求。

目前的医疗机构产权制度改革正处于探索之中,尚未有全国性的社会办医疗机构管理方面的立法,从一些地方的管理条例或指导意见看,对社会办医疗机构的名称、类别、组织形式、性质、执业范围、运作模式等规定不尽一致。

为了完善和落实优惠政策,消除阻碍非公立医疗机构发展的政策障碍,确保非公立医疗机构在准入、执业等方面与公立医疗机构享受同等待遇,2010年11月26日,国务院发布《关于进一步鼓励和引导社会资本举办医疗机构的意见》,放宽社会资本举办医疗机构的准入范围,进一步改善社会资本举办医疗机构的执业环境,促进非公立医疗机构持续健康发展。

为促进非公立医疗机构持续健康发展,2012年,原卫生部发布《卫生部关于社会资本举办医疗机构经营性质的通知》,规定社会资本可以按照经营目的,自主申办营利性或非营利性医疗机构。2000年原卫生部、国家中医药管理局、财政部、国家计委联合印发的《关于城镇医疗机构分类管理的实施意见》中"城镇个体诊所、股份制、股份合作制和中外合资合作医疗机构一般定为营利性医疗机构"的规定不再适用。

为了加快推进社会办医疗机构成规模、上水平发展,不断满足人民群众多样化、多层次医疗卫生服务需求,为经济社会转型发展注入新的动力,2015年6月11日,国务院发布《关于促进社会办医加快发展的若干政策措施》,进一步放宽准入,拓宽投融资渠道,促进资源流动和共享,优化发展环境。

2017年4月25日国务院办公厅印发《国务院办公厅关于印发深化医药卫生体制改革2017年重点工作任务的通知》,其中第54条,将"加强对非营利性社会办医疗机构产权归属、财务运营、资金结余使用等方面的监督管理,加强对营利性医疗机构盈利率的管控"指定作为国家卫计委和财政部负责推动落实的重点工作。

随着我国经济社会发展和人民生活水平提高,多样化、差异化、个性化健康需求持续增长,社会办医服务内容和模式有待拓展升级,同时仍存在放宽准入不彻底、扶持政策不完善、监管机制不健全等问题。在切实落实政府责任、保障人民群众基本医疗卫生需求的基础上,为进一步激发医疗领域社会投资活力，调动社会办医积极性，支持社会力量提供多层次多样化医疗服务，2017年5月16日，国务院发布《关于支持社会力量提供多层次多样化医疗服务的意见》，拓展多层次多样化服务，进一步扩大市场开放，强化政策支持，严格行业监管和行业自律，强化组织实施。

通过一系列的政策措施，当前，我国社会力量办医能力明显增强，医疗技术、服务品质、品牌美誉度显著提高，专业人才、健康保险、医药技术等支撑进一步夯实，行业发展环境全面优化。十八大以来，我国打造了一大批有较强服务竞争力的社会办医疗机构，形成若干具有影响力的特色健康服务产业集聚区，服务供给基本满足国内需求，逐步形成多层次多样化医疗服务新格局。

第四节　院前医疗急救管理法律制度

一、院前医疗急救概述

（一）院前医疗急救的概念和特点

1. 院前医疗急救的概念

院前医疗急救是指由急救中心（站）和承担院前医疗急救任务的网络医院（以下简称急救网络医院）按照统一指挥调度，在患者送达医疗机构救治前，在医疗机构外开展的以现场抢救、转运途中紧急救治以及监护为主的医疗活动。

院前医疗急救在医疗急救、重大活动保障、突发公共事件紧急救援等方面发挥了重要作用。

院前医疗急救是政府举办的公益性事业，鼓励、支持社会力量参与。院前医疗急救应由地方各级卫健委按照"统筹规划、整合资源、合理配置、提高效能"的原则，统一组织实施。卫健委应当建立稳定的经费保障机制，保证院前医疗急救与当地社会、经济发展和医疗服务需求相适应。

2. 院前医疗急救的特点

（1）公益性

院前医疗急救是由政府主办的、非营利性的公益事业，是基本医疗服务和公共卫生服务的提供者，是卫生健康事业的重要组成部分。

（2）紧急性

院前医疗急救的情况非常紧急，必须在短时间内采取措施、紧急送医，必须立即得到检查诊断和治疗，否则就有生命危险，充分体现"时间就是生命"。

（3）随机性

疾病突发时，大多数病人、呼救人员无法说清具体情况，病种具有复杂多样性，重大事故或灾害具有不可预测性，因此，要求急救人员要全面掌握急救操作技术并有较强的语言沟通技巧。

(4) 联动性

院前急救机构由急救中心(站)和急救网络医院共同组成,在各地卫健委的统一领导和部署下共同完成急救医疗工作,一起急救医疗事件一般涉及不同的医疗机构和人员,需要相互配合、密切合作才能完成急救任务。

(二) 院前医疗急救机构管理立法

我国的院前急救,起步并不晚,但发展较慢。早在20世纪50年代,一些城市就建立了急救站,但直到80年代,才渐趋稳定。为了提高急救医疗部门对灾情、事故的应变能力和日常急救工作水平,1980年原卫生部发布了《关于加强城市急救工作的意见》,1983年颁布了《城市医院急救科(室)建设方案》,1986年颁布了《关于进一步加强急诊抢救工作的补充规定》,1987年颁布了《关于加强急诊抢救和提高应急能力的通知》。这些规范性文件对建立健全医疗急救机构网,提高急诊抢救和应急能力提出了具体要求。

1994年,国务院《医疗机构管理条例》规定急救中心(站)基本标准,全国范围内三级医疗机构内普遍建立急诊科(室),部分大、中城市建立急救中心,急救医疗渐渐步入法治轨道。

为了加强灾害事故医疗救援工作,1995年原卫生部发布了《灾害事故医疗救援工作管理办法》,对灾情报告、现场医疗救护、部门协调与培训等作了明确规定。

2004年原卫生部和信息产业部联合颁布了《关于加强院前急救网络建设及"120"特服号码管理的通知》,对院前急救工作的重要性、院前急救机构的设置、院前急救工作的管理等作了规定。2008年,《急救中心建设标准》规定了急救机构的建设标准。

为了加强院前医疗急救管理,规范院前医疗急救行为,提高院前医疗急救服务水平,促进院前医疗急救事业发展,2013年原国家卫生计生委通过《院前医疗急救管理办法》。为贯彻《院前医疗急救管理办法》,2014年原国家卫生计生委办公厅出台《规范院前医疗急救管理工作方案》,进一步促进院前急救工作的发展及其法制化。

2020年9月17日,为进一步加强院前医疗急救体系标准化、规范化建设,提高院前医疗急救服务能力,更好地满足人民群众对院前医疗急救的需求,国家卫生健康委、国家发展改革委、教育部、工业和信息化部、公安部、人力资源社会保障部、交通运输部、应急管理部和国家医保局联合制定了《关于进一步完善院前医疗急救服务的指导意见》。

二、院前医疗急救的设置

根据《院前医疗急救管理办法》规定,院前医疗急救以急救中心(站)为主体,与急救网络医院组成院前医疗急救网络共同实施。县级以上地方卫生计生行政部门应当将院前医疗急救网络纳入当地医疗机构设置规划,按照就近、安全、迅速、有效的原则设立,统一规划、统一设置、统一管理。急救中心(站)由卫生计生行政部门按照《医疗机构管理条例》设置、审批和登记。

2020年出台的《关于进一步完善院前医疗急救服务的指导意见》从推进急救中心(站)建设、加强急救车辆等急救运载工具和装备配置以及规划院前医疗急救网络布局三个方面加强院前医疗急救网络建设。

地市级以上城市和有条件的县及县级市设置急救中心(站),条件尚不完备的县及县级市依托区域内综合水平较高的医疗机构设置县级急救中心(站)。各地要按照《医疗机构基本标准(试行)》(卫医发〔1994〕30号)和《急救中心建设标准》(建标〔2016〕268号)的相关要求,加强对急救中心(站)建设的投入和指导,确保急救中心(站)建设符合标准。有条件的市级急救中心建设急救培训基地,配备必要的培训设施,以满足院前医疗急救专业人员及社会公众急救技能培训需求。

各地要根据业务工作需要、厉行节约原则,合理配置急救中心(站)救护车数量,偏远地区可根据实际情况增加配置数量。遵循合理、必须、均衡原则,完善不同用途和性能救护车配备。有条件的地区可根据需要购置或采取签订服务协议的方式配备水上、空中急救运载工具。车辆、担架等运载工具及装载的医疗、通讯设备符合国家、行业标准和有关规定,满足院前医疗急救服务需求,提高装备智能化、信息化水平。救护车等急救运载工具以及人员着装统一标志,统一标注急救中心(站)名称和院前医疗急救呼叫号码。

各地要结合城乡功能布局、人口规模、服务需求,科学编制辖区院前医疗急救站点设置规划。城市地区不断完善以急救中心为主体,二级以上医院为支撑的城市院前医疗急救网络,有条件的大型城市可以在急救中心下设急救分中心或急救站,合理布局,满足群众院前医疗急救服务需求。农村地区建立县级急救中心—中心乡镇卫生院—乡镇卫生院三级急救网络,加强对乡村医生的培训,充分发挥乡村医生在院前医疗急救中的作用。地市级以上急救中心要加强对县级院前医疗急救网络的指导和调度。有条件的地区要积极开展航空医疗救护,在确保安全的前提下,探索完善航空医疗救护管理标准和服务规范,构建陆空立体急救网络和空地协同机制。

全国统一院前医疗急救呼叫号码为"120"。地市级以上急救中心建立院前医疗急救指挥调度信息化平台,遵循就近、就急、就专科的原则,实现急救呼叫统一受理、车辆人员统一调度。地域偏远或交通不便的县及县级市应当设置独立急救中心(站)或依托综合水平较高的医疗机构,建立指挥调度信息化平台,根据实际情况,实现市级统一受理、二级调度或县级统一受理、调度,提高调度效率。加强院前医疗急救接报调度能力建设,鼓励有条件的地区根据实际情况创新调度方式,科学合理调派急救资源。

三、院前医疗急救的执业管理

急救中心(站)和急救网络医院开展院前医疗急救工作应当遵守医疗卫生管理法律、法规、规章和技术操作规范、诊疗指南。

急救中心(站)应当制定院前医疗急救工作规章制度及人员岗位职责,保证院前医疗急救工作的医疗质量、医疗安全、规范服务和迅速处置。

从事院前医疗急救的专业人员包括医师、护士和医疗救护员。医师和护士应当按照有关法律法规规定取得相应执业资格证书。医疗救护员应当按照国家有关规定经培训考试合格取得国家职业资格证书;上岗前,应当经设区的市级急救中心培训考核合格。

医疗救护员可以从事的相关辅助医疗救护工作包括:① 对常见急症进行现场初步处理;② 对患者进行通气、止血、包扎、骨折固定等初步救治;③ 搬运、护送患者;④ 现场心肺复苏;⑤ 在现场指导群众自救、互救。

急救中心(站)应当配备专人每天24小时受理"120"院前医疗急救呼叫。"120"院前医疗急救呼叫受理人员应当经设区的市级急救中心培训合格。急救中心(站)应当在接到"120"院前医疗急救呼叫后,根据院前医疗急救需要迅速派出或者从急救网络医院派出救护车和院前医疗急救专业人员。不得因指挥调度原因拒绝、推诿或者延误院前医疗急救服务。

急救中心(站)和急救网络医院应当按照就近、就急、满足专业需要、兼顾患者意愿的原则,将患者转运至医疗机构救治。急救中心(站)和急救网络医院按照国家有关规定收取院前医疗急救服务费用,不得因费用问题拒绝或者延误院前医疗急救服务。

急救中心(站)和急救网络医院不得将救护车用于非院前医疗急救服务。救护车在执行急救任务时,在确保安全的前提下,不受行驶路线、行驶方向、行驶速度和信号灯的限制。为救护车免费安装 ETC 车载装置,保障其不停车快捷通过高速公路收费站。

思考题

1. 简述医疗机构的概念及其分类。
2. 医疗机构登记和执业的法律规定有哪些?
3. 有关个体医疗机构的法律规定有哪些?
4. 简述院前医疗急救的执业管理。

参 考 文 献

[1] 赵同刚.卫生法[M].3 版.北京:人民卫生出版社,2008.
[2] 吴崇其,张静.卫生法学[M].2 版.北京:法律出版社,2010.
[3] 丁朝刚.卫生法学[M].北京:北京大学出版社,2015.

第十一章　卫生技术人员管理法律制度

内容提要　本章主要介绍卫生技术人员的概念和卫生技术人员任职的基本条件,医师和医师法的概念、医师资格考试和注册、医师的执业规则、医师的考核、培训及法律责任,执业药师和执业药师法的概念、执业药师资格考试和注册、执业药师职责、继续教育和法律责任,护士执业资格考试和注册、护士的权利和义务,乡村医生管理的法律规定。

重点提示　卫生技术人员　注册医师　执业药师　护士　乡村医生

第一节　卫生技术人员管理法律制度概述

一、卫生技术人员的概念及分类

(一)卫生技术人员的概念

卫生技术人员是指受过高等或中等医药卫生教育或培训,掌握医药卫生知识,经卫生行政部门审查合格,从事医疗、预防、药剂、护理、医技、卫生技术管理等专业的技术人员。

(二)卫生技术人员的分类

(1) 根据从事业务的性质不同,卫生技术人员可分为:① 防疫人员:从事卫生防疫、寄生虫、地方病、流行病、传染病防治、工业卫生、环境卫生、学校卫生、食品卫生监测和管理的人员;② 医疗人员:从事临床医疗的中、西医和中西医结合医生;③ 妇幼保健人员:从事妇女和儿童保健的卫生技术人员和计划生育技术的人员;④ 护理人员:在医院的门诊、病房以及其他卫生机构担任各种护理工作的人员;⑤ 药剂人员:从事药剂、药检工作的卫生技术人员,包括从事中药、西药的调配和医院制剂、药品保管、药品检验人员;⑥ 医技人员:从事检验、心电图、超声波、放射、同位素检查、理疗、病理等专业的卫生技术人员;⑦ 卫生技术管理人员:在卫生行政部门、医疗卫生单位和学术团体从事医疗、防疫、科研、保健、计划生育等卫生技术管理工作的干部;⑧ 其他卫生技术人员:从事医疗器械维修、营养、生物制品生产等专业技术人员。

(2) 根据技术职务的不同,卫生技术人员可分为:① 正、副主任医(药、护、技)师;② 主治(主管)医(药、护、技)师;③ 医(药、护、技)师和医(药、护、技)士。

二、卫生技术人员管理的法制建设

卫生技术人员管理是指对卫生技术人员进行的标准化科学管理。它始于19世纪中期的欧美国家，伴随近代医院的出现而产生。新中国成立前，卫生技术人员管理基本上是照搬西方国家的管理方式。新中国成立后，我国政府在大力加强医疗卫生机构建设的同时，也加强了卫生技术人员的管理，并逐步走上法制轨道。早在我国西周时代，《周礼》就有对医师进行年终考核以定其报酬的记载。以后历代的法典《唐律》《元典章刑部》《大明会典》等都有规范医师执业行为的法律条文。20世纪20年代开始，我国出现了对医师执业管理的单行法律，如国民党政府1929年颁布的《医师暂行条例》，1931年的《高等考试西医师考试条例》，1943年的《医师法》。新中国成立后，原卫生部经政务院批准颁布了《医师暂行条例》《中医师暂行条例》等。十一届三中全会以后，原卫生部制定发布了一系列规范性文件，使医师执业管理法律、法规逐步完善，如《卫生技术人员职称及晋升条例（试行）》(1979年)、《医院工作人员职责》(1982年)、《医师、中医师个体开业暂行管理办法》(1988年)、《外国医师来华短期行医管理办法》(1993年)等。1998年6月26日，第九届全国人大常委会第三次会议通过了《执业医师法》，自1999年5月1日起施行。1999年原卫生部成立了国家医师资格考试委员会，发布了《医师资格考试暂行办法》《医师执业注册暂行办法》，2017年2月3日，经国家卫生计生委委主任会议讨论通过《医师执业注册管理办法》，自2017年4月1日起施行，《医师执业注册暂行办法》同时废止。2001年6月20日，原卫生部和中医药管理局联合发布《关于医师执业注册中执业范围的暂行规定》，我国的执业医师管理走上了法制化、规范化的轨道。2021年8月20日，第十三届全国人民代表大会常务委员会第三十次会议通过《医师法》，自2022年3月1日起施行，《执业医师法》同时废止。《医师法》颁布实施，对于中国医生执业会产生非常重大的影响。

关于其他卫生技术人员的法制建设，国家也颁布了相应的法律。为了加强护士管理，提高护理质量，保障医疗和护理安全，保护护士的合法权益，1993年3月26日，原卫生部发布了《护士管理办法》，2008年1月23日，国务院第206次常务会议通过《护士条例》，自2008年5月12日起施行。为规范全国护士执业资格考试工作，加强护理专业队伍建设，根据《护士条例》第7条规定，原卫生部和人力资源社会保障部审议通过了《护士执业资格考试办法》，自2010年7月1日起施行。2020年3月27日，中华人民共和国国务院令第726号《国务院关于修改和废止部分行政法规的决定》，对《护士条例》进行第一次修订。

为了加强对医药专业技术人员的职业准入控制和对药品生产和流通的管理，确保药品质量，保障人民用药安全和维护人民健康，1994年3月15日，原国家医药管理局与原人事部联合颁发了《执业药师资格制度暂行规定》《执业药师资格考试实施办法》。1999年，原国家药品监督管理局和原人事部共同修订了《执业药师资格制度暂行规定》和《执业药师资格考试实施办法》，明确规定了执业药师实行全国统一大纲、统一考试、统一注册和统一管理。多年以来，执业药师队伍在指导公众安全合理用药以及保障药品质量安全方面发挥着积极作用)，1995年7月5日，国家中医药管理局与人事部联合颁发了《执业中药师资格制度暂行规定》《执业中药师资格考试实施办法》及《执业中药师资格认定办法》；1999年4月1日，原人事部和国家药品监督管理局联合颁布了《执业中药师资格制度暂行规定》《执业中药师资格考试实施办法》和《执业中药师资格认定办法》，自颁布之日起实施，对原有考试管理办法进行了修订,明确执业药师、中药师统称为执业药师,执业药师资格考试实行全国统一大纲、统一考试、统一注册、统一管理、分类执业,1995年7月颁布的《执业中药师资格制度暂行规定》《执业中药师资格考试实施办法》和《执业中药师资格认定办法》即行废止;2019年3月,国家药监局、人力资源社会保障部在原执业药师资格制度基础上,制定了《执业药师职业资格制度规定》和《执业药师职业资格考试实施办法》。《执业药师职业资格制度规定》自印发之日起施行。原人事部、国家药品监督管理局《关于修订印发〈执业药师资格制度暂行规定〉和〈执业药师资格考试实施办法〉的通知》(人发〔1999〕34号)同时废止。2021年2月,《药师法》第三次征求意见稿草案(共分为六章,共计四十八条)出台。2021年6月11日,国务院办公厅发布《国务院办公厅关于印发国务院2021年度立法工作计划的通知》,药师法草案提请全国人大常委会审议。

为了提高乡村医生的职业道德和职业素质,加强乡村医生从业管理,保护乡村医生的合法权益,保障村民获得初级卫生保健服务,2003年7月30日,国务院第16次常务会议通过《乡村医生从业管理条例》,自2004年1月1日起正式施行。

三、卫生技术人员任职的基本条件

(一) 政治条件

卫生技术人员必须热爱祖国,遵守宪法和法律,拥护中国共产党的领导,贯彻执行党的卫生工作方针,应当坚持人民至上、生命至上,发扬人道主义精神,遵守职业道德,全心全意为人民服务,积极为中国特色社会主义建设贡献力量。

(二) 业务条件

卫生技术人员所从事的是专门技术工作,除了必备良好的政治思想条件外,还必须有相应的业务条件,包括学识水平、业务能力和工作成绩。不同的技术职务,有不同的专业要求。

(1) 主任医(药、护、技)师

① 精通本专业基础理论和专业知识,掌握本专业国内外发展趋势,能根据国家需要和专业发展确定本专业工作和科学研究方向。

② 工作成绩突出,具有丰富的临床或技术工作经验,能解决复杂疑难的重大技术问题或具有较高水平的科学专著、论文或经验总结,能熟练阅读一种外文专业书刊(中医药专业可不要求)。

③ 作为本专业的学术、技术带头人,善于指导和组织本专业的全面业务工作,有培养高级专门人才的能力。

④ 大学本科以上学历,从事副主任医(药、护、技)师工作五年以上。

(2) 副主任医(药、护、技)师

① 具有本专业较系统的基础理论和专业知识,了解本专业国内外现状和发展趋势,能吸取最新科研成就并应用于实际工作。

② 工作成绩突出,具有较丰富的临床或技术工作经验,能解决本专业复杂疑难问题或具有较高水平的科学论文或经验总结,能顺利阅读一种外文专业书刊(中医药专业可不要求)。

③ 具有指导和组织本专业技术工作和科学研究的能力,有指导和培养下一级卫生技术人员工作和学习的能力。

④ 大专以上学历,从事主治(主管)医(药、护、技)师工作五年以上。

(3) 主治(主管)医(药、护、技)师

① 熟悉本专业基础理论,具有较系统的专业知识,掌握国内本专业先进技术并能在实际工作中应用。

② 具有较丰富的临床或技术工作经验,能熟练地掌握本专业技术操作,处理较复杂的专业技术问题,对下一级卫生技术人员能进行业务指导,能阅读一种外文专业书刊(中医药专业可不要求)。

③ 在临床或技术工作中取得较好的成绩,或具有一定水平的科学论文或经验总结。

④ 从事医(药、护、技)师工作五年以上。

(4) 医(药、护、技)师

① 熟悉本专业基础理论和基本知识,具有一定的技术操作能力。

② 能独立处理本专业常见病或常用专业技术问题,并能对中、初级卫生技术人员进行业务指导。

③ 能借助工具书阅读一种外文专业书刊(中医药专业可不要求)。

④ 高等医药院校本科毕业工作一年,专科毕业工作三年,或从事本专业医(药、护、技)士工作五年以上。

(5) 医(药、护、技)士

① 了解本专业的基础理论,具有一定的技术操作能力。

② 能承担本专业一般常见病防治或一般常用业务技术工作,并能对初级卫生技术人员进行业务指导。

(6) 卫生员

① 初步了解本专业的一般知识,并能担任一般的专业工作。

② 具有初中以上文化程度,在卫生防疫或妇幼保健、药剂、护理等实际工作中经过短期学徒或培训,并经考核合格者。

第二节　医师管理法律制度

一、医师法的概念

医师法是调整保障医师合法权益,规范医师执业行为,加强医师队伍建设,保护人民健康,推进健康中国建设活动中产生的各种社会关系的法律规范的总和。医师(Practicing Physician)是指依法取得医师资格,经注册在医疗卫生机构中执业的专业医务人员,包括执业医师和执业助理医师。

全社会应当尊重医师。各级人民政府应当关心爱护医师,弘扬先进事迹,加强业务培训,支持开拓创新,帮助解决困难,推动在全社会广泛形成尊医重卫的良好氛围。

为了保障医师合法权益,规范医师执业行为,加强医师队伍建设,保护人民健康,推进健康中国建设,全国人大常委会颁布了《医师法》,对于依法保障医师权利及规范医师执业起到了非常重要的作用。

(一) 有利于加强医师队伍管理

新中国成立以来,我国医师队伍建设取得了很大发展。1949年,我国仅拥有西医师3.8万人、西医士4.94万人,每千人口拥有医生0.67人。截至2020年底,我国共有医师408.6万人,覆盖内科、外科、妇科、儿科等所有医学主要专业,每千人口医师数达到2.9人。医师队伍中具有本科以上学历的占比59.5%、具有中级以上技术职称的占比45.8%。我国医师队伍建设取得历史性成就,支撑起世界上最大的医疗卫生服务体系。

为了加强医师队伍管理,新中国成立初期,政务院颁布了《医师暂行条例》《中医师暂行条例》《牙医师暂行条例》。但由于历史的原因,这三个条例在20世纪50年代中期以后就停止执行了。1956年又废除了中外医学界沿袭已久的医师资格考试制度。其后,我国对医师执业的管理实际上处于无法可依的状态,医师队伍质量难以得到保证。随着社会主义市场经济体制的逐步建立,卫生改革进程的不断深化,我国的医疗服务市场逐渐开放,除国家财政支持的全民所有制医疗机构外,还有国有企业举办、合资合作、社团主办、社会办医、个体诊所等多种形式的医疗机构并存。但是,也有少数人以行医为名行诈骗钱财之实,严重威胁着人民群众的身体健康。1999年《执业医师法》的颁布实施,使医师队伍的管理有法可依,有章可循。2021年《医师法》正式表决通过,2022年3月1日起施行,宣布《执业医师法》废止。该法对于中国医生执业会产生非常重大的影响。

(二) 有利于提高医师业务素质

我国现有本科高等医学院校中,20%是20世纪80年代初由专科学校升格成本科院校的,毕业生质量良莠不齐。20世纪90年代初,一部分非医学院校从市场需求出发,开设医学专业,原卫生部对其培养状况难以掌握,造成一定程度上医学人才培养的混乱。许多民办医学学校组织学生参加医学自学高考,获得与正规医科大学具有同等效力的本科学历,卫生系统对其数量和质量无法进行评估。多渠道、多样化办学,使医学教育的质量难以保证。1999年《执业医师法》颁布实施,实行全国医师资格统一考试,更注重临床知识技能和相关的法律知识的考核,这就把那些没有真才实学和缺乏基本技能的人拒于医师队伍之外。2022年实施的《医师法》,宣告中专报考时代结束,大专成为最低报考门槛,参加医师资格考试的要求有了重大提升,对整个医师人才队伍将产生深远影响。

(三) 有利于保障医师的合法权益

长期以来,由于医师的权利和义务不明确,侵犯医师人身安全和名誉、扰乱正常医疗秩序的现象屡见不鲜。同时少数医师不负责任,违反医疗规范,造成医疗损害的现象时有发生。2022年施行的《医师法》,第一条明确了保障医师合法权益,医师法将保障医师合法权益调整到第一句,体现出国家对医师权益的重视和保护,全社会应当尊重医师,激励医师更好地为社会大众提供高质量服务。

二、《医师法》出台背景和意义

(一)《医师法》出台背景

《执业医师法》的实施情况至今没有立法者的调研报告,中国医师协会成立后先后进行了两次大的调研,相应的调研情况已有了正式的报告。从了解情况看,我国目前的医师准入基本上能够贯彻《执业医师法》第二章的要求。从医师的角度看,广大医师对第三章的执行和理解也比较到位,如医师的执业行为无论是诊疗、继续教育、保护患者、完成病历、紧急救治、知情同意。还是突发事件的灾害防治等都完成得比较好。《执业医师法》实施有待改进之处是行政处理不到位,使其规定流于形式。《执业医师法》实施最不好之处是"全社会应当尊重医师,医师依法履行职责,受法律保护"。在现实生活中,医师被打、被骂、被杀并不鲜见,甚至且极个别媒体公然污蔑医师的人格却没有任何法律约束和制裁,让人感到痛心。而且《执业医师法》的颁布,使尚未取得执业医师资格的实习医师临床操作的合法性受到挑战,实习医师动手操作机会越来越少。在大型教学医院,事实上连住院医师和进修医师也少有动手操作的机会。随着社会进步和法制观念健全,患者自我保护意识越来越强,有时已超出合理的限度。为了保障广大患者的根本利益,保障见(实)习医生得到较好临床技能训练,应该制定相关法规,增加医学生的临床技能训练,保证医科毕业生的质量。

《执业医师法》自1998年颁布以来,已实施了二十多年。时代在进步,技术在发展,尤其是医学技术的发展更是日新月异,医师队伍建设与管理出现了许多新情况、新问题,原执业医师法已不能很好地适应实际工作需要。比如有些条文规定过于原则、操作性不强,医师执业管理有待加强、医师职责和权利义务需要进一步明确等,因此,对执业医师法进行修改很有必要。

(二)《医师法》出台意义

党的十九大报告中提出"实施健康中国战略",我们要推进健康中国建设,保障人民群众全生命周期的健康,医师这支队伍恰是非常重要的组成部分。只有我国的法律对医师执业行为、执业安全、诊疗规范等方面的权益合法保障,才能让这支队伍能够更健康更快速地成长,才能更好地为广大人民群众服务。

三、医师工作的管理

国务院卫生健康主管部门负责全国的医师管理工作。国务院教育、人力资源社会保障、中医药等有关部门在各自职责范围内负责有关的医师管理工作。县级以上地方人民政府卫生健康主管部门负责本行政区域内的医师管理工作。县级以上地方人民政府教育、人力资源社会保障、中医药等有关部门在各自职责范围内负责有关的医师管理工作。

医师可以依法组织和参加医师协会等有关行业组织、专业学术团体。医师协会等有关行业组织应当加强行业自律和医师执业规范,维护医师合法权益,协助卫生健康主管部门和其他有关部门开展相关工作。

四、医师资格考试和注册制度

(一)医师资格考试制度

《医师法》第八条规定,国家实行医师资格考试制度。医师资格考试分为执业医师资格考试和执业助理医师资格考试。医师资格考试由省级以上人民政府卫生健康主管部门组织实施。医师资格考试的类别和具体办法,由国务院卫生健康主管部门制定。

1. 执业医师资格考试

《医师法》第九条规定,申请参加执业医师资格考试的条件:① 具有高等学校相关医学专业本科以上学历,在执业医师指导下,在医疗卫生机构中参加医学专业工作实践满一年;② 具有高等学校相关医学专业专科学历,取得执业助理医师执业证书后,在医疗卫生机构中执业满二年。

《医师法》第十一条规定,以师承方式学习中医满三年,或者经多年实践医术确有专长的,经县级以上人民政府卫生健康主管部门委托的中医药专业组织或者医疗卫生机构考核合格并推荐,可以参加中医医师资格考试。以师承方式学习中医或者经多年实践,医术确有专长的,由至少二名中医医师推荐,经省级人民政府中医药主管部门组织实践技能和效果考核合格后,即可取得中医医师资格及相应的资格证书。本条规定的相关考试、考核办法,由国务院中医药主管部门拟订,报国务院卫生健康主管部门审核、发布。

2. 执业助理医师资格考试

《医师法》第十条规定,具有高等学校相关医学专业专科以上学历,在执业医师指导下,在医疗卫生机构中参加医学专业工作实践满一年的,可以参加执业助理医师资格考试。

3. 取得执业医师资格或者执业助理医师资格

《医师法》第十二条规定,医师资格考试成绩合格,取得执业医师资格或者执业助理医师资格,发给医师资格证书。

(二)医师执业注册制度

1. 申请注册

《医师法》第十三条规定,国家实行医师执业注册制度。取得医师资格的,可以向所在地县级以上地方人民政府卫生健康主管部门申请注册。医疗卫生机构可以为本机构中的申请人集体办理注册手续。除有本法规定不予注册的情形外,卫生健康主管部门应当自受理申请之日起二十个工作日内准予注册,将注册信息录入国家信息平台,并发给医师执业证书。未注册取得医师执业证书,不得从事医师执业活动。医师执业注册管理的具体办法,由国务院卫生健康主管部门制定。

《医师法》第十四条规定,医师经注册后,可以在医疗卫生机构中按照注册的执业地点、执业类别、执业范围执业,从事相应的医疗卫生服务。中医、中西医结合医师可以在医疗机构中的中医科、中西医结合科或者其他临床科室按照注册的执业类别、执业范围执业。医师经相关专业培训和考核合格,可以增加执业范围。法律、行政法规对医师从事特定范围执业活动的资质条件有规定的,从其规定。经考试取得医师资格的中医医师按照国家有关规定,经培训和考核合格,在执业活动中可以采用与其专业相关的西医药技术方法。西医医师按照国家有关规定,经培训和考核合格,在执业活动中可以采用与其专业相关的中医药技术方法。

2. 医师多点执业

《医师法》第十五条规定,医师在二个以上医疗卫生机构定期执业的,应当以一个医疗卫生机构为主,并按照国家有关规定办理相关手续。国家鼓励医师定期定点到县级以下医疗卫生机构,包括乡镇卫生院、村卫生室、社区卫生服务中心等,提供医疗卫生服务,主执业机构应当支持并提供便利。卫生健康主管部门、医疗卫生机构应当加强对有关医师的监督管理,规范其执业行为,保证医疗卫生服务质量。

3. 不予注册的规定

《医师法》第十六条规定,有下列情形之一的,不予注册:① 无民事行为能力或者限制民事行为能力;② 受刑事处罚,刑罚执行完毕不满二年或者被依法禁止从事医师职业的期限未满;③ 被吊销医师执业证书不满二年;④ 因医师定期考核不合格被注销注册不满一年;⑤ 法律、行政法规规定不得从事医疗卫生服务的其他情形。受理申请的卫生健康主管部门对不予注册的,应当自受理申请之日起二十个工作日内书面通知申请人和其所在医疗卫生机构,并说明理由。

4. 注销注册

《医师法》第十七条规定,医师注册后有下列情形之一的,注销注册,废止医师执业证书:① 死亡;② 受刑事处罚;③ 被吊销医师执业证书;④ 医师定期考核不合格,暂停执业活动期满,再次考核仍不合格;⑤ 中止医师执业活动满二年;⑥法律、行政法规规定不得从事医疗卫生服务或者应当办理注销手续的其他情形。有前款规定情形的,医师所在医疗卫生机构应当在三十日内报告准予注册的卫生健康主管部门;卫生健康主管部门依职权发现医师有前款规定情形的,应当及时通报准予注册的卫生健康主管部门。准予注册的卫生健康主管部门应当及时注销注册,废止医师执业证书。

5. 变更注册和不办理变更注册

《医师法》第十八条规定,医师变更执业地点、执业类别、执业范围等注册事项的,应当依照本法规定到准予注册的卫生健康主管部门办理变更注册手续。医师从事下列活动的,可以不办理相关变更注册手续:① 参加规范化培训、进修、对口支援、会诊、突发事件医疗救援、慈善或者其他公益性医疗、义诊;② 承担国家任务或者参加政府组织的重要活动等;③ 在医疗联合体内的医疗机构中执业。

6. 重新注册

《医师法》第十九条规定,中止医师执业活动二年以上或者本法规定不予注册的情形消失,申请重新执业的,应当由县级以上人民政府卫生健康主管部门或者其委托的医疗卫生机构、行业组织考核合格,并依照本法规定重新注册。

7. 准予注册和注销注册的人员名单的公告、汇总和备案

第二十一条规定,县级以上地方人民政府卫生健康主管部门应当将准予注册和注销注册的人员名单及时予以公告,由省级人民政府卫生健康主管部门汇总,报国务院卫生健康主管部门备案,并按照规定通过网站提供医师注册信息查询服务。

(三)个体行医的规定

《医师法》第二十条规定,医师个体行医应当依法办理审批或者备案手续。执业医师个体行医,须经注册后在医疗卫生机构中执业满五年;但是,依照本法第十一条第二款规定取得中医医师资格的人员,按照考核内容进行执业注册后,即可在注册的执业范围内个体行医。县级以上地方人民政府卫生健康主管部门对个体行医的医师,应当按照国家有关规定实施监督检查,发现有本法规定注销注册的情形的,应当及时注销注册,废止医师执业证书。

五、医师的执业规则

医师应当坚持人民至上、生命至上,发扬人道主义精神,弘扬敬佑生命、救死扶伤、甘于奉献、大爱无疆的崇高职业精神,恪守职业道德,遵守执业规范,提高执业水平,履行防病治病、保护人民健康的神圣职责。《医师法》第三章"执业规则"规定了医师的权利、医师的义务和医师的其他执业规则。

(一)医师的权利

《医师法》第二十二条规定,医师在执业活动中享有下列权利:

(1) 在注册的执业范围内,按照有关规范进行医学诊查、疾病调查、医学处置、出具相应的医学证明文件,选择合理的医疗、预防、保健方案。

(2) 获取劳动报酬,享受国家规定的福利待遇,按照规定参加社会保险并享受相应待遇。

(3) 获得符合国家规定标准的执业基本条件和职业防护装备。

(4) 从事医学教育、研究、学术交流。

(5) 参加专业培训,接受继续医学教育。

(6) 对所在医疗卫生机构和卫生健康主管部门的工作提出意见和建议,依法参与所在机构的民主管理。

(7) 法律、法规规定的其他权利。

(二)医师的义务

《医师法》第二十三条规定,医师在执业活动中履行下列义务:

(1) 树立敬业精神,恪守职业道德,履行医师职责,尽职尽责救治患者,执行疫情防控等公共卫生措施。

(2) 遵循临床诊疗指南,遵守临床技术操作规范和医学伦理规范等。

(3) 尊重、关心、爱护患者,依法保护患者隐私和个人信息。

(4) 努力钻研业务,更新知识,提高医学专业技术能力和水平,提升医疗卫生服务质量。

(5) 宣传推广与岗位相适应的健康科普知识,对患者及公众进行健康教育和健康指导。

(6) 法律、法规规定的其他义务。

(三)医师的其他执业规则

《医师法》第二十四至三十六条对医师的其他执业规则作了明确规定。

1. 医师实施医疗、预防、保健措施,签署有关医学证明文件的规则

医师实施医疗、预防、保健措施,签署有关医学证明文件,必须亲自诊查、调查,并按照规定及时填写医学文书,不得隐匿、伪造或者销毁医学文书及有关资料。医师不得出具与自己执业范围无关或者与执业类别不相符的医学证明文件。

2. 医师的说明告知及特殊情况的说明并取得明确同意的规则

医师在诊疗活动中应当向患者说明病情、医疗措施和其他需要告知的事项。需要实施手术、特殊检查、特殊治疗的,医师应当及时向患者具体说明医疗风险、替代医疗方案等情况,并取得其明确同意;不能或者不宜向患者说明的,应当向患者的近亲属说明,并取得其明确同意。

3. 医师开展药物、医疗器械临床试验和其他医学临床研究的规则

医师开展药物、医疗器械临床试验和其他医学临床研究应当符合国家有关规定,遵守医学伦理规范,依法通过伦理审查,取得书面知情同意。

4. 医师的急救处置规则和国家鼓励医师在公共场所积极参加急救服务

对需要紧急救治的患者,医师应当采取紧急措施进行诊治,不得拒绝急救处置。因抢救生命垂危的患者等紧急情况,不能取得患者或者其近亲属意见的,经医疗机构负责人或者授权的负责人批准,可以立即实施相应的医疗措施。国家鼓励医师积极参与公共交通工具等公共场所急救服务;医师因自愿实施急救造成受助人损害的,不承担民事责任。

5. 医师使用药品、消毒药剂、医疗器械的规则和用药原则及超药品说明书用药的规则

医师应当使用经依法批准或者备案的药品、消毒药剂、医疗器械,采用合法、合规、科学的诊疗方法。除按照规范用于诊断治疗外,不得使用麻醉药品、医疗用毒性药品、精神药品、放射性药品等。医师应当坚持安全有效、经济合理的用药原则,遵循药品临床应用指导原则、临床诊疗指南和药品说明书等合理用药。在尚无有效或者更好治疗手段等特殊情况下,医师取得患者明确知情同意后,可以采用药品说明书中未明确但具有循证医学证据的药品用法实施治疗。医疗机构应当建立管理制度,对医师处方、用药医嘱的适宜性进行审核,严格规范医师用药行为。

6. 医师通过互联网等信息技术提供医疗卫生服务的规则

执业医师按照国家有关规定,经所在医疗卫生机构同意,可以通过互联网等信息技术提供部分常见病、慢性病复诊等适宜的医疗卫生服务。国家支持医疗卫生机构之间利用互联网等信息技术开展远程医疗合作。

7. 对医师行为的禁止性规定

医师不得利用职务之便,索要、非法收受财物或者牟取其他不正当利益;不得对患者实施不必要的检查、治疗。

8. 医师在遇到突发事件时服从调遣的规则

遇有自然灾害、事故灾难、公共卫生事件和社会安全事件等严重威胁人民生命健康的突发事件时,县级以上人民政府卫生健康主管部门根据需要组织医师参与卫生应急处置和医疗救治,医师应当服从调遣。

9. 医师的报告义务

在执业活动中有下列情形之一的,医师应当按照有关规定及时向所在医疗卫生机构或者有关部门、机构报告:

(1) 发现传染病、突发不明原因疾病或者异常健康事件。

(2) 发生或者发现医疗事故。

(3) 发现可能与药品、医疗器械有关的不良反应或者不良事件。

(4) 发现假药或者劣药。

(5) 发现患者涉嫌伤害事件或者非正常死亡。
(6) 法律、法规规定的其他情形。

10. 助理医师的执业规则

执业助理医师应当在执业医师的指导下,在医疗卫生机构中按照注册的执业类别、执业范围执业。在乡、民族乡、镇和村医疗卫生机构以及艰苦边远地区县级医疗卫生机构中执业的执业助理医师,可以根据医疗卫生服务情况和本人实践经验,独立从事一般的执业活动。

11. 医学生参加临床教学实践和医学毕业生参加医学专业工作实践的规则

参加临床教学实践的医学生和尚未取得医师执业证书、在医疗卫生机构中参加医学专业工作实践的医学毕业生,应当在执业医师监督、指导下参与临床诊疗活动。医疗卫生机构应当为有关医学生、医学毕业生参与临床诊疗活动提供必要的条件。

六、医师的培训和定期考核

医师法完善了医师教育培训和考核制度。国家在医学教育方面不断进行改革、探索和尝试,在总结经验的基础上本法规定国家制定医师培养规划,加强医教协同,完善医学院校教育、毕业后教育和继续医学教育体系。《医师法》第四章(第三十七至四十三条)专章规定了医师的培训制度和定期考核制度。

(一) 医师的培训制度

《医师法》第三十七至四十一条规定,国家建立医师培训制度。

1. 制定医师培养规划

国家制定医师培养规划,建立适应行业特点和社会需求的医师培养和供需平衡机制,统筹各类医学人才需求,加强全科、儿科、精神科、老年医学等紧缺专业人才培养。国家采取措施,加强医教协同,完善医学院校教育、毕业后教育和继续教育体系。国家通过多种途径,加强以全科医生为重点的基层医疗卫生人才培养和配备。国家采取措施,完善中医西医相互学习的教育制度,培养高层次中西医结合人才和能够提供中西医结合服务的全科医生。

2. 完善住院医师规范化培训和专科医师规范化培训制度

国家建立健全住院医师规范化培训制度,健全临床带教激励机制,保障住院医师培训期间待遇,严格培训过程管理和结业考核。国家建立健全专科医师规范化培训制度,不断提高临床医师专科诊疗水平。

住院医师规范化培训属于毕业后教育,主要模式是"5+3",即5年医学类专业本科教育后,进行3年住院医师规范化培训。培训在省级及以上卫生行政部门认定的具备良好临床医疗和教育培训条件的培训基地进行,以在临床有关科室轮转为主,培训对象在经验丰富的上级医师指导下从事临床诊疗,接受理论与实践紧密结合的教育培训,培训内容主要包括医德医风、临床实践技能、专业理论知识、政策法规、人际沟通交流等。完成培训并通过过程考核和结业考核者,可获得全国统一的《住院医师规范化培训合格证书》。

我国住院医师培训始于1921年北京协和医院的"24小时住院医师负责制和总住院医师负责制"。20世纪80年代,原卫生部从部分医科大学附属医院开始试点,此后试点范围逐步扩大。1993年原卫生部颁发《临床住院医师规范化培训试行办法》,1995年颁发《临床住院医师规范化培训大纲》。2009年《中共中央 国务院关于深化医药卫生体制改革的意见》中明确提出"建立住院医师规范化培训制度",2010年《国家中长期人才发展规划纲要（2010—2020年）》规定"开展住院医师规范化培训工作",为推进住院医师规范化培训制度建立工作提供了有力的保障。2013年国家卫生计生委等7部门出台《关于建立住院医师规范化培训制度的指导意见》（国卫科教发〔2013〕56号）。2014年8月25日,国家卫生计生委以国卫科教发〔2014〕49号印发《住院医师规范化培训管理办法（试行）》。

3. 加强基层医师培训培养

县级以上人民政府卫生健康主管部门和其他有关部门应当制定医师培训计划,采取多种形式对医师进行分级分类培训,为医师接受继续医学教育提供条件。县级以上人民政府应当采取有力措施,优先保障基层、欠发达地区和民族地区的医疗卫生人员接受继续医学教育。国家在每年的医学专业招生计划和教育培训计划中,核定一定比例用于定向培养、委托培训,加强基层和艰苦边远地区医师队伍建设。有关部门、医疗卫生机构与接受定向培养、委托培训的人员签订协议,约定相关待遇、服务年限、违约责任等事项,有关人员应当履行协议约定的义务。县级以上人民政府有关部门应当采取措施,加强履约管理。协议各方违反约定的,应当承担违约责任。

（二）医师的定期考核制度

《医师法》第四十二、四十三条规定,国家实行医师定期考核制度。

1. 考核机构

县级以上人民政府卫生健康主管部门或者其委托的医疗卫生机构、行业组织。

2. 考核内容

按照医师执业标准,对医师的业务水平、工作业绩和职业道德状况进行定期考核。

3. 考核周期

考核周期为三年。对具有较长年限执业经历、无不良行为记录的医师,可以简化考核程序。

4. 考核结果

受委托的机构或者组织应当将医师考核结果报准予注册的卫生健康主管部门备案。对考核不合格的医师,县级以上人民政府卫生健康主管部门应当责令其暂停执业活动三个月至六个月,并接受相关专业培训。暂停执业活动期满,再次进行考核,对考核合格的,允许其继续执业。

5. 考核监督

省级以上人民政府卫生健康主管部门负责指导、检查和监督医师考核工作。

七、医师的保障措施

《医师法》和1998年颁布的《执业医师法》相比,加大了对医师权益的保障力度,增加第五章"保障措施",专章规定对医师的保障措施。

1. 安保措施

《医师法》第三条规定,医师依法执业,受法律保护。医师的人格尊严、人身安全不受侵犯。《医师法》第四十九条规定,县级以上人民政府及其有关部门应当将医疗纠纷预防和处理工作纳入社会治安综合治理体系,加强医疗卫生机构及周边治安综合治理,维护医疗卫生机构良好的执业环境,有效防范和依法打击涉医违法犯罪行为,保护医患双方合法权益。医疗卫生机构应当完善安全保卫措施,维护良好的医疗秩序,及时主动化解医疗纠纷,保障医师执业安全。禁止任何组织或者个人阻碍医师依法执业,干扰医师正常工作、生活;禁止通过侮辱、诽谤、威胁、殴打等方式,侵犯医师的人格尊严、人身安全。

2. 人事、薪酬、津贴、补贴等保障措施

《医师法》第四十四条规定,国家建立健全体现医师职业特点和技术劳动价值的人事、薪酬、职称、奖励制度。对从事传染病防治、放射医学和精神卫生工作以及其他特殊岗位工作的医师,应当按照国家有关规定给予适当的津贴。津贴标准应当定期调整。在基层和艰苦边远地区工作的医师,按照国家有关规定享受津贴、补贴政策,并在职称评定、职业发展、教育培训和表彰奖励等方面享受优惠待遇。

3. 加强疾病预防控制人才队伍建设保障措施

《医师法》第四十五条规定,国家加强疾病预防控制人才队伍建设,建立适应现代化疾病预防控制体系的医师培养和使用机制。疾病预防控制机构、二级以上医疗机构以及乡镇卫生院、社区卫生服务中心等基层医疗卫生机构应当配备一定数量的公共卫生医师,从事人群疾病及危害因素监测、风险评估研判、监测预警、流行病学调查、免疫规划管理、职业健康管理等公共卫生工作。医疗机构应当建立健全管理制度,严格执行院内感染防控措施。国家建立公共卫生与临床医学相结合的人才培养机制,通过多种途径对临床医师进行疾病预防控制、突发公共卫生事件应对等方面业务培训,对公共卫生医师进行临床医学业务培训,完善医防结合和中西医协同防治的体制机制。

4. 加强基层医疗卫生队伍和服务能力建设保障措施

《医师法》第四十六条规定,国家采取措施,统筹城乡资源,加强基层医疗卫生队伍和服务能力建设,对乡村医疗卫生人员建立县乡村上下贯通的职业发展机制,通过县管乡用、乡聘村用等方式,将乡村医疗卫生人员纳入县域医疗卫生人员管理。执业医师晋升为副高级技术职称的,应当有累计一年以上在县级以下或者对口支援的医疗卫生机构提供医疗卫生服务的经历;晋升副高级技术职称后,在县级以下或者对口支援的医疗卫生机构提供医疗卫生服务,累计一年以上的,同等条件下优先晋升正高级技术职称。国家采取措施,鼓励取得执业医师资格或者执业助理医师资格的人员依法开办村医疗卫生机构,或者在村医疗卫生机构提供医疗卫生服务。

5. 给予表彰、奖励的情形

《医师法》第四十八条规定,医师有下列情形之一的,按照国家有关规定给予表彰、奖励:

(1) 在执业活动中,医德高尚,事迹突出。

(2) 在医学研究、教育中开拓创新,对医学专业技术有重大突破,做出显著贡献。

(3) 遇有突发事件时,在预防预警、救死扶伤等工作中表现突出。

(4) 长期在艰苦边远地区的县级以下医疗卫生机构努力工作。

(5) 在疾病预防控制、健康促进工作中做出突出贡献。

(6) 法律、法规规定的其他情形。

6. 提供职业安全和卫生防护用品,采取卫生防护和医疗保健措施、享受工伤保险待遇和带薪休假及健康检查

《医师法》第五十条规定,医疗卫生机构应当为医师提供职业安全和卫生防护用品,并采取有效的卫生防护和医疗保健措施。医师受到事故伤害或者在职业活动中因接触有毒、有害因素而引起疾病、死亡的,依照有关法律、行政法规的规定享受工伤保险待遇。《医师法》第五十一条规定,医疗卫生机构应当为医师合理安排工作时间,落实带薪休假制度,定期开展健康检查。

7. 建立完善医疗风险分担机制和引导公众尊重医师、理性对待医疗卫生风险

《医师法》第五十二条,国家建立完善医疗风险分担机制。医疗机构应当参加医疗责任保险或者建立、参加医疗风险基金。鼓励患者参加医疗意外保险。《医师法》第五十三条规定,新闻媒体应当开展医疗卫生法律、法规和医疗卫生知识的公益宣传,弘扬医师先进事迹,引导公众尊重医师、理性对待医疗卫生风险。

八、法律责任

(一) 行政责任

(1) 在医师资格考试中违反考试纪律等行为的行政责任。《医师法》第五十四条规定,在医师资格考试中有违反考试纪律等行为,情节严重的,一年至三年内禁止参加医师资格考试。以不正当手段取得医师资格证书或者医师执业证书的,由发给证书的卫生健康主管部门予以撤销,三年内不受理其相应申请。伪造、变造、买卖、出租、出借医师执业证书的,由县级以上人民政府卫生健康主管部门责令改正,没收违法所得,并处违法所得二倍以上五倍以下的罚款,违法所得不足一万元的,按一万元计算;情节严重的,吊销医师执业证书。

(2) 医师在执业活动中违反本法规定,有下列行为之一的行政责任。《医师法》第五十五条规定,违反本法规定,医师在执业活动中有下列行为之一的,由县级以上人民政府卫生健康主管部门责令改正,给予警告;情节严重的,责令暂停六个月以上一年以下执业活动直至吊销医师执业证书:① 在提供医疗卫生服务或者开展医学临床研究中,未按照规定履行告知义务或者取得知情同意;② 对需要紧急救治的患者,拒绝急救处置,或者由于不负责任延误诊治;③ 遇有自然灾害、事故灾难、公共卫生事件和社会安全事件等严重威胁人民生命健康的突发事件时,不服从卫生健康主管部门调遣;④ 未按照规定报告有关情形;⑤ 违反法律、法规、规章或者执业规范,造成医疗事故或者其他严重后果。

(3) 违反本法规定,医师在执业活动中有下列行为之一的行政责任。《医师法》第五十六条规定,违反本法规定,医师在执业活动中有下列行为之一的,由县级以上人民政府卫生健康主管部门责令改正,给予警告,没收违法所得,并处一万元以上三万元以下的罚款;情节严重的,责令暂停六个月以上一年以下执业活动直至吊销医师执业证书:① 泄露患者隐私或者个人信息;② 出具虚假医学证明文件,或者未经亲自诊查、调查,签署诊断、治疗、流行病学等证明文件或者有关出生、死亡等证明文件;③ 隐匿、伪造、篡改或者擅自销毁病历等医学文书及有关资料;④ 未按照规定使用麻醉药品、医疗用毒性药品、精神药品、放射性药品等;⑤ 利用职务之便,索要、非法收受财物或者牟取其他不正当利益,或者违反诊疗规范,对患者实施不必要的检查、治疗造成不良后果;⑥ 开展禁止类医疗技术临床应用。

(4) 违反本法规定,医师未按照注册的执业地点、执业类别、执业范围执业的行政责任。《医师法》第五十七条规定,违反本法规定,医师未按照注册的执业地点、执业类别、执业范围执业的,由县级以上人民政府卫生健康主管部门或者中医药主管部门责令改正,给予警告,没收违法所得,并处一万元以上三万元以下的罚款;情节严重的,责令暂停六个月以上一年以下执业活动直至吊销医师执业证书。

（5）严重违反医师职业道德、医学伦理规范，造成恶劣社会影响的行政责任。《医师法》第五十八条规定，严重违反医师职业道德、医学伦理规范，造成恶劣社会影响的，由省级以上人民政府卫生健康主管部门吊销医师执业证书或者责令停止非法执业活动，五年直至终身禁止从事医疗卫生服务或者医学临床研究。

（6）违反本法规定，非医师行医的行政责任。《医师法》第五十九条规定，违反本法规定，非医师行医的，由县级以上人民政府卫生健康主管部门责令停止非法执业活动，没收违法所得和药品、医疗器械，并处违法所得二倍以上十倍以下的罚款，违法所得不足一万元的，按一万元计算。

（7）违反本法规定，阻碍医师依法执业的行政责任。《医师法》第六十条规定，违反本法规定，阻碍医师依法执业，干扰医师正常工作、生活，或者通过侮辱、诽谤、威胁、殴打等方式，侵犯医师人格尊严、人身安全，构成违反治安管理行为的，依法给予治安管理处罚。

（8）违反本法规定，医疗卫生机构未履行报告职责的行政责任。《医师法》第六十一条规定，违反本法规定，医疗卫生机构未履行报告职责，造成严重后果的，由县级以上人民政府卫生健康主管部门给予警告，对直接负责的主管人员和其他直接责任人员依法给予处分。

（9）违反本法规定，卫生健康主管部门和其他有关部门工作人员或者医疗卫生机构工作人员的行政责任。《医师法》第六十二条规定，违反本法规定，卫生健康主管部门和其他有关部门工作人员或者医疗卫生机构工作人员弄虚作假、滥用职权、玩忽职守、徇私舞弊的，依法给予处分。

（二）刑事责任和民事责任

《医师法》第六十三条规定，违反本法规定，构成犯罪的，依法追究刑事责任；造成人身、财产损害的，依法承担民事责任。

第三节 执业药师管理的法律规定

一、执业药师和执业药师法的概念

执业药师法是调整加强对医药专业技术人员的职业准入控制，加强对药品生产和流通的管理，确保药品质量，保障人民用药安全和维护人民健康，促进我国医药事业的活动中产生的各种社会关系的法律规范的总和。

执业药师（Licensed Pharmacist）是指经全国统一考试合格，取得"执业药师资格证书"并经注册登记，在医疗卫生机构、药品上市许可持有人、药品生产企业、药品批发企业、药品零售企业等单位中执业的药学技术人员，包括执业药师和执业助理药师。

1993年11月14日，中共中央十四届三中全会《关于建立社会主义市场经济体制若干问题的决定》指出：要制定各种职业资格的标准和录用标准，实行学历文凭和职业资格两种证书制度。此时，我国的执业药师资格制度正在制定之中。1994年2月22日，原劳动部、人事部联合发布了《职业资格证书规定》,明确提出:执业资格是政府对某些责任较大,社会通用性强,关系公共利益的专业(工种)实行的准入控制,是专业技术人员依法独立开业或独立从事某种专业技术工作学识、技术和能力的必备标准。此时,我国的执业药师资格制度已经基本完成制定工作。1994年3月15日,国家医药管理局与人事部联合颁发了《执业药师资格制度暂行规定》,1995年7月5日,国家中医药管理局与人事部联合颁发了《执业中药师资格制度暂行规定》。1997年1月,《中共中央国务院关于卫生改革与发展的决定》又明确提出要建立执业药师资格制度。1998年8月,国务院机构改革,组建了国家药品监督管理局,赋予其实施执业药师资格制度的职能,揭开了我国执业药师管理工作新的篇章。1999年4月1日,国家药品监督管理局与人事部以人发〔1999〕34号文件联合颁布了修订过的《执业药师资格制度暂行规定》,执业药师资格制度实行全国统一大纲、统一考试、统一注册、统一管理、分类执业。《执业药师资格制度暂行规定》在制度上使执业药师管理覆盖了药品生产、经营和使用领域。随后依据《执业药师资格制度暂行规定》,相继修订发布了相配套的《执业药师资格考试实施办法》《执业药师注册管理暂行办法》《执业药师继续教育管理暂行办法》等一系列规范性文件。2000年下半年,原国家药品监督管理局人事教育司组织了三个专家调研组,开始执业药师法立法前基础调研工作,比较研究了国外的执业药师管理制度,结合国内的具体情况,经过广泛征求意见,在执业药师的业务领域、行为规范、义务权利和法律责任等方面基本形成了法律规范的框架,于2002年年底前完成执业药师法草案的起草工作。2003年,《执业药师法》被列入全国人大常委会立法计划,国务院2003—2006年度立法计划。2003年7月,国家食品药品监督管理局召开《执业药师法》专家论证会,组织有关方面的专家、学者,科学论证了《执业药师法》(草案送审稿)。当年10月15日,原国家食品药品监督管理局起草完成了《执业药师法(送审稿)》,并上报国务院审议。2007年下半年,原国家食品药品监督管理局和国务院法制办、全国人大法工委积极协调,《执业药师法》再次列入国务院2008—2012年立法规划,也被列入全国人大2008—2012年立法规划。2008年原卫生部委托中国执业药师协会合理用药专家委员会再次调研。2013年5月,《执业药师法》列入国务院三档立法计划,确定由原国家卫计委牵头组织起草,原国家食药监总局与国家中医药管理局配合。2015年9月,国务院办公厅发布《国务院2015年立法工作计划》,明确《药师法》的立法名称并列为研究项目,由原国家卫生计生委组织起草。2017年5月,原国家卫计委就《药师法(草案征求意见稿)》(第一次征求意见稿为2017年版本)征求意见,建议相关部门尽快排除障碍,力争正式法律早日出台。2018年11月,国家卫健委印发《关于加快药学服务高质量发展的意见》提到,加强药师队伍建设,鼓励医疗机构开设合理用药咨询或药物治疗管理门诊。2019年9月,国家卫健委发布《国务院深化医药卫生体制改革领导小组简报(第73期)药品全流程改革取得积极进展》提出,积极发挥药师作用,加快推进《药师法》立法进程。2020年2月,国家卫健委发布《关于加强医疗机构药事管理促进合理用药的意见》的通知,强化药师或其他药学技术人员对处方的审核,对于不规范处方、用药不适宜处方及超常处方等,应及时与处方医师沟通并督促修改,确保安全、有效。2020年6月17日,《药师法》第二次征求意见稿草案发布。《药师法(草案第二次征求意见稿)》是2018年国家卫生健康委正式委托清华大学法学院成立专门课题组,形成的这一版本。2021年2月,《药师法》第三次征求意见稿草案(共分为六章,共计四十八条)出台。2021年6月11日,国务院办公厅发布《国务院办公厅关于印发国务院2021年度立法工作计划的通知》,计划中提到2021年《药师法》草案预备提请全国人大常委会审议。

二、执业药师资格考试和注册制度

(一) 执业药师资格考试制度

对执业药师资格考试成绩合格者,国家发给"执业药师资格证书",可在全国范围内的医疗卫生机构、药品上市许可持有人、药品生产企业、药品批发企业、药品零售企业执业。报考条件为:① 药学、中药学或相关专业毕业后从事药学或中药学专业工作的技术人员可以申请参加执业药师资格考试;② 不同学历水平其工作年限要求为中专七年,大专五年,本科三年,双学士或硕士研究生一年,博士研究生毕业当年即可参加考试。按照国家有关规定,评聘为高级专业技术职务,并具备下列条件之一者,可免试药学(或中药学)专业知识(一)和(二)两个科目,只参加药学管理与法规、综合知识与技能两个科目的考试:① 中药学徒,药学或中药学专业中专毕业,连续从事药学或中药学专业工作满二十年;② 取得药学、中药学专业或相关专业大专以上学历,连续从事药学或中药学专业工作满十五年。

(二) 执业药师注册制度 执业药师实行注册制度

国务院药品监督管理部门是全国执业药师注册的管理机构,各省、自治区、直辖市药品监督管理机构为注册机构。注册时发给"执业药师注册证",注明执业类别(药学或中药学)、执业范围(生产、经营、使用)等内容。执业药师只能在一个省注册,如果要变更执业地区、执业范围,应及时办理变更注册手续。注册有效期为三年,有效期满前三个月须到注册机构办理再次注册手续,再注册时要有参加继续教育的证明。

三、执业药师职责

根据《执业药师资格制度暂行规定》的规定,执业药师必须遵守执业道德,忠于职守,以对药品质量负责、保证用药安全有效为基本准则。

(1) 必须严格执行《药品管理法》及国家有关药品研究、生产、经营、使用的各项法规及政策。对违反《药品管理法》及有关规定的行为或决定,有责任提出劝告、制止、拒绝执行并向上级报告。

(2) 在执业范围内负责对药品质量的监督和管理,参与制定、实施药品全面质量管理及对本单位违反规定的处理。

(3) 负责处方的审核及监督调配,提供用药咨询与信息,指导合理用药,开展治疗药物的检测及药品疗效的评价等临床药学工作。

四、继续教育

根据《执业药师资格制度暂行规定》的要求,执业药师必须接受继续教育,实行继续教育登记制度。执业药师接受继续教育经考核合格后,由培训机构在证书上登记盖章,并以此作为再次注册的依据。执业药师继续教育工作由国家药品监督管理局负责制定继续教育的办法,组织拟订、审批继续教育内容。省级药品监督管理局负责组织实施。经国家药品监督管理局批准的培训机构承担培训。

五、法律责任

违反《药品管理法》和《执业药师资格制度暂行规定》的规定,必须承担相应的行政责任、民事责任或刑事责任。对未按规定配备执业药师的单位,应限期配备,逾期将追究单位负责人的责任。对已在应由执业药师担任工作岗位,但尚未通过资格考试的人员,要进行强化培训,限期达到要求。对经过培训仍不能通过考试者,必须调离岗位。对涂改、伪造或以虚假和不正当手段获取"执业药师资格证书"或"执业药师注册证"的人员,发证机构应收回证书,取消其执业药师资格,注销注册,并对直接责任者给予行政处分,并追究法律责任。执业药师有违反本规定的,所在单位须如实上报,由药品监督管理部门根据情况给予警告、罚款、停职检查、注销其注册,并收回"执业药师资格证书"等处分。注册机构对执业药师所受处分,应及时记录在其"执业药师资格证书中"的"执业情况记录"中。凡注销注册,收回"执业药师资格证书"的,应报当地人事(职改)部门和国家医药管理局备案。执业药师在执业期间违反《药品管理法》及其他法律、法规构成犯罪的,由司法机关依法追究其刑事责任。

第四节 护士管理的法律规定

一、护士管理立法现状

护士是指是指经执业注册取得护士执业证书,依照本条例规定从事护理活动,履行保护生命、减轻痛苦、增进健康职责的卫生技术人员。护士在医疗、预防、保健和康复工作中有着重要作用,护理工作是医疗卫生工作的重要组成部分。为了加强护士管理,提高护理质量,保障医疗和护理安全,保护护士的合法权益,1993年3月26日,原卫生部发布了《护士管理办法》,明确规定国家发展护理事业,促进护理学科的发展。护士的劳动受全社会的尊重,护士的执业权利受法律保护,任何单位和个人不得侵犯。2008年1月23日,国务院第206次常务会议通过了《护士条例》,自2008年5月12日起施行,它的颁布与实施填补了我国护士立法的空白,对推进我国护理事业的健康发展具有深远的历史影响和现实意义,成为我国护理事业发展史上一个重要的里程碑。为规范全国护士执业资格考试工作,加强护理专业队伍建设,根据《护士条例》第七条规定,原卫生部和人力资源社会保障部审议通过了《护士执业资格考试办法》,自2010年7月1日起施行。2020年3月27日,中华人民共和国国务院令第726号《国务院关于修改和废止部分行政法规的决定》,对《护士条例》进行第一次修改。

二、护士执业资格考试和执业注册

(一) 护士执业资格考试

根据《护士执业资格考试办法》第二至四条、第九条、第十二条、第十三条、第十五条、第十六条规定。

1. 护士执业资格考试的组织

凡申请护士执业者必须通过国务院卫生主管部门组织的护士执业资格考试,国家卫生卫生主管部门负责组织实施护士执业资格考试。各省、自治区、直辖市及新疆生产建设兵团设立考区。省、自治区、直辖市人民政府卫生行政部门及新疆生产建设兵团卫生局负责本辖区的考试工作。国家护士执业资格考试是评价申请护士执业资格者是否具备执业所必需的护理专业知识与工作能力的考试。考试成绩合格者,可申请护士执业注册。护士执业资格考试实行国家统一考试制度。统一考试大纲,统一命题,统一合格标准。护士执业资格考试原则上每年举行一次,具体考试日期在举行考试 3 个月前向社会公布。护士执业资格考试包括专业实务和实践能力两个科目。一次考试通过两个科目为考试成绩合格。为加强对考生实践能力的考核,原则上采用"人机对话"考试方式进行。

2. 申请参加护士执业资格考试的条件和报名材料

在中等职业学校、高等学校完成国务院教育主管部门和国务院卫生主管部门规定的普通全日制 3 年以上的护理、助产专业课程学习,包括在教学、综合医院完成 8 个月以上护理临床实习,并取得相应学历证书的,可以申请参加护士执业资格考试。申请参加护士执业资格考试的人员,应当在公告规定的期限内报名,并提交以下材料:① 护士执业资格考试报名申请表;② 本人身份证明;③ 近 6 个月二寸免冠正面半身照片 3 张;④ 本人毕业证书;⑤ 报考所需的其他材料。申请人为在校应届毕业生的,应当持有所在学校出具的应届毕业生毕业证明,到学校所在地的考点报名。学校可以为本校应届毕业生办理集体报名手续。申请人为非应届毕业生的,可以选择到人事档案所在地报名。

3. 考试成绩的公布

护士执业资格考试成绩于考试结束后 45 个工作日内公布。考生成绩单由报名考点发给考生。考试成绩合格者,取得考试成绩合格证明,作为申请护士执业注册的有效证明。

(二) 护士执业注册

依据《护士条例》第二章"执业注册"第七至十一条规定。

1. 申请护士执业注册的条件和时间要求

护士执业,应当经执业注册取得护士执业证书。申请护士执业注册,应当具备下列条件:

(1) 具有完全民事行为能力。

(2) 在中等职业学校、高等学校完成国务院教育主管部门和国务院卫生主管部门规定的普通全日制 3 年以上的护理、助产专业课程学习,包括在教学、综合医院完成 8 个月以上护理临床实习,并取得相应学历证书。

(3) 通过国务院卫生主管部门组织的护士执业资格考试。

(4) 符合国务院卫生主管部门规定的健康标准。

护士执业注册申请,应当自通过护士执业资格考试之日起 3 年内提出;逾期提出申请的,除应当具备前款第(一)项、第(二)项和第(四)项规定条件外,还应当在符合国务院卫生主管部门规定条件的医疗卫生机构接受 3 个月临床护理培训并考核合格。

2. 申请护士执业注册的机构、程序和有效期限

申请护士执业注册的,应当向批准设立拟执业医疗机构或者为该医疗机构备案的卫生主管部门提出申请。收到申请的卫生主管部门应当自收到申请之日起 20 个工作日内做出决定,对具备本条例规定条件的,准予注册,并发给护士执业证书;对不具备本条例规定条件的,不予注册,并书面说明理由。护士执业注册有效期为 5 年。

3. 护士在其执业注册有效期内变更执业地点的办理机构及程序

护士在其执业注册有效期内变更执业地点的,应当向批准设立拟执业医疗机构或者为该医疗机构备案的卫生主管部门报告。收到报告的卫生主管部门应当自收到报告之日起 7 个工作日内为其办理变更手续。护士跨省、自治区、直辖市变更执业地点的,收到报告的卫生主管部门还应当向其原注册部门通报。

4. 有效期届满需要继续执业的手续办理

护士执业注册有效期届满需要继续执业的,应当在护士执业注册有效期届满前 30 日向批准设立执业医疗机构或者为该医疗机构备案的卫生主管部门申请延续注册。收到申请的卫生主管部门对具备本条例规定条件的,准予延续,延续执业注册有效期为 5 年;对不具备本条例规定条件的,不予延续,并书面说明理由。

5. 注销其执业注册

护士有行政许可法规定的应当予以注销执业注册情形的,原注册部门应当依照行政许可法的规定注销其执业注册。

6. 护士执业良好记录和不良记录

县级以上地方人民政府卫生主管部门应当建立本行政区域的护士执业良好记录和不良记录,并将该记录记入护士执业信息系统。护士执业良好记录包括护士受到的表彰、奖励以及完成政府指令性任务的情况等内容。护士执业不良记录包括护士因违反本条例以及其他卫生管理法律、法规、规章或者诊疗技术规范的规定受到行政处罚、处分的情况等内容。

三、护士执业的权利和义务

《护士条例》设专章(第三章第十二至十九条),明确规定护士的权利和义务。

(一)护士的权利

根据《护士条例》第十二至十五条的规定,护士享有以下权利:

(1) 护士有按照国家有关规定获取工资报酬、享受福利待遇、参加社会保险的权利。任何单位或者个人不得克扣护士工资,降低或者取消护士福利等待遇。

(2) 护士有获得与其所从事的护理工作相适应的卫生防护、医疗保健服务的权利。从事直接接触有毒有害物质、有感染传染病危险工作的护士,有依照有关法律、行政法规的规定接受职业健康监护的权利;患职业病的,有依照有关法律、行政法规的规定获得赔偿的权利。

(3) 护士有按照国家有关规定获得与本人业务能力和学术水平相应的专业技术职务、职称的权利;有参加专业培训、从事学术研究和交流、参加行业协会和专业学术团体的权利。

(4) 护士有获得疾病诊疗、护理相关信息的权利和其他与履行护理职责相关的权利,可以对医疗卫生机构和卫生主管部门的工作提出意见和建议。

(二) 护士的义务

根据《护士条例》第十六至十九条的规定,护士承担以下义务:

(1) 护士执业应当遵守法律、法规、规章和诊疗技术规范的规定。

(2) 护士在执业活动中,发现患者病情危急,应当立即通知医师;在紧急情况下为抢救垂危患者生命,应当先行实施必要的紧急救护。护士发现医嘱违反法律、法规、规章或者诊疗技术规范规定的,应当及时向开具医嘱的医师提出;必要时,应当向该医师所在科室的负责人或者医疗卫生机构负责医疗服务管理的人员报告。

(3) 护士应当尊重、关心、爱护患者,保护患者的隐私。

(4) 护士有义务参与公共卫生和疾病预防控制工作。发生自然灾害、公共卫生事件等严重威胁公众生命健康的突发事件,护士应当服从县级以上人民政府卫生主管部门或者所在医疗卫生机构的安排,参加医疗救护。

四、医疗卫生机构的职责

根据《护士条例》第四章的规定,医疗卫生机构在监管护士工作中承担以下职责:

(1) 医疗卫生机构配备护士的数量不得低于国务院卫生主管部门规定的护士配备标准。

(2) 医疗卫生机构不得允许下列人员在本机构从事诊疗技术规范规定的护理活动:① 未取得护士执业证书的人员;② 未依照本条例第9条的规定办理执业地点变更手续的护士;③ 护士执业注册有效期届满未延续执业注册的护士。在教学、综合医院进行护理临床实习的人员应当在护士指导下开展有关工作。

(3) 医疗卫生机构应当为护士提供卫生防护用品,并采取有效的卫生防护措施和医疗保健措施。

(4) 医疗卫生机构应当执行国家有关工资、福利待遇等规定,按照国家有关规定为在本机构从事护理工作的护士足额缴纳社会保险费用,保障护士的合法权益。对在艰苦边远地区工作,或者从事直接接触有毒有害物质、有感染传染病危险工作的护士,所在医疗卫生机构应当按照国家有关规定给予津贴。

(5) 医疗卫生机构应当制定、实施本机构护士在职培训计划,并保证护士接受培训。护士培训应当注重新知识、新技术的应用;根据临床专科护理发展和专科护理岗位的需要,开展对护士的专科护理培训。

(6) 医疗卫生机构应当按照国务院卫生主管部门的规定,设置专门机构或者配备专(兼)职人员负责护理管理工作。

医疗卫生机构应当建立护士岗位责任制并进行监督检查。护士因不履行职责或者违反职业道德受到投诉的,其所在医疗卫生机构应当进行调查。经查证属实的,医疗卫生机构应当对护士作出处理,并将调查处理情况告知投诉人。

五、法律责任

《护士条例》第五章规定了医疗卫生机构、护士和扰乱医疗秩序,阻碍护士依法执业的人的法律责任。

(一) 卫生主管部门工作人员的法律责任

《护士条例》第二十七条规定,卫生主管部门的工作人员未依照本条例规定履行职责,在护士监督管理工作中滥用职权、徇私舞弊,或者有其他失职、渎职行为的,依法给予处分;构成犯罪的,依法追究刑事责任。

(二) 医疗卫生机构负有责任的主管人员和其他直接责任人员的法律责任

《护士条例》第二十八条规定,医疗卫生机构有下列情形之一的,由县级以上地方人民政府卫生主管部门依据职责分工责令限期改正,给予警告;逾期不改正的,根据国务院卫生主管部门规定的护士配备标准和在医疗卫生机构合法执业的护士数量核减其诊疗科目,或者暂停其六个月以上一年以下执业活动;国家举办的医疗卫生机构有下列情形之一、情节严重的,还应当对负有责任的主管人员和其他直接责任人员依法给予处分:① 违反本条例规定,护士的配备数量低于国务院卫生主管部门规定的护士配备标准的;② 允许未取得护士执业证书的人员或者允许未依照本条例规定办理执业地点变更手续、延续执业注册有效期的护士在本机构从事诊疗技术规范规定的护理活动的。《护士条例》第二十九条规定,医疗卫生机构有下列情形之一的,依照有关法律、行政法规的规定给予处罚;国家举办的医疗卫生机构有下列情形之一、情节严重的,还应当对负有责任的主管人员和其他直接责任人员依法给予处分:① 未执行国家有关工资、福利待遇等规定的;② 对在本机构从事护理工作的护士,未按照国家有关规定足额缴纳社会保险费用的;③ 未为护士提供卫生防护用品,或者未采取有效的卫生防护措施、医疗保健措施的;④ 对在艰苦边远地区工作,或者从事直接接触有毒有害物质、有感染传染病危险工作的护士,未按照国家有关规定给予津贴的。《护士条例》第三十条规定,医疗卫生机构有下列情形之一的,由县级以上地方人民政府卫生主管部门依据职责分工责令限期改正,给予警告:① 未制定、实施本机构护士在职培训计划或者未保证护士接受培训的;② 未依照本条例规定履行护士管理职责的。

(三) 护士执业中的法律责任

《护士条例》第三十一、三十二条规定,护士在执业活动中有下列情形之一的,由县级以上地方人民政府卫生主管部门依据职责分工责令改正,给予警告;情节严重的,暂停其六个月以上一年以下执业活动,直至由原发证部门吊销其护士执业证书:① 发现患者病情危急未立即通知医师的;② 发现医嘱违反法律、法规、规章或者诊疗技术规范的规定,未依照本条例第十七条的规定提出或者报告的;③ 泄露患者隐私的;④ 发生自然灾害、公共卫生事件等严重威胁公众生命健康的突发事件,不服从安排参加医疗救护的。护士在执业活动中造成医疗事故的,依照医疗事故处理的有关规定承担法律责任。护士被吊销执业证书的,自执业证书被吊销之日起两年内不得申请执业注册。

(四) 扰乱医疗秩序,阻碍护士依法开展执业活动的法律责任

《护士条例》第三十三条规定,扰乱医疗秩序,阻碍护士依法开展执业活动,侮辱、威胁、殴打护士,或者有其他侵犯护士合法权益行为的,由公安机关依照治安管理处罚法的规定给予处罚;构成犯罪的,依法追究刑事责任。

第五节 乡村医生管理的法律规定

一、乡村医生立法和发展状况

乡村医生是指尚未取得执业医师资格或者执业助理医师资格,经注册在村医疗卫生机构从事预防、保健和一般医疗服务的医生。党的十八大以来,群众看病就医环境进一步改善。目前居民县域内的就诊率超过90%,乡村两级诊疗量县域内占比长期保持2/3以上。到2019年,我国乡村医生已达138万人,我国的乡村医生是一支具有中国特色的、庞大的农村卫生技术队伍。

长期以来,乡村医生在保障农村居民健康上发挥了积极作用,但同时也存在医疗基础设施和设备不足,乡村医生整体素质偏低,医疗行为随意性较大,药品使用混乱,以药养医和提供非必需服务情况严重,预防保健、妇幼保健、爱国卫生运动、健康教育等社会公共卫生服务职能缺失或不足,存在乡村医生行医不规范、监管不力和缺乏有效的法律手段等突出问题。因此,加强乡村医生的管理,建立乡村医生行医规范,对提高乡村医生的医疗服务能力,完善农村基本医疗保障体系是至关重要的。2003年7月30日,国务院第16次常务会议通过《乡村医生从业管理条例》,自2004年1月1日起正式施行。该条例的立法目的,是为了提高乡村医生的职业道德和职业素质,加强乡村医生从业管理,保护乡村医生的合法权益,保障村民获得初级卫生保健服务。条例进一步明确了乡村医生应如何适应我国乡村医生管理的发展,如何适应农村卫生事业的发展,为完善城市郊区农村卫生服务体系提供了人力资源方面的立法保障。回顾乡村医生发展的历史,我们可以将其分为三个阶段。

(一) "赤脚医生"阶段

乡村医生这支队伍自20世纪50年代随着农村三级卫生服务网的逐渐形成而产生,"文化大革命"前称"半农半医"。1965年,《中央批转卫生部党委关于把卫生工作重点放到农村的报告》指出,大力为农村培养医药卫生人员。争取在5～10年内,为生产队和生产大队培养质量较好的不脱产的卫生人员。不脱产卫生人员在生产队是卫生员,在生产大队一般是"半农半医"。生产队卫生员一般要求三会:会针灸,会治常见的小伤小病,会做一些预防和急救工作。生产大队"半农半医"一般要求能处理最常见疾病的诊断、治疗和预防,并指导卫生员的工作。每个生产大队可选择1～2名女卫生员,学会"新法接生"。"文化大革命"中,南方某些地区群众对村级卫生组织中不脱产的卫生人员称"赤脚医生"。"赤脚医生"实际上是随着农村合作医疗的产生而发展起来的。当时规定,"赤脚医生"必须实行"半农半医",所

从事的工作是农业集体劳动的一部分，人员从有一定文化程度的社员中选拔，经过培训，由县卫生行政部门考核合格发给证书，主要职责是开展卫生防疫和小伤小病的治疗。限于当时的历史条件，赤脚医生的服务能力非常有限，由于以生产劳动为主，他们的管理同社员的管理一样，缺乏针对行医职责的专门管理规范。到1980年，全国"赤脚医生"总数已达到1463406人。

（二）"乡村医生"初级阶段

鉴于"赤脚医生"的称谓不够确切，1981年，国务院《批转卫生部关于合理解决赤脚医生补助问题的报告的通知》提到，"凡经考核合格，相当于中专水平的赤脚医生，发给'乡村医生'证书"。1985年1月，全国卫生厅局长会议决定将"赤脚医生"改为"乡村医生"，规定达到医士水平的称"乡村医生"，达不到医士水平的称卫生员。这一阶段，随着医院管理和专业技术人员管理立法的涌现，乡村医生的管理得到加强。1991年，国务院《批转卫生部等部门关于改革和加强农村医疗卫生工作请示的通知》中提到"今后应争取做到村级卫生组织新补充的乡村医生必须经中专或县卫校三年以上系统医学教育"；1994年，《医疗机构管理条例》及配套规章颁布后，公布了村卫生室的基本标准，明确了村卫生室应该具备的基本条件，从一定程度上规范了乡村医生的行为。但标准仅对乡村医生行医条件进行了限定，缺乏对行医行为的有效约束，由于没有建立真正的从医许可制度，许多未经专业教育的人员进入乡村医生队伍，乡村医生管理仍然无法可依。

（三）"乡村医生"过渡阶段

1998年，全国人大常委会通过了《执业医师法》（2021年颁布《医师法》，2022年3月1日起施行，《执业医师法》同时废止，虽然对乡村医生没有具体的规范，但在附则第四十五条规定"在乡村医疗卫生机构向村民提供预防、保健和一般医疗服务的乡村医生，符合本法有关规定，可以依法取得执业医师资格或者执业助理医师资格；不具备本法规定的执业医师资格或者执业助理医师资格的乡村医生，由国务院另行制定管理办法（《乡村医生从业管理条例》）"。2021年《医师法》规定，县级以上人民政府卫生健康主管部门应当有计划地组织协调县级以上医疗卫生机构对乡镇卫生院、村卫生室、社区卫生服务中心等基层医疗卫生机构中的医疗卫生人员开展培训，提高其医学专业技术能力和水平。国家鼓励在村医疗卫生机构中向村民提供预防、保健和一般医疗服务的乡村医生通过医学教育取得医学专业学历；鼓励符合条件的乡村医生参加医师资格考试，依法取得医师资格。国家采取措施，通过信息化、智能化手段帮助乡村医生提高医学技术能力和水平，进一步完善对乡村医生的服务收入多渠道补助机制和养老等政策。乡村医生的具体管理办法（《乡村医生从业管理条例》），由国务院制定。

二、乡村医生的执业注册制度

根据《乡村医生从业管理条例》的规定，国家实行乡村医生执业注册制度。

（一）执业注册的条件

本条例公布前的乡村医生，取得县级以上地方人民政府卫生行政主管部门颁发的乡村医生证书,并符合下列条件之一的,可以向县级人民政府卫生行政主管部门申请乡村医生执业注册,取得乡村医生执业证书后,继续在村医疗卫生机构执业:① 已经取得中等以上医学专业学历的;② 在村医疗卫生机构连续工作二十年以上的;③ 按照省、自治区、直辖市人民政府卫生行政主管部门制定的培训规划,接受培训并取得合格证书的。

(二) 不予注册的情形

乡村医生有下列情形之一的,不予注册:① 不具有完全民事行为能力的;② 受刑事处罚,自刑罚执行完毕之日起至申请执业注册之日止不满两年的;③ 受吊销乡村医生执业证书行政处罚,自处罚决定之日起至申请执业注册之日止不满两年的。乡村医生经注册取得执业证书后,方可在聘用其执业的村医疗卫生机构从事预防、保健和一般医疗服务,未经注册取得乡村医生执业证书的,不得执业。

(三) 注销执业注册的情形

乡村医生有下列情形之一的,由原注册的卫生行政主管部门注销执业注册,收回乡村医生执业证书:① 死亡或者被宣告失踪的;② 受刑事处罚的;③ 中止执业活动满两年的;④ 考核不合格,逾期未提出再次考核申请或者经再次考核仍不合格的。

三、乡村医生的执业规则

(一) 乡村医生的执业权利

根据《乡村医生从业管理条例》的规定,乡村医生在执业活动中享有下列权利:
(1) 进行一般医学处置,出具相应的医学证明。
(2) 参与医学经验交流,参加专业学术团体。
(3) 参加业务培训和教育。
(4) 在执业活动中,人格尊严、人身安全不受侵犯。
(5) 获取报酬。
(6) 对当地的预防、保健、医疗工作和卫生行政主管部门的工作提出意见和建议。

(二) 乡村医生的执业义务

根据《乡村医生从业管理条例》的规定,乡村医生在执业活动中应当履行下列义务:
(1) 遵守法律、法规、规章和诊疗护理技术规范、常规。
(2) 树立敬业精神,遵守职业道德,履行乡村医生职责,为村民健康服务。
(3) 关心、爱护、尊重患者,保护患者的隐私。
(4) 努力钻研业务,更新知识,提高专业技术水平。
(5) 向村民宣传卫生保健知识,对患者进行健康教育。

(三) 乡村医生的其他执业规则

乡村医生应当协助有关部门做好初级卫生保健服务工作,按照规定及时报告传染病疫情和中毒事件,如实填写并上报有关卫生统计报表,妥善保管有关资料。乡村医生在执业活动中,不得重复使用一次性医疗器械和卫生材料。对使用过的一次性医疗器械和卫生材料,应当按照规定处置。乡村医生应当如实向患者或者其家属介绍病情,对超出一般医疗服务范围或者限于医疗条件和技术水平不能诊治的患者,应当及时转诊,情况紧急不能转诊的,应当先行抢救并及时向有抢救条件的医疗卫生机构求助。乡村医生不得出具与执业范围无关或者与执业范围不相符的医学证明,不得进行实验性临床医疗活动。省、自治区、直辖市人民政府卫生行政主管部门应当按照乡村医生的一般医疗服务范围,制定乡村医生基本用药目录。乡村医生应当在乡村医生基本用药目录规定的范围内给患者用药。

四、乡村医生的培训与考核

(一) 乡村医生的培训

根据《乡村医生从业管理条例》的规定,省、自治区、直辖市人民政府组织制定乡村医生培训规划,保证乡村医生至少每两年接受一次培训。县级人民政府根据培训规划制定本地区乡村医生培训计划。县级人民政府卫生行政主管部门根据乡村医生培训计划,负责组织乡村医生的培训工作。乡村医生应当按照培训规划的要求至少每两年接受一次培训,更新医学知识,提高业务水平。

(二) 乡村医生的考核

根据《乡村医生从业管理条例》的规定,县级人民政府卫生行政主管部门负责组织本地区乡村医生的考核工作,对乡村医生的考核,每两年组织一次。对乡村医生的考核应当客观、公正,充分听取乡村医生执业的村医疗卫生机构、乡村医生本人、所在村村民委员会和村民的意见。县级人民政府卫生行政主管部门负责检查乡村医生执业情况,收集村民对乡村医生业务水平、工作质量的评价和建议,接受村民对乡村医生的投诉,并进行汇总、分析。汇总、分析结果与乡村医生接受培训的情况作为对乡村医生进行考核的主要内容。乡村医生经考核合格的,可以继续执业,经考核不合格的,在六个月之内可以申请进行再次考核。逾期未提出再次考核申请或者经再次考核仍不合格的乡村医生,原注册部门应当注销其执业注册,并收回乡村医生执业证书。有关人民政府卫生行政主管部门对村民和乡村医生提出的意见、建议和投诉,应当及时调查处理,并将调查处理结果告知村民或者乡村医生。

五、乡村医生的法律责任

根据《乡村医生从业管理条例》的规定,有关人员违反本条例依法承担民事责任、行政责任和刑事责任。

(一) 民事责任

以不正当手段取得乡村医生执业证书的,由发证部门收缴乡村医生执业证书;造成患者人身损害的,依法承担民事赔偿责任;未经注册在村医疗卫生机构从事医疗活动的,造成患者人身损害的,依法承担民事赔偿责任。

(二)行政责任

乡村医生在执业活动中,违反本条例规定,有下列行为之一的,由县级人民政府卫生行政主管部门责令限期改正,给予警告;逾期不改正的,责令暂停三个月以上六个月以下执业活动;情节严重的,由原发证部门暂扣乡村医生执业证书:① 执业活动超出规定的执业范围,或者未按照规定进行转诊的;② 违反规定使用乡村医生基本用药目录以外的处方药品的;③ 违反规定出具医学证明,或者伪造卫生统计资料的;④ 发现传染病疫情、中毒事件不按规定报告的。乡村医生在执业活动中,违反规定进行实验性临床医疗活动,或者重复使用一次性医疗器械和卫生材料的,由县级人民政府卫生行政主管部门责令停止违法行为,给予警告,可以并处一千元以下的罚款;情节严重的,由原发证部门暂扣或者吊销乡村医生执业证书。乡村医生变更执业的村医疗卫生机构,未办理变更执业注册手续的,由县级人民政府卫生行政主管部门给予警告,责令限期办理变更注册手续。

(三)刑事责任

以不正当手段取得乡村医生执业证书,造成患者人身损害,构成犯罪的,依法追究刑事责任;未经注册在村医疗卫生机构从事医疗活动,造成患者人身损害构成犯罪的,依法追究刑事责任;寻衅滋事、阻碍乡村医生依法执业,侮辱、诽谤、威胁、殴打乡村医生,构成犯罪的,依法追究刑事责任。

思考题

1. 简述医师的执业规则。
2. 论述医师资格考试和注册制度。
3. 简述执业药师职责。
4. 申请护士执业注册的条件是什么?
5. 简述护士执业的权利和义务。
6. 简述乡村医生的执业规则。

参 考 文 献

[1] 吴崇其.中国卫生法学[M].3版.北京:中国协和医科大学出版社,2011.
[2] 樊立华.卫生法学概论[M].3版.北京:人民卫生出版社,2013.
[3] 达庆东,田侃.卫生法学纲要[M].5版.上海:复旦大学出版社,2014.
[4] 黄丁全.医事法[M].北京:中国政法大学出版社,2003.

第十二章 食品安全法律制度

内容提要 本章介绍我国食品安全法律制度,共分为三节,主要阐释食品安全法律制度相关的基本概念,食品安全基本管理法律制度以及违反食品安全法所应承担的法律责任。其中食品安全基本管理法律制度包括:食品安全风险监测和评估制度、食品安全标准制度、食品生产经营制度、食品检验制度、食品进出口制度、食品安全事故处置制度、食品安全监督管理制度。

重点提示 食品安全法 食品安全风险监测 全程追溯

第一节 食品安全法律制度概述

一、食品安全法相关概念

食品指各种供人食用或者饮用的成品和原料以及按照传统既是食品又是药品的物品,但是不包括以治疗为目的的物品。依《食品安全法》第150条规定,食品具有如下法律特征:第一,食品是供人食用的物品,而非是动物或其他;第二,食品是供人食用或饮用的物品,而不是供穿、住、行或其他需要;第三,食品包括食物成品和原料,也包括传统既是食品又是药品的物品,但不包括仅以治疗为目的的物品。食品是人类赖以生存、繁衍的基本条件,人类每天都要摄取一定量的食品来维持生命健康、保证身体的正常生长,如果食品本身含有有毒有害因素,或在食品生产、加工、储藏、运输、销售等过程中被有毒有害物质污染,就会给食用者的身体健康甚至是生命造成损害。所以,食品是否安全至关重要。食品安全是指食品无毒、无害,符合应当有的营养要求,对人体健康不造成任何急性、亚急性或者慢性危害。一直以来,我国各项政策和法律规定中提到的都是"食品卫生"。食品卫生与食品安全是有着密切联系的两个概念,但两者所强调的重点不一样。食品安全强调食品对消费者生命及健康的一种安全保证,而食品卫生则强调为实现食品安全所提供的条件。从这个意义上说,食品安全概念理应包含食品卫生的含义。近些年,在世界范围内食品安全事故屡屡出现,给人们的健康和生命造成了巨大威胁,公众的合法权益亟须用法律的手段加以保障。

食品安全法是指调整人们在食品生产经营及其管理活动中所发生的特定的社会关系的法律规范的总称。其目的是保证食品安全,保障公众身体健康和生命安全。食品安全法有广义与狭义之分。所谓狭义食品安全法,是指食品安全基本法,即《食品安全法》。该法于2009年2月28日由第十一届全国人民代表大会常务委员会第七次会议审议通过并颁布,2009年6月1日起施行。2015年4月24日,经十二届全国人大常委会第十四次会议表决通过修订草案。第十三届全国人民代表大会常务委员会又分别于 2018 年 12 月 29 日第七次会议和 2021 年 4 月 29 日第二十八次会议两次修订。所谓广义食品安全法,则是泛指国家制定的与食品安全有关的所有法律规范,其中不仅包括狭义的食品安全法,还包括与食品安全有关的行政法规(如 2009 年 7 月 8 日国务院第 73 次常务会议通过的《食品安全法实施条例》)、地方性法规、行政规章和规范性法律文件,以及其他法律中关于保障食品安全的规定。

二、《食品安全法》的效力范围

(一) 对人的效力范围

《食品安全法》第 2 条明确规定:凡在中华人民共和国境内从事生产经营活动的,应当遵守本法。从事食品生产经营活动的单位和个人,不仅包括我国境内定点从事食品生产经营的单位和个人,也包括在我国境内流动从事食品生产经营和网络经营的单位和个人;不仅包括从事大规模食品生产经营的工商企业,也包括一切单位的职工食堂、食品摊贩等;不仅包括属于国有、集体所有和个体所有的从事食品生产经营的企业和个人,也包括在我国境内从事食品生产经营活动的外国独资企业和中外合资企业。同时,向我国出口食品的单位和个人也必须遵守《食品安全法》的规定。

(二) 对事的效力范围

根据《食品安全法》第 2 条规定,本法适用于食品、食品添加剂和食品相关产品的生产经营活动和安全管理活动,具体包括:① 食品生产和加工(以下称食品生产),食品销售和餐饮服务(以下称食品经营);② 食品添加剂的生产经营;③ 用于食品的包装材料、容器、洗涤剂、消毒剂和用于食品生产经营的工具、设备(以下称食品相关产品)的生产经营;④ 食品生产经营者使用食品添加剂、食品相关产品;⑤ 食品的贮存和运输;⑥ 对食品、食品添加剂、食品相关产品的安全管理。我国境内供食用的源于农业的初级产品(以下称食用农产品)的质量安全管理,遵守《农产品质量安全法》的规定。但是,食用农产品的市场销售、有关质量安全标准的制定、有关安全信息的公布和本法对农业投入品作出规定的,应当遵守本法的规定。另外,根据《食品安全法》第 151 条规定,转基因食品和食盐的食品安全管理,本法未作规定的,适用其他法律、行政法规的规定。

三、我国食品安全法制建设的历程

古人云:"食,命也",是关于人与食品关系的精辟阐述。为了防止食品污染和食品中有毒有害因素对人体的危害,保障人民的生命与健康,我国一直非常重视食品安全的法制管理。我国食品安全法制建设经历了一个漫长曲折的历史过程,它是在食品卫生法的基础上发展而来的。1982 年全国人大常委会审议通过《食品卫生法(试行)》,这是我国第一部与食品安全相关的专门法律,它明确了国家实行食品安全监督制度。而在此之前,鉴于我国食品政策的中心任务是发展经济、保障供给,我国关于食品安全的立法有限,内容也很简略,主要的法律规定有 1965 年 8 月颁布的《食品卫生管理试行条例》和 1979 年 8 月颁布的《食品卫生管理条例》。1982年的《食品卫生法(试行)》较此前颁布的法律法规有明显的进步,在很多内容上有新的规定,在其试行的10多年里,我国食品安全法律的发展进入了新的阶段,诸多与之配套的法律法规相继出台。

为了适应时代的变迁,解决食品安全领域出现的新情况,1995年10月30日,全国人民代表大会审议通过了《食品卫生法》,该法在试行法实施经验的基础上,对试行法做了必要的修改和补充。近些年来,随着我国社会经济状况的深刻变化,十多年没有修改的《食品卫生法》的缺陷和不足逐渐凸显,越来越不能有效解决日益严峻的食品安全问题。如《食品卫生法》等法律法规所调整的范围过于狭窄,仅对食品生产、经营阶段的食品安全进行规定,没有包括种植、养殖、储存等环节中的食品、食品添加剂和食品相关产品的生产、经营或使用。而食品安全问题涵盖了从"农田到餐桌"的全过程,法律应该反映出整个食品链条,这就使得法律出现了较大的监管盲区,以致对饲料中加入瘦肉精、农药大量残留、食品储存污染等诸多问题的监管滞后和监管不力。面对这些问题,国内外学者专家都高度关注食品安全立法机制和监管方式的完善,社会客观实际也迫切需要对《食品卫生法》进行修改。2004年7月,国务院公布的《国务院关于进一步加强食品安全工作的决定》要求国务院法制办公室抓紧组织修改《食品卫生法》。而在当年12月,国务院向全国人大常委会提请审议《食品安全法(草案)》,修订原《食品卫生法》的方案被放弃。随后,全国人大常委会办公厅于2008年4月20日向社会全文公布《食品安全法(草案)》,广泛征求各方面意见和建议。2009年2月28日,经过全国人大常委会三次审议后,《食品安全法》最终在人们的呼吁声中应运而生,同时《食品卫生法》被废止。在紧接着的7月份,与之配套的《食品安全法实施条例》也出台了(2019年3月26日,国务院第42次常务会议通过修订,自2019年12月1日起施行)。《食品安全法》中的"食品安全"这一称谓不仅表现为在概念上与国际接轨,也体现了"从农田到餐桌"的食品安全全程监管理念,更体现了社会观念的改变,从过去关注食品的"干净卫生"转变为现在关心食品的"无毒无害",从注重食品的外观表象转变为注重食品内在的安全因素。相较《食品卫生法》而言,《食品安全法》在法律保护对象、法律适用主体、监管模式和标准制定等方面均有很大突破和完善,它是我国食品安全法律制度的又一重大里程碑,标志着我国食品安全法律体系的逐步完善。

现行《食品安全法》对规范食品生产经营活动、保障食品安全发挥了重要作用,食品安全整体水平得到提升,食品安全形势总体稳中向好。与此同时,我国食品企业违法生产经营现象依然存在,食品安全事件时有发生,监管体制、手段和制度等尚不能完全适应食品安全需要,法律责任偏轻、重典治乱的威慑作用没有得到充分发挥,食品安全形势依然严峻。党的十八大以来,党中央、国务院进一步改革完善我国食品安全监管体制,着力建立最严格的食品安全监管制度,积极推进食品安全社会共治格局。为了以法律形式固定监管体制改革成果、完善监管制度机制,解决当前食品安全领域存在的突出问题,以法治方式维护食品安全,为最严格的食品安全监管提供体制制度保障,修改现行《食品安全法》被立法部门提上日程。新修订的《食品安全法》历经全国人大常委会第九次会议、第十二次会议两次审议,三易其稿后终获通过。从2013年10月至2015年4月十二届全国人大常委会第十四次会议对《食品安全法(修订草案)》审议后表决通过,历时1年半的时间。

新修订的《食品安全法》包括总则、食品安全风险监测和评估、安全标准、生产经营、检验、进出口、安全事故处置、监督管理、法律责任和附则,共有十章。这部新法被各界称为"史上最严的食品安全法",新法从104条增加到154条,新增50条,对原有70%的条文进行了实质性修改;法律文本从1.5万字增加到3万字,法律责任从15条增加到28条。随着国务院机构改革和对食品安全监管制度的完善,2018年12月29日,第十三届全国人民代表大会常务委员会第七次会议通过关于修改《产品质量法》等五部法律的决定,第一次修正。2021年4月29日,全国人民代表大会常务委员会关于修改《道路交通安全法》等八部法律的决定,第二次修正。

第二节 食品安全法基本管理制度

食品安全事关百姓切身利益和社会安定,为切实保障食品安全,《食品安全法》明确了食品安全工作要实行预防为主、风险管理、全程控制、社会共治的基本原则,提供了一系列强有力的体制制度保障,这些制度包括:食品安全风险监测和评估制度、食品安全标准制度、食品生产经营制度、食品检验制度、食品进出口制度、食品安全事故处置制度、食品安全监督管理制度。

一、食品安全风险监测和评估制度

建立食品安全风险监测与评估制度是确保我国食品安全的基础性工程,也是一道必不可少的防线。《食品安全法》首次用专章对食品安全风险监测和评估制度进行了规定,它意味着我国食品安全监管摒弃了过去被动的、事后处理的旧思路,而采取主动预防和风险管理的新思路,从源头防控食品安全事故的发生。

(一)食品安全风险监测制度

食品安全风险监测是指通过系统和持续地收集食源性疾病、食品污染以及食品中有害因素的监测数据及相关信息,并进行综合分析和及时通报的活动。《食品安全法》对食品安全风险监测的多个内容进行了详细规定。

1. 食品安全风险监测对象

《食品安全法》第14条规定,国家建立食品安全风险监测制度,对食源性疾病、食品污染以及食品中的有害因素进行监测。由此可知,食品安全风险监测对象有以下三个:

(1)食源性疾病。食源性疾病是指食品中致病因素进入人体引起的感染性、中毒性等疾病,包括常见的食物中毒、肠道性传染病、人畜共患传染病、寄生虫病以及化学性有毒有害物质所引起的疾病。食源性疾患的发病率居各类疾病总发病率的前列,是当前世界上最突出的食品安全问题。

(2)食品污染。食品污染指根据国际食品安全管理的一般规则,在食品生产、加工或流通等过程中因非故意原因进入食品的外来污染物,一般包括金属污染物、农药残留、兽药残留、超范围或超剂量使用的食品添加剂、真菌毒素以及致病微生物、寄生虫等。一般来说,食品污染分为生物性、化学性及物理性污染三类。

(3)食品中的有害因素。食品中的有害因素是指在食品生产、流通、餐饮服务等环节除了食品污染以外的其他可能途径进入食品的有害因素,包括食品中自然存在的有害物质、违法添加的非食用物质、超范围或超剂量使用的食品添加剂,以及被作为食品添加剂使用的有害物质。

2. 国家食品安全风险监测计划

国家食品安全风险监测计划由国务院卫生行政部门会同国务院食品安全监督管理部门制定、实施。根据《食品安全风险监测管理规定(试行)》第7条和第9条规定,国家食品安全风险监测计划应规定监测的内容、任务分工、工作要求、组织保障措施和考核等。国家食品安全风险监测应遵循优先选择原则,兼顾常规监测范围和年度重点,并优先考虑以下品种:① 健康危害较大、风险程度较高以及污染水平呈上升趋势的;② 易于对婴幼儿、孕产妇、老年人、病人造成健康影响的;③ 流通范围广、消费量大的;④ 以往在国内导致食品安全事故或者受到消费者关注的;⑤ 已在国外导致健康危害并有证据表明可能在国内存在的。另外,国家食品安全风险监测计划虽然在一定时期内具有一定程度的稳定性,但它绝不是一成不变的,它在制定后必须根据监测情况和分析结果不断地调整完善。《食品安全法》第14条规定,国务院食品安全监督管理部门和其他有关部门获知有关食品安全风险信息后,应当立即核实并向国务院卫生行政部门通报。对有关部门通报的食品安全风险信息以及医疗机构报告的食源性疾病等有关疾病信息,国务院卫生行政部门应当会同国务院有关部门分析研究,认为必要的,及时调整国家食品安全风险监测计划。《食品安全风险监测管理规定(试行)》第11条也规定,国务院卫生行政部门会同有关部门,必要时,还应当依据医疗机构报告的有关疾病信息调整国家食品安全风险监测计划。

3. 省级地方食品安全风险监测方案

我国地域范围大、经济发展和饮食文化千差万别,国家制定的监测计划不一定能够适合各个地区,为了最大限度地保护公众健康,《食品安全法》第14条规定,由省、自治区、直辖市人民政府卫生行政部门会同同级食品安全监督管理等部门,根据国家食品安全风险监测计划,结合本行政区域的具体情况,制定、调整本行政区域的食品安全风险监测方案,报国务院卫生行政部门备案并实施。从该条规定中可以看出,省级地方食品安全风险监测方案有两个基本要求:一是以国家食品安全风险监测计划为依据;二是结合本行政区域的具体情况,包括本地区人口特征、主要生产和消费食物种类、预期的保护水平以及经费支持能力等。同国家食品安全监测计划一样,省级地方食品安全监测方案也不是一成不变的,它应当根据国家食品安全监测计划的调整,并结合自身行政区域的特色作出相应的调整。

4. 食品安全风险监测计划和方案的实施

食品安全风险监测工作由国务院有关部门依据法定职责组织实施。《食品安全风险监测管理规定(试行)》第14条规定,省级以上人民政府卫生行政部门会同同级食品安全监督管理等部门确定的技术机构承担并根据本行政区的具体情况组织实施食品安全风险监测工作,该技术机构应当根据食品安全风险监测计划和监测方案,在食品安全风险评估专家委员会的指导下开展监测工作,保证监测数据真实、准确,并按照食品安全风险监测计划和监测方案的要求,将监测数据和分析结果报送省级以上人民政府卫生行政部门和下达监测任务的部门。省级以上卫生行政部门指定的专门机构负责对承担国家食品安全风险监测工作的技术机构获得的数据进行收集和汇总分析,向国务院卫生行政部门提交数据汇总分析报告。卫生部门及时将食品安全风险监测数据和分析结果通报国务院农业行政和国家食品安全监督管理以及国务院商务、工业和信息化等部门。医疗机构发现其接收的病人属于食源性疾病病人、食物中毒病人,或者疑似食源性疾病病人、疑似食物中毒病人的,应当及时向所在地县级人民政府卫生行政部门报告有关疾病信息。接到报告的卫生行政部门应当汇总、分析有关疾病信息,通报同级食品安全监督管理等部门,并及时向本级人民政府和上级卫生行政部门报告;必要时可以直接向国务院卫生行政部门报告,同时报告本级人民政府和上级卫生行政部门。

(二) 食品安全风险评估制度

食品安全风险评估是指对食品、食品添加剂中生物性、化学性和物理性危害对人体健康可能造成的不良影响所进行的科学评估。《食品安全法》第17条规定,国务院卫生行政部门是食品安全风险评估工作的组织机构,成立由医学、农业、食品、营养、生物、环境等方面的专家组成的食品安全风险评估专家委员会进行食品安全风险评估。该专家委员会不仅参加食品安全风险评估工作,还负责对农药、肥料、生长调节剂、兽药、饲料和饲料添加剂等可能会影响食品安全的相关产品的安全性进行评估。

食品安全风险评估是一个科学过程,它的组织实施是在一定条件下进行的。《食品安全法》第18条规定,有下列情形之一的,应当进行食品安全风险评估:① 通过食品安全风险监测或者接到举报发现食品、食品添加剂、食品相关产品可能存在安全隐患的;② 为制定或者修订食品安全国家标准提供科学依据需要进行风险评估的;③ 为确定监督管理的重点领域、重点品种需要进行风险评估的;④ 发现新的可能危害食品安全因素的;⑤ 需要判断某一因素是否构成食品安全隐患的;⑥ 国务院卫生行政部门认为需要进行风险评估的其他情形。

食品安全风险评估结果是制定、修订食品安全标准和实施食品安全监督管理的科学依据。对于安全风险评估结果为不安全的食品,根据《食品安全法》第21条规定,食品安全风险评估结果得出食品、食品添加剂、食品相关产品不安全结论的,一方面,国务院食品安全监督管理等部门应当依据各自职责立即向社会公告,告知消费者停止食用或者使用,并采取相应措施,确保该食品、食品添加剂、食品相关产品停止生产经营;另一方面,需要制定、修订相关食品安全国家标准的,国务院卫生行政部门应当会同国务院食品安全监督管理部门立即制定、修订。对于经综合分析表明可能具有较高程度安全风险的食品,该法第22条规定,对经综合分析表明可能具有较高程度安全风险的食品,国务院食品安全监督管理部门应当及时提出食品安全风险警示,并向社会公布。

二、食品安全标准制度

食品安全标准是政府管理部门对食品生产经营过程中影响食品安全的各种要素以及各关键环节所规定的统一技术要求。它强调食品安全监管的科学性和公正性,最大限度地避免执法的随意性。《食品安全法》对食品安全标准没有作出明确定义,但其全文涉及食品安全标准有关规定的条文共有若干条,可以说,《食品安全法》对食品安全标准作出了较为系统的规定。

根据《食品安全法》的规定,食品安全标准是强制执行标准,除食品安全标准外,不得制定其他的食品强制性标准。制定食品安全标准应当以保障公众身体健康为宗旨,在风险评估结果的基础上,广泛听取食品生产经营者和消费者的意见,统筹考虑经济社会发展与食品安全保障需求,做到科学合理、安全可靠。食品安全标准应当包括以下具体内容:① 食品、食品添加剂、食品相关产品中的致病性微生物、农药残留、兽药残留、生物毒素、重金属等污染物质以及其他危害人体健康物质的限量规定；② 食品添加剂的品种、使用范围、用量；③ 专供婴幼儿和其他特定人群的主辅食品的营养成分要求；④ 对与卫生、营养等食品安全要求有关的标签、标志、说明书的要求；⑤ 食品生产经营过程的卫生要求；⑥ 与食品安全有关的质量要求；⑦ 与食品安全有关的食品检验方法与规程；⑧ 其他需要制定为食品安全标准的内容。这些内容涉及从食品、食品相关产品到食品添加剂，从限量规定到营养成分要求，从食品内在要求到食品外在包装，从安全指标到检验方法，再加上第八项的条款，已然很丰富。

《食品安全法》中规定的强制性食品安全标准有三类，即食品安全国家标准、食品安全地方标准和食品安全企业标准。食品安全国家标准由国务院卫生行政部门会同国务院食品安全监督管理部门制定、公布，国务院标准化行政部门提供国家标准编号。食品中农药残留、兽药残留的限量规定及其检验方法与规程由国务院卫生行政部门、国务院农业行政部门会同国务院安全药品监督管理部门制定。屠宰畜、禽的检验规程由国务院农业行政部门会同国务院卫生行政部门制定。对地方特色食品，没有食品安全国家标准的，省、自治区、直辖市人民政府卫生行政部门可以制定并公布食品安全地方标准，报国务院卫生行政部门备案。食品安全国家标准制定后，该地方标准即行废止。企业生产的食品没有食品安全国家标准或者地方标准的，食品生产企业可以制定严于食品安全国家标准或者地方标准的企业标准，作为组织生产的依据。企业标准应当报省、自治区、直辖市人民政府卫生行政部门备案，并且仅在本企业内部适用。

三、食品生产经营制度

食品生产经营是指一切食品的生产（不包括种植业和养殖业）、采集、收购、加工、贮存、运输、陈列、供应、销售等活动。食品生产经营者在从事食品生产经营活动的过程中，应当遵守食品安全法及其相关法规的规定，履行应尽的义务。

（一）食品生产经营的法定要求

《食品安全法》明确规定食品生产经营首先应当符合食品安全标准。按照食品标准进行食品生产经营是我国食品安全法对食品生产经营最基本、最核心的要求。除此之外，《食品安全法》第33条规定，食品生产经营还应满足下列要求：

（1）具有与生产经营的食品品种、数量相适应的食品原料处理和食品加工、包装、贮存等场所，保持该场所环境整洁，并与有毒、有害场所以及其他污染源保持规定的距离。

（2）具有与生产经营的食品品种、数量相适应的生产经营设备或者设施，有相应的消毒、更衣、盥洗、采光、照明、通风、防腐、防尘、防蝇、防鼠、防虫、洗涤以及处理废水、存放垃圾和废弃物的设备或者设施。

（3）有专职或者兼职的食品安全专业技术人员、食品安全管理人员和保证食品安全的规章制度。

（4）具有合理的设备布局和工艺流程，防止待加工食品与直接入口食品、原料与成品交叉污染，避免食品接触有毒物、不洁物。

（5）餐具、饮具和盛放直接入口食品的容器，使用前应当洗净、消毒，炊具、用具用后应当洗净,保持清洁。

(6) 贮存、运输和装卸食品的容器、工具和设备应当安全、无害,保持清洁,防止食品污染,并符合保证食品安全所需的温度、湿度等特殊要求,不得将食品与有毒、有害物品一同贮存、运输。

(7) 直接入口的食品应当使用无毒、清洁的包装材料、餐具、饮具和容器。

(8) 食品生产经营人员应当保持个人卫生,生产经营食品时,应当将手洗净,穿戴清洁的工作衣、帽等;销售无包装的直接入口食品时,应当使用无毒、清洁的容器、售货工具和设备。

(9) 用水应当符合国家规定的生活饮用水卫生标准。

(10) 使用的洗涤剂、消毒剂应当对人体安全、无害。

(11) 法律、法规规定的其他要求。

以上《食品安全法》明确提出的十一类要求,考虑到食品食品生产经营种类、流程的复杂性,可能无法满足现实中的食品安全要求,所以,其他法律法规中的相关规定,食品生产经营者也应该遵守。

(二) 网络食品交易第三方平台的义务

如今网购已成为我国居民日常消费的主要方式之一。统计数据显示,截至2020年12月,中国网络购物用户规模达7.82亿,网络购物市场的年销售额达到10.8万亿元,在社会总销售额的占比达到21.9%。《食品安全法》还将网购食品纳入监管范围,并明确规定,网络食品交易第三方应当对入网食品经营者进行实名登记,明确其食品安全管理责任;依法应当取得许可证的,还应当审查其许可证。消费者通过网络食品交易第三方平台购买食品,其合法权益受到损害的,可以向入网食品经营者或者食品生产者要求赔偿。《食品安全法》设定了网上食品交易的"三项义务"。主要包括:一是一般性义务,即要求网络食品交易第三方平台要对入网经营者实名登记,要明确管理责任。二是管理义务,即要求网络食品交易第三方平台要对依法取得许可证才能经营的食品经营者的许可证进行审查,特别是发现入网食品经营者有违法行为的,应当及时制止,并且要立即报告食品药品监管部门。三是保护消费者合法权益义务,即包括消费者通过网络食品交易第三方平台,购买食品其合法权益受到损害的,可以向入网的食品经营者或者食品生产者要求赔偿;网络食品交易第三方平台提供者赔偿后,消费者有权向入网食品经营者或者生产者进行追偿。食品安全法所规定的"三项义务",落实了互联网食品交易中的食品安全、消费者权益保护问题的责任承担者,在确保互联网食品的交易安全的同时,也保证了产生的纠纷能够得以切实有效解决。

(三) 食品生产经营的禁止性要求

《食品安全法》第34条规定了禁止生产经营的若干类食品、食品添加剂、食品相关产品,确保从源头上阻断不安全食品的出现。具体有:① 用非食品原料生产的食品或者添加食品添加剂以外的化学物质和其他可能危害人体健康物质的食品,或者用回收食品作为原料生产的食品;② 致病性微生物、农药残留、兽药残留、生物毒素、重金属等污染物质以及其他危害人体健康的物质含量超过食品安全标准限量的食品、食品添加剂、食品相关产品;③ 用超过保质期的食品原料、食品添加剂生产的食品、食品添加剂;④ 超范围、超限量使用食品添加剂的食品;⑤ 营养成分不符合食品安全标准的专供婴幼儿和其他特定人群的主辅食品;

⑥腐败变质、油脂酸败、霉变生虫、污秽不洁、混有异物、掺假掺杂或者感官性状异常的食品、食品添加剂;⑦病死、毒死或者死因不明的禽、畜、兽、水产动物肉类及其制品;⑧未按规定进行检疫或者检疫不合格的肉类,或者未经检验或者检验不合格的肉类制品;⑨被包装材料、容器、运输工具等污染的食品、食品添加剂;⑩标注虚假生产日期、保质期或者超过保质期的食品、食品添加剂;⑪无标签的预包装食品、食品添加剂;⑫国家为防病等特殊需要明令禁止生产经营的食品;⑬其他不符合法律、法规或者食品安全标准的食品、食品添加剂、食品相关产品。

(四)食品生产经营的专项制度

《食品安全法》对食品生产经营规定了以下专项制度,以保证食品生产经营活动的规范。这些专项制度主要包括:食品生产经营许可制度,食品安全全程追溯制度,食品安全管理制度,从业人员健康管理制度,生产经营信息记录制度,标签、说明书和广告制度,召回制度和特殊食品严格监管制度等。

1. 食品生产经营许可制度

食品生产经营许可是一种行政许可,是指有关行政机关根据公民、法人或者其他组织的申请,经依法审查,准予其从事特定食品生产经营活动的行为。《食品安全法》第35条和39条规定,国家对食品生产经营实行许可制度。从事食品生产、食品销售、餐饮服务,应当依法取得许可。但是,销售食用农产品和仅销售预包装食品的,不需要取得许可。仅销售预包装食品的,应当报所在地县级以上地方人民政府食品安全监督管理部门备案。由此,《食品安全法》中规定的许可制度有食品生产许可、食品销售许可、餐饮服务许可和食品添加剂生产许可四种。食品生产经营者从事食品生产、销售、餐饮服务及食品添加剂生产活动的,应当依法向县级以上食品安全监督管理部门提交相关资料申请许可,该部门应当依照《行政许可法》的规定,审核申请人提交的相关资料,必要时对申请人的生产经营场所进行现场核查;对符合规定条件的,决定准予许可;对不符合规定条件的,决定不予许可并书面说明理由。《食品安全法》虽然规定食品生产经营采用许可制度,但考虑到我国的具体国情,在第35条中也有一些例外规定:

(1)销售食用农产品:农民个人销售其自产的使用农产品,不需要取得食品销售许可证。

(2)食品生产加工小作坊和食品摊贩等从事食品生产经营活动,不需要取得食品生产、销售许可证,但应当符合本法规定的与其生产经营规模、条件相适应的食品安全要求,保证所生产经营的食品卫生、无毒、无害。

(3)利用新的食品原料生产食品,或者生产食品添加剂新品种、食品相关产品新品种,应当向国务院卫生行政部门提交相关产品的安全性评估材料。

(4)添加按照传统既是食品又是中药材的物质,按照传统既是食品又是中药材的物质目录由国务院卫生行政部门会同国务院食品药品监督管理部门制定、公布。

2. 食品安全全程追溯制度

食品安全追溯是运用现代网络技术、数据库管理技术和条码技术,对食品链从生产、加工、包装、运输到存储销售所有环节的信息,进行采集、记录、整理、分析和录入,最终可以通过电子终端设备查询的质量保障制度。食品安全涉及的主体多,链条长,监管难度大。党的十八届三中全会提出,建立最严格的覆盖全过程的食品安全监管体制,保证食品安全。建立食品安全全程追溯制度就是落实这一精神的具体制度设计。建立追溯制度,实现从农田到餐桌各个环节的可追溯,一旦出现问题,能及时找到问题环节,遏制事态扩大,也能及时找到责任主体,落实法律责任。建立食品安全全程追溯制度,也是加强食品生产经营管理、强化食品安全监管、促进社会诚信建设、维护消费者合法权益的现实需要。建立追溯制度的最终目的是当食品安全出现问题时,能够快速有效地追溯到出现问题的环节,查出经营者和问题原料,同时可以将问题食品召回,将质量问题引起的后果降至最低,并对出问题环节的组织进行整改和惩罚,以确保食品的质量安全。《食品安全法》第42条和《食品安全法实施条例》第18条规定,国家建立食品安全全程追溯制度。食品生产经营者应当依照本法的规定,建立食品安全追溯体系,保证食品可追溯。国家鼓励食品生产经营者采用信息化手段采集、留存生产经营信息,建立食品安全追溯体系。国务院食品药品监督管理部门会同国务院农业行政等有关部门建立食品安全全程追溯协作机制。食品质量安全追溯制度具有三个主要作用:一是当食品出现安全问题时,可以快速追溯至发生问题的环节;二是可以迅速地收回未出售或未消费的食品;三是可以长期对危害人类健康、动物或环境的无意识的影响进行监测和识别。

3. 食品安全管理制度

为了保障食品安全,加强对食品生产经营企业内部食品安全管理。《食品安全法》第44条规定,食品生产经营企业应当建立健全食品安全管理制度,对职工进行食品安全知识培训,加强食品检验工作,依法从事生产经营活动。食品生产经营企业的主要负责人应当落实企业食品安全管理制度,对本企业的食品安全工作全面负责。食品生产经营企业应当配备食品安全管理人员,加强对其培训和考核。经考核不具备食品安全管理能力的,不得上岗。食品安全监督管理部门应当对企业食品安全管理人员随机进行监督抽查考核并公布考核情况。监督抽查考核不得收取费用。

4. 食品从业人员的健康管理制度

食品从业人员的健康状况,直接关系到食品的安全。如果食品从业人员患有传染病或者是带菌者,就容易污染其直接生产经营的食品,这些被污染的食品进入食用者口中,对食用者的身体健康造成威胁。因此,食品生产经营者建立并执行从业人员健康管理制度是必要的。《食品安全法》第45条规定,食品生产经营者应当建立并执行从业人员健康管理制度。具体包括从业人员健康检查制度和健康档案制度。食品生产经营人员每年应当进行健康检查,取得健康证明后方可参加工作。患有痢疾、伤寒、病毒性肝炎等消化道传染病的人员,以及患有活动性肺结核、化脓性或者渗出性皮肤病等有碍食品安全的疾病的人员,不得从事接触直接入口食品的工作,食品生产经营者应当将其调整到其他不影响食品安全的工作岗位。

5. 食品生产经营信息记录制度

食品生产经营信息记录制度是对食品、食品添加剂、食品相关产品等的来源、用法、用量、保质期等相关信息作出记录,从而保障食品的可追溯性的制度。食品生产经营信息记录制度主要包括:食用农产品生产记录制度、食品生产和经营企业进货查验记录制度、食品生产企业出厂检验记录制度和食品销售记录制度。

(1) 食用农产品生产记录制度。《食品安全法》第49条规定的是食用农产品生产记录制度,食用农产品生产记录的主体是食用农产品的生产企业和农民专业合作经济组织,他们应当依照食品安全标准和国家有关规定记录使用农药、肥料、兽药、饲料和饲料添加剂等农业投入品,严格执行农业投入品使用安全间隔期或者休药期的规定,不得使用国家明令禁止的农业投入品。禁止将剧毒、高毒农药用于蔬菜、瓜果、茶叶和中草药材等国家规定的农作物。并对生产记录的真实性、完整性承担责任。该记录是规范农业生产管理过程,加强农产品质量安全控制的有效措施。

(2)进货查验记录制度。《食品安全法》第50条和53条分别规定了食品生产和经营企业进货查验记录制度。第50条规定,食品生产企业应当建立食品原料、食品添加剂、食品相关产品进货查验记录制度,如实记录食品原料、食品添加剂、食品相关产品的名称、规格、数量、供货者名称及联系方式、进货日期等内容。食品原料、食品添加剂及食品相关产品的安全状况直接关系到生产的食品的安全状况。因此,食品生产者采购食品原料、食品添加剂、食品相关产品,应当查验供货者的许可证和产品合格证明文件;对无法提供合格证明文件的食品原料,应当依照食品安全标准进行检验;不得采购或者使用不符合食品安全标准的食品原料、食品添加剂、食品相关产品。第53条规定,食品经营者采购食品,应当查验供货者的许可证和食品出厂检验合格证或者其他合格证明(以下称合格证明文件)。食品经营企业应当建立食品进货查验记录制度,如实记录食品的名称、规格、数量、生产日期或者生产批号、保质期、进货日期以及供货者名称、地址、联系方式等内容,并保存相关凭证。记录和凭证保存期限应当符合本法第50条第2款的规定。实行统一配送经营方式的食品经营企业,可以由企业总部统一查验供货者的许可证和食品合格证明文件,进行食品进货查验记录。

(3)食品出厂检验记录的制度。《食品安全法》第51条是关于食品出厂检验记录的制度,出厂检验是食品生产中的最后一道工序,是食品生产者能够控制的最后一道关卡,为防止不合格的食品流入市场,从根本上保证消费者食用安全,食品出厂必须实行检验制度。食品生产者必须如实记录食品的名称、规格、数量、生产日期、生产批号、检验合格证号、购货者名称及联系方式、销售日期等内容,还应当具有与所生产产品相适应的质量安全检验和剂量检测手段。

(4)食品销售记录制度。《食品安全法》第53条规定了从事食品批发业务的经营企业应当建立食品销售记录制度,如实记录批发食品的名称、规格、数量、生产日期或者生产批号、保质期、销售日期以及购货者名称、地址、联系方式等内容,并保存相关凭证。这些规定是对食品经营者规定的一项重要法律义务,其目的是为了对食品销售者销售的货源进行把关,保证食品经营者所销售食品的质量。

6. 食品召回制度

我国早在《食品卫生法》《国务院关于加强食品等产品安全监督管理的特别规定》中就已对食品召回制度作出了相关规定,《食品安全法》又再次规定了食品召回制度的基本要求。根据《食品安全法》第63条的规定,食品召回制度适用的是食品生产者生产的"不符合食品安全标准"或"有证据证明可能危害人体健康"的食品,或者是食品经营者经营的"不符合食品安全标准"或"有证据证明可能危害人体健康"的食品。食品召回的主体有两类:一类是实施主体,主要是食品生产经营者;另一类是监督主体,主要指县级以上人民政府食品安全监督管理部门。

食品召回应经过三个步骤:首先,对食品安全危害进行调查和评估,决定是否启动召回程序。这里的调查和评估包括食品生产者的调查评估,还包括接到通知的监管部门的调查和评估。因此,我国食品召回程序的启动方式也相应有两种:一是食品生产经营者主动召回。即食品生产经营者发现其生产或经营的食品不符合食品安全标准或有证据证明可能危害人体健康,立即停止生产销售,主动召回已经上市销售的食品。二是监管部门责令召回。即食品生产经营者未依法召回或者停止经营不符合食品安全标准的食品的,县级以上人民政府食品药品监督管理部门可以责令其召回或者停止经营。其次,根据前期的调查和评估结果认为确应将食品召回的,应当先停止生产和销售该食品,并通知消费者和该食品经营者,然后按照法律规定提出并实施食品召回计划。最后,对召回的不安全食品进行后续处理。对于采取一定补救措施后允许销售的可以销售,而对于那些经过采取各种补救措施仍不能保证食品安全的,应该进行无害化处理或者销毁,以防其再次流入市场。

食品召回制度是一种具有公共性质的行政管理制度,作为一项缺陷食品对社会造成危害前的预防措施,其目的是尽快而有效地处理不安全的或可能不安全的食品,最大限度地减少和预防食品安全危害。

7. 食品标签、说明书和广告制度

(1) 标签、说明书制度。《食品安全法》对标签、说明书制度的规定,分为食品和食品添加剂两个方面。其中,在食品方面,主要规定了预包装食品、散装食品、转基因食品的标注、标签要求。《食品安全法》第67条详细列举了预包装食品的包装标签上应当标明的事项,如名称,规格,净含量,生产日期,成分或者配料表,生产者的名称、地址、联系方式,保质期,产品标准代号,贮存条件,所使用的食品添加剂在国家标准中的通用名称,生产许可证编号,法律、法规或者食品安全标准规定应当标明的其他事项。特别规定,专供婴幼儿和其他特定人群的主辅食品,其标签还应当标明主要营养成分及其含量。第68条规定,食品经营者销售散装食品,应当在散装食品的容器、外包装上标明食品的名称、生产日期或者生产批号、保质期以及生产经营者名称、地址、联系方式等内容。第69条规定,生产经营转基因食品应当按照规定显著标示。依照《食品安全法》第70条规定,食品添加剂应当有标签、说明书和包装。标签、说明书应当载明本法第67条第1款第1项至第6项、第8项、第9项规定的事项,以及食品添加剂的使用范围、用量、使用方法,并在标签上载明"食品添加剂"字样。第71条进一步规定,食品和食品添加剂的标签、说明书,不得含有虚假内容,不得涉及疾病预防、治疗功能。生产经营者要对其提供的标签、说明书的内容负责。食品和食品添加剂的标签、说明书应当清楚、明显,生产日期、保质期等事项应当显著标示,容易辨识。食品和食品添加剂与其标签、说明书的内容不符的,不得上市销售。标签、说明书制度对于保障消费者的知情权和选择权以及合理使用相关产品方面有着重要意义。

(2) 食品广告制度。食品广告是食品生产者为促销其产品,利用媒体宣传其优点,以占有更大市场、获取更多利润的一种手段,也是食品广告经营者获取利益的重要途径。根据《食品安全法》第73条和我国《广告法》的有关规定,食品广告应符合以下法定要求:① 内容应当真实合法。具体而言,食品广告主、广告经营者、广告发布者发布食品广告,必须保证食品广告内容与食品实际状况相符,如实披露食品信息。② 食品广告的内容不得涉及疾病预防、治疗功能。食品广告不得使用医疗用语或者易与药品混淆的用语,避免造成"药食不分"的混乱局面的情况。③ 有关部门、社会团体或者其他组织不得以广告或者其他形式向消费者推荐食品。县级以上人民政府食品安全监督管理部门和其他有关部门以及食品检验机构、食品行业协会不得以广告或者其他形式向消费者推荐食品。消费者组织不得以收取费用或者其他牟取利益的方式向消费者推荐食品。

8. 特殊食品严格监管制度

特殊食品包括保健食品、特殊医学用途配方食品和婴幼儿配方食品等。国家对特殊食品实施更为严格的监管制度,针对食品安全事故高发的保健食品,《食品安全法》第74～79条,对保健食品的原料目录、进口、注册、标签、说明书,广告等做出了明确具体的规定。对于特殊医学用途的配方食品,《食品安全法》第80条规定,应当经国务院食品安全监督管理部门注册。注册时,应当提交产品配方、生产工艺、标签、说明书以及证明产品安全性、营养充足性和特殊医学用途临床效果的材料。特殊医学用途配方食品广告适用《广告法》和其他法律、行政法规关于药品广告管理的规定。2008年"三聚氰胺"事件后,婴幼儿食品安全问题成为食品安全领域的焦点。关于婴幼儿配方食品,生产企业应当建立实施从原料进厂到成品出厂的全过程质量控制,对出厂的婴幼儿配方食品实施逐批检验,保证食品安全。《食品安全法》第81条规定,生产婴幼儿配方食品使用的生鲜乳、辅料等食品原料、食品添加剂等,应当符合法律、行政法规的规定和食品安全国家标准,保证婴幼儿生长发育所需的营养成分。婴幼儿配方食品生产企业应当将食品原料、食品添加剂、产品配方及标签等事项向省、自治区、直辖市人民政府食品安全监督管理部门备案。婴幼儿配方乳粉的产品配方应当经国务院食品安全监督管理部门注册;注册时,应当提交配方研发报告和其他表明配方科学性、安全性的材料;不得以分装方式生产婴幼儿配方乳粉,同一企业不得用同一配方生产不同品牌的婴幼儿配方乳粉。

四、食品检验制度

食品检验是指食品检验机构根据食品安全法制定的有关食品安全标准,对食品原料、辅助材料、成品的质量和安全性进行的检验,包括对食品理化指标、卫生指标、外观特性以及外包装、内包装、标志等进行的检验。食品检验制度是保证食品安全、加强食品安全监管、防治不安全食品危害人体健康的一项重要制度。

(一) 食品检验主体

根据食品安全法的规定,食品检验主体有依法享有检验权利的主体和享有检验委托权利的两类主体,前者包括食品检验机构、具备出厂检验能力的食品生产经营企业,后者包括食品安全监督管理部门、食品行业协会以及消费者等。

1. 食品检验机构

食品检验机构是落实监管技术的重要组织保证,其工作质量直接影响到食品质量安全监管制度的落实。我国对从事食品检验的机构实行资格准入制度,只有通过法定渠道获得检验资格的机构才能从事食品检验活动。鉴于目前负责食品安全监管的卫生、农业、质检、工商、商务、食品安全监督等部门都有所属的食品检验机构,对食品检验机构的认定条件和办法并不完全一致,各食品检验机构水平参差不齐。为了统一资质认定条件和检验规范,《食品安全法》第84条规定,食品检验机构按照国家有关认证认可的规定取得资质认定后,方可从事食品检验活动。但是,法律另有规定的除外。食品检验机构的资质认定条件和检验规范,由国务院食品安全监督管理部门规定。符合本法规定的食品检验机构出具的检验报告具有同等效力。县级以上人民政府应当整合食品检验资源,实现资源共享。另外,食品安全法对食品检验人员也提出了法定条件,要求我国从事食品检验的人员必须由食品检验机构专门指定,独立进行。

2. 食品生产企业

食品生产企业可以对自行生产的食品进行检验,但前提条件是具备相应的检验能力,该能力需满足以下法律要求:① 有独立行使食品检验并具有质量否决权的内部检验机构;② 检验机构有健全的产品质量管理制度,包括岗位质量规范、质量责任以及相应的考核办法;③ 检验机构具有符合机关产品技术标准要求的检验仪器和设备,能满足规定的精度、检测范围要求;④ 检验机构有满足检验工作需要的员工数量,检验人员熟悉标准,经培训考核合格;⑤ 能科学、公正、准确、及时地提供检验报告,出具产品质量检验合格证明。如果食品生产经营企业不能满足以上一项或一项以上的检验项目要求,则该企业不具备自行检验能力,在这种情况下,食品生产企业只能委托食品检验机构进行检验。

3. 食品行业协会和消费者协会等组织、消费者

《食品安全法》第 89 条第 2 款规定,食品行业协会和消费者协会等组织、消费者需要委托食品检验机构对食品进行检验的,应当委托符合本法规定的食品检验机构进行。

(二)食品抽样检查制度

为切实保证食品检验对食品安全质量的监管作用,《食品安全法》废止了食品免检制度,并进一步明确规定对食品检验采取定期或不定期的抽样检验制度。根据《食品安全法》第 87 条规定,县级以上人民政府食品安全监督管理部门应当对食品进行定期或者不定期的抽样检验,并依据有关规定公布检验结果,不得免检。进行抽样检验时,应当购买抽取的样品,委托符合本法规定的食品检验机构进行检验,并支付相关费用;不得向食品生产经营者收取检验费和其他费用。

五、食品安全事故处置制度

食品安全事故指食物中毒、食源性疾病、食品污染等源于食品、对人体健康有危害或者可能有危害的事故。也就是说,所有与人体健康有关的食品问题都可能会成为安全事故,而不仅仅是指我们通常所认为的那些具有轰动性、损害和影响都较大的食品案件。而且,食品安全事故并不以发生实际危害为要件,对人体可能造成危害的也可构成食品安全事故。

(一)食品安全事故应急预案

食品安全事故应急预案,是指经过一定程序制定的开展食品安全事故应急处理工作的事先指导方案。我国早在 2003 年全国抗击非典型肺炎之际就出台了《突发公共卫生事件应急条例》,将食品安全事故作为公共卫生事件处理。随后,在 2006 年又先后颁布了《国家突发公共事件总体应急预案》《国家突发公共卫生事件应急预案》以及专门针对食品安全事故的《国家重大食品安全事故应急预案》。《食品安全法》在此基础上,作了进一步的补充。《食品安全法》第 102 条规定,国务院组织制定国家食品安全事故应急预案。县级以上地方人民政府应当根据有关法律、法规的规定和上级人民政府的食品安全事故应急预案以及本行政区域的实际情况,制定本行政区域的食品安全事故应急预案,并报上一级人民政府备案。食品安全事故应急预案应当对食品安全事故分级、事故处置组织指挥体系与职责、预防预警机制、处置程序、应急保障措施等作出规定。食品生产经营企业应当制定食品安全事故处置方案,定期检查本企业各项食品安全防范措施的落实情况,及时消除事故隐患。食品安全应急预案的制定一方面有利于对食品安全问题做到早发现、早预防、早整治、早解决,另一方面也是为了各机关各尽其职,共同做好食品安全事故预防及处理工作。食品安全事故预案虽然不是法律,但起到了法的作用,有关部门应当依其行事,落实各自的职责。

(二) 食品安全事故处理

1. 食品安全事故报告

为了防止引起社会恐慌,使危险扩大,食品安全事故发生后,相关主体应该第一时间报告食品安全事故发生的情况并采取应急措施。根据《食品安全法》规定,负有食品安全事故报告义务的主体有三类:第一类是事故发生单位,即食品生产者或经营者。发生食品安全事故的单位对导致或者可能导致食品安全事故的食品及原料、工具、设备等,应当立即采取封存等控制措施,并自事故发生之时起 2 小时内向所在地县级人民政府食品安全监督管理部门报告。第二类是接收病人进行治疗的单位。食品安全事故发生后,接收病人进行治疗的单位应当及时向事故发生地县级人民政府食品药品监督管理、卫生行政部门报告,以便引起监管部门的注意,尽早发现和确定食品不安全因素。第三类是政府有关部门。农业行政部门在日常监督管理中发现食品安全事故,或者接到有关食品安全事故的举报,应当立即向同级食品安全监督管理部门通报。接到报告的县级人民政府食品安全监督管理部门应当按照应急预案的规定向本级人民政府和上级人民政府食品安全监督管理部门报告。县级人民政府和上级人民政府食品安全监督管理部门应当按照应急预案的规定上报。

2. 食品安全事故调查

食品安全事故发生后,一方面,设区的市级以上人民政府食品安全监督管理部门应当立即会同有关部门进行事故责任调查,督促有关部门履行职责。涉及两个以上省、自治区、直辖市的重大食品安全事故由国务院食品安全监督管理部门依照前款规定组织事故责任调查。调查食品安全事故,除了查明事故单位的责任,还应当查明有关监督管理部门、食品检验机构、认证机构及其工作人员的责任。食品安全事故调查部门有权向有关单位和个人了解与事故有关的情况,并要求提供相关资料和样品,有关单位和个人应当予以配合,按照要求提供相关资料和样品,不得拒绝。另一方面,县级以上疾病预防控制机构应当对事故现场进行卫生处理,并对与事故有关的因素开展流行病学调查,有关部门应当予以协助。县级以上疾病预防控制机构应当向同级食品安全监督管理、卫生行政部门提交流行病学调查报告。

3. 食品安全事故处置

《食品安全法》第 105 条规定,县级以上人民政府食品安全监督管理部门接到食品安全事故的报告后,应当立即会同同级卫生行政、农业行政等部门进行调查处理,并采取下列措施,防止或者减轻社会危害:

(1) 开展应急救援工作,组织救治因食品安全事故导致人身伤害的人员。

(2) 封存可能导致食品安全事故的食品及其原料,并立即进行检验;对确认属于被污染的食品及其原料,责令食品生产经营者依照本法第 63 条的规定召回或者停止经营。

(3) 封存被污染的食品相关产品,并责令进行清洗消毒。

(4) 做好信息发布工作,依法对食品安全事故及其处理情况进行发布,并对可能产生的危害加以解释、说明。

4. 提出事故责任调查处理报告

《食品安全法》第 106 条规定,发生食品安全事故,设区的市级以上人民政府食品安全监督管理部门应当立即会同有关部门进行事故责任调查,督促有关部门履行职责,向本级人民政府和上一级人民政府食品安全监督管理部门提出事故责任调查处理报告。

六、食品安全监督管理制度

根据修订后的《食品安全法》规定,完善统一权威的食品安全监管机构,由分段监管变成食品安全管理部门统一监管。我国食品安全监督管理包括食品安全行政监督、食品安全行业监督及食品安全社会监督,其中以行政监督为主。

(一)食品安全行政监督

我国对食品安全实行预防为主、风险管理、全程控制、社会共治,建立科学、严格的监督管理制度。食品安全法规定,县级以上人民政府食品安全监督管理部门根据食品安全风险监测、风险评估结果和食品安全状况等,确定监督管理的重点、方式和频次,实施风险分级管理。县级以上地方人民政府组织本级食品安全监督管理、农业行政等部门制定本行政区域的食品安全年度监督管理计划,向社会公布并组织实施。

1. 食品安全监督管理的重点

《食品安全法》第109条规定,食品安全年度监督管理计划应当将下列事项作为监督管理的重点:① 专供婴幼儿和其他特定人群的主辅食品;② 保健食品生产过程中的添加行为和按照注册或者备案的技术要求组织生产的情况,保健食品标签、说明书以及宣传材料中有关功能宣传的情况;③ 发生食品安全事故风险较高的食品生产经营者;④ 食品安全风险监测结果表明可能存在食品安全隐患的事项。

2. 食品安全监督管理措施

为了使县级以上人民政府食品安全监督管理、质量监督部门更好地履行食品安全监督管理职责,《食品安全法》第110条规定,县级以上人民政府食品安全监督管理部门履行食品安全监督管理职责,有权采取下列措施,对生产经营者遵守本法的情况进行监督检查:① 进入生产经营场所实施现场检查;② 对生产经营的食品、食品添加剂、食品相关产品进行抽样检验;③ 查阅、复制有关合同、票据、账簿以及其他有关资料;④ 查封、扣押有证据证明不符合食品安全标准或者有证据证明存在安全隐患以及用于违法生产经营的食品、食品添加剂、食品相关产品;⑤ 查封违法从事生产经营活动的场所。

3. 责任约谈

根据《食品安全法》第114和117条规定,食品生产经营过程中存在食品安全隐患,未及时采取措施消除的,县级以上人民政府食品安全监督管理部门可以对食品生产经营者的法定代表人或者主要负责人进行责任约谈。县级以上人民政府食品安全监督管理等部门未及时发现食品安全系统性风险,未及时消除监督管理区域内的食品安全隐患的,本级人民政府可以对其主要负责人进行责任约谈。地方人民政府未履行食品安全职责,未及时消除区域性重大食品安全隐患的,上级人民政府可以对其主要负责人进行责任约谈。约谈是一种低成本、灵活的行政手段,在实践中取得了较好效果。纵观当前我国食品安全违法行为,有些是故意所为的,有些是无知造成的,有些是恶习形成的。约谈制度有利于将关口前移,提升生产经营者和监管者的素质和责任意识,从源头防范食品安全事件发生。

4. 食品安全信用档案制度

根据《食品安全法》第113条规定,食品安全监管部门应当建立食品生产经营者食品安全信用档案,依法向社会公布并实时更新。这一制度的建立不仅有利于引导食品生产经营者在生产经营活动中重质量、重服务、重信誉、重自律,进而形成确保食品安全的长效机制,而且对监管部门提升监督检查效率、增强执法威慑力具有重要意义。

(二)食品安全行业监督

《食品安全法》第9条规定,食品行业协会应当加强行业自律,按照章程建立健全行业规范和奖惩机制,提供食品安全信息、技术等服务,引导和督促食品生产经营者依法生产经营,推动行业诚信建设,宣传、普及食品安全知识。由于食品行业协会对行业的了解更具专业水准,发动群众更充分,再加上与食品生产经营企业也有着十分密切的联系,因而其所形成的监督管理力量是政府行政监督管理所不能替代的。

(三)食品安全社会监督

根据《食品安全法》第9条第2款、第10条第2款和第12条的规定,消费者协会和其他消费者组织对违反本法规定,损害消费者合法权益的行为,依法进行社会监督。新闻媒体应当开展食品安全法律、法规以及食品安全标准和知识的公益宣传,并对食品安全违法行为进行舆论监督。任何组织或者个人有权举报食品安全违法行为,依法向有关部门了解食品安全信息,对食品安全监督管理工作提出意见和建议。

(四)食品安全信息制度

食品安全信息制度是食品安全监督管理制度的一个重要内容,它决定了食品安全监督管理的工作效率和成败。根据本法规定,我国食品安全信息制度具体包括食品安全信息公布制度、食品安全信息报告制度和食品安全信息通报制度。

1. 食品安全信息公布制度

食品安全关系着人民群众的身体健康和生命安全,食品安全信息公布不规范、不统一,就可能会出现公布的信息不科学、不准确,给消费者造成不必要的恐慌。《食品安全法》第118条规定了食品安全信息公布制度,依此规定,根据食品安全信息的内容及其重要程度、影响范围的不同,我国食品安全信息公布有三种情况:一是国务院食品安全监督管理部门统一公布,国家食品安全总体情况、食品安全风险警示信息、重大食品安全事故及其调查处理信息和国务院确定需要统一公布的其他信息。这些信息影响范围大、力度强、涉及面广,为保证食品安全信息公布的规范性、严肃性,必须由国务院食品安全监督管理部门统一公布。二是省、自治区、直辖市人民政府食品安全监督管理部门公布,食品安全风险警示信息和重大食品安全事故及其调查处理信息的影响力限于特定区域的信息。三是县级以上人民政府食品安全监督管理、农业行政部门依据各自职责公布食品安全日常监督管理信息。无论在哪种情况下,信息公布应当做到准确、及时,并进行必要的解释说明,避免误导消费者和形成不良社会舆论。

2. 食品安全信息报告制度

《食品安全法》第119条第1款规定,县级以上地方人民政府食品安全监督管理、卫生行政、农业行政部门获知本法规定需要统一公布的信息,应当向上级主管部门报告,由上级主管部门立即报告国务院食品安全监督管理部门;必要时,可以直接向国务院食品安全监督管理部门报告。根据报告程序的不同,食品安全信息报告有两种方式:一是一般情况下的逐级报告,即县级以上地方人民政府食品安全监督管理、卫生行政、农业行政部门获知食品安全信息后,应当各自向其上级主管部门报告,由上级主管部门立即报告国务院食品安全监督管理部门;二是情况必要的越级报告,即越过其上级主管部门,直接向国务院食品安全监督管理部门报告。两种方式虽程序不同,但最终都是向国务院食品安全监督管理部门报告。

3. 食品安全信息通报制度

《食品安全法》第119条第2款规定,县级以上人民政府食品安全监督管理、卫生行政、农业行政部门应当相互通报获知的食品安全信息。我国对生产、销售、餐饮服务等各环节实施严格的全过程管理,如果没有统一协调的信息共享机制,难免会造成由于信息资源利用率低下而影响监管工作效率的事实。因此,本法的这一规定无疑可以实现食品安全信息的综合利用和资源共享,有利于及时研究分析食品安全情况,对食品安全问题做到早发现、早预防、早整治、早解决。

第三节　食品安全法律责任

法律责任意味着国家对违法行为的否定性反应和谴责。食品安全法律责任是国家运用法律标准对食品安全违法行为给予的否定性评价,是直接由违反食品安全法的行为所引起的不利法律后果。食品安全法确定了食品安全工作实行全程控制的责任链条,在这个责任链条中包括三种类型的责任,即行政责任、民事责任和刑事责任。这三种责任是相互独立、不可互相抵消的。

一、行政责任

行政责任在食品安全问题上主要表现为食品生产经营者或政府相关部门由于违反食品安全法律或不履行食品安全法所规定的义务而依法应承担的行政法律后果。根据《食品安全法》规定,我国食品安全行政责任按照不同的责任方式主要分为两种,即行政处罚和行政问责。行政处罚主要适用于作为行政相对人的食品生产经营者。食品生产经营者作出违反法律规定的行为将会受到行政处罚,《食品安全法》详细列举了若干种违法行为,同时大幅提高了行政罚款的额度。比如,对生产经营添加药品的食品,生产经营营养成分不符合国家标准的婴幼儿配方乳粉等违法行为,最高可以处罚货值金额由现行的10倍罚款提高到30倍。针对多次、重复被罚而不改正的问题,食品安全监管部门对在1年内累计3次因违法受到罚款、警告等行政处罚的食品生产经营者,给予责令停产停业直至吊销许可证的处罚。对于被吊销许可证的食品生产经营者及其法定代表人、直接负责的主管人员和其他直接责任人员自处罚决定作出之日起5年内不得申请食品生产经营许可,或者从事食品生产经营管理工作、担任食品生产经营企业食品安全管理人员。因食品安全犯罪被判处有期徒刑以上刑罚的,终身不得从事食品生产经营管理工作,也不得担任食品生产经营企业食品安全管理人员。食品生产经营者聘用以上两类人员的,由县级以上人民政府食品安全监督管理部门吊销许可证。此外,针对有些违法者"怕关不怕罚"的情况,本法对违法添加非食用物质、经营病死畜禽、违法使用剧毒、高毒农药等屡禁不止的严重违法行为,增加了行政拘留的处罚。行政问责主要适用于政府相关部门,尤其是地方政府食品安全监督管理部门。我国食品安全监督管理部门对食品安全享有监督管理的职权,也负有若干禁止性义务。食品安全监督管理部门的行为触犯了这些禁止性义务即违法,需承担行政责任。《食品安全法》规定的违法行为包括以下四种:① 食品检验机构、食品检验人员出具虚假检验报告的;② 食品药品监督管理等部门、食品检验机构、食品行业协会以广告或者其他形式向消费者推荐食品,消费者组织以收取费用或者其他牟取利益的方式向消费者推荐食品的;③ 县级以上地方人民政府在食品安全监督管理中未履行职责,本行政区域出现重大食品安全事故、造成严重社会影响的;④ 对县级以上食品药品监督管理部门、卫生行政、农业行政或者其他有关行政部门不履行食品安全法规定的职责或者滥用职权、玩忽职守、徇私舞弊的。政府相关部门承担行政问责责任的方式主要有记大过、降级、撤职或者开除、引咎辞职等。

二、民事责任

《食品安全法》中涉及民事责任的条款有 7 条(或款),规定了连带责任、补偿性赔偿、惩罚性赔偿。此 7 条(或款)的规定加大了食品安全民事责任的惩罚力度,有利于消费者的权利救济。

1. 连带责任

《食品安全法》关于连带责任的规定主要有 6 条(或款)。第 122 条第 2 款,明知食品、食品添加剂生产经营者未取得食品生产经营许可,仍为其提供生产经营场所或者其他条件的,使消费者的合法权益受到损害的,应当与食品、食品添加剂生产经营者承担连带责任。第 123 条第 2 款规定,明知从事前款规定的违法行为,仍为其提供生产经营场所或者其他条件,使消费者的合法权益受到损害的,应当与食品生产经营者承担连带责任。第 130 条规定,违反本法规定,集中交易市场的开办者、柜台出租者、展销会的举办者允许未依法取得许可的食品经营者进入市场销售食品,或者未履行检查、报告等义务,使消费者的合法权益受到损害的,应当与食品经营者承担连带责任。第 131 条规定,违反本法规定,网络食品交易第三方平台提供者未对入网食品经营者进行实名登记、审查许可证,或者未履行报告、停止提供网络交易平台服务等义务的,使消费者的合法权益受到损害的,应当与食品经营者承担连带责任。第 139 条第 2 款规定,认证机构出具虚假认证结论,使消费者的合法权益受到损害的,应当与食品生产经营者承担连带责任。第 140 条第 2 款、第 3 款规定,广告经营者、发布者设计、制作、发布虚假食品广告,使消费者的合法权益受到损害的,应当与食品生产经营者承担连带责任。社会团体或者其他组织、个人在虚假广告或者其他虚假宣传中向消费者推荐了食品,使消费者的合法权益受到损害的,应当与食品生产经营者承担连带责任。由此,虚假广告代言人承担连带责任的构成要件如下:① 行为人实施了虚假代言行为,即在虚假广告中向消费者推荐食品;② 消费者的合法权益遭受实际损害,包括财产权益和人身权益;③ 虚假代言行为与消费者损失之间有因果关系;④ 虚假代言人主观上存在过错,即代言人明知或应知所代言广告内容与真实内容不符的。虚假广告代言人承担连带责任的规定有利于遏制明星虚假代言现象,防止消费者因盲目"追星"而受到非法损害。

2. 补偿性赔偿

《食品安全法》中承担民事责任的方式以民事赔偿为主,包括补偿性赔偿和惩罚性赔偿两种。补偿性赔偿责任主要是按照被害人的实际损失,着重于补偿受害者的利益。第148条第1款规定,消费者因不符合食品安全标准的食品受到损害的,可以向经营者要求赔偿损失,也可以向生产者要求赔偿损失。接到消费者赔偿要求的生产经营者,应当实行首负责任制,先行赔付,不得推诿;属于生产者责任的,经营者赔偿后有权向生产者追偿;属于经营者责任的,生产者赔偿后有权向经营者追偿。该法条是方便消费者维权,在因不符合食品安全标准的食品受到损害的情况下,享有救济选择权,或向生产者、或向销售者求偿。

3. 惩罚性赔偿

惩罚性赔偿是在受害人实际损害之外的金钱赔偿,是为惩罚加害人的行为,并吓阻该行为人及其他人于未来从事类似行为而给予的赔偿。《食品安全法》第148第2款规定,生产不符合食品安全标准的食品或者经营明知是不符合食品安全标准的食品,消费者除要求赔偿损失外,还可以向生产者或者经营者要求支付价款十倍或者损失三倍的赔偿金;增加赔偿的金额不足一千元的,按一千元赔偿。从该规定中可以看出,承担惩罚性赔偿责任有两个关键的条件:一是违法主体。惩罚性赔偿责任仅适用于食品生产经营者,其中经营者包括食品流通环节的经营者及提供餐饮服务环节的经营者,但是并不包括其他需承担赔偿性责任的主体,如集中交易市场的开办者、柜台出租者、展销会的举办者、广告经营者及代言人等。二是生产了不符合食品安全标准的食品或者销售明知是不符合食品安全标准的食品。如果食品经营者在不知情的情况下经营不符合食品安全标准的食品,本身没有过错的,则不需要承担惩罚性赔偿责任。《食品安全法》中引入惩罚性赔偿制度,是维护消费者权益,惩罚生产销售者侵犯消费者合法权益的行为,遏制食品生产销售行业中同类违法行为的发生的有效措施。

三、刑事责任

为切实保障食品安全,除了行政法、民法保障外,也需刑法保护。刑法的正确适用,对及时打击严重食品安全违法行为与维持、改善食品安全状况而言都是一个坚强的后盾。《食品安全法》第149条规定,违反本法规定,构成犯罪的,依法追究刑事责任。这是属于一种统一刑法典的立法模式。《食品安全法》的这种刑事责任立法模式,与我国目前朝着统一性、集中性方向发展的统一刑法典立法模式是相一致的。根据我国刑法规定,刑事责任的追究采用罪刑法定原则,即要追究食品安全犯罪行为的刑事责任需要有刑法的明确规定。我国刑法中规定了危害食品安全犯罪主要是指典型形态的危害食品安全的犯罪,包括"生产、销售不符合安全标准的食品罪""生产、销售有毒、有害食品罪"和"食品监管渎职罪"。这三类犯罪行为中涉及的责任主体不仅是相关食品生产经营者,还包括相关政府监管部门及其直接责任人员,以及相关服务组织和社会团体。

1. 生产、销售不符合安全标准的食品罪

根据《刑法》第143条规定,生产、销售不符合安全标准的食品罪,是指违反国家食品卫生管理法规,生产、销售不符合安全标准的食品,足以造成严重食物中毒事故或者其他食源性疾患的行为。本罪属于危险犯,仅要求"足以造成严重食物中毒事故或者其他严重食源性疾患"。本罪的主观方面是故意,即明知是不符合安全标准的食品而故意生产、销售。行为人认知的程度只需达到明知所生产、销售的食品不符合食品的卫生安全标准，无需对危险性有足够的认识。如果行为人对食品的危险后果作出错误的判断，不影响本罪的成立。例如在"三鹿奶粉"案件中，被告人原三鹿集团董事长田文华是以生产、销售不符合安全标准的食品罪被判处无期徒刑的。

2. 生产、销售有毒有害食品罪

根据《刑法》第144条的规定，生产、销售有毒有害食品罪，是指在生产、销售的食品中掺入有毒、有害的非食品原料的，或者销售明知掺有有毒、有害的非食品原料的食品的行为。在"三鹿奶粉"案件中，被告人耿金平就是以生产、销售有毒食品罪被判处死刑的。2013年2月上海对两起在餐馆中使用"地沟油"加工食物并予以销售的案件，也是以该罪进行判决的。本罪客观方面是行为人在食品中掺入有毒有害的非食品原料，或明知食品被掺入了有毒有害的非食品原料而进行销售。本罪主观方面是故意，即故意在生产、销售的食品中掺入有毒有害的非食品原料，或者明知是掺入有毒有害的非食品原料而进行销售，并伴有非法营利之目的。在认知程度上，对掺入的非食品原料的危害性存在已知或应知。对于未明确规定为有毒有害的物质，或者以现有科学技术水平未能认识其危害性的物质，行为人用于加工销售食品的，不构成本罪，构成其他罪的，则依实际罪名处理。

3. 食品监管渎职罪

2011年《刑法修正案（八）》新增了"食品监管渎职罪"，是指负有食品安全监督管理职责的卫生行政、农业行政、质量监督、工商行政管理、食品药品监督管理等部门的国家机关工作人员，滥用职权或者玩忽职守，导致发生重大食品安全事故或者造成其他严重后果的行为。该罪没有依据《刑法》第397条确定为犯罪（即滥用职权罪和玩忽职守罪），而是分解出了"食品监管滥用职权罪"和"食品监管玩忽职守罪"两个罪名，避免了在司法实践中产生认识分歧，有利于及时有效地查办食品安全监管领域的渎职犯罪。针对以上这些犯罪行为，刑法规定的刑罚有两种：一是主刑，包括管制、拘役、有期徒刑、无期徒刑及死刑；二是附加刑，有剥夺政治权利、罚金和没收财产。此外，犯罪行为人是外国人的，还可对其独立适用或附加适用驱逐出境。

四、民事赔偿责任优先原则

食品生产经营者实施了违反《食品安全法》的生产经营行为，可能同时需要承担行政责任和民事责任，情节严重构成犯罪的还需要承担刑事责任。在这种情况下，责任主体可能会面临财产责任的竞合，即需要同时承担罚款的行政处罚责任、民事赔偿责任及罚金的刑事责任。于是，责任主体便可能遭遇因财产不足而难以同时承担三种责任的问题。此时，先行执行哪种财产责任就成为了一个问题。《食品安全法》第147规定，违反本法规定，造成人身、财产或者其他损害的，依法承担赔偿责任。生产经营者财产不足以同时承担民事赔偿责任和缴纳罚款、罚金时，先承担民事赔偿责任。这一规定确立了食品安全民事责任优先原则，表明在食品安全法律责任中，民事损害赔偿优先得到救济，以便保障民生。民事赔偿目的是赔偿受害人所受到的人身和财产的损失，具有补偿性质；罚款是行政机关对违反行政管理秩序的当事人所给予的一种处罚手段；而罚金则是审判机关对于触犯刑法，构成犯罪的当事人所给予的刑事制裁。从这个意义上说，民事赔偿责任优先原则的确立对保障受害者的合法权益具有十分重要的意义。

思考题

1. 分析修订后的《食品安全法》所体现的新理念。
2. 《食品安全法》对监管部门和行业发展有哪些深刻影响?
3. 《食品安全法》有哪些规定确保食品安全社会共治?
4. 如何理解食品安全?
5. 《食品安全法》有哪些预防食品安全事件(故)发生的制度?
6. 食品生产经营者有哪些法定要求和禁止性要求?
7. 食品安全监管主体的职责有哪些?
8. 如何强化对互联网食品交易的监管?
9. 违反《食品安全法》的法律责任有哪些?
10. 如何理解民事责任优先原则?

参 考 文 献

[1] 于华江.食品安全法[M].北京:对外经济贸易大学出版社,2010.
[2] 王艳林.食品安全法概论[M].北京:中国计量出版社,2005.
[3] 张敬礼.中华人民共和国食品安全法及实施条例讲座[M].北京:中国法制出版社,2009.
[4] 《中华人民共和国食品安全法》编写小组.中华人民共和国食品安全法实用问答[M].北京:中国市场出版社,2009.
[5] 王艳林.中华人民共和国食品安全法实施问题[M].北京:中国计量出版社,2009.
[6] 张婷婷.中国食品安全规制改革研究[M].北京:中国物资出版社,2010.
[7] 《中华人民共和国食品安全法》编写组.中华人民共和国食品安全法2015年附新旧条文对照[M].北京:中国民主法制出版社,2015.
[8] 全国人大常委会法制工作委员会行政法室.中华人民共和国食品安全法解读[M].北京:中国法制出版社,2015.
[9] 袁曙宏.新食品安全法200问:含典型案例[M].北京:中国法制出版社,2016.
[10] 全国人大常委会法制工作委员会行政法室.《中华人民共和国食品安全法》释义及实用指南[M].北京:中国民主法制出版社,2015.
[11] 全国人大常委会法制工作委员会.《中华人民共和国食品安全法》释义[M].北京:法律出版社,2015.
[12] 孙国华,朱景文.法理学[M].北京:中国人民大学出版社,2004.

第十三章 药品管理法律制度

内容提要 本章介绍我国药品管理法律制度。药品管理法是调整药品研制、生产、经营、使用、监督管理,保证药品质量,保障公众用药安全和合法权益,保护和促进公众健康,调整此类活动中产生的各种社会关系的法律规范的总称。《药品管理法》是我国药品管理领域的基本法律。

重点提示 药品 药品注册 药品上市许可持有人 药品生产 药品经营 药品广告与价格 药品监督管理

第一节 药品管理法律制度概述

一、药品的概念和特征

药品是指用于预防、治疗、诊断人的疾病,有目的地调节人的生理机能并规定有适应证或者功能主治、用法和用量的物质,包括中药、化学药和生物制品等。

药品直接关系到人的身体健康和生命安危,是一种特殊的商品,其特殊性主要表现在:

第一,药品作用具有两重性。一方面,药品可以防病治病、康复保健;另一方面,多数药品有不同程度的毒副作用。只有管理有序,使用适当,才能治病救人,保障健康。

第二,药品质量的重要性。只有符合国家规定标准的药品,才能保证疗效。因此,进入流通渠道的药品,只允许是合格品,绝对不允许有次品或等外品。

第三,药品鉴定具有很强的科学性。药品质量的优劣、真伪,一般患者或消费者难以识别。必须由专门机构和专门的技术人员,依据法定的标准,运用合乎要求的设备仪器和科学方法,经过检测才能作出鉴定和评价。

第四,药品具有很强的专用性。人们只能在医生的指导下甚至还要在医药专业人员的监护下才能合理用药,达到防病治病和保护健康的目的。

二、药品管理法制建设

为配合禁止鸦片烟毒工作和解决旧中国遗留的伪劣药品充斥市场的情况,1950年11月,经政务院批准,卫生部颁发了《麻醉药品管理暂行条例》,这是我国药品管理的第一部行政法规。1963年,经国务院批准,原卫生部、化工部、商业部联合颁布了我国药品管理法的第一部综合性法规《关于加强药品管理的若干规定(草案)》,对药品的生产、经营、使用和进出口管理起到了重要作用。

随着社会主义经济建设的发展和人民生活水平的日益提高,为了强化药品的监督管理,保证药品质量,增进药品疗效,保障公民用药安全,维护公民身体健康,1984年9月20日,第六届全国人大常委会第七次会议通过了《中华人民共和国药品管理法》(以下简称《药品管理法》),并于1985年7月1日起施行。这是新中国成立以来我国第一部药品管理法律,为人体用药的合理有效提供了法律保证。2001年2月28日第九届全国人大常委会第二十次会议审议并通过了经过修订的《药品管理法》,自2001年12月1日起施行。2001年2月28日第九届全国人民代表大会常务委员会第二十次会议第一次修订;根据2013年12月28日第十二届全国人民代表大会常务委员会第六次会议《关于修改〈中华人民共和国海洋环境保护法〉等七部法律的决定》第一次修正;根据2015年4月24日第十二届全国人民代表大会常务委员会第十四次会议《关于修改〈中华人民共和国药品管理法〉的决定》第二次修正;2019年8月26日第十三届全国人民代表大会常务委员会第十二次会议第二次修订。

为了保证《药品管理法》的贯彻实施,国务院先后颁布了《药品管理法实施条例》《医疗用毒性药品管理办法》《麻醉药品和精神药品管理条例》等行政法规。

近年来,原卫生部先后制定颁布《国家基本药物目录(基层医疗卫生机构配备使用部分)》(2009版)、《药品类易制毒化学品管理办法》、《药品生产质量管理规范》(2010年修订)、《药品不良反应报告和监测管理办法》等部门规章。

1998年4月,国家药品监督管理局成立。国家药品监督管理局陆续制定颁布了《新药审批办法》《新生物制品审批办法》《新药保护和技术转让的规定》《仿制药品审批办法》《进口药品管理办法》《药品生产质量管理规范》《戒毒药品管理办法》《麻黄素管理办法(试行)》《处方药与非处方药分类管理办法》《药品流通监督管理办法(暂行)》等行政规章。

2003年3月,在国家药品监督管理局基础上组建了国家食品药品监督管理局。作为国务院综合监督食品、保健品、化妆品安全管理和主管药品监管的直属机构,负责对药品的研究、生产、流通、使用进行行政监督和技术监督;负责食品、保健品、化妆品安全管理的综合监督、组织协调和依法组织开展对重大事故查处;负责保健品的审批。近几年,国家食品药品监督管理局陆续颁布了《药品注册管理办法》《药品说明书和标签管理规定》《药品流通监督管理办法》《药品广告审查办法》《药品召回管理办法》《医疗机构药品监督管理办法(试行)》等行政规章。

各省、自治区、直辖市人民政府也制定了一系列药品管理领域的地方法规。

我国已初步形成了以《药品管理法》为基本法律,包括行政法规、行政规章、地方性法规等具备中国特色的药品监督管理法律体系。

三、《药品管理法》概述

药品管理法是调整药品研制、生产、经营、使用、监督管理,保证药品质量,保障公众用药安全和合法权益,保护和促进公众健康,调整此类活动中产生的各种社会关系的法律规范的总称。

《药品管理法》是我国药品管理领域的基本法律。在中华人民共和国境内从事药品的研制、生产、经营、使用和监督管理的单位或者个人,必须遵守《药品管理法》。

《药品管理法》包括总则、药品研制和注册、药品上市许可持有人、药品生产、药品经营、医疗机构药事管理、药品上市后管理、药品价格和广告、药品储备和供应、监督管理、法律责任和附则,共12章155条。

第二节 药品研制和注册的法律规定

一、药品研制的法律规定

国家支持以临床价值为导向、对人的疾病具有明确或者特殊疗效的药物创新,鼓励具有新的治疗机理、治疗严重危及生命的疾病或者罕见病、对人体具有多靶向系统性调节干预功能等的新药研制,推动药品技术进步。

国家鼓励运用现代科学技术和传统中药研究方法开展中药科学技术研究和药物开发,建立和完善符合中药特点的技术评价体系,促进中药传承创新。

国家采取有效措施鼓励儿童用药品的研制和创新,支持开发符合儿童生理特征的儿童用药品新品种、剂型和规格,对儿童用药品予以优先审评审批。

(一)关于药品研制活动的法律规定

从事药品研制活动,应当遵守药物非临床研究质量管理规范、药物临床试验质量管理规范,保证药品研制全过程持续符合法定要求。

药物非临床研究质量管理规范、药物临床试验质量管理规范由国务院药品监督管理部门会同国务院有关部门制定。

开展药物非临床研究,应当符合国家有关规定,有与研究项目相适应的人员、场地、设备、仪器和管理制度,保证有关数据、资料和样品的真实性。

(二)关于药物临床试验的法律规定

1. 开展药物临床试验的程序

开展药物临床试验应当按照国务院药品监督管理部门的规定如实报送研制方法、质量指标、药理及毒理试验结果等有关数据、资料和样品,经国务院药品监督管理部门批准。国务院药品监督管理部门应当自受理临床试验申请之日起六十个工作日内决定是否同意并通知临床试验申办者,逾期未通知的,视为同意。其中,开展生物等效性试验的,报国务院药品监督管理部门备案。

2. 开展药物临床试验的条件

开展药物临床试验,应当在具备相应条件的临床试验机构进行。药物临床试验机构实行备案管理,具体办法由国务院药品监督管理部门、国务院卫生健康主管部门共同制定。

3. 开展药物临床试验的伦理要求

开展药物临床试验,应当符合伦理原则,制定临床试验方案,经伦理委员会审查同意。

伦理委员会应当建立伦理审查工作制度,保证伦理审查过程独立、客观、公正,监督规范开展药物临床试验,保障受试者合法权益,维护社会公共利益。

4. 实施药物临床试验的知情同意

实施药物临床试验,应当向受试者或者其监护人如实说明和解释临床试验的目的和风险等详细情况,取得受试者或者其监护人自愿签署的知情同意书,并采取有效措施保护受试者合法权益。

5. 两种特殊情形

一是药物临床试验期间,发现存在安全性问题或者其他风险的,临床试验申办者应当及时调整临床试验方案,暂停或者终止临床试验,并向国务院药品监督管理部门报告。必要时,国务院药品监督管理部门可以责令调整临床试验方案、暂停或者终止临床试验。

二是对正在开展临床试验的用于治疗严重危及生命且尚无有效治疗手段的疾病的药物,经医学观察可能获益,并且符合伦理原则的,经审查、知情同意后可以在开展临床试验的机构内用于其他病情相同的患者。

二、药品注册的法律规定

(一)药品注册的概念

药品注册是指药品注册申请人依照法定程序和相关要求提出药物临床试验、药品上市许可、再注册等申请以及补充申请,药品监督管理部门基于法律法规和现有科学认知进行安全性、有效性和质量可控性等审查,决定是否同意其申请的活动。

(二)药品注册的管理部门

在中国境内上市的药品,应当经国务院药品监督管理部门批准,取得药品注册证书;但是,未实施审批管理的中药材和中药饮片除外。实施审批管理的中药材、中药饮片品种目录由国务院药品监督管理部门会同国务院中医药主管部门制定。

(三)药品注册的程序

申请药品注册,应当提供真实、充分、可靠的数据、资料和样品,证明药品的安全性、有效性和质量可控性。

1. 一般程序

对申请注册的药品,国务院药品监督管理部门应当组织药学、医学和其他技术人员进行审评,对药品的安全性、有效性和质量可控性以及申请人的质量管理、风险防控和责任赔偿等能力进行审查;符合条件的,颁发药品注册证书。

国务院药品监督管理部门在审批药品时,对化学原料药一并审评审批,对相关辅料、直接接触药品的包装材料和容器一并审评,对药品的质量标准、生产工艺、标签和说明书一并核准。

2. 附条件批准程序

对治疗严重危及生命且尚无有效治疗手段的疾病以及公共卫生方面急需的药品,药物临床试验已有数据显示疗效并能预测其临床价值的,可以附条件批准,并在药品注册证书中载明相关事项,以提高临床急需药品的可及性,缩短临床试验研制时间,使急需治疗患者能第一时间用上新药。附条件批准程序旨在加快具有突出临床价值的临床急需药品上市。

3. 优先审评审批程序

国家鼓励短缺药品的研制和生产,对临床急需的短缺药品、防治重大传染病和罕见病等疾病的新药予以优先审评审批。

4. 特别审批程序

存在发生突发公共卫生事件的威胁时以及突发公共卫生事件发生后,为使突发公共卫生事件应急所需防治药品尽快获得批准,国家食品药品监督管理局按照统一指挥、早期介入、快速高效、科学审批的原则,对突发公共卫生事件应急处理所需药品进行特别审批的程序和要求。

第三节 药品上市许可持有人

一、药品上市许可持有人概述

药品上市许可持有人是指取得药品注册证书的企业或者药品研制机构等。药品上市许可持有人制度是一项国际通行的现代药品管理制度。在药品上市许可持有人制度下,拥有药品技术的药品研发机构、药品生产企业等主体,通过提出药品上市许可申请并获得药品注册证书,以自己的名义将产品投放市场,对药品全生命周期质量管理承担主体责任。药品上市许可持有人制度的实施,对于落实药品上市许可持有人主体责任、优化资源配置、鼓励药品产业高质量发展、创新药品安全治理机制具有重要意义。

药品上市许可持有人应当依照《药品管理法》规定,对药品的非临床研究、临床试验、生产经营、上市后研究、不良反应监测及报告与处理等承担责任。其他从事药品研制、生产、经营、储存、运输、使用等活动的单位和个人依法承担相应责任。

二、药品上市许可持有人的权利

(1) 药品上市许可持有人可以自行生产药品,也可以委托药品生产企业生产。

药品上市许可持有人自行生产药品的,应当依照本法规定取得药品生产许可证;委托生产的,应当委托符合条件的药品生产企业。药品上市许可持有人和受托生产企业应当签订委托协议和质量协议,并严格履行协议约定的义务。

(2) 药品上市许可持有人可以自行销售其取得药品注册证书的药品,也可以委托药品经营企业销售。

药品上市许可持有人从事药品零售活动的,应当取得药品经营许可证。药品上市许可持有人自行销售药品的,应当具备《药品管理法》第五十二条规定的条件;委托销售的,应当委托符合条件的药品经营企业。药品上市许可持有人和受托经营企业应当签订委托协议,并严格履行协议约定的义务。

(3) 经国务院药品监督管理部门批准,药品上市许可持有人可以转让药品上市许可。

受让方应当具备保障药品安全性、有效性和质量可控性的质量管理、风险防控和责任赔偿等能力,履行药品上市许可持有人义务。

(4) 研发机构可以委托生产、自主持有并将药品推向市场,依法获得药品上市后的市场回报,保护药品技术拥有者的主体地位和市场价值。

三、药品上市许可持有人的义务

(1) 药品上市许可持有人应当建立药品质量保证体系,配备专门人员独立负责药品质量管理。

药品上市许可持有人应当对受托药品生产企业、药品经营企业的质量管理体系进行定期审核,监督其持续具备质量保证和控制能力。

(2) 药品上市许可持有人应当建立药品上市放行规程,对药品生产企业出厂放行的药品进行审核,经质量受权人签字后方可放行。不符合国家药品标准的,不得放行。

(3) 药品上市许可持有人、药品生产企业、药品经营企业委托储存、运输药品的,应当对受托方的质量保证能力和风险管理能力进行评估,与其签订委托协议,约定药品质量责任、操作规程等内容,并对受托方进行监督。

(4) 药品上市许可持有人、药品生产企业、药品经营企业和医疗机构应当建立并实施药品追溯制度,按照规定提供追溯信息,保证药品可追溯。

(5) 药品上市许可持有人应当建立年度报告制度,每年将药品生产销售、上市后研究、风险管理等情况按照规定向省、自治区、直辖市人民政府药品监督管理部门报告。

(6) 药品上市许可持有人为境外企业的,应当由其指定的在中国境内的企业法人履行药品上市许可持有人义务,与药品上市许可持有人承担连带责任。

(7) 中药饮片生产企业履行药品上市许可持有人的相关义务,对中药饮片生产、销售实行全过程管理,建立中药饮片追溯体系,保证中药饮片安全、有效、可追溯。

第四节 药品生产、经营、流通和使用的法律规定

一、药品生产管理

药品生产企业是指生产药品的专营企业或者兼营企业。加强对药品生产企业的管理是保证药品质量的中心环节。

(一) 从事药品生产活动的条件

从事药品生产活动必须具备以下条件:① 具有依法经过资格认定的药学技术人员、工程技术人员及相应的技术工人;② 具有与药品生产相适应的厂房、设施和卫生环境;③ 具有能对所生产的药品进行质量管理和质量检验的机构、人员及必要的仪器设备;④ 具有保证药品质量的规章制度,并符合国务院药品监督管理部门制定的药品生产质量管理规范要求。

(二)药品生产许可

从事药品生产活动,应当经所在地省、自治区、直辖市人民政府药品监督管理部门批准,取得药品生产许可证。无药品生产许可证的,不得生产药品。药品生产许可证应当标明有效期和生产范围,到期重新审查发证。

(三)药品生产质量的管理

从事药品生产活动,应当遵守药品生产质量管理规范,建立健全药品生产质量管理体系,保证药品生产全过程持续符合法定要求。药品生产企业的法定代表人、主要负责人对本企业的药品生产活动全面负责。

药品应当按照国家药品标准和经药品监督管理部门核准的生产工艺进行生产。生产、检验记录应当完整准确,不得编造。

中药饮片应当按照国家药品标准炮制;国家药品标准没有规定的,应当按照省、自治区、直辖市人民政府药品监督管理部门制定的炮制规范炮制。省、自治区、直辖市人民政府药品监督管理部门制定的炮制规范应当报国务院药品监督管理部门备案。不符合国家药品标准或者不按照省、自治区、直辖市人民政府药品监督管理部门制定的炮制规范炮制的,不得出厂、销售。

生产药品所需的原料、辅料,应当符合药用要求、药品生产质量管理规范的有关要求。生产药品,应当按照规定对供应原料、辅料等的供应商进行审核,保证购进、使用的原料、辅料等符合前款规定要求。

药品生产企业应当对药品进行质量检验。不符合国家药品标准的,不得出厂。药品生产企业应当建立药品出厂放行规程,明确出厂放行的标准、条件。符合标准、条件的,经质量受权人签字后方可放行。

二、药品经营管理

(一)从事药品经营活动的基本条件

从事药品经营活动应当具备以下条件:① 有依法经过资格认定的药师或者其他药学技术人员;② 有与所经营药品相适应的营业场所、设备、仓储设施和卫生环境;③ 有与所经营药品相适应的质量管理机构或者人员;④ 有保证药品质量的规章制度,并符合国务院药品监督管理部门依据本法制定的药品经营质量管理规范要求。

(二)药品经营许可

从事药品批发活动,应当经所在地省、自治区、直辖市人民政府药品监督管理部门批准,取得药品经营许可证。从事药品零售活动,应当经所在地县级以上地方人民政府药品监督管理部门批准,取得药品经营许可证。无药品经营许可证的,不得经营药品。

药品经营许可证应当标明有效期和经营范围,到期重新审查发证。

药品监督管理部门实施药品经营许可还应当遵循方便群众购药的原则。

(三) 药品经营的质量管理

1. 一般管理制度

从事药品经营活动,应当遵守药品经营质量管理规范,建立健全药品经营质量管理体系,保证药品经营全过程持续符合法定要求。

国家鼓励、引导药品零售连锁经营。从事药品零售连锁经营活动的企业总部,应当建立统一的质量管理制度,对所属零售企业的经营活动履行管理责任。

药品经营企业的法定代表人、主要负责人对本企业的药品经营活动全面负责。

国家对药品实行处方药与非处方药分类管理制度。具体办法由国务院药品监督管理部门会同国务院卫生健康主管部门制定。

2. 购销管理制度

药品上市许可持有人、药品生产企业、药品经营企业和医疗机构应当从药品上市许可持有人或者具有药品生产、经营资格的企业购进药品;但是,购进未实施审批管理的中药材除外。

药品经营企业购进药品,应当建立并执行进货检查验收制度,验明药品合格证明和其他标志;不符合规定要求的,不得购进和销售。

药品经营企业购销药品,应当有真实、完整的购销记录。购销记录应当注明药品的通用名称、剂型、规格、产品批号、有效期、上市许可持有人、生产企业、购销单位、购销数量、购销价格、购销日期及国务院药品监督管理部门规定的其他内容。

药品经营企业零售药品应当准确无误,并正确说明用法、用量和注意事项;调配处方应当经过核对,对处方所列药品不得擅自更改或者代用。对有配伍禁忌或者超剂量的处方,应当拒绝调配;必要时,经处方医师更正或者重新签字,方可调配。

药品经营企业销售中药材,应当标明产地。

城乡集市贸易市场可以出售中药材,国务院另有规定的除外。

依法经过资格认定的药师或者其他药学技术人员负责本企业的药品管理、处方审核和调配、合理用药指导等工作。

3. 药品保管制度

药品经营企业应当制定和执行药品保管制度,采取必要的冷藏、防冻、防潮、防虫、防鼠等措施,保证药品质量。

药品入库和出库应当执行检查制度。

4. 网络销售药品管理制度

药品上市许可持有人、药品经营企业通过网络销售药品,应当遵守本法药品经营的有关规定。具体管理办法由国务院药品监督管理部门会同国务院卫生健康主管部门等部门制定。

疫苗、血液制品、麻醉药品、精神药品、医疗用毒性药品、放射性药品、药品类易制毒化学品等国家实行特殊管理的药品不得在网络上销售。

药品网络交易第三方平台提供者应当按照国务院药品监督管理部门的规定,向所在地省、自治区、直辖市人民政府药品监督管理部门备案。

第三方平台提供者应当依法对申请进入平台经营的药品上市许可持有人、药品经营企业的资质等进行审核,保证其符合法定要求,并对发生在平台的药品经营行为进行管理。

第三方平台提供者发现进入平台经营的药品上市许可持有人、药品经营企业有违反本法规定行为的,应当及时制止并立即报告所在地县级人民政府药品监督管理部门;发现严重违法行为的,应当立即停止提供网络交易平台服务。

5. 进口药品管理制度

新发现和从境外引种的药材,经国务院药品监督管理部门批准后,方可销售。

药品应当从允许药品进口的口岸进口,并由进口药品的企业向口岸所在地药品监督管理部门备案。海关凭药品监督管理部门出具的进口药品通关单办理通关手续。无进口药品通关单的,海关不得放行。

口岸所在地药品监督管理部门应当通知药品检验机构按照国务院药品监督管理部门的规定对进口药品进行抽查检验。

允许药品进口的口岸由国务院药品监督管理部门会同海关总署提出,报国务院批准。

医疗机构因临床急需进口少量药品的,经国务院药品监督管理部门或者国务院授权的省、自治区、直辖市人民政府批准,可以进口。进口的药品应当在指定医疗机构内用于特定医疗目的。

个人自用携带入境少量药品,按照国家有关规定办理。

进口、出口麻醉药品和国家规定范围内的精神药品,应当持有国务院药品监督管理部门颁发的进口准许证、出口准许证。

禁止进口疗效不确切、不良反应大或者因其他原因危害人体健康的药品。

6. 特殊药品检验制度

国务院药品监督管理部门对下列药品在销售前或者进口时,应当指定药品检验机构进行检验;未经检验或者检验不合格的,不得销售或者进口:① 首次在中国境内销售的药品;② 国务院药品监督管理部门规定的生物制品;③ 国务院规定的其他药品。

三、医疗机构药事管理

(一)医疗机构药品管理

1. 人员配备

医疗机构应当配备依法经过资格认定的药师或者其他药学技术人员,负责本单位的药品管理、处方审核和调配、合理用药指导等工作。非药学技术人员不得直接从事药剂技术工作。

2. 进药管理

医疗机构购进药品,应当建立并执行进货检查验收制度,验明药品合格证明和其他标识;不符合规定要求的,不得购进和使用。

3. 保管制度

医疗机构应当有与所使用药品相适应的场所、设备、仓储设施和卫生环境,制定和执行药品保管制度,采取必要的冷藏、防冻、防潮、防虫、防鼠等措施,保证药品质量。

4. 用药管理

医疗机构应当坚持安全有效、经济合理的用药原则,遵循药品临床应用指导原则、临床诊疗指南和药品说明书等合理用药,对医师处方、用药医嘱的适宜性进行审核。

医疗机构以外的其他药品使用单位,应当遵守本法有关医疗机构使用药品的规定。

依法经过资格认定的药师或者其他药学技术人员调配处方,应当进行核对,对处方所列药品不得擅自更改或者代用。对有配伍禁忌或者超剂量的处方,应当拒绝调配;必要时,经处方医师更正或者重新签字,方可调配。

(二)医疗机构配制制剂管理

1. 医疗机构配制制剂的条件

医疗机构配制制剂应当经所在地省、自治区、直辖市人民政府药品监督管理部门批准,取得医疗机构制剂许可证。无医疗机构制剂许可证的,不得配制制剂。医疗机构制剂许可证应当标明有效期,到期重新审查发证。

医疗机构必须配备依法经过资格认定的药学技术人员。非药学技术人员不得直接从事药剂技术工作。

医疗机构配制的制剂应当是本单位临床需要而市场上没有供应的品种,并须经所在地省、自治区、直辖市人民政府药品监督管理部门批准后方可配制。

2. 医疗机构配制制剂的质量管理

医疗机构配制制剂应当有能够保证制剂质量的设施、管理制度、检验仪器和卫生环境。

医疗机构配制制剂应当按照经核准的工艺进行,所需的原料、辅料和包装材料等应当符合药用要求。

3. 医疗机构配制制剂的使用

医疗机构配制的制剂应当是本单位临床需要而市场上没有供应的品种,并应当经所在地省、自治区、直辖市人民政府药品监督管理部门批准;但是,法律对配制中药制剂另有规定的除外。

医疗机构配制的制剂应当按照规定进行质量检验;合格的,凭医师处方在本单位使用。经国务院药品监督管理部门或者省、自治区、直辖市人民政府药品监督管理部门批准,医疗机构配制的制剂可以在指定的医疗机构之间调剂使用。

医疗机构配制的制剂不得在市场上销售。

四、药品上市后管理

药品上市后管理是不断提高药品质量、保障药品安全的重要环节。药品具有高风险性,获上市批准后的药品使用人群广泛,临床上长期应用后,会出现新的风险。随着创新药全球同步研发、同步上市的现象在我国越来越普遍,药品上市安全潜在风险加大,监管也面临前所未有的挑战。

(一)主体责任

药品上市许可持有人依法对药品上市前的研制和药品上市后的生产、经营、使用全生命周期、全过程负责。

药品上市许可持有人应当制定药品上市后风险管理计划,主动开展药品上市后研究,对药品的安全性、有效性和质量可控性进行进一步确证,加强对已上市药品的持续管理。

对附条件批准的药品,药品上市许可持有人应当采取相应风险管理措施,并在规定期限内按照要求完成相关研究;逾期未按照要求完成研究或者不能证明其获益大于风险的,国务院药品监督管理部门应当依法处理,直至注销药品注册证书。

(二) 变更管理

对药品生产过程中的变更,按照其对药品安全性、有效性和质量可控性的风险和产生影响的程度,实行分类管理。属于重大变更的,应当经国务院药品监督管理部门批准,其他变更应当按照国务院药品监督管理部门的规定备案或者报告。

药品上市许可持有人应当按照国务院药品监督管理部门的规定,全面评估、验证变更事项对药品安全性、有效性和质量可控性的影响。

(三) 不良反应监测制度

药品上市许可持有人应当开展药品上市后不良反应监测,主动收集、跟踪分析疑似药品不良反应信息,对已识别风险的药品及时采取风险控制措施。

药品上市许可持有人、药品生产企业、药品经营企业和医疗机构应当经常考察本单位所生产、经营、使用的药品质量、疗效和不良反应。发现疑似不良反应的,应当及时向药品监督管理部门和卫生健康主管部门报告。具体办法由国务院药品监督管理部门会同国务院卫生健康主管部门制定。

对已确认发生严重不良反应的药品,由国务院药品监督管理部门或者省、自治区、直辖市人民政府药品监督管理部门根据实际情况采取停止生产、销售、使用等紧急控制措施,并应当在五日内组织鉴定,自鉴定结论作出之日起十五日内依法作出行政处理决定。

(四) 召回制度

药品存在质量问题或者其他安全隐患的,药品上市许可持有人应当立即停止销售,告知相关药品经营企业和医疗机构停止销售和使用,召回已销售的药品,及时公开召回信息,必要时应当立即停止生产,并将药品召回和处理情况向省、自治区、直辖市人民政府药品监督管理部门和卫生健康主管部门报告。药品生产企业、药品经营企业和医疗机构应当配合。

药品上市许可持有人依法应当召回药品而未召回的,省、自治区、直辖市人民政府药品监督管理部门应当责令其召回。

(五) 上市后评价制度

药品上市许可持有人应当对已上市药品的安全性、有效性和质量可控性定期开展上市后评价。必要时,国务院药品监督管理部门可以责令药品上市许可持有人开展上市后评价或者直接组织开展上市后评价。

经评价,对疗效不确切、不良反应大或者因其他原因危害人体健康的药品,应当注销药品注册证书。

已被注销药品注册证书的药品,不得生产或者进口、销售和使用。

已被注销药品注册证书、超过有效期等的药品,应当由药品监督管理部门监督销毁或者依法采取其他无害化处理等措施。

五、药品价格和广告的管理

(一) 药品价格管理

(1) 国家完善药品采购管理制度,对药品价格进行监测,开展成本价格调查,加强药品价格监督检查,依法查处价格垄断、哄抬价格等药品价格违法行为,维护药品价格秩序。

(2) 依法实行市场调节价的药品,药品上市许可持有人、药品生产企业、药品经营企业和医疗机构应当按照公平、合理和诚实信用、质价相符的原则制定价格,为用药者提供价格合理的药品。

药品上市许可持有人、药品生产企业、药品经营企业和医疗机构应当遵守国务院药品价格主管部门关于药品价格管理的规定,制定和标明药品零售价格,禁止暴利、价格垄断和价格欺诈等行为。

药品上市许可持有人、药品生产企业、药品经营企业和医疗机构应当依法向药品价格主管部门提供其药品的实际购销价格和购销数量等资料。

医疗机构应当向患者提供所用药品的价格清单,按照规定如实公布其常用药品的价格,加强合理用药管理。具体办法由国务院卫生健康主管部门制定。

(3) 药品价格管理中的禁止行为。禁止药品上市许可持有人、药品生产企业、药品经营企业和医疗机构在药品购销中给予、收受回扣或者其他不正当利益。

禁止药品上市许可持有人、药品生产企业、药品经营企业或者代理人以任何名义给予使用其药品的医疗机构的负责人、药品采购人员、医师、药师等有关人员财物或者其他不正当利益。禁止医疗机构的负责人、药品采购人员、医师、药师等有关人员以任何名义收受药品上市许可持有人、药品生产企业、药品经营企业或者代理人给予的财物或者其他不正当利益。

(4) 药品价格形成机制。《中共中央国务院关于深化医药卫生体制改革的意见》明确指出,要改革药品价格形成机制。合理调整政府定价范围,改进定价方法,提高透明度,利用价格杠杆鼓励企业自主创新,促进国家基本药物的生产和使用。对新药和专利药品逐步实行定价前药物经济性评价制度。对仿制药品实行后上市从低定价制度,抑制低水平重复建设。严格控制药品流通环节差价率。对医院销售药品开展差别加价、收取药事服务费等试点,引导医院合理用药。健全医药价格监测体系,规范企业自主定价行为。

(5) 国家基本药物制度。《中共中央国务院关于深化医药卫生体制改革的意见》明确指出,要建立国家基本药物制度。中央政府统一制定和发布国家基本药物目录,按照防治必需、安全有效、价格合理、使用方便、中西药并重的原则,结合我国用药特点,参照国际经验,合理确定品种和数量。建立基本药物的生产供应保障体系,在政府宏观调控下充分发挥市场机制的作用,基本药物实行公开招标采购,统一配送,减少中间环节,保障群众基本用药。国家制定基本药物零售指导价格,在指导价格内,由省级人民政府根据招标情况确定本地区的统一采购价格。

（二）药品广告管理

1. 药品广告发布管理

药品广告应当经广告主所在地省、自治区、直辖市人民政府确定的广告审查机关批准；未经批准的，不得发布。

处方药可以在国务院卫生行政部门和国务院药品监督管理部门共同指定的医学、药学专业刊物上介绍，但不得在大众传播媒介发布广告或者以其他方式进行以公众为对象的广告宣传。

2. 药品广告内容管理

药品广告的内容应当真实、合法，以国务院药品监督管理部门核准的药品说明书为准，不得含有虚假的内容。

药品广告不得含有表示功效、安全性的断言或者保证；不得利用国家机关、科研单位、学术机构、行业协会或者专家、学者、医师、药师、患者等的名义或者形象作推荐、证明。

非药品广告不得有涉及药品的宣传。

六、药品储备和供应

保障药品供应是药品管理国家战略的重要内容，是实现药品可及性的重要前提。《药品管理法》明确提出要标本兼治、多部门协同保障药品可及性。

（1）国家实行药品储备制度，建立中央和地方两级药品储备。发生重大灾情、疫情或者其他突发事件时，依照《突发事件应对法》的规定，可以紧急调用药品。

（2）国家实行基本药物制度，《药品管理法》规定，遴选适当数量的基本药物品种，加强组织生产和储备，提高基本药物的供给能力，满足疾病防治基本用药需求。《基本医疗卫生与健康促进法》规定，国家应当从基本药物的遴选、支付、供给、监督等方面确保基本药物的公平可及、合理使用，满足人民基本用药需求。

（3）国家建立药品供求监测体系，及时收集和汇总分析短缺药品供求信息，对短缺药品实行预警，采取应对措施。药品短缺涉及研发、生产、流通、使用等多个环节、多个监管部门、多个相对人主体，应当强化协同监测和综合监测预警，健全部门会商联动机制。

（4）国家实行短缺药品清单管理制度。短缺药品清单管理制度是落实药品供求监测制度的重要抓手。具体办法由国务院卫生健康主管部门会同国务院药品监督管理部门等部门制定。

① 药品上市许可持有人停止生产短缺药品的，应当按照规定向国务院药品监督管理部门或者省、自治区、直辖市人民政府药品监督管理部门报告。

② 国家鼓励短缺药品的研制和生产，对临床急需的短缺药品、防治重大传染病和罕见病等疾病的新药予以优先审评审批。

③ 对短缺药品，国务院可以限制或者禁止出口。必要时，国务院有关部门可以采取组织生产、价格干预和扩大进口等措施，保障药品供应。

药品上市许可持有人、药品生产企业、药品经营企业应当按照规定保障药品的生产和供应。

第五节 药品监督管理制度

一、药品监督管理机构

(一)药品监督管理机构

1998年4月,根据国务院机构改革方案,成立了国家药品监督管理局,2003年组建为食品药品监督管理局,统一行使对全国的中西药品、医疗器械的执法监督和药品检验职能,负责药品生产、流通、使用的监督和检验,实行执法监督统一、技术监督集中、社会监督属地的全过程监督管理。2013年3月"国家食品药品监督管理局"改名为"国家食品药品监督管理总局"。

2018年3月,根据第十三届全国人民代表大会第一次会议批准的国务院机构改革方案,将国家食品药品监督管理总局的职责整合,组建中华人民共和国国家市场监督管理总局;不再保留国家食品药品监督管理总局。考虑到药品监管的特殊性,单独组建国家药品监督管理局,由国家市场监督管理总局管理。市场监管实行分级管理,药品监管机构只设到省一级,药品经营销售等行为的监管,由市县市场监管部门统一承担。

国家药品监督管理局负责药品(含中药、民族药)、医疗器械和化妆品安全监督管理标准管理、注册管理、质量管理、上市后风险管理;负责执业药师资格准入管理;负责组织指导药品、医疗器械和化妆品监督检查;负责药品、医疗器械和化妆品监督管理领域对外交流与合作,参与相关国际监管规则和标准的制定;负责指导省、自治区、直辖市药品监督管理部门工作等。

(二)药品监督管理行为

1. 监督检查

药品监督管理部门应当依照法律、法规的规定对药品研制、生产、经营和药品使用单位使用药品等活动进行监督检查,必要时可以对为药品研制、生产、经营、使用提供产品或者服务的单位和个人进行延伸检查,有关单位和个人应当予以配合,不得拒绝和隐瞒。

药品监督管理部门应当对高风险的药品实施重点监督检查。

对有证据证明可能存在安全隐患的,药品监督管理部门根据监督检查情况,应当采取告诫、约谈、限期整改以及暂停生产、销售、使用、进口等措施,并及时公布检查处理结果。

药品监督管理部门进行监督检查时,应当出示证明文件,对监督检查中知悉的商业秘密应当保密。

2. 抽查检验

药品监督管理部门根据监督管理的需要,可以对药品质量进行抽查检验。抽查检验应当按照规定抽样,并不得收取任何费用;抽样应当购买样品。所需费用按照国务院规定列支。

对有证据证明可能危害人体健康的药品及其有关材料,药品监督管理部门可以查封、扣押,并在七日内作出行政处理决定;药品需要检验的,应当自检验报告书发出之日起十五日内作出行政处理决定。

国务院和省、自治区、直辖市人民政府的药品监督管理部门应当定期公告药品质量抽查检验结果;公告不当的,应当在原公告范围内予以更正。

当事人对药品检验结果有异议的,可以自收到药品检验结果之日起七日内向原药品检验机构或者上一级药品监督管理部门设置或者指定的药品检验机构申请复验,也可以直接向国务院药品监督管理部门设置或者指定的药品检验机构申请复验。受理复验的药品检验机构应当在国务院药品监督管理部门规定的时间内作出复验结论。

3. 规范检查

药品监督管理部门应当对药品上市许可持有人、药品生产企业、药品经营企业和药物非临床安全性评价研究机构、药物临床试验机构等遵守药品生产质量管理规范、药品经营质量管理规范、药物非临床研究质量管理规范、药物临床试验质量管理规范等情况进行检查,监督其持续符合法定要求。

国家建立职业化、专业化药品检查员队伍。检查员应当熟悉药品法律法规,具备药品专业知识。

4. 建立药品安全信用档案

药品监督管理部门建立药品上市许可持有人、药品生产企业、药品经营企业、药物非临床安全性评价研究机构、药物临床试验机构和医疗机构药品安全信用档案,记录许可颁发、日常监督检查结果、违法行为查处等情况,依法向社会公布并及时更新;对有不良信用记录的,增加监督检查频次,并可以按照国家规定实施联合惩戒。

5. 实行药品安全信息统一公布制度

国家实行药品安全信息统一公布制度。国家药品安全总体情况、药品安全风险警示信息、重大药品安全事件及其调查处理信息和国务院确定需要统一公布的其他信息由国务院药品监督管理部门统一公布。药品安全风险警示信息和重大药品安全事件及其调查处理信息的影响限于特定区域的,也可以由有关省、自治区、直辖市人民政府药品监督管理部门公布。未经授权不得发布上述信息。

公布药品安全信息,应当及时、准确、全面,并进行必要的说明,避免误导。任何单位和个人不得编造、散布虚假药品安全信息。

6. 制定药品安全事件应急预案

县级以上人民政府应当制定药品安全事件应急预案。药品上市许可持有人、药品生产企业、药品经营企业和医疗机构等应当制定本单位的药品安全事件处置方案,并组织开展培训和应急演练。

发生药品安全事件,县级以上人民政府应当按照应急预案立即组织开展应对工作;有关单位应当立即采取有效措施进行处置,防止危害扩大。

7. 认定假药、劣药

根据《药品管理法》第九十八条规定,禁止生产(包括配制,下同)、销售、使用假药、劣药。

有下列情形之一的,为假药:① 药品所含成分与国家药品标准规定的成分不符;② 以非药品冒充药品或者以他种药品冒充此种药品;③ 变质的药品;④ 药品所标明的适应证或者功能主治超出规定范围。

有下列情形之一的,为劣药:① 药品成分的含量不符合国家药品标准;② 被污染的药品;③ 未标明或者更改有效期的药品;④ 未注明或者更改产品批号的药品;⑤ 超过有效期的药品;⑥ 擅自添加防腐剂、辅料的药品;⑦ 其他不符合药品标准的药品。

8. 禁止行为

地方人民政府及其药品监督管理部门不得以要求实施药品检验、审批等手段限制或者排斥非本地区药品上市许可持有人、药品生产企业生产的药品进入本地区。

药品监督管理部门及其设置或者指定的药品专业技术机构不得参与药品生产经营活动,不得以其名义推荐或者监制、监销药品。

药品监督管理部门及其设置或者指定的药品专业技术机构的工作人员不得参与药品生产经营活动。

(三)处理程序

(1) 药品监督管理部门发现药品违法行为涉嫌犯罪的,应当及时将案件移送公安机关。

(2) 对依法不需要追究刑事责任或者免予刑事处罚,但应当追究行政责任的,公安机关、人民检察院、人民法院应当及时将案件移送药品监督管理部门。

(3) 公安机关、人民检察院、人民法院商请药品监督管理部门、生态环境主管部门等部门提供检验结论、认定意见以及对涉案药品进行无害化处理等协助的,有关部门应当及时提供,予以协助。

第六节 违反药品管理法律制度的法律责任

一、民事责任

《药品管理法》第144条规定,药品上市许可持有人、药品生产企业、药品经营企业或者医疗机构违反本法规定,给用药者造成损害的,依法承担赔偿责任。

因药品质量问题受到损害的,受害人可以向药品上市许可持有人、药品生产企业请求赔偿损失,也可以向药品经营企业、医疗机构请求赔偿损失。接到受害人赔偿请求的,应当实行首负责任制,先行赔付;先行赔付后,可以依法追偿。

生产假药、劣药或者明知是假药、劣药仍然销售、使用的,受害人或者其近亲属除请求赔偿损失外,还可以请求支付价款十倍或者损失三倍的赔偿金;增加赔偿的金额不足一千元的,按一千元计算。

《药品管理法》第138条规定,药品检验机构出具的检验结果不实,造成损失的,应当承担相应的赔偿责任。

二、行政责任

(一) 行使行政处罚权的机关

违反《药品管理法》第一百一十五条至第一百三十八条规定的行政处罚,由县级以上人民政府药品监督管理部门按照职责分工决定;撤销许可、吊销许可证件的,由原批准、发证的部门决定。

药品生产经营企业、医疗机构在药品购销中暗中给予、收受回扣或者牟取其他利益的,药品生产经营企业或者其代理人给予使用其药品的医疗机构的负责人、药品采购人员、医师等有关人员以财物或者其他利益的,由工商行政管理部门对药品生产经营企业给予处罚。

医疗机构的负责人、药品采购人员、医师等有关人员收受药品生产经营企业或者其代理人给予的财物或者其他利益的,由卫生行政部门处罚。

违反本法规定,编造、散布虚假药品安全信息,构成违反治安管理行为的,由公安机关依法给予治安管理处罚。

(二) 应予行政处罚的违法行为

(1) 未取得药品生产许可证、药品经营许可证或者医疗机构制剂许可证生产、销售药品的,责令关闭,没收违法生产、销售的药品和违法所得,并处违法生产、销售的药品(包括已售出和未售出的药品,下同)货值金额十五倍以上三十倍以下的罚款;货值金额不足十万元的,按十万元计算。

(2) 生产、销售假药的,没收违法生产、销售的药品和违法所得,责令停产停业整顿,吊销药品批准证明文件,并处违法生产、销售的药品货值金额十五倍以上三十倍以下的罚款;货值金额不足十万元的,按十万元计算;情节严重的,吊销药品生产许可证、药品经营许可证或者医疗机构制剂许可证,十年内不受理其相应申请;药品上市许可持有人为境外企业的,十年内禁止其药品进口。

(3) 生产、销售劣药的,没收违法生产、销售的药品和违法所得,并处违法生产、销售的药品货值金额十倍以上二十倍以下的罚款;违法生产、批发的药品货值金额不足十万元的,按十万元计算,违法零售的药品货值金额不足一万元的,按一万元计算;情节严重的,责令停产停业整顿直至吊销药品批准证明文件、药品生产许可证、药品经营许可证或者医疗机构制剂许可证。

生产、销售的中药饮片不符合药品标准,尚不影响安全性、有效性的,责令限期改正,给予警告;可以处十万元以上五十万元以下的罚款。

(4) 生产、销售假药,或者生产、销售劣药且情节严重的,对法定代表人、主要负责人、直接负责的主管人员和其他责任人员,没收违法行为发生期间自本单位所获收入,并处所获收入百分之三十以上三倍以下的罚款,终身禁止从事药品生产经营活动,并可以由公安机关处五日以上十五日以下的拘留。

对生产者专门用于生产假药、劣药的原料、辅料、包装材料、生产设备予以没收。

(5) 药品使用单位使用假药、劣药的,按照销售假药、零售劣药的规定处罚;情节严重的,法定代表人、主要负责人、直接负责的主管人员和其他责任人员有医疗卫生人员执业证书的,还应当吊销执业证书。

(6) 知道或者应当知道属于假药、劣药或者本法第一百二十四条第一款第一项至第五项规定的药品,而为其提供储存、运输等便利条件的,没收全部储存、运输收入,并处违法收入一倍以上五倍以下的罚款;情节严重的,并处违法收入五倍以上十五倍以下的罚款;违法收入不足五万元的,按五万元计算。

(7) 伪造、变造、出租、出借、非法买卖许可证或者药品批准证明文件的,没收违法所得,并处违法所得一倍以上五倍以下的罚款;情节严重的,并处违法所得五倍以上十五倍以下的罚款,吊销药品生产许可证、药品经营许可证、医疗机构制剂许可证或者药品批准证明文件,对法定代表人、主要负责人、直接负责的主管人员和其他责任人员,处二万元以上二十万元以下的罚款,十年内禁止从事药品生产经营活动,并可以由公安机关处五日以上十五日以下的拘留;违法所得不足十万元的,按十万元计算。

(8) 提供虚假的证明、数据、资料、样品或者采取其他手段骗取临床试验许可、药品生产许可、药品经营许可、医疗机构制剂许可或者药品注册等许可的,撤销相关许可,十年内不受理其相应申请,并处五十万元以上五百万元以下的罚款;情节严重的,对法定代表人、主要负责人、直接负责的主管人员和其他责任人员,处二万元以上二十万元以下的罚款,十年内禁止从事药品生产经营活动,并可以由公安机关处五日以上十五日以下的拘留。

(9) 有下列行为之一的,没收违法生产、进口、销售的药品和违法所得以及专门用于违法生产的原料、辅料、包装材料和生产设备,责令停产停业整顿,并处违法生产、进口、销售的药品货值金额十五倍以上三十倍以下的罚款;货值金额不足十万元的,按十万元计算;情节严重的,吊销药品批准证明文件直至吊销药品生产许可证、药品经营许可证或者医疗机构制剂许可证,对法定代表人、主要负责人、直接负责的主管人员和其他责任人员,没收违法行为发生期间自本单位所获收入,并处所获收入百分之三十以上三倍以下的罚款,十年直至终身禁止从事药品生产经营活动,并可以由公安机关处五日以上十五日以下的拘留:① 未取得药品批准证明文件生产、进口药品;② 使用采取欺骗手段取得的药品批准证明文件生产、进口药品;③ 使用未经审评审批的原料药生产药品;④ 应当检验而未经检验即销售药品;⑤ 生产、销售国务院药品监督管理部门禁止使用的药品;⑥ 编造生产、检验记录;⑦ 未经批准在药品生产过程中进行重大变更。

销售前款第一项至第三项规定的药品,或者药品使用单位使用前款第一项至第五项规定的药品的,依照前款规定处罚;情节严重的,药品使用单位的法定代表人、主要负责人、直接负责的主管人员和其他责任人员有医疗卫生人员执业证书的,还应当吊销执业证书。

未经批准进口少量境外已合法上市的药品,情节较轻的,可以依法减轻或者免予处罚。

(10) 有下列行为之一的,没收违法生产、销售的药品和违法所得以及包装材料、容器,责令停产停业整顿,并处五十万元以上五百万元以下的罚款;情节严重的,吊销药品批准证明文件、药品生产许可证、药品经营许可证,对法定代表人、主要负责人、直接负责的主管人员和其他责任人员处二万元以上二十万元以下的罚款,十年直至终身禁止从事药品生产经营活动:① 未经批准开展药物临床试验;② 使用未经审评的直接接触药品的包装材料或者容器生产药品,或者销售该类药品;③ 使用未经核准的标签、说明书。

(11) 除《药品管理法》另有规定的情形外,药品上市许可持有人、药品生产企业、药品经营企业、药物非临床安全性评价研究机构、药物临床试验机构等未遵守药品生产质量管理规范、药品经营质量管理规范、药物非临床研究质量管理规范、药物临床试验质量管理规范等的,责令限期改正,给予警告;逾期不改正的,处十万元以上五十万元以下的罚款;情节严重的,处五十万元以上二百万元以下的罚款,责令停产停业整顿直至吊销药品批准证明文件、药品生产许可证、药品经营许可证等,药物非临床安全性评价研究机构、药物临床试验机构等五年内不得开展药物非临床安全性评价研究、药物临床试验,对法定代表人、主要负责人、直接负责的主管人员和其他责任人员,没收违法行为发生期间自本单位所获收入,并处所获收入百分之十以上百分之五十以下的罚款,十年直至终身禁止从事药品生产经营等活动。

(12) 有下列行为之一的,责令限期改正,给予警告;逾期不改正的,处十万元以上五十万元以下的罚款:① 开展生物等效性试验未备案;② 药物临床试验期间,发现存在安全性问题或者其他风险,临床试验申办者未及时调整临床试验方案、暂停或者终止临床试验,或者未向国务院药品监督管理部门报告;③ 未按照规定建立并实施药品追溯制度;④ 未按照规定提交年度报告;⑤ 未按照规定对药品生产过程中的变更进行备案或者报告;⑥ 未制定药品上市后风险管理计划;⑦ 未按照规定开展药品上市后研究或者上市后评价。

(13) 除依法应当按照假药、劣药处罚的外,药品包装未按照规定印有、贴有标签或者附有说明书,标签、说明书未按照规定注明相关信息或者印有规定标志的,责令改正,给予警告;情节严重的,吊销药品注册证书。

(14) 药品上市许可持有人、药品生产企业、药品经营企业或者医疗机构未从药品上市许可持有人或者具有药品生产、经营资格的企业购进药品的,责令改正,没收违法购进的药品和违法所得,并处违法购进药品货值金额两倍以上十倍以下的罚款;情节严重的,并处货值金额十倍以上三十倍以下的罚款,吊销药品批准证明文件、药品生产许可证、药品经营许可证或者医疗机构执业许可证;货值金额不足五万元的,按五万元计算。

(15) 药品经营企业购销药品未按照规定进行记录,零售药品未正确说明用法、用量等事项,或者未按照规定调配处方的,责令改正,给予警告;情节严重的,吊销药品经营许可证。

(16) 药品网络交易第三方平台提供者未履行资质审核、报告、停止提供网络交易平台服务等义务的,责令改正,没收违法所得,并处二十万元以上二百万元以下的罚款;情节严重的,责令停业整顿,并处二百万元以上五百万元以下的罚款。

(17) 进口已获得药品注册证书的药品,未按照规定向允许药品进口的口岸所在地药品监督管理部门备案的,责令限期改正,给予警告;逾期不改正的,吊销药品注册证书。

(18) 医疗机构将其配制的制剂在市场上销售的,责令改正,没收违法销售的制剂和违法所得,并处违法销售制剂货值金额两倍以上五倍以下的罚款;情节严重的,并处货值金额五倍以上十五倍以下的罚款;货值金额不足五万元的,按五万元计算。

(19) 药品上市许可持有人未按照规定开展药品不良反应监测或者报告疑似药品不良反应的,责令限期改正,给予警告;逾期不改正的,责令停产停业整顿,并处十万元以上一百万元以下的罚款。

药品经营企业未按照规定报告疑似药品不良反应的,责令限期改正,给予警告;逾期不改正的,责令停产停业整顿,并处五万元以上五十万元以下的罚款。

医疗机构未按照规定报告疑似药品不良反应的,责令限期改正,给予警告;逾期不改正的,处五万元以上五十万元以下的罚款。

(20) 药品上市许可持有人在省、自治区、直辖市人民政府药品监督管理部门责令其召回后,拒不召回的,处应召回药品货值金额五倍以上十倍以下的罚款;货值金额不足十万元的,按十万元计算;情节严重的,吊销药品批准证明文件、药品生产许可证、药品经营许可证,对法定代表人、主要负责人、直接负责的主管人员和其他责任人员,处二万元以上二十万元以下的罚款。药品生产企业、药品经营企业、医疗机构拒不配合召回的,处十万元以上五十万元以下的罚款。

(21) 药品上市许可持有人为境外企业的,其指定的在中国境内的企业法人未依照本法规定履行相关义务的,适用本法有关药品上市许可持有人法律责任的规定。

(22) 有下列行为之一的,在《药品管理法》规定的处罚幅度内从重处罚:① 以麻醉药品、精神药品、医疗用毒性药品、放射性药品、药品类易制毒化学品冒充其他药品,或者以其他药品冒充上述药品;② 生产、销售以孕产妇、儿童为主要使用对象的假药、劣药;③ 生产、销售的生物制品属于假药、劣药;④ 生产、销售假药、劣药,造成人身伤害后果;⑤ 生产、销售假药、劣药,经处理后再犯;⑥ 拒绝、逃避监督检查,伪造、销毁、隐匿有关证据材料,或者擅自动用查封、扣押物品。

(23) 药品检验机构出具虚假检验报告的,责令改正,给予警告,对单位并处二十万元以上一百万元以下的罚款;对直接负责的主管人员和其他直接责任人员依法给予降级、撤职、开除处分,没收违法所得,并处五万元以下的罚款;情节严重的,撤销其检验资格。

(24) 药品上市许可持有人、药品生产企业、药品经营企业或者医疗机构违反本法规定聘用人员的,由药品监督管理部门或者卫生健康主管部门责令解聘,处五万元以上二十万元以下的罚款。

(25) 药品上市许可持有人、药品生产企业、药品经营企业或者医疗机构在药品购销中给予、收受回扣或者其他不正当利益的,药品上市许可持有人、药品生产企业、药品经营企业或者代理人给予使用其药品的医疗机构的负责人、药品采购人员、医师、药师等有关人员财物或者其他不正当利益的,由市场监督管理部门没收违法所得,并处三十万元以上三百万元以下的罚款;情节严重的,吊销药品上市许可持有人、药品生产企业、药品经营企业营业执照,并由药品监督管理部门吊销药品批准证明文件、药品生产许可证、药品经营许可证。

药品上市许可持有人、药品生产企业、药品经营企业在药品研制、生产、经营中向国家工作人员行贿的,对法定代表人、主要负责人、直接负责的主管人员和其他责任人员终身禁止从事药品生产经营活动。

(26) 药品上市许可持有人、药品生产企业、药品经营企业的负责人、采购人员等有关人员在药品购销中收受其他药品上市许可持有人、药品生产企业、药品经营企业或者代理人给予的财物或者其他不正当利益的,没收违法所得,依法给予处罚;情节严重的,五年内禁止从事药品生产经营活动。

医疗机构的负责人、药品采购人员、医师、药师等有关人员收受药品上市许可持有人、药品生产企业、药品经营企业或者代理人给予的财物或者其他不正当利益的,由卫生健康主管部门或者本单位给予处分,没收违法所得;情节严重的,还应当吊销其执业证书。

(27) 药品监督管理部门或者其设置、指定的药品专业技术机构参与药品生产经营活动的,由其上级主管机关责令改正,没收违法收入;情节严重的,对直接负责的主管人员和其他直接责任人员依法给予处分。

(28) 药品监督管理部门或者其设置、指定的药品专业技术机构的工作人员参与药品生产经营活动的,依法给予处分。

药品监督管理部门或者其设置、指定的药品检验机构在药品监督检验中违法收取检验费用的,由政府有关部门责令退还,对直接负责的主管人员和其他直接责任人员依法给予处分;情节严重的,撤销其检验资格。

(29) 药品监督管理部门有下列行为之一的,应当撤销相关许可,对直接负责的主管人员和其他直接责任人员依法给予处分:① 不符合条件而批准进行药物临床试验;② 对不符合条件的药品颁发药品注册证书;③ 对不符合条件的单位颁发药品生产许可证、药品经营许可证或者医疗机构制剂许可证。

(30) 县级以上地方人民政府有下列行为之一的,对直接负责的主管人员和其他直接责任人员给予记过或者记大过处分;情节严重的,给予降级、撤职或者开除处分:① 瞒报、谎报、缓报、漏报药品安全事件;② 未及时消除区域性重大药品安全隐患,造成本行政区域内发生特别重大药品安全事件,或者连续发生重大药品安全事件;③ 履行职责不力,造成严重不良影响或者重大损失。

(31) 药品监督管理等部门有下列行为之一的,对直接负责的主管人员和其他直接责任人员给予记过或者记大过处分;情节较重的,给予降级或者撤职处分;情节严重的,给予开除处分:① 瞒报、谎报、缓报、漏报药品安全事件;② 对发现的药品安全违法行为未及时查处;③ 未及时发现药品安全系统性风险,或者未及时消除监督管理区域内药品安全隐患,造成严重影响;④ 其他不履行药品监督管理职责,造成严重不良影响或者重大损失。

(32) 药品监督管理人员滥用职权、徇私舞弊、玩忽职守的,依法给予处分。

查处假药、劣药违法行为有失职、渎职行为的,对药品监督管理部门直接负责的主管人员和其他直接责任人员依法从重给予处分。

货值金额以违法生产、销售药品的标价计算;没有标价的,按照同类药品的市场价格计算。

中药材种植、采集和饲养的管理,依照有关法律、法规的规定执行。

三、刑事责任

《药品管理法》第114条规定,违反本法规定,构成犯罪的,依法追究刑事责任。

(一) 生产、销售假药罪

《刑法》第141条规定,生产、销售假药的,处三年以下有期徒刑或者拘役,并处罚金;对人体健康造成严重危害或者有其他严重情节的,处三年以上十年以下有期徒刑,并处罚金;致人死亡或者有其他特别严重情节的,处十年以上有期徒刑、无期徒刑或者死刑,并处罚金或者没收财产。

药品使用单位的人员明知是假药而提供给他人使用的,依照前款的规定处罚。

(二) 生产、销售劣药罪

《刑法》第142条规定,生产、销售劣药,对人体健康造成严重危害的,处三年以上十年以下有期徒刑,并处罚金;后果特别严重的,处十年以上有期徒刑或者无期徒刑,并处罚金或者没收财产。

药品使用单位的人员明知是劣药而提供给他人使用的,依照前款的规定处罚。

违反药品管理法规,有下列情形之一,足以严重危害人体健康的,处三年以下有期徒刑或者拘役,并处或者单处罚金;对人体健康造成严重危害或者有其他严重情节的,处三年以上七年以下有期徒刑,并处罚金:① 生产、销售国务院药品监督管理部门禁止使用的药品的;② 未取得药品相关批准证明文件生产、进口药品或者明知是上述药品而销售的;③ 药品申请注册中提供虚假的证明、数据、资料、样品或者采取其他欺骗手段的;④ 编造生产、检验记录的。

有前款行为,同时又构成《刑法》第一百四十一条、第一百四十二条规定之罪或者其他犯罪的,依照处罚较重的规定定罪处罚。

(三) 非法种植毒品原植物罪

《刑法》第351条规定,非法种植罂粟、大麻等毒品原植物的,一律强制铲除。有下列情形之一的,处五年以下有期徒刑、拘役或者管制,并处罚金:① 种植罂粟五百株以上不满三千株或者其他毒品原植物数量较大的;② 经公安机关处理后又种植的;③ 抗拒铲除的。

非法种植罂粟三千株以上或者其他毒品原植物数量大的,处五年以上有期徒刑,并处罚金或者没收财产。

非法种植罂粟或者其他毒品原植物,在收获前自动铲除的,可以免除处罚。

(四) 非法买卖、运输、携带、持有毒品原植物种子、幼苗罪

《刑法》第352条规定,非法买卖、运输、携带、持有未经灭活的罂粟等毒品原植物种子或者幼苗,数量较大的,处三年以下有期徒刑、拘役或者管制,并处或者单处罚金。

(五) 非法提供麻醉药品、精神药品罪

《刑法》第355条规定,依法从事生产、运输、管理、使用国家管制的麻醉药品、精神药品的人员,违反国家规定,向吸食、注射毒品的人提供国家规定管制的能够使人形成瘾癖的麻醉药品、精神药品的,处三年以下有期徒刑或者拘役,并处罚金;情节严重的,处三年以上七年以下有期徒刑,并处罚金。向走私、贩卖毒品的犯罪分子或者以牟利为目的,向吸食、注射毒品的人提供国家规定管制的能够使人形成瘾癖的麻醉药品、精神药品的,依照本法第三百四十七条的规定定罪处罚。

单位犯前款罪的,对单位判处罚金,并对其直接负责的主管人员和其他直接责任人员,依照前款的规定处罚。

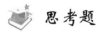

思考题

1. 药品的概念和特征是什么?
2. 药品研制和注册有哪些法律规定?
3. 药品上市许可持有人有哪些权利和义务?
4. 药品生产、经营、流通和使用环节分别有哪些法律规定?
5. 《药品管理法》中规定了哪些药品监督管理行为?
6. 违反药品管理法律制度的法律责任有哪些?

参 考 文 献

［1］ 国家药品监督管理局.药品管理法疫苗管理法读本[M].北京:法律出版社,2021.
［2］ 汪建荣.卫生法[M].北京:人民卫生出版社,2018.
［3］ 吴崇其.卫生法学[M].北京:法律出版社,2005.

第十四章 中医药法律制度

内容提要 中医药作为我国独特的卫生资源、潜力巨大的经济资源、具有原创优势的科技资源、优秀的文化资源和重要的生态资源,在经济社会发展中发挥着重要作用。本章结合《中医药法》及其他相关法律法规、政府文件,介绍了中医药法律制度概述、中医药服务法律制度、中药保护与发展法律制度、中医药人才培养、科学研究和传承传播法律制度、法律责任,共五节内容。

重点提示 中医 中药 中医药法

第一节 中医药法律制度概述

一、中医药概述

中医药是包括汉族和少数民族医药在内的我国各民族医药的统称,是反映中华民族对生命、健康和疾病的认识,具有悠久历史传统和独特理论及技术方法的医药学体系。

(一)中医药是我国各民族医药的统称

中医药发源于我国,是中国各族人民几千年来在同疾病作斗争中形成和发展起来的,是人民群众集体智慧的结晶。在西医传入我国之前,我国只有一种医药学,当然没有必要将其称为"中医药"。在古代,中医药有各种代称,如岐黄、青囊、杏林、悬壶等。"中医药"的称谓是在近代以后,随着西学、西医传入我国,为了便于区分,我国本土原有的学术体系、医学体系就被称为"中学""中医药",从此"中医药"就成了与"西医药"相对应的概念。少数民族医药是我国中医药的重要组成部分,包括藏医药、蒙医药、维吾尔医药、傣医药等少数民族的医药。目前全国已有十多个少数民族设有本民族的医疗机构。从国际上来说,"中医药"作为包括汉族和少数民族医药在内的我国各民族医药的统称,已得到国际上的普遍认同。许多国家的立法多以"中医药"称呼中国的传统医药,如泰国颁布了《中医合法化条例》,澳大利亚维多利亚州颁布了《中医注册条例》等。此外,有70多个国家与中国签订了包含中医药内容的政府协议或者专门的中医药合作协议。这些均表明"中医药"的称谓在世界范围内取得了共识。

(二)中医药是具有悠久历史传统和独特理论及技术方法的医药学体系

中医药是我国各族人民在长期生产生活和同疾病做斗争中逐步形成并不断丰富发展的

医学科学,具有独特有效的系统思维模式及其知识体系,其所注重的整体观念、辨证论治、因人而异、复方用药等认识论和方法论特色,反映了中华民族认识自然、人体、生命、疾病现象及其相互关系的规律。例如,天人合一的整体观念就是中医药中一个非常独特的理论。中医认为,人本身是一个有机整体,由脏腑经络组成,脏腑经络互相联系、沟通,调节人体的气血,维持人体的正常生理功能。同时,人与自然也是一个有机的整体,即天人合一,人是大自然的产物。人要适应自然,顺应气候变化,针对自然界的各种变化,如气候的变化,作出相应的调节,否则就容易产生疾病。中医的独特理论,深刻地阐明了中华民族对生命、健康和疾病的认识,并用于指导临床实践。在中医基本理论的指导下,经过长期实践总结出来的,用以防治疾病、健康养生的中医药技术方法也具有不同于其他医学技术的独特性,主要包括:针灸疗法、灸法类、手法类、外治疗法、内服法、中药炮制技术。中药材多源于自然界的植物、动物、矿物,药用部位含有一定的药物成分,但也常因带有一些非药用部分而影响疗效,并且不同药用部位药效有异。因此,原药材在发挥治疗作用的同时,也可能出现一些不良反应,这就需要通过炮制,调整药性,增利除弊,以满足临床治疗的要求。经过炮制的中药降低或消除了中药的毒副作用,保证用药安全,提高了中药的效果。

中医药是中华民族在与疾病长期斗争的过程中积累的宝贵财富,其有效的实践和丰富的知识中蕴含着深厚的科学内涵,是中华民族优秀文化的重要组成部分,为中华民族的繁衍昌盛和人类健康做出了不可磨灭的贡献。中医药植根于中华民族文化,在数千年的发展过程中,不断吸收和融合各个时期先进的自然科学、人文科学和哲学思想,理论体系日趋完善,技术方法更加丰富,形成了强调整体把握健康状态,注重个体化,突出治未病,临床疗效确切,治疗方式灵活,养生保健作用突出等鲜明特点,是我国重要的卫生、经济、科技、文化和生态资源,也是我国独具特色的健康服务资源,在经济社会发展中发挥着重要作用。

二、中医药立法

中国高度重视中医药事业发展。新中国成立初期,把"团结中西医"作为三大卫生工作方针之一,确立了中医药应有的地位和作用。1978年,中共中央转发卫生部《关于认真贯彻党的中医政策,解决中医队伍后继乏人问题的报告》,并在人、财、物等方面给予大力支持,有力地推动了中医药事业发展。1982年12月公布施行的《宪法》第二十一条强调发展现代医药和我国传统医药,保护人民健康。1986年,国务院成立相对独立的中医药管理部门。各省、自治区、直辖市也相继成立中医药管理机构,为中医药发展提供了组织保障。第七届全国人民代表大会第四次会议将"中西医并重"列为新时期中国卫生工作五大方针之一。2003年4月,国务院发布《中医药条例》;2009年5月,国务院颁布实施《关于扶持和促进中医药事业发展的若干意见》,逐步形成了相对完善的中医药政策体系。中国共产党第十八次全国代表大会以来,党和政府把发展中医药摆上更加重要的位置,作出一系列重大决策部署。在全国卫生与健康大会上,习近平总书记强调,要"着力推动中医药振兴发展"。中国共产党第十八次全国代表大会和十八届五中全会提出"坚持中西医并重""扶持中医药和民族医药事业发展"。2016年2月,国务院印发《中医药发展战略规划纲要(2016—2030年)》,把中医药发展上升为国家战略,对新时期推进中医药事业发展作出系统部署。2016年10月,中共中央、国务院印发《"健康中国2030"规划纲要》,作为今后15年推进健康中国建设的行动纲领,提出了一系列振兴中医药发展、服务健康中国建设的任务和举措。2016年12月,国新办发布

《中国的中医药》白皮书,《中医药法》颁布,这是中医药发展史上具有里程碑意义的大事。在此之后,我国各省、自治区、直辖市的中医药条例相继出台。2017年7月《中医医术确有专长人员医师资格考核注册管理暂行办法》颁布;9月,《中医诊所备案管理暂行办法》颁布。2019年10月,中共中央、国务院印发《关于促进中医药传承创新发展的意见》,国务院召开全国中医药大会。我国开始全面振兴中医药、加快医药卫生体制改革、构建中国特色医药卫生体系、推进健康中国建设的宏伟蓝图,中医药事业进入新的历史发展时期。2021年2月,国务院办公厅印发《关于加快中医药特色发展的若干政策措施》。2022年3月,国务院办公厅印发了《"十四五"中医药发展规划》,明确了"十四五"时期中医药发展目标和主要任务。到2025年,中医药健康服务能力明显增强,中医药高质量发展政策和体系进一步完善,中医药振兴发展取得积极成效,在健康中国建设中的独特优势得到充分发挥。

三、中医药发展的方针和基本原则

《中医药法》第三条规定:中医药事业是我国医药卫生事业的重要组成部分。国家大力发展中医药事业,实行中西医并重的方针,建立符合中医药特点的管理制度,充分发挥中医药在我国医药卫生事业中的作用。发展中医药事业应当遵循中医药发展规律,坚持继承和创新相结合,保持和发挥中医药特色和优势,运用现代科学技术,促进中医药理论和实践的发展。国家鼓励中医西医相互学习,相互补充,协调发展,发挥各自优势,促进中西医结合。

新中国成立以来,党和政府始终高度重视和支持中医药工作。"坚持中西医并重"是当前我国深化医疗卫生体制改革的一项基本原则,作为我国独具特色优势的医药卫生资源,为探索医疗卫生体制改革这一世界性难题的中国式解决办案做出了独特的贡献,发挥了不可替代的作用。这一方针强调了两个方面:

一是发展中医药事业应当遵循中医药发展规律。中医药是反映中华民族对生命、健康和疾病的认识,具有独特理论和技术方法的医药学体系。正因为中医药是独特的,所以发展中医药事业必须有中医药的思维,遵循中医药的内在发展规律,建立符合中医药特点的管理制度,在医疗机构管理、医师执业管理、中药管理、人才培养等方面都要体现中医药特点。

二是发展中医药应当坚持继承与创新相结合。中医药在历史中形成,有3000多年历史,在中华民族繁衍昌盛中发挥了不可替代的作用。但中医药本身又是不断发展的,随着中医药现代化战略的推进,中医药事业取得了长足的进步,中医医疗、科技、教育、产业、国际化等方面均取得了突出成绩,为经济社会发展和人民群众健康维护做出了突出贡献。发展中医药必须坚持继承和创新相结合。所谓"继承"就是要保持和发挥中医药特色和优势,加强中医药理论方法继承,全面系统继承历代各家学术理论、流派及学说,全面系统继承当代名老中医药专家学术思想和临床诊疗经验,总结中医优势病种临床基本诊疗规律。同时,加强中医药传统知识保护与技术挖掘,建立中医药传统知识保护数据库、保护名录和保护制度等。所谓"创新",就是要运用现代科学技术,促进中医药理论和实践的发展。主要是发展中医药科学研究和科技创新工作,促进中医药科技创新能力提升,加快形成自主知识产权,提升创新成果的转化效率。传承与创新是中医药发展的两大基本支柱,传承是创新的基础与保障,同时创新又对传承具有推动作用,二者之间相互促进,共同推动中医药事业的发展。

中西医结合是我国卫生工作长期实行的一项重要基本原则,其内涵是指将中医药的基本理论、临床实践与西医药知识结合起来,二者相互学习,相互补充,协调发展,发挥各自优势,提高临床疗效,发展具有中国特色的新医药学。《中医药发展战略规划纲要(2016—2030年)》在"促进中西医结合"方面提出运用现代科学技术,推进中西医资源整合、优势互补、协同创新。加强中西医结合创新研究平台建设,强化中西医临床协作,开展重大疑难疾病中西医联合攻关,形成独具特色的中西医结合诊疗方案,提高重大疑难疾病、急危重症的临床疗效。探索建立和完善国家重大疑难疾病中西医协作工作机制与模式,提升中西医结合服务能力。积极创造条件建设中西医结合医院。完善中西医结合人才培养政策措施等。《中医药法》在贯彻"促进中西医结合"原则方面也作出了一些具体规定,如国家发展中西医结合教育,培养高层次的中西医结合人才,以及开展中西医结合科学研究等。

四、中医药管理体制

《中医药法》规定,国务院中医药主管部门负责全国的中医药管理工作。国务院其他有关部门在各自职责范围内负责与中医药管理有关的工作。县级以上地方人民政府中医药主管部门负责本行政区域的中医药管理工作。县级以上地方人民政府其他有关部门在各自职责范围内负责与中医药管理有关的工作。国家卫生健康委员会管理的国家中医药管理局是国务院的中医药主管部门,负责全国的中医药管理工作,是政府管理中医药行业的国家机构。除了国家中医药管理局外,国务院其他有关部门,包括国家卫生健康委员会、国家市场监督管理总局、农业部、工业与信息化部、国家人力资源和社会保障部、国家发展和改革委员会等也要在各自职责范围内负责与中医药管理有关的工作。

《中医药法》规定,县级以上人民政府应当将中医药事业纳入国民经济和社会发展规划,建立健全中医药管理体系,统筹推进中医药事业发展。

五、中医药保障措施

《中医药法》规定,县级以上人民政府应当为中医药事业发展提供政策支持和条件保障,将中医药事业发展经费纳入本级财政预算。县级以上人民政府及其有关部门制定基本医疗保险支付政策、药物政策等医药卫生政策,应当有中医药主管部门参加,注重发挥中医药的优势,支持提供和利用中医药服务。县级以上人民政府及其有关部门应当按照法定价格管理权限,合理确定中医医疗服务的收费项目和标准,体现中医医疗服务成本和专业技术价值。县级以上地方人民政府有关部门应当按照国家规定,将符合条件的中医医疗机构纳入基本医疗保险定点医疗机构范围,将符合条件的中医诊疗项目、中药饮片、中成药和医疗机构中制剂纳入基本医疗保险基金支付范围。国家加强中医药标准体系建设,根据中医药特点对需要统一的技术要求制定标准,并及时修订。中医药国家标准、行业标准由国务院有关部门依据职责制定或者修订,并在其网站上公布,供公众免费查阅。国家逐步推动建立中医药国际标准体系。开展法律、行政法规规定的与中医药有关的评审、评估、鉴定活动,应当成立中医药评审、评估、鉴定的专门组织,或者有中医药专家参加。国家采取措施,加大对少数民族医药传承创新、应用发展和人才培养的扶持力度,加强少数民族医疗机构和医师队伍建设,促进和规范少数民族医药事业发展。

第二节 中医药服务法律制度

一、中医药服务概述

"十三五"期间,中医药发展顶层设计加快完善,政策环境持续优化,支持力度不断加大。中医药服务体系进一步健全,截至2020年底,全国中医医院达到5482家,每千人口公立中医医院床位数达到0.68张,每千人口卫生机构中医类别执业(助理)医师数达到0.48人,99%的社区卫生服务中心、98%的乡镇卫生院、90.6%的社区卫生服务站、74.5%的村卫生室能够提供中医药服务,设置中医临床科室的二级以上公立综合医院占比达到86.75%,备案中医诊所达到2.6万家。

"十四五"中医药发展规划提出到2025年,融预防保健、疾病治疗和康复于一体的中医药服务体系逐步健全,中医药基层服务能力持续提升,中西医结合服务水平不断提高,中医药参与新发突发传染病防治和公共卫生事件应急处置能力显著增强。提出做强龙头中医医院、做优骨干中医医院、做实基层中医药服务网络、健全其他医疗机构中医药科室四个方面的具体措施。

二、中医医疗机构法律制度

医疗机构是从事疾病诊断、治疗活动,经登记取得医疗机构执业许可证的机构。中医医疗机构包括中医类医院(包括中医医院、中西医结合医院、民族医医院)、中医类门诊部(包括中医门诊部、中西医结合门诊部、民族医门诊部)、中医类诊所(包括中医诊所、中西医结合诊所、民族医诊所)等。

《中医药法》规定,县级以上人民政府应当将中医医疗机构建设纳入医疗机构设置规划,举办规模适宜的中医医疗机构,扶持有中医药特色和优势的医疗机构发展。合并、撤销政府举办的中医医疗机构或者改变其中医医疗性质,应当征求上一级人民政府中医药主管部门的意见。政府举办的综合医院、妇幼保健机构和有条件的专科医院、社区卫生服务中心、乡镇卫生院,应当设置中医药科室。县级以上人民政府应当采取措施,增强社区卫生服务站和村卫生室提供中医药服务的能力。国家支持社会力量举办中医医疗机构。社会力量举办的中医医疗机构在准入、执业、基本医疗保险、科研教学、医务人员职称评定等方面享有与政府举办的中医医疗机构同等的权利。举办中医医疗机构应当按照国家有关医疗机构管理的规定办理审批手续,并遵守医疗机构管理的有关规定。举办中医诊所的,将诊所的名称、地址、诊疗范围、人员配备情况等报所在地县级人民政府中医药主管部门备案后即可开展执业活动。中医诊所应当将本诊所的诊疗范围、中医医师的姓名及其执业范围在诊所的明显位置公示,不得超出备案范围开展医疗活动。具体办法由国务院中医药主管部门拟订,报国务院卫生行政部门审核、发布。

2017年9月,国家卫生计生委发布《中医诊所备案管理暂行办法》(下称《暂行办法》)。

创新对中医诊所设立的管理办法,将中医诊所由许可管理改为备案管理。该办法共 5 章 29 条。

《暂行办法》中所指的中医诊所,是在中医药理论指导下,运用中药和针灸、拔罐、推拿等非药物疗法开展诊疗服务,以及中药调剂、汤剂煎煮等中药药事服务的诊所。不符合上述规定的服务范围或者存在不可控的医疗安全隐患和风险的,不适用本办法。一是规定中医诊所不得提供西医西药服务;二是并非所有的中医药服务都可以开展,对所开展的技术存在不可控的医疗安全隐患和风险的不得在中医诊所开展,如中医微创类技术、中药注射剂、穴位注射等。

《暂行办法》从举办中医诊所的人员资质、诊所标准、名称、环保消防要求以及不得举办诊所的情形等方面规定了举办备案中医诊所应当具备的条件。一是规定了诊所主要负责人的基本要求。对于经考试取得执业医师资格的,考虑到国家卫生计生委和国家中医药管理局在全国 40 个地市和甘肃全省开展的鼓励社会办中医的试点工作中,已允许将执业年限由 5 年调整为 3 年,结合国家"放管服"的改革精神,因此在本办法中规定"具有中医类别'医师资格证书'并经注册后在医疗、预防、保健机构中执业满 3 年"。对于以师承方式学习中医或者经多年实践、医术确有专长的人员,根据《中医药法》的规定,明确此类人员的条件为按照《中医医术确有专长人员医师资格考核注册管理暂行办法》(以下简称《暂行办法》)取得"中医(专长)医师资格证书"。二是规定备案中医诊所的设置应符合国家卫生计生委和国家中医药管理局 2017 年印发的《中医诊所基本标准》。三是中医诊所的名称应符合《医疗机构管理条例》及其《实施细则》的要求。四是举办中医诊所应保证消防安全,符合相应法律法规的规定和要求。五是中医诊所的负责人应能够独立承担民事责任。同时,明确了不得举办中医诊所的情形,即《医疗机构管理条例实施细则》第十二条所规定的内容。

《暂行办法》规定备案中医诊所的程序为:符合举办中医诊所条件的,将备案所需提交的材料报拟举办诊所所在地县级中医药主管部门,县级中医药主管部门收到材料后,对材料齐全且符合备案要求的予以备案,并当场发放《中医诊所备案证》;材料不全或不符合备案要求的,应当当场或者在五日内一次告知备案人需要补正的全部材料。备案人在拿到《中医诊所备案证》之后即可开展执业活动。

同时,《暂行办法》明确了县级中医药主管部门履行中医诊所备案后监督管理职责,体现了中医诊所备案后加强事中事后监管的要求。一是规定县级中医药主管部门自中医诊所备案之日起三十日内,对备案的中医诊所进行现场核查。这要求县级中医药主管部门要及时跟进工作,主动上门提供服务。核查主要目的是核实诊所的地址、布局、诊疗范围、执业人员及设备等的真实性以及与备案事项是否一致。二是规定县级中医药主管部门应定期开展现场监督检查,履行对中医诊所的监督管理职责。监督检查主要是对诊所依法执业、医疗质量和医疗安全、诊所管理等进行综合监督检查,必要时有针对性地组织开展专项监督检查。三是规定了县级中医药主管部门对中医诊所实行不良执业行为记录制度,以促进中医诊所规范行医,保障医疗质量和医疗安全。四是明确县级中医药主管部门为诊所负责人提供统一的学习途径和交流平台,促进诊所负责人提升依法执业、感染防控和传染病防治的能力。

由于现行的中医诊所基本标准中规定中医治疗率不低于 85%,有相当数量的中医诊所因群众需求而提供中西医两种服务。而本办法规定中医诊所只能提供中医药服务,为做好衔接,提出了分类管理自主选择的办法。一是本办法施行前已经设置的提供中西医两种服务的中医诊所,在本办法颁布实施之后,可根据自身实际情况,自主选择举办诊所的管理方式:仅提供本办法规定的中医药服务的,在"医疗机构执业许可证"有效期到期之前,可以按照《医疗机构管理条例》的要求管理,也可以按照备案要求管理(注销原"医疗机构执业许可证"后按本办法规定进行备案)。二是提供的服务不符合本办法规定的服务范围或者存在不可控的医疗安全隐患和风险的中医诊所,仍然按照《医疗机构管理条例》的要求实行审批管理,实行审批管理的中医诊所更名为中医(综合)诊所,设置应符合国家卫生计生委和国家中医药管理局印发的《中医(综合)诊所基本标准》。

三、中医从业人员法律制度

《中医药法》规定,从事中医医疗活动的人员应当依照《执业医师法》的规定,通过中医医师资格考试取得中医医师资格,并进行执业注册。中医医师资格考试的内容应当体现中医药特点。以师承方式学习中医或者经多年实践,医术确有专长的人员,由至少两名中医医师推荐,经省、自治区、直辖市人民政府中医药主管部门组织实践技能和效果考核合格后,即可取得中医医师资格;按照考核内容进行执业注册后,即可在注册的执业范围内,以个人开业的方式或者在医疗机构内从事中医医疗活动。国务院中医药主管部门应当根据中医药技术方法的安全风险拟订本款规定人员的分类考核办法,报国务院卫生行政部门审核、发布。

这一规定对中医医师资格管理进行了改革创新,通过师承、家传等非学历教育方式学习中医的人员,经实践技能及效果考核即可取得中医医师资格。2017年11月,为做好中医医术确有专长人员医师资格考核注册管理工作,国家卫生计生委发布《中医医术确有专长人员医师资格考核注册管理暂行办法》(以下简称《注册管理暂行办法》)。

根据《注册管理暂行办法》规定,以师承方式学习中医的,申请参加医师资格考核应当同时具备下列条件:一是连续跟师学习中医满五年,对某些病症的诊疗,方法独特、技术安全、疗效明显,经指导老师评议合格;二是由至少两名中医类别执业医师推荐,推荐医师不包括其指导老师。

经多年中医医术实践的,申请参加医师资格考核应当同时具备下列条件:一是具有医术渊源,在中医医师指导下从事中医医术实践活动满五年或者《中医药法》实施前已经从事中医医术实践活动满五年的;二是对某些病症的诊疗,方法独特、技术安全、疗效明显,并得到患者的认可;三是由至少两名中医类别执业医师推荐。

中医医术确有专长人员医师资格考核把握的原则:一是注重风险评估与防范,对具有一定风险的中医医疗技术,由考核专家综合评议其安全性和有效性;二是注重分类考核,针对参加考核人员使用的技术方法,分内服方药和外治技术两类设计考核内容、考核程序、安全风险评估及防范要点;三是注重效果评价,由考核专家根据参加考核人员的现场陈述和回顾性中医医术实践资料(包括病案记录、录像资料、图片资料等),综合评议其医术是否确有疗效,现场把握不准的,可通过实地走访、调查核验等方式进行综合评定。主要考核内容为:
① 内服方药类,围绕其擅长治疗的病症范围,重点考核对中医理法方药和用药安全知识的掌握。考核程序分为医术专长陈述、现场问答、诊法技能操作和现场辨识相关中药等。
② 外治技术类,围绕其使用的外治技术,重点考核技术原理、适应证、操作规范及安全风险防控方法或措施等。考核程序分为医术专长陈述、现场问答、外治技术操作等。

《注册管理暂行办法》规定,中医医术确有专长人员医师资格考核采取专家现场集体评议方式进行,以现场陈述问答、回顾性中医医术实践资料评议、中医药技术方法操作等形式为主,必要时采用实地调查核验等方式评定效果。为确保考核公平公正,防范考核舞弊风险,规定考核专家人数为不少于5人的奇数。资格考核由省级中医药主管部门组织,每年至少举行一次,考核时间提前三个月向社会公告。《暂行办法》发布后,省级中医药主管部门据此制定本省(区、市)中医医术确有专长人员医师资格考核注册管理实施细则,自2018年起组织本省(区、市)考核工作。

中医(专长)医师按照考核专家认定的考核结论确定执业范围,包括能够使用的中医药技术方法和具体治疗病症的范围。中医(专长)医师应当在执业范围内开展执业活动,例如考核的是中医正骨,就只能注册中医正骨,不得超出考核范围进行注册和执业。中医(专长)医师在执业活动中只提供中医药服务。中医(专长)医师在其考核所在省级行政区域内执业。中医(专长)医师跨省执业的,须经拟执业机构所在省级中医药主管部门同意并注册。

《注册管理暂行办法》实施前已按照卫生部令第52号规定《传统医学师承和确有专长人员医师资格考核考试办法》取得《传统医学师承出师证书》和《传统医学医术确有专长证书》的,可以申请参加国家医师资格考试,也可以申请参加中医医术确有专长人员医师资格考核(师承出师人员需继续跟师学习满2年)。自《暂行办法》施行之日起,不再开展中医药一技之长人员纳入乡村医生管理工作。已纳入乡村医生管理的中医药一技之长人员可以申请参加考核,也可继续以乡村医生身份执业。

2021年8月,国新办发表《全面建成小康社会:中国人权事业发展的光辉篇章》白皮书,指出我国截至2020年底卫生技术人员总数达1066万人,其中执业医师和执业助理医师408万人,注册护士471万人;全年总诊疗人次78.2亿人次,每千人口医师数达到2.9人。2022年3月1日起《医师法》开始实施,规定医师是指依法取得医师资格,经注册在医疗卫生机构中执业的专业医务人员,包括执业医师和执业助理医师。国务院卫生健康主管部门负责全国的医师管理工作。国务院教育、人力资源社会保障、中医药等有关部门在各自职责范围内负责有关的医师管理工作。县级以上地方人民政府卫生健康主管部门负责本行政区域内的医师管理工作。县级以上地方人民政府教育、人力资源社会保障、中医药等有关部门在各自职责范围内负责有关的医师管理工作。

《医师法》规定,以师承方式学习中医或者经多年实践,医术确有专长的,由至少两名中医医师推荐,经省级人民政府中医药主管部门组织实践技能和效果考核合格后,即可取得中医医师资格及相应的资格证书。医师经注册后,可以在医疗卫生机构中按照注册的执业地点、执业类别、执业范围执业,从事相应的医疗卫生服务。中医、中西医结合医师可以在医疗机构中的中医科、中西医结合科或者其他临床科室按照注册的执业类别、执业范围执业。医师经相关专业培训和考核合格,可以增加执业范围。法律、行政法规对医师从事特定范围执业活动的资质条件有规定的,从其规定。经考试取得医师资格的中医医师按照国家有关规定,经培训和考核合格,在执业活动中可以采用与其专业相关的西医药技术方法。西医医师按照国家有关规定,经培训和考核合格,在执业活动中可以采用与其专业相关的中医药技术方法。国家采取措施完善中医西医相互学习的教育制度,培养高层次中西医结合人才和能够提供中西医结合服务的全科医生。

第三节 中药保护与发展法律制度

一、中药保护与发展概述

近年来,我国中药产业快速发展,颁布实施了一系列加强野生中药资源保护的法律法规,建立了一批国家级或地方性的自然保护区,开展珍稀濒危中药资源保护研究,部分紧缺或濒危资源已实现人工生产或野生抚育。基本建立了以中医药理论为指导、突出中医药特色、强调临床实践基础、鼓励创新的中药注册管理制度。目前,国产中药民族药约有 6 万个药品批准文号。全国有 2088 家通过药品生产质量管理规范(GMP)认证的制药企业生产中成药,中药已从丸、散、膏、丹等传统剂型,发展到现在的滴丸、片剂、膜剂、胶囊等 40 多种剂型,中药产品生产工艺水平有了很大提高,基本建立了以药材生产为基础、工业为主体、商业为纽带的现代中药产业体系。全国医药工业统计表明,2021 年中药工业稳步发展,全年营业收入达到 6919 亿元,同比 2020 年的 6156 亿元,增长 12.3%。其中,中成药主营业务收入 4862 亿元,同比 2020 年的 4347 亿元,增长 11.8%;中药饮片主营业务收入 2057 亿元,同比 2020 年的 1809 亿元,增长 13.6%。2021 年中药工业利润总额 1004.5 亿元,同比 2020 年的 733.1 亿元,增长 37%。其中,中成药利润总额 755.2 亿元,同比 2020 年的 612.6 亿元,增长 23.2%;中药饮片利润总额 249.3 亿元,同比 2020 年的 120.5 亿元,增长率高达 102.3%。行业竞争力增强,实现高质量增长。中药产业逐渐成为国民经济与社会发展中具有独特优势和广阔市场前景的战略性产业。中医药科学研究也取得积极进展,近年来,有 45 项中医药科研成果获得国家科技奖励,其中科技进步一等奖 5 项。屠呦呦因发现"青蒿素——一种用于治疗疟疾的药物",荣获 2011 年美国拉斯克临床医学奖和 2015 年诺贝尔生理学或医学奖。因将传统中药的砷剂与西药结合治疗急性早幼粒细胞白血病的疗效明显提高,王振义、陈竺获得第七届圣捷尔吉癌症研究创新成就奖。我国开展中药资源普查试点工作,已初步建成由 1 个中心平台、28 个省级中心、65 个监测站组成的中药资源动态监测信息和技术服务体系,以及 16 个中药材种子种苗繁育基地和 2 个种质资源库。这些科研成果的转化应用,为提高临床疗效、保障中药质量、促进中药产业健康发展提供了支撑。

2021 年 2 月,国务院办公厅印发《关于加快中医药特色发展的若干政策措施》(以下简称《若干政策措施》)提出,加快推进中药审评审批机制改革,加强技术支撑能力建设,提升中药注册申请技术指导水平和注册服务能力,强化部门横向联动,建立科技、医疗、中医药等部门推荐符合条件的中药新药进入快速审评审批通道的有效机制。以中医临床需求为导向,加快推进国家重大科技项目成果转化。尊重中药研发规律,完善中药注册分类和申报要求。优化具有人用经验的中药新药审评审批,对符合条件的中药创新药、中药改良型新药、古代经典名方、同名同方药等,研究依法依规实施豁免非临床安全性研究及部分临床试验的管理机制。充分利用数据科学等现代技术手段,建立中医药理论、人用经验、临床试验"三结合"的中药注册审评证据体系,积极探索建立中药真实世界研究证据体系。2021 年我国中药新药获批数量达到 12 个,为近几年来最多,充分体现出国家药品监管部门对中药创新的支持。

二、中药的概念

中药是以中国传统医药理论指导采集、炮制、制剂,说明作用机理,指导临床应用的药物统称。简而言之,中药就是指在中医理论指导下,用于预防、治疗、诊断疾病并具有康复与保健作用的物质。中药主要来源于天然药及其加工品,包括植物药、动物药、矿物药及部分化学、生物制品类药物。由于中药以植物药居多,故有"诸药以草为本"的说法。包括中药材、中药饮片和中成药。

(一)中药材

中药材的来源分为药用植物、动物、矿物类。大部分中药材来源于植物,药用部位有根、茎、叶、花、果实、种子、皮等。药用动物来自于动物的骨、胆、结石、皮、肉及脏器。矿物类药材包括可供药用的天然矿物、矿物加工品,以及动物的化石等,如朱砂、石膏、红粉、轻粉、雄黄等。

(二)中药饮片

中药饮片是中药材经过按中医药理论、中药炮制方法,经过加工炮制后的,可直接用于中医临床的中药。这个概念表明,中药材、中药饮片并没有绝对的界限,中药饮片包括了部分经产地加工的中药切片,原形药材饮片以及经过切制、炮炙的饮片。前两类管理上应视为中药材,只是根据中医药理论在配方、制剂时作饮片理解。而管理意义上饮片的概念应理解为:"根据调配或制剂的需要,对经产地加工的净药材进一步切制、炮炙而成的成品称为中药饮片。"

(三)中成药

中成药是指在中医药理论指导下,经过临床运用证实其疗效确切、应用广泛的处方、验方或秘方,获得国家药品监督管理部门批准,以中医处方为依据,中药饮片为原料,按照规定的生产工艺和质量标准制成的一定剂型、质量可控、安全有效、可批量生产的中药成方制剂。中成药剂型由过去的丸、散、膏、丹粗放制作发展到片剂、冲剂、胶囊,以及包括滴丸、贴膜、气雾剂和注射剂等各种剂型。

三、中药的生产

(一)中药材的生产

1. 中药材种植养殖、采集、贮存和初加工

《中医药法》规定,国家制定中药材种植养殖、采集、贮存和初加工的技术规范、标准,加强对中药材生产流通全过程的质量监督管理,保障中药材质量安全。国家鼓励发展中药材规范化种植养殖,严格管理农药、肥料等农业投入品的使用,禁止在中药材种植过程中使用剧毒、高毒农药,支持中药材良种繁育,提高中药材质量。

2. 道地中药材的保护

道地中药材是指经过中医临床长期应用优选出来的,产在特定地域,与其他地区所产同种中药材相比,品质和疗效更好,且质量稳定,具有较高知名度的中药材。

《中医药法》规定,国家建立道地中药材评价体系,支持道地中药材品种选育,扶持道地中药材生产基地建设,加强道地中药材生产基地生态环境保护,鼓励采取地理标志产品保护等措施保护道地中药材。

3. 中药材质量检测

《中医药法》规定,国务院药品监督管理部门应当组织并加强对中药材质量的监测,定期向社会公布监测结果。国务院有关部门应当协助做好中药材质量监测有关工作。采集、贮存中药材,以及对中药材进行初加工,应当符合国家有关技术规范、标准和管理规定。中药材标准是保证药材质量的关键,国家已经出台了一系列规范中药材种植养殖、采集、加工的技术规范和中药材质量的标准,如《中华人民共和国药典》《中药材生产质量管理规范(试行)》《中药材仓库技术规范》《中药材仓储管理规范》等。

4. 野生动植物资源保护与利用

《中医药法》规定,国家保护药用野生动植物资源,对药用野生动植物资源实行动态监测和定期普查,建立药用野生动植物资源种质基因库,鼓励发展人工种植养殖,支持依法开展珍贵、濒危药用野生动植物的保护、繁育及其相关研究。

种质是所有携带遗传物质的活体,对于植物来说,不仅包括种子,还包括植株、根、茎、胚芽和细胞、基因等。种质基因库可包括药用植物种子库、植物离体库、DNA库、微生物库和动物种质资源库等。我国生物物种极为丰富,生物资源开发将是未来全球资源竞争的一个战略重点。药用动植物种质资源库的建设对中药材品质改善、规范化生产、资源和生态修复等有重要意义。中药材种质资源库的建设,为我国中药种质资源保存提供了一个很好的平台。目前,在全国普查的基础上,国家中药材种质资源库(四川)、国家基本药物所需中药材种质资源库(海南)的基础建设已经完成,江苏泰州正在建设中药材种质资源库。

5. 自种、自采地产中药材管理

《中医药法》规定,在村医疗机构执业的中医医师、具备中药材知识和识别能力的乡村医生,按照国家有关规定可以自种、自采地产中药材,并在其执业活动中使用。

根据《乡村医生从业管理规定》,这里的"乡村医生"是指尚未取得执业医师资格或者执业助理医师资格,经注册在村医疗卫生机构从事预防、保健和一般医疗服务的医生。乡村医生的主要职责是向农村居民提供公共卫生服务及一般疾病的诊治。

根据2006年7月国家中医药管理局颁布《关于加强乡村中医药技术人员自种自采自用中草药管理的通知》的规定,自种自采自用中草药是指乡村中医药技术人员自己种植、采收、使用,不需特殊加工炮制的植物中草药。同时,该通知明确,乡村中草药技术人员不得自种自采自用下列中草药:① 国家规定需特殊管理的医疗用毒性中草药;② 国家规定需特殊管理的麻醉药品原植物;③ 国家规定需特殊管理的濒稀野生植物药材。根据当地实际工作需要,乡村中医药技术人员自种自采自用的中草药,只限于其所在的村医疗机构内使用,不得上市流通,不得加工成中药制剂。自种自采自用的中草药应当保证药材质量,不得使用变质、被污染等影响人体安全、药效的药材。对有毒副反应的中草药,乡村中医药技术人员应严格掌握其用法用量,并熟悉其中毒的预防和救治。发现可能与用药有关的毒副反应,应按规定及时向当地主管部门报告。

(二) 中药饮片的生产

《中医药法》规定,国家保护中药饮片传统炮制技术和工艺,支持应用传统工艺炮制中药饮片,鼓励运用现代科学技术开展中药饮片炮制技术研究。对市场上没有供应的中药饮片,医疗机构可以根据本医疗机构医师处方的需要,在本医疗机构内炮制、使用。医疗机构应当遵守中药饮片炮制的有关规定,对其炮制的中药饮片的质量负责,保证药品安全。医疗机构炮制中药饮片,应当向所在地设区的市级人民政府药品监督管理部门备案。根据临床用药需要,医疗机构可以凭本医疗机构医师的处方对中药饮片进行再加工。

按照药品管理法的规定,医疗机构是不能炮制中药饮片的,只有药品生产企业可以炮制中药饮片。本条规定对上述制度作了突破,允许医疗机构对市场上没有供应的中药饮片可以根据本医疗机构医师处方的需要,自行炮制中药饮片,并在本医疗机构内使用。此外,有些中药饮片采购后,还需要根据其药物性能和治疗需要,由医疗机构药材专业技术人员凭本医疗机构医师的处方对中药饮片进行再加工。同时,药品管理法有明确的规定,中药饮片必须按照国家药品标准炮制;国家药品标准没有规定的,必须按照省、自治区、直辖市人民政府药品监督管理部门制定的炮制规范炮制。医疗机构炮制市场上没有供应的中药饮片,应当遵守上述国家药品标准或炮制规范。2007年国家中医药管理局、卫生部《医院中药饮片管理规范》规定,医院进行临方炮制,应当具备与之相适应的条件和设施,严格遵照国家药品标准和省、自治区、直辖市药品监督管理部门制定的炮制规范炮制,并填写"饮片炮制加工及验收记录",经医院质量检验合格后方可投入临床使用。

近年来,中药饮片管理水平有了较大提高,医疗机构中药饮片质量得到了较好保证,有效促进了中医药特色优势的发挥。但随着深化医药卫生体制改革的持续推进,人民群众对中医药的服务需求不断增长,中药饮片使用量大幅上升,中药饮片质量和用药安全面临着新的挑战。部分医疗机构中药饮片采购供应制度不完善、采购程序不符合相关规定、验收流于形式、养护不到位、煎药流程不符合要求、未建立处方专项点评制度等问题还较为突出。2017年9月,国家中医药管理局发布《关于进一步加强医疗机构中药饮片管理的通知》。2020年,国家药监局组织开展了中药饮片专项抽检,主要针对近年来销量增大的中药饮片中较为突出的掺伪掺杂等问题,以及种植/养殖、加工炮制等不规范而造成的质量问题,开展检验和探索性研究。2020年国家药品抽检共抽检8个中药饮片品种1368批次。经检验,符合规定1341批次,不符合规定27批次。发现的主要问题包括:一是掺伪、正伪品混用问题;二是有害残留物质超限问题;三是采收与加工炮制不规范。

2020年12月,国家医疗保障局、人力资源和社会保障部公布《国家基本医疗保险、工伤保险和生育保险药品目录(2020年)》,中药饮片由排除法改为准入法管理,共纳入892个。

(三) 中成药的生产

1. 中药的研制和生产

《中医药法》规定,国家鼓励和支持中药新药的研制和生产。国家保护传统中药加工技术和工艺,支持传统剂型中成药的生产,鼓励运用现代科学技术研究开发传统中成药。生产符合国家规定条件的来源于古代经典名方的中药复方制剂,在申请药品批准文号时,可以仅提供非临床安全性研究资料。

古代经典名方是指至今仍广泛应用、疗效确切、具有明显特色与优势的古代中医典籍所记载的方剂。这里的"方剂"是指药方,其具体目录由国务院中医药主管部门会同药品监督管理部门制定。根据 2008 年国家食品药品监督管理局《中药注册管理补充规定》,来源于古代经典名方的中药复方制剂,符合以下条件的,可仅提供非临床安全性研究资料,并直接申报生产:① 处方中不含毒性药材或配伍禁忌;② 处方中药味均有法定标准;③ 生产工艺与传统工艺基本一致;④ 给药途径与古代医籍记载一致,日用饮片量与古代医籍记载相当;⑤ 功能主治与古代医籍记载一致;⑥ 适用范围不包括危重症,不涉及孕妇、婴幼儿等特殊用药人群。该类中药复方制剂的药品说明书中须注明处方及功能主治的具体来源,说明本方剂有长期临床应用基础,并经非临床安全性评价。该类中药复方制剂不发给新药证书。

2018 年修订的《中药品种保护条例》规定,国家鼓励研制开发临床有效的中药品种,对质量稳定、疗效确切的中药品种实行分级保护制度。我国的中药品种保护制度属于行政保护措施,是对名优中成药的保护措施。1993 年 9 月至 2019 年 9 月 30 日,国家中药品种保护审评委员会办公室共接到 5672 份中药品种保护申请。累计核发《中药保护品种证书》3924 个(含 1022 个延长保护期证书)。处在保护期内的有效证书 2154 个,共有单品种 1294 个、涉及企业 1045 家。2019 年度,年销售额在 1 亿元(人民币)以上的中药保护品种有 59 个。

2. 医疗机构配制中药制剂管理

中药制剂是根据《中华人民共和国药典》《医疗机构制剂配制质量管理规范》等规定的处方,将中药加工或提取后制成的具有一定规格,可以直接用于防病治病的制剂。

《中医药法》规定,国家鼓励医疗机构根据本医疗机构临床用药需要配制和使用中药制剂,支持应用传统工艺配制中药制剂,支持以中药制剂为基础研制中药新药。医疗机构配制中药制剂,应当依照《药品管理法》的规定取得医疗机构制剂许可证,或者委托取得药品生产许可证的药品生产企业、取得医疗机构制剂许可证的其他医疗机构配制中药制剂。委托配制中药制剂,应当向委托方所在地省、自治区、直辖市人民政府药品监督管理部门备案。医疗机构对其配制的中药制剂的质量负责;委托配制中药制剂的,委托方和受托方对所配制的中药制剂的质量分别承担相应责任。医疗机构配制的中药制剂品种,应当依法取得制剂批准文号。但是,仅应用传统工艺配制的中药制剂品种,向医疗机构所在地省、自治区、直辖市人民政府药品监督管理部门备案后即可配制,不需要取得制剂批准文号。医疗机构应当加强对备案的中药制剂品种的不良反应监测,并按照国家有关规定进行报告。药品监督管理部门应当加强对备案的中药制剂品种配制、使用的监督检查。

《中医药法》条款将《药品管理法》的批准制改为备案制,从程序上更加快捷、方便,成本降低,大大提高医疗机构配制中药制剂的积极性,推动医疗机构中药制剂得到更加广泛的应用。

四、中药的流通

《中医药法》规定,国家鼓励发展中药材现代流通体系,提高中药材包装、仓储等技术水平,建立中药材流通追溯体系。药品生产企业购进中药材应当建立进货查验记录制度。中药材经营者应当建立进货查验和购销记录制度,并标明中药材产地。

《中医药发展战略规划纲要(2016—2030 年)》提出,制定中药材流通体系建设规划,建设一批道地药材标准化、集约化、规模化和可追溯的初加工与仓储物流中心,与生产企业供应商管理和质量追溯体系紧密相连。发展中药材电子商务。利用大数据加强中药材生产信息搜集、价格动态监测分析和预测预警。实施中药材质量保障工程,建立中药材生产流通全过程质量管理和质量追溯体系,加强第三方检测平台建设。建立健全中药材现代流通体系,实现全产业链的质量安全追溯和高效率的保障体系,对于我国中药产业的持续健康发展具有重大战略意义。进货查验和购销记录制度,是建立追溯体系的具体手段,有利于药材可追溯,可以实现中药材"来源可溯,去向可追,质量可查,责任可究",从产地到市场再到使用终端全链条质量可控。

第四节 中医药人才培养、科学研究和传承传播法律制度

一、中医药人才培养

《中医药法》规定,中医药教育应当遵循中医药人才成长规律,以中医药内容为主,体现中医药文化特色,注重中医药经典理论和中医药临床实践、现代教育方式和传统教育方式相结合。国家完善中医药学校教育体系,支持专门实施中医药教育的高等学校、中等职业学校和其他教育机构的发展。中医药学校教育的培养目标、修业年限、教学形式、教学内容、教学评价及学术水平评价标准等,应当体现中医药学科特色,符合中医药学科发展规律。国家鼓励发展中西医结合教育,以培养高层次的中西医结合人才。国家鼓励发展中医药师承教育,支持有丰富临床经验和技术专长的中医医师、中药专业技术人员在执业、业务活动中带徒授业,传授中医药理论和技术方法,培养中医药专业技术人员。国家加强对中医医师和城乡基层中医药专业技术人员的培养和培训。县级以上地方人民政府中医药主管部门应当组织开展中医药继续教育,加强对医务人员,特别是城乡基层医务人员中医药基本知识和技能的培训。中医药专业技术人员应当按照规定参加继续教育,所在机构应当为其接受继续教育创造条件

2016年2月,国务院颁布的《中医药发展战略规划纲要(2016—2030年)》提出,加强中医药人才队伍建设;建立健全院校教育、毕业后教育、继续教育有机衔接以及师承教育贯穿始终的中医药人才培养体系;重点培养中医重点学科、重点专科及中医药临床科研领军人才;加强全科医生人才、基层中医药人才以及民族医药、中西医结合等各类专业技能人才培养;开展临床类别医师和乡村医生中医药知识与技能培训;建立中医药职业技能人员系列,合理设置中医药健康服务技能岗位;深化中医药教育改革,建立中医学专业认证制度,探索适应中医医师执业分类管理的人才培养模式,加强一批中医药重点学科建设,鼓励有条件的民族地区和高等院校开办民族医药专业,开展民族医药研究生教育,打造一批世界一流的中医药名校和学科;健全国医大师评选表彰制度,完善中医药人才评价机制;建立吸引、稳定基层中医药人才的保障和长效激励机制。

二、中医药科学研究

《中医药法》规定,国家鼓励科研机构、高等学校、医疗机构和药品生产企业等运用现代

科学技术和传统中医药研究方法,开展中医药科学研究,加强中西医结合研究,促进中医药理论和技术方法的继承和创新。国家建立并完善符合中医药特点的科学技术创新体系、评价体系和管理体制,以推动中医药科学技术进步与创新。国家采取措施,加强对中医药基础理论和辨证论治方法,常见病、多发病、慢性病和重大疑难疾病、重大传染病的中医药防治,以及其他对中医药理论和实践发展有重大促进作用的项目的科学研究。

《中医药发展战略规划纲要(2016—2030年)》中明确提出:"健全以国家和省级中医药科研机构为核心,以高等院校、医疗机构和企业为主体,以中医科学研究基地(平台)为支撑,多学科、跨部门共同参与的中医药协同创新体制机制,完善中医药领域科技布局。统筹利用相关科技计划(专项、基金等),支持中医药相关科技创新工作。"

三、中医药传承与文化传播

《中医药法》规定,国家采取措施支持对中医药古籍文献、著名中医药专家的学术思想和诊疗经验,以及民间中医药技术方法的整理、研究和利用。国家鼓励组织和个人捐献有科学研究和临床应用价值的中医药文献、秘方、验方、诊疗方法和技术。对具有重要学术价值的中医药理论和技术方法,省级以上人民政府中医药主管部门应当组织遴选本行政区域内的中医药学术传承项目和传承人,并为传承活动提供必要的条件。传承人应当开展传承活动,培养后继人才,收集整理并妥善保存相关的学术资料。属于非物质文化遗产代表性项目的,依照《非物质文化遗产法》的有关规定开展传承活动。国家建立中医药传统知识保护数据库、保护名录和保护制度。中医药传统知识持有人对其持有的中医药传统知识享有传承使用的权利,对他人获取、利用其持有的中医药传统知识享有知情同意和利益分享等权利。国家对经依法认定属于国家秘密的传统中药处方组成和生产工艺实行特殊保护。县级以上人民政府应当加强中医药文化宣传,普及中医药知识,鼓励组织和个人创作中医药文化和科普作品。开展中医药文化宣传和知识普及活动,应当遵守国家有关规定。任何组织或者个人不得对中医药作虚假、夸大宣传,不得冒用中医药名义牟取不正当利益。广播、电视、报刊、互联网等媒体开展进行中医药知识宣传,应当聘请中医药专业技术人员。

《中医药发展战略规划纲要(2016—2030年)》中提出:实施中医药传承工程,全面系统继承历代各家学术理论、流派及学说,全面系统继承当代名老中医药专家学术思想和临床诊疗经验,总结中医优势病种临床基本诊疗规律。将中医古籍文献的整理纳入国家中华典籍整理工程,开展中医古籍文献资源普查,抢救濒临失传的珍稀与珍贵古籍文献,推动中医古籍数字化。繁荣发展中医药文化。大力倡导"大医精诚"理念,强化职业道德建设,形成良好行业风尚。实施中医药健康文化素养提升工程,加强中医药文物设施保护和非物质文化遗产传承,推动更多非药物中医诊疗技术列入联合国教科文组织非物质文化遗产名录和国家级非物质文化遗产目录,使更多古代中医典籍进入世界记忆名录。推动中医药文化国际传播,展示中华文化独特魅力,提升我国文化软实力。发展中医药文化产业。推动中医药与文化产业融合发展,探索将中医药文化纳入文化产业发展规划。

第五节 法律责任

一、中医药主管部门相关法律责任

《中医药法》规定，县级以上人民政府中医药主管部门及其他有关部门未履行本法规定职责的，由本级人民政府或者上级人民政府有关部门责令改正；情节严重的，对直接负责的主管人员和其他直接责任人员，依法给予处分。

《中医诊所备案管理暂行办法》规定县级以上地方中医药主管部门未履行本办法规定的职责，对符合备案条件但未及时发放备案证或者逾期未告知需要补正材料、未在规定时限内公开辖区内备案的中医诊所信息、未依法开展监督管理的，按照《中医药法》的规定予以处理。

二、中医诊所开展医疗活动相关法律责任

《中医药法》规定，中医诊所超出备案范围开展医疗活动的，由所在地县级人民政府中医药主管部门责令改正，没收违法所得，并处一万元以上三万元以下罚款；情节严重的，责令停止执业活动。中医诊所被责令停止执业活动的，其直接负责的主管人员自处罚决定做出之日起五年内不得在医疗机构内从事管理工作。医疗机构聘用上述不得从事管理工作人员从事管理工作的，由原发证部门吊销执业许可证或者由原备案部门责令停止执业活动。举办中医诊所、炮制中药饮片、委托配制中药制剂应当备案而未备案，或者备案时提供虚假材料的，由中医药主管部门和药品监督管理部门按照各自职责分工责令改正，没收违法所得，并处三万元以下罚款，向社会公告相关信息；拒不改正的，责令停止执业活动或者责令停止炮制中药饮片、委托配制中药制剂活动，其直接责任人员五年内不得从事中医药相关活动。医疗机构应用传统工艺配制中药制剂未依照规定备案，或者未按照备案材料载明的要求配制中药制剂的，按生产假药给予处罚。

《中医诊所备案管理暂行办法》规定：违反本办法规定，未经县级中医药主管部门备案擅自执业的，由县级中医药主管部门责令改正，没收违法所得，并处三万元以下罚款，向社会公告相关信息；拒不改正的，责令其停止执业活动，其直接责任人员自处罚决定作出之日起五年内不得从事中医药相关活动。提交虚假备案材料取得《中医诊所备案证》的，由县级中医药主管部门责令改正，没收违法所得，并处三万元以下罚款，向社会公告相关信息；拒不改正的，责令其停止执业活动并注销《中医诊所备案证》，其直接责任人员自处罚决定作出之日起五年内不得从事中医药相关活动。违反本办法第十条规定，中医诊所擅自更改设置未经备案或者实际设置与取得的《中医诊所备案证》记载事项不一致的，不得开展诊疗活动。擅自开展诊疗活动的，由县级中医药主管部门责令改正，给予警告，并处一万元以上三万元以下罚款；情节严重的，应当责令其停止执业活动，注销《中医诊所备案证》。违反本办法第十一条规定，出卖、转让、出借《中医诊所备案证》的，由县级中医药主管部门责令改正，给予警告，

可以并处一万元以上三万元以下罚款;情节严重的,应当责令其停止执业活动,注销《中医诊所备案证》。中医诊所超出备案范围开展医疗活动的,由所在地县级中医药主管部门责令改正,没收违法所得,并处一万元以上三万元以下罚款。

《中医诊所备案管理暂行办法》规定有下列情形之一的,应当责令其停止执业活动,注销《中医诊所备案证》,其直接负责的主管人员自处罚决定作出之日起五年内不得在医疗机构内从事管理工作:① 因超出备案范围开展医疗活动曾受过行政处罚的;② 超出备案范围从事医疗活动给患者造成伤害的;③ 违反本办法规定造成其他严重后果的。

三、中医医师资格及执业相关法律责任

《中医药法》规定,经考核取得医师资格的中医医师超出注册执业范围从事医疗活动的,由县级以上人民政府中医药主管部门责令暂停六个月以上一年以下执业活动,并处一万元以上三万元以下罚款;情节严重的,吊销执业证书。

四、中医医疗广告相关法律责任

《中医药法》规定,发布的中医医疗广告内容与经审查批准的内容不相符的,由原审查部门撤销该广告的审查批准文件,一年内不受理该医疗机构的广告审查申请。发布中医医疗广告有其他违法行为的,依照《广告法》的规定给予处罚。

五、中药材种植过程相关法律责任

《中医药法》规定,在中药材种植过程中使用剧毒、高毒农药的,依照有关法律、法规规定给予处罚;情节严重的,可以由公安机关对其直接负责的主管人员和其他直接责任人员处五日以上十五日以下拘留。

六、相关民事、刑事责任

违反《中医药法》规定,可能构成犯罪的主要有医疗事故罪、非法行医罪、生产销售假药罪等。《中医药法》规定,违反本法规定,造成人身、财产损害的,依法承担民事责任;构成犯罪的,依法追究刑事责任。

思考题

1. 如何正确理解中医药的概念?
2. 《中医药法》制定的意义有哪些?
3. 目前取得中医医师资格的方法有哪些?
4. 中药的生产有哪些法律规定?
5. 如何促进中医药的传承与文化传播?

参 考 文 献

[1] 黄薇.中华人民共和国中医药法解读[M].北京:中国法制出版社,2017.
[2] 中国法制出版社.中华人民共和国医药卫生法律法规全书[M].7版.北京:中国法制出版社,2021.
[3] 田侃,冯秀云.卫生法学[M].2版.中国中医药出版社,2017.
[4] 汪健荣,田侃,王安富.卫生法[M].5版.北京:人民卫生出版社,2018.

第十五章 疫苗管理法律制度

内容简介 本章介绍疫苗管理法律制度。《疫苗管理法》对疫苗的研制、生产、流通、接种、监管等作了全过程全链条的规定,包括疫苗研制和上市许可、疫苗生产和批签发、上市后研究和管理、疫苗流通、预防接种、异常反应监测与补偿、疫苗上市后管理等内容。

重点提示 疫苗　免疫规划　疫苗流通　预防接种　监督管理

第一节　疫苗管理法律制度概述

一、疫苗的概念

疫苗有广义和狭义之分。广义的疫苗是指所有的免疫制剂,狭义的疫苗仅指用于人体预防接种的预防性疫苗。根据世界卫生组织的概念,疫苗是指含有免疫原性物质,能够诱导机体产生特异性、主动性和保护性宿主免疫,能够预防感染性疾病的一类异源性药学产品,包括预防性疫苗和治疗性疫苗。[①]

2019年6月29日,第十三届全国人民代表大会常务委员会第十一次会议表决通过了《疫苗管理法》,自2019年12月1日起施行。这是全球首部综合性疫苗管理法律。《疫苗管理法》采用疫苗的狭义概念,第二条第二款规定,"本法所称疫苗,是指为预防、控制疾病的发生、流行,用于人体免疫接种的预防性生物制品,包括免疫规划疫苗和非免疫规划疫苗。"第九十七条规定,免疫规划疫苗,是指居民应当按照政府的规定接种的疫苗,包括国家免疫规划确定的疫苗,省、自治区、直辖市人民政府在执行国家免疫规划时增加的疫苗,以及县级以上人民政府或者其卫生健康主管部门组织的应急接种或者群体性预防接种所使用的疫苗。非免疫规划疫苗,是指由居民自愿接种的其他疫苗。

与一般药品相比,疫苗具有鲜明的特殊性:第一,疫苗产品关系人民群众生命健康,关系公共卫生安全和国家安全,是国家战略性、公益性产品。第二,疫苗产品是预防性产品,是预防和控制传染病的非常有效的公共卫生手段,主要供健康人使用,而且以婴幼儿使用为主。第三,疫苗产品是生物制品,生产过程复杂,为了做到疫苗生产的安全、有效、可控,必须实行最严格的监管。[②]

[①] 汪建荣,喻小勇.疫苗管理法百问百答[M].北京:法律出版社,2020:1.
[②] 参见焦红——2018年12月23日在第十三届全国人民代表大会常务委员会第七次会议上关于《中华人民共和国疫苗管理法(草案)》的说明.

党中央、国务院高度重视人民群众用药安全,要求用最严谨的标准、最严格的监管、最严厉的处罚、最严肃的问责加强疫苗监管,对疫苗的研制、生产、流通、预防接种全过程采取比一般药品更为严格的监管。

二、疫苗管理法律制度

我国是疫苗生产大国,是世界上为数不多的能够以自身能力提供全部免疫规划疫苗的国家之一。在《疫苗管理法》颁布之前,我国关于疫苗管理的规定散见于《药品管理法》《传染病防治法》《疫苗流通和预防接种管理条例》等法律、行政法规之中。

《药品管理法》的立法目的在于保证药品质量,保障人体用药安全,所以,侧重对药品监管的一般性规定,对疫苗监管的针对性不强。《传染病防治法》的立法目的在于预防、控制和消除传染病的发生与流行,其中仅第十五条规定了疫苗预防接种制度。《疫苗流通和预防接种管理条例》由国务院于 2005 年颁布并于 2016 年修订,作为行政法规,其立法目的在于加强对疫苗流通和预防接种的管理。

《疫苗管理法》是在《药品管理法》一般原则的基础上,坚持疫苗产品的战略性、公益性,突出疫苗管理的特殊性,整合现行有关规定,制定的一部特别的法律,贯彻最严谨的标准、最严格的监管、最严厉的处罚、最严肃的问责的要求,对疫苗的研制、生产、流通、预防接种的全过程作出了针对性、时效性和可操作性都很强的制度安排,为疫苗管理提供了全面系统的法治支撑,对于坚决守住疫苗质量安全底线、维护最广大人民群众的生命健康安全,具有重要意义。

同时,《疫苗管理法》注意处理与《药品管理法》《传染病防治法》和《疫苗流通和预防接种管理条例》的关系。《疫苗管理法》第二条第一款规定:"本法未作规定的,适用《药品管理法》《传染病防治法》等法律、行政法规的规定。"

三、《疫苗管理法》概述

《疫苗管理法》包括总则、疫苗研制和注册、疫苗生产和批签发、疫苗流通、预防接种、异常反应监测和处理、疫苗上市后管理、保障措施、监督管理、法律责任、附则共 11 章,100 条。

(一)适用范围

《疫苗管理法》第二条第一款将适用范围明确为:"在中华人民共和国境内从事疫苗研制、生产、流通和预防接种及其监督管理活动,适用本法。"

所以,《疫苗管理法》适用的地域范围是中华人民共和国境内;主体范围包括在中华人民共和国境内从事疫苗研制、生产、流通和预防接种及其监督管理活动的单位和个人,包括各级人民政府及其有关部门、疾病预防控制机构、接种单位、疫苗上市许可持有人、疫苗行业协会等机构及其从业人员。

《疫苗管理法》第三条规定,国家对疫苗实行最严的管理制度,坚持安全第一、风险管理、全程管控、科学监管、社会共治。

(二) 主要内容[①]

第一,国家坚持疫苗产品的战略性和公益性。一是将疫苗安全和预防接种工作纳入国民经济和社会发展规划,将有关工作经费纳入政府预算,根据需要对经济欠发达地区的预防接种工作给予支持。二是支持疫苗基础研究和应用研究,促进疫苗的研制和创新。三是制定疫苗行业发展规划和产业政策,支持疫苗产业发展和结构优化,鼓励疫苗生产规模化、集约化,不断提升疫苗生产工艺和质量水平。四是将预防重大疾病疫苗的研制、生产纳入国家战略,将疫苗纳入国家战略物资储备;出现供应短缺风险时,采取有效措施,保障疫苗生产供应。五是实行免疫规划制度,保障居民接种免疫规划疫苗的权利。

第二,加强疫苗研制、上市许可和上市后研究。一是疫苗上市许可持有人应当加强疫苗全生命周期质量管理,对疫苗的安全性、有效性和质量可控性负责。二是规范疫苗临床试验。三是规定国务院药品监督管理部门可以根据疾病预防、控制需要和疫苗行业发展情况,组织对疫苗品种开展上市后评价。

第三,严格疫苗生产和批签发管理。一是对疫苗生产实行严于一般药品生产的准入制度。二是要求疫苗上市许可持有人的法定代表人、主要负责人具有良好的信用记录,生产管理负责人、质量管理负责人、质量受权人等关键岗位人员应当具有相关专业背景和从业经历。三是规定疫苗应当按照经核准的生产工艺和质量控制标准进行生产和检验,生产全过程应当符合药品生产质量管理规范的要求。四是实行疫苗批签发制度。疫苗批签发应当逐批进行资料审核和抽样检验。五是实行疫苗责任强制保险制度。疫苗上市许可持有人应当按照规定投保疫苗责任强制保险。因疫苗质量问题造成受种者损害的,保险公司在承保的责任限额内予以赔付。

第四,规范疫苗流通和预防接种。一是明确疫苗采购方式。国家免疫规划疫苗由国务院卫生健康主管部门会同国务院财政部门等组织集中招标或者统一谈判,形成并公布中标价格或者成交价格,各省、自治区、直辖市实行统一采购。二是规范疫苗配送。三是规范预防接种,明确接种单位的条件,规范接种的实施,并要求完整、准确记录接种信息,确保可追溯。四是加强预防接种异常反应监测和调查处理,实行预防接种异常反应补偿制度。

第五,强化疫苗监管。一是县级以上地方人民政府对本行政区域疫苗监督管理工作负责,统一领导、组织、协调本行政区域疫苗监督管理工作;药品监督管理部门、卫生健康主管部门按照各自职责对疫苗研制、生产、流通和预防接种全过程进行监督管理。二是建设中央和省级两级职业化、专业化药品检查员队伍,加强对疫苗的监督检查。三是实行疫苗全程电子追溯制度,实现生产、流通和预防接种全过程最小包装单位疫苗可追溯、可核查。四是实行疫苗安全信息统一公布制度。公布重大疫苗安全信息,应当及时、准确、全面,并按照规定进行科学评估,作出必要的解释说明。疫苗安全风险警示信息、重大疫苗安全事故及其调查处理信息和国务院确定需要统一公布的其他疫苗安全信息,由国务院药品监督管理部门会同有关部门公布。全国预防接种异常反应报告情况,由国务院卫生健康主管部门会同国务院药品监督管理部门统一公布。任何单位和个人不得编造、散布虚假疫苗安全信息。五是对查证属实的疫苗违法行为的举报人员给予奖励;举报人举报所在单位严重违法行为,查证

[①] 参见焦红——2018年12月23日在第十三届全国人民代表大会常务委员会第七次会议上关于《中华人民共和国疫苗管理法(草案)》的说明.

属实的,给予重奖。

第六,建立严格的法律责任制度。一是明确规定,违反本法构成犯罪的,依法从重追究刑事责任。二是在《药品管理法》规定的基础上,进一步加大对严重违法行为的处罚力度,落实"处罚到人"要求,要求违法企业的法定代表人、主要负责人、直接负责的主管人员和关键岗位人员以及其他责任人员,依法承担法律责任。三是明确因疫苗质量问题造成受种者损害的,疫苗上市许可持有人应当依法承担赔偿责任。疾病预防控制机构、接种单位因违反预防接种工作规范、免疫程序、疫苗使用指导原则、接种方案,造成受种者损害的,应当依法承担赔偿责任。四是坚持有权必有责,细化处分规定,严肃追究失职的地方人民政府负责人及监管人员的责任。

第二节 疫苗管理法律制度的主要内容

一、疫苗研制和注册

(一) 疫苗研制

1. 国家鼓励、支持疫苗研制

《疫苗管理法》第四条规定,国家支持疫苗基础研究和应用研究,促进疫苗研制和创新,将预防、控制重大疾病的疫苗研制、生产和储备纳入国家战略。国家制定疫苗行业发展规划和产业政策,支持疫苗产业发展和结构优化,鼓励疫苗生产规模化、集约化,不断提升疫苗生产工艺和质量水平。

第十四条规定,国家根据疾病流行情况、人群免疫状况等因素,制定相关研制规划,安排必要资金,支持多联多价等新型疫苗的研制。国家组织疫苗上市许可持有人、科研单位、医疗卫生机构联合攻关,研制疾病预防、控制急需的疫苗。

第十五条规定,国家鼓励疫苗上市许可持有人加大研制和创新资金投入,优化生产工艺,提升质量控制水平,推动疫苗技术进步。

2. 疫苗临床试验监管

疫苗临床试验是指任何在人体(患者或者健康志愿者)进行的疫苗系统性研究,以证实或揭示试验疫苗的作用、不良反应级/或试验疫苗的吸收、分布、代谢和排泄,目的是确定试验疫苗的疗效与安全性。为保证疫苗临床试验的科学性,切实起到检验疫苗安全性、有效性的作用,需要对疫苗临床试验开展严格的监管。①

《疫苗管理法》第十六条规定,开展疫苗临床试验,应当经国务院药品监督管理部门依法批准。疫苗临床试验应当由符合国务院药品监督管理部门和国务院卫生健康主管部门规定条件的三级医疗机构或者省级以上疾病预防控制机构实施或者组织实施。国家鼓励符合条件的医疗机构、疾病预防控制机构等依法开展疫苗临床试验。

---

① 汪建荣,喻小勇.疫苗管理法百问百答[M].北京:法律出版社,2020:29.

第十七条规定,疫苗临床试验申办者应当制定临床试验方案,建立临床试验安全监测与评价制度,审慎选择受试者,合理设置受试者群体和年龄组,并根据风险程度采取有效措施,保护受试者合法权益。

3. 保障疫苗临床试验中受试者的知情同意权

凡涉及人体的实验研究,一定要经过当事人自愿的知情同意,签署书面的知情同意书,不能胁迫也不能引诱。这是公认的生命伦理规范,为《赫尔辛基宣言》[①]明确。因此,在开展疫苗临床试验前,应当明示告知受试者临床试验的背景、方法、可能存在的风险,以及参与临床试验可以获得的报酬、可能受到的与试验相关的损伤及费用承担等信息。

《疫苗管理法》第十八条规定,开展疫苗临床试验,应当取得受试者的书面知情同意;受试者为无民事行为能力人的,应当取得其监护人的书面知情同意;受试者为限制民事行为能力人的,应当取得本人及其监护人的书面知情同意。

(二) 疫苗注册

1. 疫苗注册申请

《疫苗管理法》第十九条第一款规定,在中国境内上市的疫苗应当经国务院药品监督管理部门批准,取得药品注册证书;申请疫苗注册,应当提供真实、充分、可靠的数据、资料和样品。

《药品管理法》[②]和《药品注册管理办法》对于药品注册申请有明确的规定。

2. 疫苗优先审评审批

为了加快具有临床价值的新药和临床急需仿制药的研发上市,解决药品注册申请积压的矛盾,我国鼓励进行药品优先审评审批。

《疫苗管理法》第十九条第二款规定,对疾病预防、控制急需的疫苗和创新疫苗,国务院药品监督管理部门应当予以优先审评审批。

《药品管理法》和《药品注册管理办法》规定了药品的优先审评审批制度。

3. 附条件批准疫苗注册申请和紧急使用

《药品管理法》第二十六条规定,对治疗严重危及生命且尚无有效治疗手段的疾病以及公共卫生方面急需的药品,药物临床试验已有数据显示疗效并能预测其临床价值的,可以附条件批准,并在药品注册证书种载明相关事项。

《药品注册管理办法》规定了突破性治疗药物、附条件批准、特别审批等特殊程序。

《疫苗管理法》第二十条规定,应对重大突发公共卫生事件急需的疫苗或者国务院卫生

---

① 世界医学会(World Medical Association,WMA)于1964年6月在芬兰首都赫尔辛基召开的第18届世界医学大会上制定通过了《赫尔辛基宣言》,成为世界生命科学研究界共同遵守的涉及人体的医学研究的伦理准则,更是世界各国制定相关的伦理准则和管理法规的重要依据。到目前为止,《赫尔辛基宣言》分别经过1975年10月日本东京的第29届世界医学大会,1983年10月意大利威尼斯的第35届世界医学大会,1989年9月中国香港的第41届世界医学大会,1996年10月南非西索莫塞特的第48届世界医学大会,2000年10月苏格兰爱丁堡的第52届世界医学大会,2008年10月韩国首尔的第59届世界医学大会,2013年10月巴西福塔莱萨的第64届世界医学大会修正。在我国,《赫尔辛基宣言》的所有内容被作为附录直接纳入部门规章,作为国家食品药品监督管理局(SFDA)于2003年发布的《药物临床试验质量管理规范》附录,具有法律拘束力。

② 《药品管理法》由国家市场监督管理总局2020年1月22日公布,2020年7月1日起施行。

健康主管部门认定急需的其他疫苗,经评估获益大于风险的,国务院药品监督管理部门可以附条件批准疫苗注册申请。出现特别重大突发公共卫生事件或者其他严重威胁公众健康的紧急事件,国务院卫生健康主管部门根据传染病预防、控制需要提出紧急使用疫苗的建议,经国务院药品监督管理部门组织论证同意后可以在一定范围和期限内紧急使用。

《疫苗管理法》规定的国务院药品监督管理部门附条件批准疫苗注册申请,是在保障疫苗可及性和疫苗安全性之间的价值衡量,也体现了风险、收益评价的理念,践行了利弊权衡的精神。

4. 疫苗说明书、标签的标准要求

药品说明书、标签是药品研发和注册上市审批重要的结论性文件之一,是包含药品安全性、有效性的重要科学数据、结论和信息,是指导上市药品安全合理使用的主要工具,也是国务院药品监督管理部门对上市药品进行监督和管理的重要依据。世界各国都把药品说明书和标签置于严格的法律法规监管之下,对其表述的格式和内容有明确的要求和规定。

《疫苗管理法》第二十一条规定,国务院药品监督管理部门在批准疫苗注册申请时,对疫苗的生产工艺、质量控制标准和说明书、标签予以核准。国务院药品监督管理部门应当在其网站上及时公布疫苗说明书、标签内容。

目前,疫苗说明书、标签主要根据《药品说明书和标签管理规定》[①]及其细则管理。

二、疫苗生产和批签发

(一) 疫苗生产

1. 国家对疫苗生产实行严格的准入制度

药品生产企业的生产条件、生产能力是药品安全、有效、质量可控的基本前提。在我国,开办药品生产企业必须经企业所在地省级人民政府药品监督管理部门批准并颁发药品生产许可证。

《疫苗管理法》第二十二条规定,国家对疫苗生产实行严格准入制度。从事疫苗生产活动,应当经省级以上人民政府药品监督管理部门批准,取得药品生产许可证。从事疫苗生产活动,除符合《药品管理法》规定的从事药品生产活动的条件外,还应当具备下列条件:

(1) 具备适度规模和足够的产能储备。

(2) 具有保证生物安全的制度和设施、设备。

(3) 符合疾病预防、控制需要。

2. 疫苗委托生产

《疫苗管理法》第二十二条第四款规定,疫苗上市许可持有人应当具备疫苗生产能力;超出疫苗生产能力确需委托生产的,应当经国务院药品监督管理部门批准。接受委托生产的,应当遵守本法规定和国家有关规定,保证疫苗质量。

---

① 《药品说明书和标签管理规定》由国家食品药品监督管理局 2006 年 3 月 15 日公布,2006 年 6 月 1 日起施行,其细则包括《化学药品和治疗用生物制品说明书规范细则》和《预防用生物制品说明书细则》。2020 年 5 月 15 日,国家药品监督管理局药品审评中心发布《药品说明书和标签管理规定》及其细则修订稿,向社会各界公开征求意见。

这里的"国家有关规定"主要包括《药品委托生产监督管理规定》[①]、《药品生产监督管理办法》[②]、《药品生产质量管理规范》[③]等。委托生产,应当经国务院药品监督管理部门批准,委托方和受托方均应是持有与委托生产药品相适应的《药品生产质量管理规范》认证证书的药品生产企业,委托方和受托方应当签订书面合同。

3. 疫苗上市许可持有人关键人员的资质要求

疫苗上市许可持有人是指依法取得疫苗药品注册证书和药品生产许可证的企业。

《疫苗管理法》第二十三条规定,疫苗上市许可持有人的法定代表人、主要负责人应当具有良好的信用记录,生产管理负责人、质量管理负责人、质量受权人等关键岗位人员应当具有相关专业背景和从业经历。疫苗上市许可持有人应当加强对前款规定人员的培训和考核,及时将其任职和变更情况向省、自治区、直辖市人民政府药品监督管理部门报告。

4. 疫苗生产全过程应当符合药品生产质量管理规范的要求

《疫苗管理法》第二十四条规定,疫苗应当按照经核准的生产工艺和质量控制标准进行生产和检验,生产全过程应当符合药品生产质量管理规范的要求。疫苗上市许可持有人应当按照规定对疫苗生产全过程和疫苗质量进行审核、检验。

第二十五条规定,疫苗上市许可持有人应当建立完整的生产质量管理体系,持续加强偏差管理,采用信息化手段如实记录生产、检验过程中形成的所有数据,确保生产全过程持续符合法定要求。

(二)疫苗批签发

生物制品批签发是指国务院药品监督管理部门对获得上市许可的疫苗类制品、血液制品、用于血源筛查的体外诊断试剂以及国务院药品监督管理部门规定的其他生物制品,在每批产品销售前或者进口时,指定药品检验机构进行审核、检验的监督管理行为。未通过批签发的产品,不得销售或者进口。

我国自2001年12月开始对百白破疫苗、卡介苗、脊髓灰质炎疫苗、麻疹疫苗、重组乙型肝炎疫苗5种计划免疫疫苗试行批签发管理;2006年1月1日起,对所有疫苗实施批签发管理;2008年1月,将血液制品全部纳入批签发管理。

2017年12月29日,国家食品药品监督管理总局公布《生物制品批签发管理办法》,2018年2月1日起施行,强化了生物制品批签发的企业主体责任,优化了批签发流程,细化了批签发方式和工作时限要求,规定了批签发机构和人员管理。

1. 国家实行疫苗批签发制度

《疫苗管理法》第二十六条规定,国家实行疫苗批签发制度。每批疫苗销售前或者进口时,应当经国务院药品监督管理部门指定的批签发机构按照相关技术要求进行审核、检验。符合要求的,发给批签发证明;不符合要求的,发给不予批签发通知书。不予批签发的疫苗不得销售,并应当由省、自治区、直辖市人民政府药品监督管理部门监督销毁;不予批签发的

---

① 《药品委托生产监督管理规定》由国家食品药品监督管理总局2014年8月14日公布,2014年10月1日起实施。

② 《药品生产监督管理办法》由国家市场监督管理总局2020年1月22日公布,2020年7月1日起施行。

③ 《药品生产质量管理规范》由卫生部2011年1月17日公布,2011年3月1日起施行。

进口疫苗应当由口岸所在地药品监督管理部门监督销毁或者依法进行其他处理。国务院药品监督管理部门、批签发机构应当及时公布上市疫苗批签发结果,供公众查询。

2. 疫苗批签发机构

目前,国内的批签发检验机构有中国食品药品检定研究院和北京市药品检验所、上海市食品药品检验所、广东省药品检验所、湖北省药品监督检验研究院、四川省食品药品检验检测院、吉林省药品检验所以及甘肃省药品检验研究院。对于疫苗批签发,中国食品药品检定研究院(以下简称中检院)可独立签发全部疫苗品种。

7个省级药品检验机构负责指定区域内企业疫苗产品的无菌及异常毒性等指定项目检验,并将结果报送中检院。上海药品检验所除可进行上述提到的指定项目检验外,自2013年4月9日起,可独立签发指定区域内批签发申请人申报的流感疫苗。

7个省级药品检验机构所负责批签发管理辖区如下:

北京市药品检验所:北京市、天津市、河北省、山西省和内蒙古自治区。

上海市食品药品检验所:上海市、山东省、江苏省和浙江省。

广东省药品检验所:广东省、湖南省、福建省和海南省。

湖北省药品监督检验研究院:湖北省、安徽省、江西省和河南省。

四川省食品药品检验检测院:重庆市、四川省、云南省、贵州省、广西壮族自治区和西藏自治区。

吉林省药品检验所:黑龙江省、吉林省和辽宁省。

甘肃省药品检验研究院:陕西省、甘肃省、宁夏回族自治区、青海省和新疆维吾尔自治区。

3. 疫苗批签发的申请

《疫苗管理法》第二十七条规定,申请疫苗批签发应当按照规定向批签发机构提供批生产及检验记录摘要等资料和同批号产品等样品。进口疫苗还应当提供原产地证明、批签发证明;在原产地免予批签发的,应当提供免予批签发证明。

《生物制品批签发管理办法》第三条规定,批签发申请人应当是持有药品批准证明文件的境内外制药企业。境外制药企业应当授权其驻我国境内办事机构或者我国境内企业法人作为代理人办理批签发。每批产品上市销售前或者进口时,批签发申请人应当主动提出批签发申请,依法履行批签发活动中的法定义务,保证申请批签发的产品质量可靠以及批签发申请资料、过程记录、试验数据和样品的真实性。

为了充分保证疫苗的质量,《疫苗管理法》第三十一条规定,对生产工艺偏差、质量差异、生产过程中的故障和事故以及采取的措施,疫苗上市许可持有人应当如实记录,并在相应批产品申请批签发的文件中载明;可能影响疫苗质量的,疫苗上市许可持有人应当立即采取措施,并向省、自治区、直辖市人民政府药品监督管理部门报告。

为了预防、控制传染病疫情或者应对突发事件,在我国疫苗整体质量可控、疫苗生产企业生产基本稳定的前提下,《疫苗管理法》第二十八条规定,预防、控制传染病疫情或者应对突发事件急需的疫苗,经国务院药品监督管理部门批准,免予批签发。

4. 疫苗批签发应当逐批进行资料审核和抽样检验

《疫苗管理法》第二十九条规定,疫苗批签发应当逐批进行资料审核和抽样检验。疫苗批签发检验项目和检验频次应当根据疫苗质量风险评估情况进行动态调整。对疫苗批签发申请资料或者样品的真实性有疑问,或者存在其他需要进一步核实的情况的,批签发机构应当予以核实,必要时应当采用现场抽样检验等方式组织开展现场核实。

第三十条规定,批签发机构在批签发过程中发现疫苗存在重大质量风险的,应当及时向国务院药品监督管理部门和省、自治区、直辖市人民政府药品监督管理部门报告。接到报告的部门应当立即对疫苗上市许可持有人进行现场检查,根据检查结果通知批签发机构对疫苗上市许可持有人的相关产品或者所有产品不予批签发或者暂停批签发,并责令疫苗上市许可持有人整改。疫苗上市许可持有人应当立即整改,并及时将整改情况向责令其整改的部门报告。

《生物制品批签发管理办法》第四章专门规定了批签发的审核、检验、检查与签发。

三、疫苗流通

(一)疫苗采购

1. 疫苗采购形式与价格

《疫苗管理法》第三十二条规定,国家免疫规划疫苗由国务院卫生健康主管部门会同国务院财政部门等组织集中招标或者统一谈判,形成并公布中标价格或者成交价格,各省、自治区、直辖市实行统一采购。国家免疫规划疫苗以外的其他免疫规划疫苗、非免疫规划疫苗由各省、自治区、直辖市通过省级公共资源交易平台组织采购。

《疫苗管理法》第三十三条规定,疫苗的价格由疫苗上市许可持有人依法自主合理制定。疫苗的价格水平、差价率、利润率应当保持在合理幅度。

《药品管理法》第八章对于药品的价格和广告进行了明确的规定。

2. 免疫规划疫苗使用计划

《疫苗管理法》第三十四条规定,省级疾病预防控制机构应当根据国家免疫规划和本行政区域疾病预防、控制需要,制定本行政区域免疫规划疫苗使用计划,并按照国家有关规定向组织采购疫苗的部门报告,同时报省、自治区、直辖市人民政府卫生健康主管部门备案。

3. 疫苗供应

《疫苗管理法》第三十五条规定,疫苗上市许可持有人应当按照采购合同约定,向疾病预防控制机构供应疫苗。疾病预防控制机构应当按照规定向接种单位供应疫苗。疾病预防控制机构以外的单位和个人不得向接种单位供应疫苗,接种单位不得接收该疫苗。

4. 疫苗配送

为了保证疫苗的安全性、稳定性和抗原性,在疫苗运输和储存过程中需要配备包括低温冷库、普通冷库、冷藏车、冰箱、冷藏箱(包)、冰排和温度监测器材或设备等。

《疫苗管理法》第三十六条规定,疫苗上市许可持有人应当按照采购合同约定,向疾病预防控制机构或者疾病预防控制机构指定的接种单位配送疫苗。疫苗上市许可持有人、疾病预防控制机构自行配送疫苗应当具备疫苗冷链储存、运输条件,也可以委托符合条件的疫苗配送单位配送疫苗。

5. 疫苗的储存、运输

《疫苗管理法》第三十七条规定,疾病预防控制机构、接种单位、疫苗上市许可持有人、疫苗配送单位应当遵守疫苗储存、运输管理规范,保证疫苗质量。疫苗在储存、运输全过程中应当处于规定的温度环境,冷链储存、运输应当符合要求,并定时监测、记录温度。疫苗储存、运输管理规范由国务院药品监督管理部门、国务院卫生健康主管部门共同制定。

2017年12月15日，国家卫生计生委、国家食品监管总局印发了《疫苗存储和运输管理规范（2017年版）》，规范了疫苗存储、运输管理，保障了预防接种的安全性和有效性。

6. 疫苗销售应提供的证明文件

《疫苗管理法》第三十八条规定，疫苗上市许可持有人在销售疫苗时，应当提供加盖其印章的批签发证明复印件或者电子文件；销售进口疫苗的，还应当提供加盖其印章的进口药品通关单复印件或者电子文件。疾病预防控制机构、接种单位在接收或者购进疫苗时，应当索取上述证明文件，并保存至疫苗有效期满后不少于五年备查。

《疫苗存储和运输管理规范（2017年版）》第十六条要求，疾病预防控制机构、接种单位在接收或者购进疫苗时，应当索取有关证明文件，还应当核实疫苗运输的设备类型、本次运输过程的疫苗运输温度记录，对疫苗运输工具、疫苗冷藏方式、疫苗名称、生产企业、规格、批号、有效期、数量、用途、启运和到达时间、启运和到达时的疫苗储存温度和环境温度等内容进行核实并做好记录。

7. 疫苗流通过程中的相关记录

《疫苗管理法》第三十九条规定，疫苗上市许可持有人应当按照规定，建立真实、准确、完整的销售记录，并保存至疫苗有效期满后不少于五年备查。疾病预防控制机构、接种单位、疫苗配送单位应当按照规定，建立真实、准确、完整的接收、购进、储存、配送、供应记录，并保存至疫苗有效期满后不少于五年备查。疾病预防控制机构、接种单位接收或者购进疫苗时，应当索取本次运输、储存全过程温度监测记录，并保存至疫苗有效期满后不少于五年备查；对不能提供本次运输、储存全过程温度监测记录或者温度控制不符合要求的，不得接收或者购进，并应当立即向县级以上地方人民政府药品监督管理部门、卫生健康主管部门报告。

8. 疫苗定期检查制度

《疫苗管理法》第四十条规定，疾病预防控制机构、接种单位应当建立疫苗定期检查制度，对存在包装无法识别、储存温度不符合要求、超过有效期等问题的疫苗，采取隔离存放、设置警示标志等措施，并按照国务院药品监督管理部门、卫生健康主管部门、生态环境主管部门的规定处置。疾病预防控制机构、接种单位应当如实记录处置情况，处置记录应当保存至疫苗有效期满后不少于五年备查。

《疫苗存储和运输管理规范（2017年版）》第十九条要求，疫苗生产企业、疫苗配送企业、疫苗仓储企业应当定期对储存的疫苗进行检查并记录。对超过有效期或储存温度不符合要求的疫苗，应当采取隔离存放、暂停发货等措施。

四、预防接种

（一）国家免疫规划

国家免疫规划是指按照国家确定的疫苗品种、免疫程序或者接种方案，在人群中有计划地进行预防接种，以预防和控制特定传染病的发生和流行。

制定国家免疫规划，需要综合考虑全国范围内的传染病流行情况、人群免疫情况等因素。确定纳入免疫规划疫苗的种类，还需要综合考虑疫苗的有效性和安全性、疫苗生产企业的供应能力、接种利弊和社会效益等多方面因素。

目前,国家免疫规划疫苗包括儿童常规接种疫苗和重点人群接种疫苗。2017年1月,国务院发布《"十三五"卫生与健康规划》提出扩大国家免疫规划,根据防病工作需要,适时调整国家免疫规划疫苗种类,逐步将安全有效、财政可负担的疫苗纳入国家免疫规划。

《疫苗管理法》第四十一条规定,国务院卫生健康主管部门制定国家免疫规划;国家免疫规划疫苗种类由国务院卫生健康主管部门会同国务院财政部门拟订,报国务院批准后公布。国务院卫生健康主管部门建立国家免疫规划专家咨询委员会,并会同国务院财政部门建立国家免疫规划疫苗种类动态调整机制。省、自治区、直辖市人民政府在执行国家免疫规划时,可以根据本行政区域疾病预防、控制需要,增加免疫规划疫苗种类,报国务院卫生健康主管部门备案并公布。

(二) 预防接种工作规范的制定

由于不同的疫苗有不同的免疫程序和使用原则,为了充分发挥疫苗的免疫效果,真正使疫苗起到控制其针对的传染病发生的作用,需要制定预防接种工作规范,强化预防接种规范化管理。

《疫苗管理法》第四十二条规定,国务院卫生健康主管部门应当制定、公布预防接种工作规范,强化预防接种规范化管理。国务院卫生健康主管部门应当制定、公布国家免疫规划疫苗的免疫程序和非免疫规划疫苗的使用指导原则。省、自治区、直辖市人民政府卫生健康主管部门应当结合本行政区域实际情况制定接种方案,并报国务院卫生健康主管部门备案。

2016年12月6日,国家卫生计生委印发《预防接种工作规范(2016年版)》,对预防接种的组织结构、人员及职责,疫苗使用管理,冷链系统管理,预防接种服务,疑似预防接种异常反应的监测及处理,接种率监测,国家免疫规划疫苗针对传染病的监测与控制,实验室管理,资料管理,督导、考核与评价等作出规定。同日,国家卫生计生委印发《国家免疫规划疫苗儿童免疫程序及说明(2016年版)》,对国家免疫规划疫苗的免疫程序、一般原则、补种原则以及14种第一类疫苗的接种方法、注意事项作出具体规定。

(三) 预防接种过程管理

1. 接种单位应当具备的条件

《疫苗管理法》第四十四条规定,接种单位应当具备的条件包括:① 取得医疗机构执业许可证;② 具有经过县级人民政府卫生健康主管部门组织的预防接种专业培训并考核合格的医师、护士或者乡村医生;③ 具有符合疫苗储存、运输管理规范的冷藏设施、设备和冷藏保管制度。县级以上地方人民政府卫生健康主管部门指定符合条件的医疗机构承担责任区域内免疫规划疫苗接种工作。符合条件的医疗机构可以承担非免疫规划疫苗接种工作,并应当报颁发其医疗机构执业许可证的卫生健康主管部门备案。接种单位应当加强内部管理,开展预防接种工作应当遵守预防接种工作规范、免疫程序、疫苗使用指导原则和接种方案。各级疾病预防控制机构应当加强对接种单位预防接种工作的技术指导和疫苗使用的管理。

2. 医疗卫生人员实施接种时的要求

《疫苗管理法》第四十五条规定,医疗卫生人员实施接种,应当告知受种者或者其监护人所接种疫苗的品种、作用、禁忌、不良反应以及现场留观等注意事项,询问受种者的健康状况以及是否有接种禁忌等情况,并如实记录告知和询问情况。受种者或者其监护人应当如实提供受种者的健康状况和接种禁忌等情况。有接种禁忌不能接种的,医疗卫生人员应当向受种者或者其监护人提出医学建议,并如实记录提出医学建议情况。医疗卫生人员在实施接种前,应当按照预防接种工作规范的要求,检查受种者健康状况、核查接种禁忌,查对预防接种证,检查疫苗、注射器的外观、批号、有效期,核对受种者的姓名、年龄和疫苗的品名、规格、剂量、接种部位、接种途径,做到受种者、预防接种证和疫苗信息相一致,确认无误后方可实施接种。医疗卫生人员应当对符合接种条件的受种者实施接种。受种者在现场留观期间出现不良反应的,医疗卫生人员应当按照预防接种工作规范的要求,及时采取救治等措施。

《预防接种工作规范(2016年版)》对疑似预防接种异常反应的监测及处理作了明确的规定。

《疫苗管理法》第四十六条规定,医疗卫生人员应当按照国务院卫生健康主管部门的规定,真实、准确、完整记录疫苗的品种、上市许可持有人、最小包装单位的识别信息、有效期、接种时间、实施接种的医疗卫生人员、受种者等接种信息,确保接种信息可追溯、可查询。接种记录应当保存至疫苗有效期满后不少于五年备查。

(四)国家实行预防接种证制度

预防接种证是儿童预防接种的记录凭证,按照儿童预防接种的实际执行情况记录其接种的疫苗情况。

《疫苗管理法》第四十七条规定,国家对儿童实行预防接种证制度。在儿童出生后一个月内,其监护人应当到儿童居住地承担预防接种工作的接种单位或者出生医院为其办理预防接种证。接种单位或者出生医院不得拒绝办理。监护人应当妥善保管预防接种证。

预防接种实行居住地管理,儿童离开原居住地期间,由现居住地承担预防接种工作的接种单位负责对其实施接种。

《疫苗管理法》第四十八条规定,儿童入托、入学时,托幼机构、学校应当查验预防接种证,发现未按照规定接种免疫规划疫苗的,应当向儿童居住地或者托幼机构、学校所在地承担预防接种工作的接种单位报告,并配合接种单位督促其监护人按照规定补种。疾病预防控制机构应当为托幼机构、学校查验预防接种证等提供技术指导。

(五)疫苗接种费用

我国疫苗分为免疫规划疫苗和非免疫规划疫苗。免疫规划疫苗由政府向公民免费提供,公民应当按照政府规定接种。非免疫规划疫苗遵循"知情、自愿、自费"的接种原则,由受种方自主选择、自费接种。

《疫苗管理法》第四十九条规定,接种单位接种免疫规划疫苗不得收取任何费用。接种单位接种非免疫规划疫苗,除收取疫苗费用外,还可以收取接种服务费。接种服务费的收费标准由省、自治区、直辖市人民政府价格主管部门会同财政部门制定。

(六)群体性预防接种

群体性预防接种,是指在特定范围和时间内,针对可能受某种传染病威胁的特定人群,有组织地集中实施的预防接种活动。群体性预防接种可以分为强化免疫、应急接种、突击接种三类。强化免疫是指根据传染病流行特征、人群免疫状况和传染病控制目标的要求,在一段时间内对一定范围的目标人群开展的群体性接种。应急接种是指在传染病流行开始或有流行趋势时,为控制疫情蔓延,对易感人群开展的预防接种活动。突击接种是指一般在边远的地区,采取巡回入户方式在一定时间内为目标儿童提供常规预防接种服务。

《疫苗管理法》第五十条规定,县级以上地方人民政府卫生健康主管部门根据传染病监测和预警信息,为预防、控制传染病暴发、流行,报经本级人民政府决定,并报省级以上人民政府卫生健康主管部门备案,可以在本行政区域进行群体性预防接种。需要在全国范围或者跨省、自治区、直辖市范围内进行群体性预防接种的,应当由国务院卫生健康主管部门决定。作出群体性预防接种决定的县级以上地方人民政府或者国务院卫生健康主管部门应当组织有关部门做好人员培训、宣传教育、物资调用等工作。任何单位和个人不得擅自进行群体性预防接种。

第五十一条规定,传染病暴发、流行时,县级以上地方人民政府或者其卫生健康主管部门需要采取应急接种措施的,依照法律、行政法规的规定执行。

五、异常反应监测和处理

(一)预防接种异常反应

药品不良反应是指合格药品在正常用法用量下出现的与用药目的无关的有害反应。预防接种不良反应是指合格的疫苗在实施规范接种过程中或者实施规范接种后造成受种者机体组织器官、功能损害,相关各方均无过错的药品不良反应。

根据中国疾病预防控制中心、国家药品不良反应监测中心2019年12月27日发布的《2018年全国预防接种异常反应监测信息概况》[①],2018年1月1日零时至12月31日24时,全国(不含港澳台)报告接种疫苗5.42亿次,报告预防接种异常反应15911例,总报告发生率为2.94/10万剂次。与世界卫生组织发布的疫苗异常反应预期发生率相比,我国异常反应报告发生率在其预期范围内。

《疫苗管理法》第五十二条规定了不属于预防接种异常反应的情形,包括:① 因疫苗本身特性引起的接种后一般反应[②];② 因疫苗质量问题给受种者造成的损害;③ 因接种单位违反预防接种工作规范、免疫程序、疫苗使用指导原则、接种方案给受种者造成的损害;④ 受种者在接种时正处于某种疾病的潜伏期或者前驱期,接种后偶合发病[③];⑤ 受种者有疫苗说明书规定的接种禁忌,在接种前受种者或者其监护人未如实提供受种者的健康状况和接种禁忌等情况,接种后受种者原有疾病急性复发或者病情加重;⑥ 因心理因素发生的个体或者群体的心因性反应[④]。

(二)预防接种异常反应监测方案的制订

制定预防接种异常反应监测方案,旨在规范预防接种异常反应监测工作,调查核实预防

---

① 参见国家药品监督管理局药品评价中心、国家药品不良反应监测中心网站 http://www.cdr-adr.org.cn/drug_1/aqjs_1/drug_aqjs_sjbg/201912/t20191227_46990.html。

② 一般反应是指在免疫接种后发生的,由疫苗本身所固有的特性引起的,对机体只会造成一过性生理功能障碍的反应,主要有发热和局部红肿,同时可能伴有全身不适、倦怠、食欲缺乏、乏力等综合症状。

③ 偶合发病是指受种者在接种时正处于某种疾病的潜伏期或者前驱期,接种后巧合发病。

④ 心因性反应是指在预防接种实施过程中或接种后因受种者心理因素发生的个体或者群体的反应。

接种异常反应发生情况和原因,为改进疫苗质量和提高预防接种服务质量提供依据。

《疫苗管理法》第五十三条规定,国家加强预防接种异常反应监测。预防接种异常反应监测方案由国务院卫生健康主管部门会同国务院药品监督管理部门制定。

(三) 疑似预防接种异常反应报告

疑似预防接种异常反应,是指在预防接种后发生的怀疑与预防接种有关的反应或事件。

《疫苗管理法》第五十四条规定,接种单位、医疗机构等发现疑似预防接种异常反应的,应当按照规定向疾病预防控制机构报告。疫苗上市许可持有人应当设立专门机构,配备专职人员,主动收集、跟踪分析疑似预防接种异常反应,及时采取风险控制措施,将疑似预防接种异常反应向疾病预防控制机构报告,将质量分析报告提交省、自治区、直辖市人民政府药品监督管理部门。

为做好疫苗使用安全性监测工作,2010年6月3日卫生部、国家食品药品监督管理局发布《全国疑似预防接种异常反应监测方案》,规定了疑似预防接种异常反应的报告范围、疑似预防接种异常反应的报告主体、报告时限、报告对象,需要调查的疑似预防接种异常反应、调查主体、调查时限,疑似预防接种异常反应调查诊断的主体、作出调查诊断结论的时限、疑似接种异常反应的判断依据。

(四) 疑似预防接种异常反应鉴定及调查处理

《疫苗管理法》第五十五条规定,对疑似预防接种异常反应,疾病预防控制机构应当按照规定及时报告,组织调查、诊断,并将调查、诊断结论告知受种者或者其监护人。对调查、诊断结论有争议的,可以根据国务院卫生健康主管部门制定的鉴定办法申请鉴定。因预防接种导致受种者死亡、严重残疾,或者群体性疑似预防接种异常反应等对社会有重大影响的疑似预防接种异常反应,由设区的市级以上人民政府卫生健康主管部门、药品监督管理部门按照各自职责组织调查、处理。

为规范预防接种异常反应鉴定工作,2008年9月11日卫生部发布《预防接种异常反应鉴定办法》,2008年12月1日起施行,对预防接种异常反应的鉴定专家库、申请与受理、鉴定等内容作出了明确规定。

(五) 预防接种异常反应补偿制度

尽管从统计学看,预防接种异常反应发生率很低,因此而导致受种者死亡、严重残疾等更是小概率事件,但是,一旦发生,对于受种家庭来说却是百分之百的苦难,更有可能对医患关系和医疗环境造成不好的影响。

《疫苗管理法》第五十六条规定,国家实行预防接种异常反应补偿制度。实施接种过程中或者实施接种后出现受种者死亡、严重残疾、器官组织损伤等损害,属于预防接种异常反应或者不能排除的,应当给予补偿。

预防接种异常反应补偿应当及时、便民、合理。补偿范围实行目录管理,并根据实际情况进行动态调整。预防接种异常反应补偿范围、标准、程序由国务院规定,省、自治区、直辖市制定具体实施办法。

预防接种异常反应补偿费用,由省、自治区、直辖市人民政府财政部门在预防接种经费中安排;接种非免疫规划疫苗所需的补偿费用,由相关疫苗上市许可持有人承担。国家鼓励通过商业保险等多种形式对预防接种异常反应受种者予以补偿。

六、疫苗上市后管理

(一) 疫苗上市后管理的基本要求

受医药技术水平的制约和疫苗上市前临床试验的局限性,上市流通的疫苗可能存在已知或尚未发现的风险。另外,疫苗生产、流通、接种过程中,也可能由于人为或客观因素影响疫苗质量或接种安全。严格疫苗上市后管理,有利于及时发现、识别、监测疫苗相关风险,对疫苗风险和效益开展综合评估。

《疫苗管理法》第五条规定,疫苗上市许可持有人应当加强疫苗全生命周期质量管理,对疫苗的安全性、有效性和质量可控性负责。从事疫苗研制、生产、流通和预防接种活动的单位和个人,应当遵守法律、法规、规章、标准和规范,保证全过程信息真实、准确、完整和可追溯,依法承担责任,接受社会监督。

第五十七条规定,疫苗上市许可持有人应当建立健全疫苗全生命周期质量管理体系,制定并实施疫苗上市后风险管理计划,开展疫苗上市后研究,对疫苗的安全性、有效性和质量可控性进行进一步确证。对批准疫苗注册申请时提出进一步研究要求的疫苗,疫苗上市许可持有人应当在规定期限内完成研究;逾期未完成研究或者不能证明其获益大于风险的,国务院药品监督管理部门应当依法处理,直至注销该疫苗的药品注册证书。

(二) 生产工艺、生产场地、关键设备等的变更

《疫苗管理法》第五十八条规定,疫苗上市许可持有人应当对疫苗进行质量跟踪分析,持续提升质量控制标准,改进生产工艺,提高生产工艺稳定性。生产工艺、生产场地、关键设备等发生变更的,应当进行评估、验证,按照国务院药品监督管理部门有关变更管理的规定备案或者报告;变更可能影响疫苗安全性、有效性和质量可控性的,应当经国务院药品监督管理部门批准。

《药品生产质量管理规范》第二百四十条至二百四十六条,对药品生产过程中的变更控制做了明确的规定。

(三) 说明书、标签的变更

疫苗说明书、标签是指导疫苗使用的重要依据。《疫苗管理法》第五十九条规定,疫苗上市许可持有人应当根据疫苗上市后研究、预防接种异常反应等情况持续更新说明书、标签,并按照规定申请核准或者备案。国务院药品监督管理部门应当在其网站上及时公布更新后的疫苗说明书、标签内容。

(四) 疫苗质量回顾分析和风险报告制度

《疫苗管理法》第六十条规定,疫苗上市许可持有人应当建立疫苗质量回顾分析和风险报告制度,每年将疫苗生产流通、上市后研究、风险管理等情况按照规定如实向国务院药品监督管理部门报告。

《药品生产质量管理规范》第二百六十六条至第二百六十八条,对药品生产过程中的产

品质量回顾分析作了明确的规定。

(五) 疫苗上市后评价

疫苗上市后评价是指根据医药最新科技水平,从药学、临床医学、药物流行病学、药物经济学以及监督管理等方面,对已批准上市的疫苗在人群中的疗效(有效性)、异常反应(安全性)、接种方案、稳定性等是否符合安全、有效、经济的合理用药原则做出科学评估的过程[①]。

《疫苗管理法》第六十一条规定,国务院药品监督管理部门可以根据实际情况,责令疫苗上市许可持有人开展上市后评价或者直接组织开展上市后评价。对预防接种异常反应严重或者其他原因危害人体健康的疫苗,国务院药品监督管理部门应当注销该疫苗的药品注册证书。

第六十二条规定,国务院药品监督管理部门可以根据疾病预防、控制需要和疫苗行业发展情况,组织对疫苗品种开展上市后评价,发现该疫苗品种的产品设计、生产工艺、安全性、有效性或者质量可控性明显劣于预防、控制同种疾病的其他疫苗品种的,应当注销该品种所有疫苗的药品注册证书并废止相应的国家药品标准。

七、保障措施

(一) 预防接种经费保障

《疫苗管理法》第六十三条规定,县级以上人民政府应当将疫苗安全工作、购买免疫规划疫苗和预防接种工作以及信息化建设等所需经费纳入本级政府预算,保证免疫规划制度的实施。县级人民政府按照国家有关规定对从事预防接种工作的乡村医生和其他基层医疗卫生人员给予补助。国家根据需要对经济欠发达地区的预防接种工作给予支持。省、自治区、直辖市人民政府和设区的市级人民政府应当对经济欠发达地区的县级人民政府开展与预防接种相关的工作给予必要的经费补助。

第六十七条规定,各级财政安排用于预防接种的经费应当专款专用,任何单位和个人不得挪用、挤占。有关单位和个人使用预防接种的经费应当依法接受审计机关的审计监督。

(二) 疫苗供应短缺风险解决机制

为有效应对疫苗供应短缺风险,保证疫苗产品持续稳定生产供应,国家建立疫苗供应短缺风险解决机制。

《疫苗管理法》第六十五条规定,国务院卫生健康主管部门根据各省、自治区、直辖市国家免疫规划疫苗使用计划,向疫苗上市许可持有人提供国家免疫规划疫苗需求信息,疫苗上市许可持有人根据疫苗需求信息合理安排生产。疫苗存在供应短缺风险时,国务院卫生健康主管部门、国务院药品监督管理部门提出建议,国务院工业和信息化主管部门、国务院财政部门应当采取有效措施,保障疫苗生产、供应。疫苗上市许可持有人应当依法组织生产,保障疫苗供应;疫苗上市许可持有人停止疫苗生产的,应当及时向国务院药品监督管理部门或者省、自治区、直辖市人民政府药品监督管理部门报告。

---

① 汪建荣,喻小勇.疫苗管理法百问百答[M].北京:法律出版社,2020:118.

(三)国家将疫苗纳入战略物资储备

《疫苗管理法》第六十六条规定,国家将疫苗纳入战略物资储备,实行中央和省级两级储备。国务院工业和信息化主管部门、财政部门会同国务院卫生健康主管部门、公安部门、市场监督管理部门和药品监督管理部门,根据疾病预防、控制和公共卫生应急准备的需要,加强储备疫苗的产能、产品管理,建立动态调整机制。

《药品管理法》第九十二条规定,国家实行药品储备制度,建立中央和地方两级药品储备。

(四)疫苗责任强制保险制度

疫苗责任强制保险制度是继机动车交通事故责任强制保险后,第二个由法律规定实行的强制保险制度。

《疫苗管理法》第六十八条规定,国家实行疫苗责任强制保险制度。疫苗上市许可持有人应当按照规定投保疫苗责任强制保险。因疫苗质量问题造成受种者损害的,保险公司在承保的责任限额内予以赔付。

(五)传染病暴发、流行时疫苗供应保障

《疫苗管理法》第六十九条规定,传染病暴发、流行时,相关疫苗上市许可持有人应当及时生产和供应预防、控制传染病的疫苗。交通运输单位应当优先运输预防、控制传染病的疫苗。县级以上人民政府及其有关部门应当做好组织、协调、保障工作。

八、监督管理

(一)监督管理部门和职责

《疫苗管理法》第七十条规定,药品监督管理部门、卫生健康主管部门按照各自职责对疫苗研制、生产、流通和预防接种全过程进行监督管理,监督疫苗上市许可持有人、疾病预防控制机构、接种单位等依法履行义务。

药品监督管理部门依法对疫苗研制、生产、储存、运输以及预防接种中的疫苗质量进行监督检查。药品监督管理部门应当加强对疫苗上市许可持有人的现场检查;必要时,可以对为疫苗研制、生产、流通等活动提供产品或者服务的单位和个人进行延伸检查;有关单位和个人应当予以配合,不得拒绝和隐瞒。

卫生健康主管部门依法对免疫规划制度的实施、预防接种活动进行监督检查。

(二)药品检查员队伍建设

职业化专业化药品(含医疗器械、化妆品)检查员,是指经药品监管部门认定,依法对管理相对人从事药品研制、生产等场所、活动进行合规确认和风险研判的人员,是加强药品监管、保障药品安全的重要支撑力量。

《疫苗管理法》第七十一条规定,国家建设中央和省级两级职业化、专业化药品检查员队伍,加强对疫苗的监督检查。省、自治区、直辖市人民政府药品监督管理部门选派检查员入

驻疫苗上市许可持有人。检查员负责监督检查药品生产质量管理规范执行情况,收集疫苗质量风险和违法违规线索,向省、自治区、直辖市人民政府药品监督管理部门报告情况并提出建议,对派驻期间的行为负责。

2019年7月9日,国务院办公厅印发《关于建立职业化专业化药品检查员队伍的意见》提出,要坚持职业化方向和专业性、技术性要求,到2020年底,国务院药品监管部门和省级药品监管部门基本完成职业化专业化药品检查员队伍制度体系建设。在此基础上,再用三到五年时间,构建起基本满足药品监管要求的职业化专业化药品检查员队伍体系,进一步完善以专职检查员为主体、兼职检查员为补充,政治过硬、素质优良、业务精湛、廉洁高效的检查员队伍。关于进一步加强疫苗等高风险药品检查工作,《关于建立职业化专业化药品检查员队伍的意见》提出,国务院药品监管部门强化疫苗等高风险药品研制、生产环节的飞行检查以及境外检查,不定期开展巡查并加强随机抽查。省级药品监管部门直接负责疫苗等高风险药品生产过程的派驻检查、日常检查,落实更加集中、更加严格的现场检查、信息公示、不良反应监测报告等制度,实行严格的属地监管。

(三) 药品监督管理部门可以采取的监管措施

《疫苗管理法》第七十二条规定,疫苗质量管理存在安全隐患,疫苗上市许可持有人等未及时采取措施消除的,药品监督管理部门可以采取责任约谈、限期整改等措施。严重违反药品相关质量管理规范的,药品监督管理部门应当责令暂停疫苗生产、销售、配送,立即整改;整改完成后,经药品监督管理部门检查符合要求的,方可恢复生产、销售、配送。

药品监督管理部门应当建立疫苗上市许可持有人及其相关人员信用记录制度,纳入全国信用信息共享平台,按照规定公示其严重失信信息,实施联合惩戒。

《疫苗管理法》第七十三条规定,疫苗存在或者疑似存在质量问题的,疫苗上市许可持有人、疾病预防控制机构、接种单位应当立即停止销售、配送、使用,必要时立即停止生产,按照规定向县级以上人民政府药品监督管理部门、卫生健康主管部门报告。卫生健康主管部门应当立即组织疾病预防控制机构和接种单位采取必要的应急处置措施,同时向上级人民政府卫生健康主管部门报告。药品监督管理部门应当依法采取查封、扣押等措施。对已经销售的疫苗,疫苗上市许可持有人应当及时通知相关疾病预防控制机构、疫苗配送单位、接种单位,按照规定召回,如实记录召回和通知情况,疾病预防控制机构、疫苗配送单位、接种单位应当予以配合。未依照规定停止生产、销售、配送、使用或者召回疫苗的,县级以上人民政府药品监督管理部门、卫生健康主管部门应当按照各自职责责令停止生产、销售、配送、使用或者召回疫苗。

疫苗上市许可持有人、疾病预防控制机构、接种单位发现存在或者疑似存在质量问题的疫苗,不得瞒报、谎报、缓报、漏报,不得隐匿、伪造、毁灭有关证据。

(四) 疫苗上市许可持有人信息公开制度

疫苗属于信任品。消费者往往需要依靠产品信息和负责接种的医务人员的指导进行选择。科学、客观、及时地公开疫苗监管和产品信息,提高疫苗行业和监督管理工作透明度,是促进产业提升、提高监管效能的有效手段,也是普及疫苗知识、促进预防接种的积极措施。[①]

《疫苗管理法》第七十四条规定,疫苗上市许可持有人应当建立信息公开制度,按照规定在其网站上及时公开疫苗产品信息、说明书和标签、药品相关质量管理规范执行情况、批签发情况、召回情况、接受检查和处罚情况以及投保疫苗责任强制保险情况等信息。

(五)疫苗质量、预防接种等信息共享机制

药品监督管理部门和卫生健康主管部门之间信息共享,有利于明确监管责任,强换监管力度,形成监管合力[②]。

《疫苗管理法》第七十五条规定,国务院药品监督管理部门会同国务院卫生健康主管部门等建立疫苗质量、预防接种等信息共享机制。省级以上人民政府药品监督管理部门、卫生健康主管部门等应当按照科学、客观、及时、公开的原则,组织疫苗上市许可持有人、疾病预防控制机构、接种单位、新闻媒体、科研单位等,就疫苗质量和预防接种等信息进行交流沟通。

(六)疫苗安全信息统一公布制度

《疫苗管理法》第七十六规定,国家实行疫苗安全信息统一公布制度。疫苗安全风险警示信息、重大疫苗安全事故及其调查处理信息和国务院确定需要统一公布的其他疫苗安全信息,由国务院药品监督管理部门会同有关部门公布。全国预防接种异常反应报告情况,由国务院卫生健康主管部门会同国务院药品监督管理部门统一公布。未经授权不得发布上述信息。公布重大疫苗安全信息,应当及时、准确、全面,并按照规定进行科学评估,作出必要的解释说明。县级以上人民政府药品监督管理部门发现可能误导公众和社会舆论的疫苗安全信息,应当立即会同卫生健康主管部门及其他有关部门、专业机构、相关疫苗上市许可持有人等进行核实、分析,并及时公布结果。

任何单位和个人不得编造、散布虚假疫苗安全信息。

(七)对疫苗违法行为的举报

《疫苗管理法》确定了社会共治原则,将监管与监督相结合,构建疫苗产品安全社会共治格局。

《疫苗管理法》第七十七条规定,任何单位和个人有权依法了解疫苗信息,对疫苗监督管理工作提出意见、建议。任何单位和个人有权向卫生健康主管部门、药品监督管理部门等部门举报疫苗违法行为,对卫生健康主管部门、药品监督管理部门等部门及其工作人员未依法履行监督管理职责的情况有权向本级或者上级人民政府及其有关部门、监察机关举报。有关部门、机关应当及时核实、处理;对查证属实的举报,按照规定给予举报人奖励;举报人举报所在单位严重违法行为,查证属实的,给予重奖。

《药品管理法》第一百零六条规定,药品监督管理部门应当对举报人的信息予以保密,保

---

① 参见陆悦:用"四个最严"促进我国疫苗质量提升——国家药监局相关负责人就《疫苗管理法》相关问题答记者问。转引自《中国医药报》社组织编写的《〈中华人民共和国疫苗管理法〉及相关材料汇编》,中国健康传媒集团、中国医药科技出版社,2019年9月,第115页.

② 汪建荣,喻小勇.疫苗管理法百问百答[M].北京:法律出版社,2020:129.

护举报人的合法权益;对查证属实的举报,应当给予奖励。2017年8月9日,国家食品药品监督管理总局、财政部印发《食品药品违法行为举报奖励办法》,进一步完善药品奖励举报制度。

(八)疫苗安全事件应急预案和疫苗安全事件处置方案的制定及对疫苗安全事件的应急处理

1. 制定疫苗安全事件应急预案

《疫苗管理法》第七十八条规定,县级以上人民政府应当制定疫苗安全事件应急预案,对疫苗安全事件分级、处置组织指挥体系与职责、预防预警机制、处置程序、应急保障措施等作出规定。

2. 制定疫苗安全事件处置方案

《疫苗管理法》第七十八条规定,疫苗上市许可持有人应当制定疫苗安全事件处置方案,定期检查各项防范措施的落实情况,及时消除安全隐患。

3. 疫苗安全事件的应急处理

《疫苗管理法》第七十八条规定,发生疫苗安全事件,疫苗上市许可持有人应当立即向国务院药品监督管理部门或者省、自治区、直辖市人民政府药品监督管理部门报告;疾病预防控制机构、接种单位、医疗机构应当立即向县级以上人民政府卫生健康主管部门、药品监督管理部门报告。药品监督管理部门应当会同卫生健康主管部门按照应急预案的规定,成立疫苗安全事件处置指挥机构,开展医疗救治、风险控制、调查处理、信息发布、解释说明等工作,做好补种等善后处置工作。因质量问题造成的疫苗安全事件的补种费用由疫苗上市许可持有人承担。

有关单位和个人不得瞒报、谎报、缓报、漏报疫苗安全事件,不得隐匿、伪造、毁灭有关证据。

第三节 疫苗安全法律责任

疫苗安全法律责任是指由于违反疫苗管理法律制度而应当承担的法律责任。根据违法行为的性质和社会危害程度的差异,疫苗安全法律责任可以分为刑事法律责任、行政法律责任和民事法律责任。

《疫苗管理法》对于违反疫苗管理法律制度的行为建立了严格的法律责任,主要体现在四个方面:一是在《药品管理法》的基础上,进一步加大对严重违法行为的处罚力度。二是落实"处罚到人"要求,生产、销售的疫苗属于假药、劣药且情节严重的,处罚企业的法定代表人、主要负责人、直接负责的主管人员和关键岗位人员以及其他责任人员。三是加大民事赔偿力度,明确因疫苗质量问题造成受种者损害的,疫苗上市许可持有人应当依法承担赔偿责任;疾病预防控制机构、接种单位因违反预防接种工作规范、免疫程序、疫苗使用指导原则、接种方案,造成受种者损害的,应当依法承担赔偿责任。四是坚持有权必有责,细化处分规定,依法严肃追究相关地方人民政府以及药品监督管理部门、卫生健康主管部门等部门直接负责的主管人员和其他直接责任人员的责任。

一、疫苗安全刑事法律责任

《疫苗管理法》第七十九条规定,违反本法规定,构成犯罪的,依法从重追究刑事责任。

违反《疫苗管理法》规定可能构成犯罪的,主要涉及生产、销售假药罪和生产、销售劣药罪。从重处罚,是在法定刑以内适用较重种类或者较高幅度的处罚。

《药品管理法》第九十八条对假药和劣药的情形做了明确的规定,并规定禁止生产(包括配制)、销售、使用假药、劣药。禁止未取得药品批准证明文件生产、进口药品;禁止使用未按照规定审评、审批的原料药、包装材料和容器生产药品。

《刑法》第一百四十一条、一百四十二条分别规定了生产、销售假药罪和生产、销售劣药罪。《最高人民法院、最高人民检察院关于办理危害药品安全刑事案件适用法律若干问题的解释》①对于生产、销售假药罪和生产、销售劣药罪的生产行为、量刑情节等做出了明确的界定。

《药品管理法实施条例》②第七十三条和《最高人民法院、最高人民检察院关于办理危害药品安全刑事案件适用法律若干问题的解释》第一条,明确规定了依法从重处罚的情形。

二、疫苗安全行政法律责任

(一)生产、销售的疫苗属于假药应当承担的行政法律责任

《疫苗管理法》第八十条第一款规定,生产、销售的疫苗属于假药的,由省级以上人民政府药品监督管理部门没收违法所得和违法生产、销售的疫苗以及专门用于违法生产疫苗的原料、辅料、包装材料、设备等物品,责令停产停业整顿,吊销药品注册证书,直至吊销药品生产许可证等,并处违法生产、销售疫苗货值金额十五倍以上五十倍以下的罚款,货值金额不足五十万元的,按五十万元计算。

第八十条第三款规定,生产、销售的疫苗属于假药的,由省级以上人民政府药品监督管理部门对法定代表人、主要负责人、直接负责的主管人员和关键岗位人员以及其他责任人员,没收违法行为发生期间自本单位所获收入,并处所获收入一倍以上十倍以下的罚款,终身禁止从事药品生产经营活动,由公安机关处五日以上十五日以下拘留。

(二)生产、销售的疫苗属于劣药应当承担的行政法律责任

《疫苗管理法》第八十条第二款规定,生产、销售的疫苗属于劣药的,由省级以上人民政府药品监督管理部门没收违法所得和违法生产、销售的疫苗以及专门用于违法生产疫苗的原料、辅料、包装材料、设备等物品,责令停产停业整顿,并处违法生产、销售疫苗货值金额十

---

① 《最高人民法院、最高人民检察院关于办理危害药品安全刑事案件适用法律若干问题的解释》(法释〔2014〕14号),2014年9月22日最高人民法院审判委员会第1626次会议、2014年3月17日最高人民检察院第十二届检察委员会第18次会议通过,2014年12月1日起施行。

② 《药品管理法实施条例》2002年8月4日公布,根据2016年2月6日《国务院关于修改部分行政法规的决定》第一次修订,根据2019年3月2日《国务院关于修改部分行政法规的决定》第二次修订。

倍以上三十倍以下的罚款，货值金额不足五十万元的，按五十万元计算；情节严重的，吊销药品注册证书，直至吊销药品生产许可证等。

第八十条第三款规定，生产、销售的疫苗属于劣药且情节严重的，由省级以上人民政府药品监督管理部门对法定代表人、主要负责人、直接负责的主管人员和关键岗位人员以及其他责任人员，没收违法行为发生期间自本单位所获收入，并处所获收入一倍以上十倍以下的罚款，终身禁止从事药品生产经营活动，由公安机关处五日以上十五日以下拘留。

（三）数据造假等违法行为应当承担的行政法律责任

《疫苗管理法》第八十一条规定，有下列情形之一的，由省级以上人民政府药品监督管理部门没收违法所得和违法生产、销售的疫苗以及专门用于违法生产疫苗的原料、辅料、包装材料、设备等物品，责令停产停业整顿，并处违法生产、销售疫苗货值金额十五倍以上五十倍以下的罚款，货值金额不足五十万元的，按五十万元计算；情节严重的，吊销药品相关批准证明文件，直至吊销药品生产许可证等，对法定代表人、主要负责人、直接负责的主管人员和关键岗位人员以及其他责任人员，没收违法行为发生期间自本单位所获收入，并处所获收入百分之五十以上十倍以下的罚款，十年内直至终身禁止从事药品生产经营活动，由公安机关处五日以上十五日以下拘留：① 申请疫苗临床试验、注册、批签发提供虚假数据、资料、样品或者有其他欺骗行为；② 编造生产、检验记录或者更改产品批号；③ 疾病预防控制机构以外的单位或者个人向接种单位供应疫苗；④ 委托生产疫苗未经批准；⑤ 生产工艺、生产场地、关键设备等发生变更按照规定应当经批准而未经批准；⑥ 更新疫苗说明书、标签按照规定应当经核准而未经核准。

（四）疫苗上市许可持有人违反规定应当承担的行政法律责任

《疫苗管理法》第八十二条规定，除该法另有规定的情形外，疫苗上市许可持有人或者其他单位违反药品相关质量管理规范的，由县级以上人民政府药品监督管理部门责令改正，给予警告；拒不改正的，处二十万元以上五十万元以下的罚款；情节严重的，处五十万元以上三百万元以下的罚款，责令停产停业整顿，直至吊销药品相关批准证明文件、药品生产许可证等，对法定代表人、主要负责人、直接负责的主管人员和关键岗位人员以及其他责任人员，没收违法行为发生期间自本单位所获收入，并处所获收入百分之五十以上五倍以下的罚款，十年内直至终身禁止从事药品生产经营活动。

第八十三条规定，疫苗上市许可持有人有下列情形之一的，由省级以上人民政府药品监督管理部门责令改正，给予警告；拒不改正的，处二十万元以上五十万元以下的罚款；情节严重的，责令停产停业整顿，并处五十万元以上二百万元以下的罚款：① 未按照规定建立疫苗电子追溯系统；② 法定代表人、主要负责人和生产管理负责人、质量管理负责人、质量受权人等关键岗位人员不符合规定条件或者未按照规定对其进行培训、考核；③ 未按照规定报告或者备案；④ 未按照规定开展上市后研究，或者未按照规定设立机构、配备人员主动收集、跟踪分析疑似预防接种异常反应；⑤ 未按照规定投保疫苗责任强制保险；⑥ 未按照规定建立信息公开制度。

第八十五条第一款规定，疫苗上市许可持有人违反疫苗储存、运输管理规范有关冷链储存、运输要求的，由县级以上人民政府药品监督管理部门责令改正，给予警告，对违法储存、运输的疫苗予以销毁，没收违法所得；拒不改正的，对疫苗上市许可持有人处二十万元以上一百万元以下的罚款;情节严重的,对疫苗上市许可持有人处违法储存、运输疫苗货值金额十倍以上三十倍以下的罚款,货值金额不足十万元的,按十万元计算,责令疫苗上市许可持有人停产停业整顿,直至吊销药品相关批准证明文件、药品生产许可证等,对疫苗上市许可持有人的法定代表人、主要负责人、直接负责的主管人员和关键岗位人员以及其他责任人员依照该法第八十二条规定给予处罚。

第八十六条第一款规定,疫苗上市许可持有人有该法第八十五条规定以外的违反疫苗储存、运输管理规范行为的,由县级以上人民政府药品监督管理部门责令改正,给予警告,没收违法所得;拒不改正的,对疫苗上市许可持有人处十万元以上三十万元以下的罚款;情节严重的,对疫苗上市许可持有人处违法储存、运输疫苗货值金额三倍以上十倍以下的罚款,货值金额不足十万元的,按十万元计算。

(五)批签发机构违反规定应当承担的行政法律责任

《疫苗管理法》第八十四条规定,批签发机构有下列情形之一的,由国务院药品监督管理部门责令改正,给予警告,对主要负责人、直接负责的主管人员和其他直接责任人员依法给予警告直至降级处分:① 未按照规定进行审核和检验;② 未及时公布上市疫苗批签发结果;③ 未按照规定进行核实;④ 发现疫苗存在重大质量风险未按照规定报告。批签发机构未按照规定发给批签发证明或者不予批签发通知书的,由国务院药品监督管理部门责令改正,给予警告,对主要负责人、直接负责的主管人员和其他直接责任人员依法给予降级或者撤职处分;情节严重的,对主要负责人、直接负责的主管人员和其他直接责任人员依法给予开除处分。

(六)疾病预防控制机构违反规定应当承担的行政法律责任

《疫苗管理法》第八十五条规定,疾病预防控制机构违反疫苗储存、运输管理规范有关冷链储存、运输要求的,由县级以上人民政府药品监督管理部门责令改正,给予警告,对违法储存、运输的疫苗予以销毁,没收违法所得。疾病预防控制机构有前述违法行为的,由县级以上人民政府卫生健康主管部门对主要负责人、直接负责的主管人员和其他直接责任人员依法给予警告直至撤职处分,责令负有责任的医疗卫生人员暂停一年以上十八个月以下执业活动;造成严重后果的,对主要负责人、直接负责的主管人员和其他直接责任人员依法给予开除处分,由原发证部门吊销负有责任的医疗卫生人员的执业证书。

第八十六条规定,疾病预防控制机构有该法第八十五条规定以外的违反疫苗储存、运输管理规范行为的,由县级以上人民政府药品监督管理部门责令改正,给予警告,没收违法所得。疾病预防控制机有前述违法行为的,县级以上人民政府卫生健康主管部门可以对主要负责人、直接负责的主管人员和其他直接责任人员依法给予警告直至撤职处分,责令负有责任的医疗卫生人员暂停六个月以上一年以下执业活动;造成严重后果的,对主要负责人、直接负责的主管人员和其他直接责任人员依法给予开除处分,由原发证部门吊销负有责任的医疗卫生人员的执业证书。

第八十七条规定,疾病预防控制机构有下列情形之一的,由县级以上人民政府卫生健康主管部门责令改正,给予警告,没收违法所得;情节严重的,对主要负责人、直接负责的主管人员和其他直接责任人员依法给予警告直至撤职处分,责令负有责任的医疗卫生人员暂停一年以上十八个月以下执业活动;造成严重后果的,对主要负责人、直接负责的主管人员和其他直接责任人员依法给予开除处分,由原发证部门吊销负有责任的医疗卫生人员的执业证书:① 未按照规定供应、接收、采购疫苗;② 接种疫苗未遵守预防接种工作规范、免疫程序、疫苗使用指导原则、接种方案;③ 擅自进行群体性预防接种。

第八十八条规定,疾病预防控制机构有下列情形之一的,由县级以上人民政府卫生健康主管部门责令改正,给予警告;情节严重的,对主要负责人、直接负责的主管人员和其他直接责任人员依法给予警告直至撤职处分,责令负有责任的医疗卫生人员暂停六个月以上一年以下执业活动;造成严重后果的,对主要负责人、直接负责的主管人员和其他直接责任人员依法给予开除处分,由原发证部门吊销负有责任的医疗卫生人员的执业证书:① 未按照规定提供追溯信息;② 接收或者购进疫苗时未按照规定索取并保存相关证明文件、温度监测记录;③ 未按照规定建立并保存疫苗接收、购进、储存、配送、供应、接种、处置记录;④ 未按照规定告知、询问受种者或者其监护人有关情况。

第八十九条规定,疾病预防控制机构未按照规定报告疑似预防接种异常反应、疫苗安全事件等,或者未按照规定对疑似预防接种异常反应组织调查、诊断等的,由县级以上人民政府卫生健康主管部门责令改正,给予警告;情节严重的,对疾病预防控制机构的主要负责人、直接负责的主管人员和其他直接责任人员依法给予警告直至撤职处分;造成严重后果的,对主要负责人、直接负责的主管人员和其他直接责任人员依法给予开除处分,由原发证部门吊销负有责任的医疗卫生人员的执业证书。

第九十条规定,疾病预防控制机构违反该法规定收取费用的,由县级以上人民政府卫生健康主管部门监督其将违法收取的费用退还给原缴费的单位或者个人,并由县级以上人民政府市场监督管理部门依法给予处罚。

(七)接种单位违反规定应当承担的行政法律责任

《疫苗管理法》第八十五条规定,接种单位违反疫苗储存、运输管理规范有关冷链储存、运输要求的,由县级以上人民政府药品监督管理部门责令改正,给予警告,对违法储存、运输的疫苗予以销毁,没收违法所得;拒不改正的,对接种单位处二十万元以上一百万元以下的罚款;情节严重的,对接种单位处违法储存、运输疫苗货值金额十倍以上三十倍以下的罚款,货值金额不足十万元的,按十万元计算。接种单位有前述违法行为的,由县级以上人民政府卫生健康主管部门对主要负责人、直接负责的主管人员和其他直接责任人员依法给予警告直至撤职处分,责令负有责任的医疗卫生人员暂停一年以上十八个月以下执业活动;造成严重后果的,对主要负责人、直接负责的主管人员和其他直接责任人员依法给予开除处分,并可以吊销接种单位的接种资格,由原发证部门吊销负有责任的医疗卫生人员的执业证书。

第八十六条规定,接种单位有该法第八十五条规定以外的违反疫苗储存、运输管理规范行为的,由县级以上人民政府药品监督管理部门责令改正,给予警告,没收违法所得;拒不改正的,对接种单位处十万元以上三十万元以下的罚款;情节严重的,对接种单位处违法储存、运输疫苗货值金额三倍以上十倍以下的罚款,货值金额不足十万元的,按十万元计算。接种单位有前述违法行为的,县级以上人民政府卫生健康主管部门可以对主要负责人、直接负责的主管人员和其他直接责任人员依法给予警告直至撤职处分,责令负有责任的医疗卫生人员暂停六个月以上一年以下执业活动;造成严重后果的,对主要负责人、直接负责的主管人员和其他直接责任人员依法给予开除处分,由原发证部门吊销负有责任的医疗卫生人员的执业证书。

第八十七条规定，接种单位有下列情形之一的，由县级以上人民政府卫生健康主管部门责令改正，给予警告，没收违法所得；情节严重的，对主要负责人、直接负责的主管人员和其他直接责任人员依法给予警告直至撤职处分，责令负有责任的医疗卫生人员暂停一年以上十八个月以下执业活动；造成严重后果的，对主要负责人、直接负责的主管人员和其他直接责任人员依法给予开除处分，由原发证部门吊销负有责任的医疗卫生人员的执业证书：① 未按照规定供应、接收、采购疫苗；② 接种疫苗未遵守预防接种工作规范、免疫程序、疫苗使用指导原则、接种方案；③ 擅自进行群体性预防接种。

第八十八条规定，接种单位有下列情形之一的，由县级以上人民政府卫生健康主管部门责令改正，给予警告；情节严重的，对主要负责人、直接负责的主管人员和其他直接责任人员依法给予警告直至撤职处分，责令负有责任的医疗卫生人员暂停六个月以上一年以下执业活动；造成严重后果的，对主要负责人、直接负责的主管人员和其他直接责任人员依法给予开除处分，由原发证部门吊销负有责任的医疗卫生人员的执业证书：① 未按照规定提供追溯信息；② 接收或者购进疫苗时未按照规定索取并保存相关证明文件、温度监测记录；③ 未按照规定建立并保存疫苗接收、购进、储存、配送、供应、接种、处置记录；④ 未按照规定告知、询问受种者或者其监护人有关情况。

第八十九条规定，接种单位未按照规定报告疑似预防接种异常反应、疫苗安全事件等，或者未按照规定对疑似预防接种异常反应组织调查、诊断等的，由县级以上人民政府卫生健康主管部门责令改正，给予警告；情节严重的，对接种单位处五万元以上五十万元以下的罚款，对接种单位的主要负责人、直接负责的主管人员和其他直接责任人员依法给予警告直至撤职处分；造成严重后果的，对主要负责人、直接负责的主管人员和其他直接责任人员依法给予开除处分，由原发证部门吊销负有责任的医疗卫生人员的执业证书。

第九十条规定，接种单位违反该法规定收取费用的，由县级以上人民政府卫生健康主管部门监督其将违法收取的费用退还给原缴费的单位或者个人，并由县级以上人民政府市场监督管理部门依法给予处罚。

（八）疫苗配送单位违反规定应当承担的行政法律责任

《疫苗管理法》第八十五条第一款规定，疫苗配送单位违反疫苗储存、运输管理规范有关冷链储存、运输要求的，由县级以上人民政府药品监督管理部门责令改正，给予警告，对违法储存、运输的疫苗予以销毁，没收违法所得；拒不改正的，对疫苗配送单位处二十万元以上一百万元以下的罚款；情节严重的，对疫苗配送单位处违法储存、运输疫苗货值金额十倍以上三十倍以下的罚款，货值金额不足十万元的，按十万元计算，责令疫苗配送单位停产停业整顿，直至吊销药品相关批准证明文件、药品生产许可证等，对疫苗配送单位的法定代表人、主要负责人、直接负责的主管人员和关键岗位人员以及其他责任人员依照该法第八十二条规定给予处罚。

第八十六条第一款规定，疫苗配送单位有该法第八十五条规定以外的违反疫苗储存、运输管理规范行为的，由县级以上人民政府药品监督管理部门责令改正，给予警告，没收违法所得；拒不改正的，对疫苗配送单位处十万元以上三十万元以下的罚款；情节严重的，对疫苗配送单位处违法储存、运输疫苗货值金额三倍以上十倍以下的罚款，货值金额不足十万元的，按十万元计算。

(九) 医疗机构在疑似接种异常反应中违反规定应当承担的行政法律责任

《疫苗管理法》第八十九条规定,医疗机构未按照规定报告疑似预防接种异常反应、疫苗安全事件等,或者未按照规定对疑似预防接种异常反应组织调查、诊断等的,由县级以上人民政府卫生健康主管部门责令改正,给予警告;情节严重的,对医疗机构处五万元以上五十万元以下的罚款,对医疗机构的主要负责人、直接负责的主管人员和其他直接责任人员依法给予警告直至撤职处分;造成严重后果的,对主要负责人、直接负责的主管人员和其他直接责任人员依法给予开除处分,由原发证部门吊销负有责任的医疗卫生人员的执业证书。

(十) 擅自从事疫苗接种工作应当承担的行政法律责任

《疫苗管理法》第九十一条规定,未经县级以上地方人民政府卫生健康主管部门指定擅自从事免疫规划疫苗接种工作、从事非免疫规划疫苗接种工作不符合条件或者未备案的,由县级以上人民政府卫生健康主管部门责令改正,给予警告,没收违法所得和违法持有的疫苗,责令停业整顿,并处十万元以上一百万元以下的罚款,对主要负责人、直接负责的主管人员和其他直接责任人员依法给予处分。疾病预防控制机构、接种单位以外的单位或者个人擅自进行群体性预防接种的,由县级以上人民政府卫生健康主管部门责令改正,没收违法所得和违法持有的疫苗,并处违法持有的疫苗货值金额十倍以上三十倍以下的罚款,货值金额不足五万元的,按五万元计算。

(十一) 监护人、托幼机构、学校违反预防接种有关规定应当承担的行政法律责任

《疫苗管理法》第九十二条规定,监护人未依法保证适龄儿童按时接种免疫规划疫苗的,由县级人民政府卫生健康主管部门批评教育,责令改正。托幼机构、学校在儿童入托、入学时未按照规定查验预防接种证,或者发现未按照规定接种的儿童后未向接种单位报告的,由县级以上地方人民政府教育行政部门责令改正,给予警告,对主要负责人、直接负责的主管人员和其他直接责任人员依法给予处分。

(十二) 编造、散布虚假疫苗安全信息等应当承担的行政法律责任

《疫苗管理法》第九十三条规定,编造、散布虚假疫苗安全信息,或者在接种单位寻衅滋事,构成违反治安管理行为的,由公安机关依法给予治安管理处罚。报纸、期刊、广播、电视、互联网站等传播媒介编造、散布虚假疫苗安全信息的,由有关部门依法给予处罚,对主要负责人、直接负责的主管人员和其他直接责任人员依法给予处分。

(十三) 有关行政机关违反规定应当承担的行政法律责任

《疫苗管理法》第九十四条规定,县级以上地方人民政府在疫苗监督管理工作中有下列情形之一的,对直接负责的主管人员和其他直接责任人员依法给予降级或者撤职处分;情节严重的,依法给予开除处分;造成严重后果的,其主要负责人应当引咎辞职:① 履行职责不力,造成严重不良影响或者重大损失;② 瞒报、谎报、缓报、漏报疫苗安全事件;③ 干扰、阻碍对疫苗违法行为或者疫苗安全事件的调查;④ 本行政区域发生特别重大疫苗安全事故,或者连续发生重大疫苗安全事故。

《疫苗管理法》第九十五条规定,药品监督管理部门、卫生健康主管部门等部门在疫苗监

督管理工作中有下列情形之一的,对直接负责的主管人员和其他直接责任人员依法给予降级或者撤职处分;情节严重的,依法给予开除处分;造成严重后果的,其主要负责人应当引咎辞职:① 未履行监督检查职责,或者发现违法行为不及时查处;② 擅自进行群体性预防接种;③ 瞒报、谎报、缓报、漏报疫苗安全事件;④ 干扰、阻碍对疫苗违法行为或者疫苗安全事件的调查;⑤ 泄露举报人的信息;⑥ 接到疑似预防接种异常反应相关报告,未按照规定组织调查、处理;⑦ 其他未履行疫苗监督管理职责的行为,造成严重不良影响或者重大损失。

三、疫苗安全民事法律责任

《疫苗管理法》第九十六条规定,因疫苗质量问题造成受种者损害的,疫苗上市许可持有人应当依法承担赔偿责任。疾病预防控制机构、接种单位因违反预防接种工作规范、免疫程序、疫苗使用指导原则、接种方案,造成受种者损害的,应当依法承担赔偿责任。

《药品管理法》第一百四十四条规定,药品上市许可持有人、药品生产企业、药品经营企业或者医疗机构违反本法规定,给用药者造成损害的,依法承担赔偿责任。因药品质量问题受到损害的,受害人可以向药品上市许可持有人、药品生产企业请求赔偿损失,也可以向药品经营企业、医疗机构请求赔偿损失。接到受害人赔偿请求的,应当实行首负责任制,先行赔付;先行赔付后,可以依法追偿。生产假药、劣药或者明知是假药、劣药仍然销售、使用的,受害人或者其近亲属除请求赔偿损失外,还可以请求支付价款十倍或者损失三倍的赔偿金;增加赔偿的金额不足一千元的,为一千元。

思考题

1. 简述疫苗管理立法的意义。
2. 简述疫苗生产、批签发、流通和预防接种制度的主要内容。
3. 简述疫苗上市后管理制度的主要内容。

参 考 文 献

[1] 宋华琳.疫苗管理的体系建构与法律制度创新:《中华人民共和国疫苗管理法》立法解读[J].中国食品药品监管,2019(7):4-12.
[2] 汪建荣,喻小勇.疫苗管理法百问百答[M].北京:法律出版社,2020.
[3] 本书编写组.《中华人民共和国疫苗管理法》及相关材料汇编[M].北京:中国医药科技出版社,2019.

第十六章　献血和血液制品管理法律制度

内容提要　本章介绍我国的献血和血液制品管理的法律规定,对《献血法》《血液制品管理条例》《血站管理办法》《医疗机构临床用血管理办法》等法律法规进行解释,以及违反相关法律法规的法律责任等内容。

重点提示　无偿献血　血站　血液制品　医疗机构　临床用血

第一节　献血和血液制品管理法律制度概述

血液是生命的重要物质,同时也是非常重要的医疗资源。现代医学研究表明,无论是全血、成分血,还是有关血液制品,都是医疗抢救活动中不可缺少的特殊物质,其功能和作用,目前还没有可资替代的制品,因此,血液安全是用血的重中之重,献血和血液制品管理是确保用血安全最关键的环节之一。目前,我国持续强化血液质量控制,血液质量管理水平持续提升。我国的血液供给模式经历了一个由有偿供血、义务无偿献血到自愿无偿献血以及由政策推动到法律引导的渐变发展阶段。

新中国成立初期,我国的血液供应由各医院自采自供完成,很多医院都成立了"助血队",直接采集助血员血液用于临床使用。1953年,我国第一所血库——军委后勤卫生部沈阳中心血库成立,主要负责向中国人民志愿军供应全血,也标志着我国血液供应进入集中化供应阶段。1957年,国务院批准由原卫生部与中国人民解放军总后勤卫生部共同在天津市筹建输血及血液学研究所,设立了我国第一个大型血站——中国医学科学院输血研究所。在这一阶段,新中国的输血事业从无到有,临床输血技术不断推广,输血治疗逐步普及,有力促进了新中国成立初期的发展。在此期间,我国医疗临床用血主要是采取个人的供血模式,在血液供给保障方面主要依赖政策推动而非法律引导。随着输血在医疗临床上的表现,血液买卖也开始出现,受经济利益驱使,供血人员大量频繁抽血或隐瞒疾病史供血,不法分子非法组织卖血队伍,使得血液质量难以保证,甚至引发严重的后果。

从20世纪70年代末开始,我国医药卫生体制进入到改革时期,国家的供血机制也开始进行新的探索。1978年11月24日,国务院批转原卫生部《关于加强输血工作的请示报告》,报告指出"实行公民义务献血制度,是改变我国输血工作落后面貌,解决医疗和战备储备用血的一项根本办法",并明确义务献血是每一个健康适龄公民发扬救死扶伤、实行革命人道主义的光荣职责,对献血者除精神鼓励外,应发给适当的营养补助费和副食品票证。为推动义务献血,北京、上海、天津等城市先后成立了公民义务献血办公室,全面实行用血管理制度,建立基层单位的档案资料,将献血与用血结合起来。义务献血在当时有效保障了医疗临床用血的需要,但是义务献血也出现了不少问题,不少献血者都是为了完成指标被动献血,不少单位在劳务市场花钱雇人献血,职业献血者在血液中心和血站联系顶替计划献血者献血从中谋取一定的经济利益,职业卖血者短期重复、交叉多点卖血问题严重。

国家卫生部和中国红十字会总会早在1984年就提出:提倡和鼓励公民无偿献血。无偿献血血液质量明显优于有偿献血的血液质量,能够为公民提供更加安全、可靠的血液。1988年5月21日,中国输血协会成立。1993年3月20日,原卫生部发布《采供血机构和血液管理办法》和《血站基本标准》,全国血液质量管理委员会成立。深圳市于1995年11月1日开始实施《深圳经济特区公民无偿献血和血液管理条例》,在全国大胆创新实践,一年后深圳实现了医疗和急救用自给自足,该市的成功做法和经验推动了全国无偿献血法的颁布。

1993年10月31日第八届全国人民代表大会常务委员会第四次会议通过的《中华人民共和国红十字会法》第十二条明确指出红十字会"参与输血献血工作,推动无偿献血"。为保证医疗临床用血需要和安全,保障献血者和用血者身体健康,发扬人道主义精神,促进社会主义物质文明和精神文明建设,1997年12月29日,中华人民共和国第八届全国人民代表大会常务委员会第二十九次会议通过《中华人民共和国献血法》(以下简称《献血法》),于1998年10月1日起正式试行。《献血法》正式确立了我国实行无偿献血制度,标志着我国无偿献血工作进入法制化管理轨道。《献血法》实行20年多年来,全国无偿献血工作取得了显著成效。据国家卫生健康委员会最新数据显示,截至2020年底,全国共有血站452家,其中血液中心32家、中心血站342家、中心血库及血站分站78家;全国无偿献血人次从1998年的32.8万提高到了2020年的1553万,增长了47倍;献血量从1998年的400万单位提高到2020年的2626.3万单位。

此后,国务院、卫生健康主管部门等先后制定并发布了《血液制品管理条例》《医疗机构临床用血管理办法》《血站管理办法》《单采血浆站管理办法》等配套法规政策。当前,我国已经形成了以《献血法》及相关配套法规政策为内容的完整的血液管理法律体系,并随着我国经济社会发展需求得以不断完善。

第二节　无偿献血法律制度

一、无偿献血的概念

无偿献血是指公民在无报酬的情况下,自愿捐献自身血液的行为。无偿献血是保障临床用血供应、确保血液安全和控制经血液途径传播疾病的重要举措,是政府主导、全社会共同参与的公益事业,也是我国血液事业发展的总方向。20世纪40年代以来,世界卫生组织和国际红十字一直向世界各国呼吁"医疗用血采用无偿献血"的原则,1998年试行的《献血法》正式确立了我国实行无偿献血制度。加强无偿献血工作是政府履行职责、加强社会管理的具体体现,是关系到医疗卫生事业发展、人民身体健康和生命安全的重大民生问题,对于进一步弘扬救死扶伤、无私奉献的人道主义精神,加强社会主义精神文明建设将产生重大和深远的影响。

二、无偿献血的组织管理

(一) 无偿献血的主体

《献血法》规定:"国家实行无偿献血制度。国家提倡十八周岁至五十五周岁的健康公民自愿献血。"由原卫生部和国家标准化管理委员会发布的《献血者健康检查要求》自2012年7月1日起实施,该规定指出国家提倡献血年龄为18~55周岁;既往无献血反应、符合健康检查要求的多次献血者主动要求再次献血的,年龄可延长至60周岁。

我国实行实名制献血,根据《血站管理办法》规定,献血者在献血前应出示真实有效的身份证件,血站应进行核对并登记。

国家鼓励国家工作人员、现役军人和高等学校在校学生率先献血,为树立社会新风尚作表率。国家机关、军队、社会团体、企业事业组织、居民委员会、村民委员会,应当动员和组织本单位或者本居住区的适龄公民参加献血。

(二) 无偿献血的组织

地方各级人民政府领导本行政区域内的献血工作,统一规划并负责组织、协调有关部门共同做好献血工作。县级以上各级人民政府卫生健康主管部门监督管理献血工作。各级红十字会依法参与、推动献血工作。血站是采集、提供临床用血的机构,是不以营利为目的的公益性组织。

设立血站向公民采集血液,必须经国务院卫生健康主管部门或者省、自治区、直辖市人民政府卫生健康主管部门批准。血站应当为献血者提供各种安全、卫生、便利的条件。血站的设立条件和管理办法由国务院卫生健康主管部门制定。血站对献血者必须免费进行必要的健康检查;身体状况不符合献血条件的,血站应当向其说明情况,不得采集血液。献血者的身体健康条件由国务院卫生健康主管部门规定。

血站对献血者每次采集血液量一般为200毫升,最多不得超过400毫升,两次采集间隔期不少于六个月。严格禁止血站违反前款规定对献血者超量、频繁采集血液。血站采集血液必须严格遵守有关操作规程和制度,采血必须由具有采血资格的医务人员进行,一次性采血器材用后必须销毁,确保献血者的身体健康。血站对采集的血液必须进行检测;未经检测或者检测不合格的血液,不得向医疗机构提供。

(三) 无偿献血的表彰奖励

对献血者,发给国务院卫生健康主管部门制作的无偿献血证书,有关单位可以给予适当补贴。为进一步做好全国无偿献血表彰奖励工作,鼓励公民积极参与无偿献血,营造无偿献血良好社会氛围,推动无偿献血工作高质量发展,国家卫生健康委、中国红十字会总会和中央军委后勤保障部卫生局修订形成了《全国无偿献血表彰奖励办法(2022年版)》。各级人民政府采取措施广泛宣传献血的意义,普及献血的科学知识,开展预防和控制经血液途径传播的疾病的教育。新闻媒介应当开展献血的社会公益性宣传。

无偿献血表彰奖项分为"无偿献血奉献奖""无偿献血促进奖""无偿献血志愿服务奖""无偿献血先进省(市)奖""无偿献血先进部队奖"和"无偿捐献造血干细胞奖"。国家级表彰活动每两年举行一次。"无偿献血奉献奖"用以奖励多次自愿无偿献血者;"无偿献血促进奖"用以奖励为无偿献血事业作出贡献的单位和个人;"无偿献血志愿服务奖"用以奖励积极参与无偿献血和造血干细胞捐献志愿服务工作的个人;"无偿献血先进省(市)奖"用以奖励积极支持无偿献血事业的省(自治区、直辖市)、设区的市(地、州);"无偿献血先进部队奖"用以奖励为无偿献血事业作出贡献的军队有关单位;"无偿捐献造血干细胞奖"用以奖励成功捐献造血干细胞者。

(四)无偿献血的用途

无偿献血的血液必须用于临床,不得买卖。血站、医疗机构不得将无偿献血的血液出售给单采血浆站或者血液制品生产单位。临床用血的包装、储存、运输,必须符合国家规定的卫生标准和要求。医疗机构对临床用血必须进行核查,不得将不符合国家规定标准的血液用于临床。公民临床用血时只交付用于血液的采集、储存、分离、检验等的费用;具体收费标准由国务院卫生健康主管部门会同国务院价格主管部门制定。无偿献血者临床需要用血时,免交前款规定的费用;无偿献血者的配偶和直系亲属临床需要用血时,可以按照省、自治区、直辖市人民政府的规定免交或者减交前款规定的费用。为保障公民临床急救用血的需要,国家提倡并指导择期手术的患者自身储血,动员家庭、亲友、所在单位以及社会互助献血。为保证应急用血,医疗机构可以临时采集血液,但应当依照法律规定,确保采血用血安全。

医疗机构临床用血应当制定用血计划,遵循合理、科学的原则,不得浪费和滥用血液。医疗机构应当积极推行按血液成分针对医疗实际需要输血,具体管理办法由国务院卫生健康主管部门制定。国家鼓励临床用血新技术的研究和推广。各级人民政府和红十字会对积极参加献血和在献血工作中做出显著成绩的单位和个人,给予奖励。

四、法律责任

有下列行为之一的,由县级以上地方人民卫生健康主管部门予以取缔,没收违法所得,可以并处十万元以下的罚款;构成犯罪的,依法追究刑事责任:① 非法采集血液的;② 血站、医疗机构出售无偿献血的血液的;③ 非法组织他人出卖血液的。

血站违反有关操作规程和制度采集血液,由县级以上地方人民政府卫生健康主管部门责令改正;给献血者健康造成损害的,应当依法赔偿,对直接负责的主管人员和其他直接责任人员,依法给予行政处分;构成犯罪的,依法追究刑事责任。

临床用血的包装、储存、运输,不符合国家规定的卫生标准和要求的,由县级以上地方人民政府卫生健康主管部门责令改正,给予警告,可以并处一万元以下的罚款。

血站违反《献血法》的规定,向医疗机构提供不符合国家规定标准的血液的,由县级以上人民政府卫生健康主管部门责令改正;情节严重,造成经血液途径传播的疾病传播或者有传播严重危险的,限期整顿,对直接负责的主管人员和其他直接责任人员,依法给予行政处分;构成犯罪的,依法追究刑事责任。

医疗机构的医务人员违反《献血法》规定,将不符合国家规定标准的血液用于患者的,由县级以上地方人民政府卫生健康主管部门责令改正;给患者健康造成损害的,应当依法赔偿,对直接负责的主管人员和其他直接责任人员,依法给予行政处分;构成犯罪的,依法追究刑事责任。

卫生健康主管部门及其工作人员在献血、用血的监督管理工作中,玩忽职守,造成严重后果,构成犯罪的,依法追究刑事责任;尚不构成犯罪的,依法给予行政处分。

第三节　血站管理法律制度

一、血站及血站立法

血站是不以营利为目的,采集、提供临床用血的公益性卫生机构。血站分为一般血站和特殊血站。一般血站包括血液中心、中心血站和中心血库;特殊血站包括脐带血造血干细胞库和国家卫生计生委根据医学发展需要批准、设置的其他类型血库。

血站服务体系是医疗卫生服务体系的重要组成部分,血液安全事关人民群众生命健康和国家安全、社会稳定,是实现健康中国战略和医疗卫生服务体系高质量发展的重要内容。20余年来,我国已建成覆盖城乡的血站服务体系,形成以省级血液中心为龙头、地市级中心血站为主体、中心血库为补充的血站服务网络。1998年《中华人民共和国献血法》颁布实施以来,各级政府和各相关部门认真贯彻落实,将推动无偿献血事业发展作为维护人民群众生命健康、保障国家安全和社会稳定的重要内容,形成"政府主导、多部门协作、全社会参与"的无偿献血工作格局。截至2020年底,全国共有血站452家,其中血液中心32家、中心血站342家、中心血库及血站分站78家。"十三五"时期,全国无偿献血量达到12560万单位,献血人次达7414万,较"十二五"时期分别增长17.8%和16.6%。截至"十三五"末,体系完善、管理科学、服务规范、保障有力的全国血站服务体系基本形成,我国血液供应保障能力迈上新台阶,无偿献血总量、献血人次数、血液安全水平位居全球前列。

为了确保血液安全,规范血站执业行为,促进血站的建设与发展,我国卫生健康主管部门于2005年11月17日发布《血站管理办法》(2017年修订)。为加强全国血站服务体系能力建设,进一步提升我国血液安全供应水平,根据《中华人民共和国献血法》《血站管理办法》《"健康中国2030"规划纲要》和《"十四五"优质高效医疗卫生服务体系建设实施方案》等要求,国家卫生健康委员会编制了《全国血站服务体系建设发展规划(2021—2025年)》,明确提出到2025年建成与国民经济社会发展相适应、与医疗卫生发展相匹配、与临床用血需求相协调,体系完整、分工明确、功能互补、密切协作、运行高效的血站服务体系。这些规章、规划及规范性文件的颁布出台,为我国血站的建设和发展提供良好的制度支撑。

二、一般血站管理

(一) 一般血站的设置与职责

一般血站的设置必须经过严格的审批,并且有明确的职责。

1. 血液中心的设置及职责

血液中心设置在直辖市、省会市、自治区首府市,应当具有较高综合质量评价的技术能力。其主要职责是:按照省级人民政府卫生计生行政部门的要求,在规定范围内开展无偿献血者的招募、血液的采集与制备、临床用血供应以及医疗用血的业务指导等工作;承担所在省、自治区、直辖市血站的质量控制与评价;承担所在省、自治区、直辖市血站的业务培训与技术指导;承担所在省、自治区、直辖市血液的集中化检测任务;开展血液相关的科研工作;承担卫生计生行政部门交办的任务。

2. 中心血站的设置及职责

中心血站设置在设区的市。直辖市、省会市、自治区首府市已经设置血液中心的,不再设置中心血站;尚未设置血液中心的,可以在已经设置的中心血站的基础上加强能力建设,履行血液中心的职责。其主要职责是:按照省级人民政府卫生计生行政部门的要求,在规定范围内开展无偿献血者的招募、血液的采集与制备、临床用血供应以及医疗用血的业务指导等工作;承担供血区域范围内血液储存的质量控制;对所在行政区域内的中心血库进行质量控制;承担卫生计生行政部门交办的任务。

3. 中心血库的设置及职责

中心血库设置在中心血站服务覆盖不到的县级综合医院内。其主要职责是,按照省级人民政府卫生计生行政部门的要求,在规定范围内开展无偿献血者的招募、血液的采集与制备、临床用血供应以及医疗用血业务指导等工作。

血液中心、中心血站和中心血库由地方人民政府设立。血站的建设和发展纳入当地国民经济和社会发展计划。国家卫生计生委根据全国医疗资源配置、临床用血需求,制定全国采供血机构设置规划指导原则,并负责全国血站建设规划的指导。省、自治区、直辖市人民政府卫生计生行政部门应当根据前款规定,结合本行政区域人口、医疗资源、临床用血需求等实际情况和当地区域卫生发展规划,制定本行政区域血站设置规划,报同级人民政府批准,并报国家卫生计生委备案。国家卫生计生委主管全国血站的监督管理工作。县级以上地方人民政府卫生计生行政部门负责本行政区域内血站的监督管理工作。鼓励和支持开展血液应用研究和技术创新工作,以及与临床输血有关的科学技术的国际交流与合作。

省、自治区、直辖市人民政府卫生健康主管部门依据采供血机构设置规划批准设置血站,并报国家卫生健康委员会备案。省、自治区、直辖市人民政府卫生健康主管部门负责明确辖区内各级卫生健康主管部门监管责任和血站的职责;根据实际供血距离与能力等情况,负责划定血站采供血服务区域,采供血服务区域可以不受行政区域的限制。同一行政区域内不得重复设置血液中心、中心血站。血站与单采血浆站不得在同一县级行政区域内设置。省、自治区、直辖市人民政府卫生健康主管部门应当统一规划、设置集中化检测实验室,并逐步实施。

(二)一般血站的执业登记

血站开展采供血活动,应当向所在省、自治区、直辖市人民政府卫生健康主管部门申请办理执业登记,取得《血站执业许可证》。没有取得《血站执业许可证》的,不得开展采供血活动。

1. 登记程序

血站申请办理执业登记必须填写《血站执业登记申请书》。省级人民政府卫生健康主管部门在受理血站执业登记申请后,应当组织有关专家或者委托技术部门,根据《血站质量管理规范》和《血站实验室质量管理规范》,对申请单位进行技术审查,并提交技术审查报告。省级人民政府卫生健康主管部门应当在接到专家或者技术部门的技术审查报告后二十日内对申请事项进行审核。审核合格的,予以执业登记,发给国家卫生健康委员会统一样式的《血站执业许可证》及其副本。《血站执业许可证》有效期为三年。

2. 不予登记的情形

有下列情形之一的,不予执业登记:《血站质量管理规范》技术审查不合格的;《血站实验室质量管理规范》技术审查不合格的;血液质量检测结果不合格的。执业登记机关对审核不合格、不予执业登记的,将结果和理由以书面形式通知申请人。

3. 再次执业登记

《血站执业许可证》有效期满前三个月,血站应当办理再次执业登记,并提交《血站再次执业登记申请书》及《血站执业许可证》。省级人民政府卫生健康主管部门应当根据血站业务开展和监督检查情况进行审核,审核合格的,予以继续执业。未通过审核的,责令其限期整改;经整改仍审核不合格的,注销其《血站执业许可证》。未办理再次执业登记手续或者被注销《血站执业许可证》的血站,不得继续执业。

4. 设置分支机构

血站因采供血需要,在规定的服务区域内设置分支机构,应当报所在省、自治区、直辖市人民政府卫生健康主管部门批准;设置固定采血点(室)或者流动采血车的,应当报省、自治区、直辖市人民政府卫生健康主管部门备案。为保证辖区内临床用血需要,血站可以设置储血点储存血液。储血点应当具备必要的储存条件,并由省级卫生健康主管部门批准。

5. 血站的撤销

根据规划予以撤销的血站,应当在撤销后十五日内向执业登记机关申请办理注销执业登记。逾期不办理的,由执业登记机关依程序予以注销,并收回《血站执业许可证》及其副本和全套印章。

(三) 一般血站的执业管理

血站作为公益性医疗卫生机构,负责血液的采集与制备、临床用血供应等工作,应当遵守有关法律、行政法规、规章和技术规范。血站应当开展无偿献血宣传。血站应当根据医疗机构临床用血需求,制定血液采集、制备、供应计划,保障临床用血安全、及时、有效。

1. 采血要求

① 血站应当按照国家有关规定对献血者进行健康检查和血液采集。② 血站采血前应当对献血者身份进行核对并进行登记。献血者应当按照要求出示真实的身份证明。任何单位和个人不得组织冒名顶替者献血。严禁采集冒名顶替者的血液。③ 血站采集血液应当遵循自愿和知情同意的原则,并对献血者履行规定的告知义务。血站应当建立献血者信息保密制度,为献血者保密。严禁超量、频繁采集血液。血站不得采集血液制品生产用原料血浆。

2. 质量控制

① 血站开展采供血业务应当实行全面质量管理,严格遵守《中国输血技术操作规程》《血站质量管理规范》和《血站实验室质量管理规范》等技术规范和标准。血站应当建立人员岗位责任制度和采供血管理相关工作制度,并定期检查、考核各项规章制度和各级各类人员

岗位责任制的执行和落实情况。② 血站应当建立对有易感染经血液传播疾病危险行为的献血者献血后的报告工作程序、献血屏蔽和淘汰制度。③ 血站应当对血站工作人员进行岗位培训与考核。血站工作人员应当符合岗位执业资格的规定，并经岗位培训与考核合格后方可上岗。血站工作人员每人每年应当接受不少于75学时的岗位继续教育。省级人民政府卫生计生行政部门应当制定血站工作人员培训标准或指南，并对血站开展的岗位培训、考核工作进行指导和监督。④ 血站各业务岗位工作记录应当内容真实、项目完整、格式规范、字迹清楚、记录及时，有操作者签名。记录内容需要更改时，应当保持原记录内容清晰可辨，注明更改内容、原因和日期，并在更改处签名。献血、检测和供血的原始记录应当至少保存十年，法律、行政法规和国家卫生计生委另有规定的，依照有关规定执行。⑤ 血站应当保证所采集的血液由具有血液检测实验室资格的实验室进行检测。对检测不合格或者报废的血液，血站应当严格按照有关规定处理。⑥ 血站应当制定实验室室内质控与室间质评制度，确保试剂、卫生器材、仪器、设备在使用过程中能达到预期效果。血站的实验室应当配备必要的生物安全设备和设施，并对工作人员进行生物安全知识培训。⑦ 血液检测的全血标本的保存期应当与全血有效期相同；血清（浆）标本的保存期应当在全血有效期满后半年。⑧ 血站应当加强消毒、隔离工作管理，预防和控制感染性疾病的传播。血站产生的医疗废物应当按《医疗废物管理条例》规定处理，做好记录与签字，避免交叉感染。⑨ 血站及其执行职务的人员发现法定传染病疫情时，应当按照《中华人民共和国传染病防治法》和国家卫生计生委的规定向有关部门报告。

3. 供血管理

（1）包装、储存、运输和调配。① 血液的包装、储存、运输应当符合《血站质量管理规范》的要求。血液包装袋上应当标明以下信息：血站的名称及其许可证号；献血编号或者条形码；血型；血液品种；采血日期及时间或者制备日期及时间；有效日期及时间；储存条件。② 血站应当保证发出的血液质量符合国家有关标准，其品种、规格、数量、活性、血型无差错；未经检测或者检测不合格的血液，不得向医疗机构提供。③ 血站应当建立质量投诉、不良反应监测和血液收回制度。④ 血站应当加强对其所设储血点的质量监督，确保储存条件，保证血液储存质量；按照临床需要进行血液储存和调换。⑤ 血站应当制定紧急灾害应急预案，并从血源、管理制度、技术能力和设备条件等方面保证预案的实施。在紧急灾害发生时服从县级以上人民政府卫生计生行政部门的调遣。⑥ 因临床、科研或者特殊需要，需要从外省、自治区、直辖市调配血液的，由省级人民政府卫生计生行政部门组织实施。

（2）临床供血。无偿献血的血液必须用于临床，不得买卖。禁止临床医疗用途的人体血液、血浆进出口。

（3）其他用血处理。血站剩余成分血浆由省、自治区、直辖市人民政府卫生计生行政部门协调血液制品生产单位解决。血站必须严格执行国家有关报废血处理和有易感染经血液传播疾病危险行为的献血者献血后保密性弃血处理的规定。血站剩余成分血浆以及因科研或者特殊需要用血而进行的调配所得的收入，全部用于无偿献血者用血返还费用，血站不得挪作他用。

三、特殊血站的管理

特殊血站包括脐带血造血干细胞库和国家卫生计生委根据医学发展需要批准、设置的其他类型血库。

(一) 特殊血站的设置

国家卫生计生委根据全国人口分布、卫生资源、临床造血干细胞移植需要等实际情况，统一制定我国脐带血造血干细胞库等特殊血站的设置规划和原则。国家不批准设置以营利为目的的脐带血造血干细胞库等特殊血站。

申请设置脐带血造血干细胞库等特殊血站的，应当按照国家卫生计生委规定的条件向所在地省级人民政府卫生计生行政部门申请。省级人民政府卫生计生行政部门组织初审后报国家卫生计生委。国家卫生计生委对脐带血造血干细胞库等特殊血站设置审批按照申请的先后次序进行。

(二) 特殊血站的执业登记

脐带血造血干细胞库等特殊血站执业，应当向所在地省级人民政府卫生计生行政部门申请办理执业登记。省级卫生计生行政部门应当组织有关专家和技术部门，按照本办法和国家卫生计生委制定的脐带血造血干细胞库等特殊血站的基本标准、技术规范，对申请单位进行技术审查及执业验收。审查合格的，发给《血站执业许可证》，并注明开展的业务。《血站执业许可证》有效期为三年。未取得《血站执业许可证》的，不得开展采供脐带血造血干细胞等业务。

脐带血造血干细胞库等特殊血站在《血站执业许可证》有效期满后继续执业的，应当在《血站执业许可证》有效期满前三个月向原执业登记的省级人民政府卫生计生行政部门申请办理再次执业登记手续。

(三) 特殊血站的执业要求

脐带血造血干细胞库等特殊血站执业除应当遵守《血站管理办法》的一般血站的执业要求外，还应当遵守以下规定：按照国家卫生计生委规定的脐带血造血干细胞库等特殊血站的基本标准、技术规范等执业；脐带血等特殊血液成分的采集必须符合医学伦理的有关要求，并遵循自愿和知情同意的原则。脐带血造血干细胞库必须与捐献者签署经执业登记机关审核的知情同意书；脐带血造血干细胞库等特殊血站只能向有造血干细胞移植经验和基础，并装备有造血干细胞移植所需的无菌病房和其他必须设施的医疗机构提供脐带血造血干细胞；脐带血等特殊血液成分必须用于临床。

四、法律责任

有下列行为之一的，属于非法采集血液，由县级以上地方人民政府卫生健康主管部门予以取缔，没收违法所得，可以并处十万元以下的罚款；构成犯罪的，依法追究刑事责任：① 未经批准，擅自设置血站，开展采供血活动的；② 已被注销的血站，仍开展采供血活动的；③ 已取得设置批准但尚未取得《血站执业许可证》即开展采供血活动，或者《血站执业许可证》有效期满未再次登记仍开展采供血活动的；④ 租用、借用、出租、出借、变造、伪造《血站执业许可证》开展采供血活动的。

血站出售无偿献血血液的，由县级以上地方人民政府卫生健康主管部门予以取缔，没收违法所得,可以并处十万元以下的罚款;构成犯罪的,依法追究刑事责任。

血站有下列行为之一的,由县级以上地方人民政府卫生健康主管部门予以警告、责令改正;逾期不改正,或者造成经血液传播疾病发生,或者其他严重后果的,对负有责任的主管人员和其他直接负责人员,依法给予行政处分;构成犯罪的,依法追究刑事责任:① 超出执业登记的项目、内容、范围开展业务活动的;② 工作人员未取得相关岗位执业资格或者未经执业注册而从事采供血工作的;③ 血液检测实验室未取得相应资格即进行检测的;④ 擅自采集原料血浆、买卖血液的;⑤ 采集血液前,未按照国家颁布的献血者健康检查要求对献血者进行健康检查、检测的;⑥ 采集冒名顶替者、健康检查不合格者血液以及超量、频繁采集血液的;⑦ 违反输血技术操作规程、有关质量规范和标准的;⑧ 采血前未向献血者、特殊血液成分捐赠者履行规定的告知义务的;⑨ 擅自涂改、毁损或者不按规定保存工作记录的;⑩ 使用的药品、体外诊断试剂、一次性卫生器材不符合国家有关规定的;⑪ 重复使用一次性卫生器材的;⑫ 对检测不合格或者报废的血液,未按有关规定处理的;⑬ 擅自与外省、自治区、直辖市调配血液的;⑭ 未按规定保存血液标本的;⑮ 脐带血造血干细胞库等特殊血站违反有关技术规范的。血站造成经血液传播疾病发生或者其他严重后果的,卫生健康主管部门在行政处罚的同时,可以注销其《血站执业许可证》。

临床用血的包装、储存、运输,不符合国家规定的卫生标准和要求的,由县级以上地方人民政府卫生健康主管部门责令改正,给予警告。

血站违反规定,向医疗机构提供不符合国家规定标准的血液的,由县级以上人民政府卫生健康主管部门责令改正;情节严重,造成经血液途径传播的疾病传播或者有传播严重危险的,限期整顿,对直接负责的主管人员和其他责任人员,依法给予行政处分;构成犯罪的,依法追究刑事责任。

卫生健康主管部门及其工作人员违反本办法有关规定,有下列情形之一的,依据《中华人民共和国献血法》《中华人民共和国行政许可法》的有关规定,由上级行政机关或者监察机关责令改正;情节严重的,对直接负责的主管人员和其他直接责任人员依法给予行政处分;构成犯罪的,依法追究刑事责任:① 未按规定的程序审查而使不符合条件的申请者得到许可的;② 对不符合条件的申请者准予许可或者超越法定职权作出准予许可决定的;③ 在许可审批过程中弄虚作假的;④ 对符合条件的设置及执业登记申请不予受理的;⑤ 对符合条件的申请不在法定期限内作出许可决定的;⑥ 不依法履行监督职责,或者监督不力造成严重后果的;⑦ 其他在执行本办法过程中,存在滥用职权,玩忽职守,徇私舞弊,索贿受贿等行为的。

第四节　临床用血管理的法律规定

一、临床用血的概念

临床用血是指医疗机构将血站依法采集的供血者血液或血液成分输注给低血容量患者进行抢救、治疗的医疗行动的总称。临床用血包括全血和成分血。

二、临床用血的组织管理

为加强医疗机构临床用血管理,推进临床科学合理用血,保护血液资源,保障临床用血安全和医疗质量,2012年3月19日原卫生部部务会议审议通过《医疗机构临床用血管理办法》,2012年8月1日起施行。2019年2月28日,国家卫生健康委员会对《医疗机构临床用血管理办法》的部分内容进行修订。

(一)行政机关的组织管理

国务院卫生健康主管部门负责全国医疗机构临床用血的监督管理。县级以上地方人民政府卫生健康主管部门负责本行政区域医疗机构临床用血的监督管理。医疗机构应当加强临床用血管理,将其作为医疗质量管理的重要内容,完善组织建设,建立健全岗位责任制,制定并落实相关规章制度和技术操作规程。

国务院卫生健康主管部门成立临床用血专家委员会,其主要职责是:
(1)协助制定国家临床用血相关制度、技术规范和标准。
(2)协助指导全国临床用血管理和质量评价工作,促进提高临床合理用血水平。
(3)协助临床用血重大安全事件的调查分析,提出处理意见。
(4)承担国务院卫生健康主管部门交办的有关临床用血管理的其他任务。

国务院卫生健康主管部门建立协调机制,做好临床用血管理工作,提高临床合理用血水平,保证输血治疗质量。各省、自治区、直辖市人民政府卫生健康主管部门成立省级临床用血质量控制中心,负责辖区内医疗机构临床用血管理的指导、评价和培训等工作。

(二)医疗机构的组织管理

医疗机构应当加强组织管理,明确岗位职责,健全管理制度。医疗机构法定代表人为临床用血管理第一责任人。二级以上医院和妇幼保健院应当设立临床用血管理委员会,负责本机构临床合理用血管理工作。主任委员由院长或者分管医疗的副院长担任,成员由医务部门、输血科、麻醉科、开展输血治疗的主要临床科室、护理部门、手术室等部门负责人组成。医务、输血部门共同负责临床合理用血日常管理工作。其他医疗机构应当设立临床用血管理工作组,并指定专(兼)职人员负责日常管理工作。

医疗机构应当根据有关规定和临床用血需求设置输血科或者血库,并根据自身功能、任务、规模,配备与输血工作相适应的专业技术人员、设施、设备。不具备条件设置输血科或者血库的医疗机构,应当安排专(兼)职人员负责临床用血工作。输血科及血库的主要职责是:① 建立临床用血质量管理体系,推动临床合理用血;② 负责制订临床用血储备计划,根据血站供血的预警信息和医院的血液库存情况协调临床用血;③ 负责血液预订、入库、储存、发放工作;④ 负责输血相关免疫血液学检测;⑤ 参与推动自体输血等血液保护及输血新技术;⑥ 参与特殊输血治疗病例的会诊,为临床合理用血提供咨询;⑦ 参与临床用血不良事件的调查;⑧ 根据临床治疗需要,参与开展血液治疗相关技术;⑨ 承担医疗机构交办的有关临床用血的其他任务。

三、临床用血的监督管理

医疗机构应当加强临床用血管理,建立并完善管理制度和工作规范,并保证落实。医疗机构应当科学制定临床用血计划,建立临床合理用血的评价制度,提高临床合理用血水平。医疗机构应当配合血站建立血液库存动态预警机制,保障临床用血需求和正常医疗秩序。

医疗机构应当使用卫生健康主管部门指定血站提供的血液。医疗机构应当对血液预订、接收、入库、储存、出库及库存预警等进行管理,保证血液储存、运送符合国家有关标准和要求。医疗机构接收血站发送的血液后,应当对血袋标签进行核对。符合国家有关标准和要求的血液入库,做好登记;并按不同品种、血型和采血日期(或有效期),分别有序存放于专用储藏设施内。血袋标签核对的主要内容是:① 血站的名称;② 献血编号或者条形码、血型;③ 血液品种;④ 采血日期及时间或者制备日期及时间;⑤ 有效期及时间;⑥ 储存条件。禁止将血袋标签不合格的血液入库。

医疗机构应当在血液发放和输血时进行核对,并指定医务人员负责血液的收领、发放工作。医疗机构的储血设施应当保证运行有效,全血、红细胞的储藏温度应当控制在 2~6 ℃,血小板的储藏温度应当控制在 20~24 ℃。储血保管人员应当做好血液储藏温度的 24 小时监测记录。储血环境应当符合卫生标准和要求。医务人员应当认真执行临床输血技术规范,严格掌握临床输血适应证,根据患者病情和实验室检测指标,对输血指证进行综合评估,制定输血治疗方案。

医疗机构应当建立临床用血申请管理制度。同一患者一天申请备血量少于 800 毫升的,由具有中级以上专业技术职务任职资格的医师提出申请,上级医师核准签发后,方可备血;同一患者一天申请备血量在 800~1600 毫升的,由具有中级以上专业技术职务任职资格的医师提出申请,经上级医师审核,科室主任核准签发后,方可备血;同一患者一天申请备血量达到或超过 1600 毫升的,由具有中级以上专业技术职务任职资格的医师提出申请,科室主任核准签发后,报医务部门批准,方可备血。上述规定不适用于急救用血。

在输血治疗前,医师应当向患者或者其近亲属说明输血目的、方式和风险,并签署临床输血治疗知情同意书。但是,因抢救生命垂危的患者需要紧急输血,且不能取得患者或者其近亲属意见的,经医疗机构负责人或者授权的负责人批准后,可以立即实施输血治疗。

医疗机构应当积极推行节约用血的新型医疗技术。三级医院、有条件的二级医院和妇幼保健院应当开展自体输血技术,建立并完善管理制度和技术规范,提高合理用血水平,保证医疗质量和安全。医疗机构应当动员符合条件的患者接受自体输血技术,提高输血治疗效果和安全性。

医疗机构应当根据国家有关法律法规和规范建立临床用血不良事件监测报告制度。临床发现输血不良反应后,应当积极救治患者,及时向有关部门报告,并做好观察和记录。

医疗机构应当建立临床用血医学文书管理制度,确保临床用血信息客观真实、完整、可追溯。医师应当将患者输血适应证的评估、输血过程和输血后疗效评价情况记入病历;临床输血治疗知情同意书、输血记录单等随病历保存。

医疗机构应当建立培训制度,加强对医务人员临床用血和无偿献血知识的培训,将临床用血相关知识培训纳入继续教育内容。新上岗医务人员应当接受岗前临床用血相关知识培训及考核。

医疗机构应当建立科室和医师临床用血评价及公示制度。将临床用血情况纳入科室和医务人员工作考核指标体系。禁止将用血量和经济收入作为输血科或者血库工作的考核指标。

四、法律责任

医疗机构有下列情形之一的,由县级以上人民政府卫生健康主管部门责令限期改正;逾期不改的,进行通报批评,并予以警告;情节严重或者造成严重后果的,可处三万元以下的罚款,对负有责任的主管人员和其他直接责任人员依法给予处分:① 未设立临床用血管理委员会或者工作组的;② 未拟定临床用血计划或者一年内未对计划实施情况进行评估和考核的;③ 未建立血液发放和输血核对制度的;④ 未建立临床用血申请管理制度的;⑤ 未建立医务人员临床用血和无偿献血知识培训制度的;⑥ 未建立科室和医师临床用血评价及公示制度的;⑦ 将经济收入作为对输血科或者血库工作的考核指标的;⑧ 违反本办法的其他行为。

医疗机构使用未经卫生健康主管部门指定的血站供应的血液的,由县级以上地方人民政府卫生健康主管部门给予警告,并处三万元以下罚款;情节严重或者造成严重后果的,对负有责任的主管人员和其他直接责任人员依法给予处分。

医疗机构违反《医疗机构临床用血管理办法》关于应急用血采血规定的,由县级以上人民政府卫生健康主管部门责令限期改正,给予警告;情节严重或者造成严重后果的,处三万元以下罚款,对负有责任的主管人员和其他直接责任人员依法给予处分。

医疗机构及其医务人员违反《医疗机构临床用血管理办法》规定,将不符合国家规定标准的血液用于患者的,由县级以上地方人民政府卫生健康主管部门责令改正;给患者健康造成损害的,应当依据国家有关法律法规进行处理,并对负有责任的主管人员和其他直接责任人员依法给予处分。

县级以上地方卫生健康主管部门未按照《医疗机构临床用血管理办法》规定履行监管职责,造成严重后果的,对直接负责的主管人员和其他直接责任人员依法给予记大过、降级、撤职、开除等行政处分。

医疗机构及其医务人员违反临床用血管理规定,构成犯罪的,依法追究刑事责任。

第五节 血液制品管理的法律规定

一、血液制品和血液制品管理立法

血液制品是指各种人血浆蛋白制品,主要包括人血白蛋白、人免疫球蛋白类和凝血因子类等三大类。血液制品的原料是血浆。在国际上,血液制品生产用的原料血浆通常分为回收血浆和单采血浆两种,回收血浆主要是医院将全血中的血细胞提取后剩余的血浆;单采血浆则是通过单采血浆技术从人体内采集的血浆。在中国,回收血浆不允许用于血液制品的生产,原料血浆只能通过单采血浆技术采集。由于原材料取自于人血,且血液制品关乎患者生命健康,加强血液制品管理成为预防和控制经血液途径传播的疾病和保证血液制品质量的重要路径。1996年12月6日,国务院第52次常务会议通过了《血液制品管理条例》,自1996年12月30日起施行,条例规定了原料血浆的管理、血液制品生产经营单位管理、监督管理等主要内容,《血液制品管理条例》的颁布填补了我国血液制品管理的空白,对推进血液制品利用及行业健康发展具有深远影响。2016年2月6日,《国务院关于修改部分行政法规的决定》对《血液制品管理条例》的部分内容进行了修订。此外,我国生效的血液制品管理规定还包括《单采血浆站质量管理规范》(2006年)、《单采血浆站管理办法》(2016年修正)、《单采血浆站基本标准》(2021年版)等,为血液制品管理提供了法律依据和技术标准。

二、原料血浆的管理

(一)原料血浆的含义

原料血浆是指由单采血浆站采集的专用于血液制品生产原料的血浆。单采血浆站是指根据地区血源资源,按照有关标准和要求并经严格审批设立,采集供应血液制品生产用原料血浆的单位。单采血浆站由血液制品生产单位设置或者由县级人民政府卫生健康主管部门设置,专门从事单采血浆活动,具有独立法人资格。其他任何单位和个人不得从事单采血浆活动。

(二)单采血浆站的规划设置

国家实行单采血浆站统一规划、设置的制度。国务院卫生健康主管部门根据核准的全国生产用原料血浆的需求,对单采血浆站的布局、数量和规模制定总体规划。省、自治区、直辖市人民政府卫生健康主管部门根据总体规划制定本行政区域内单采血浆站设置规划和采集血浆的区域规划,并报国务院卫生健康主管部门备案。

(三)单采血浆站的申请与审批

1. 申请设置单采血浆站的程序

申请设置单采血浆站的,由县级人民政府卫生健康主管部门初审,经设区的市、自治州人民政府卫生健康主管部门或者省、自治区人民政府设立的派出机关的卫生行政机构审查同意,报省、自治区、直辖市人民政府卫生健康主管部门审批;经审查符合条件的,由省、自治区、直辖市人民政府卫生健康主管部门核发《单采血浆许可证》,并报国务院卫生健康主管部门备案。《单采血浆许可证》应当规定有效期。在一个采血浆区域内,只能设置一个单采血浆站。

2. 申请设置单采血浆站的条件

设置单采血浆站,必须具备下列条件:① 符合单采血浆站布局、数量、规模的规划;② 具有与所采集原料血浆相适应的卫生专业技术人员;③ 具有与所采集原料血浆相适应的场所及卫生环境;④ 具有识别供血浆者的身份识别系统;⑤ 具有与所采集原料血浆相适应的单采血浆机械及其他设施;⑥ 具有对所采集原料血浆进行质量检验的技术人员以及必要的仪器设备。

(四) 原料血浆的采集规定

单采血浆站只能对省、自治区、直辖市人民政府卫生健康主管部门划定区域内的供血浆者进行筛查和采集血浆。严禁单采血浆站采集非划定区域内的供血浆者和其他人员的血浆。单采血浆站必须对供血浆者进行健康检查;检查合格的,由县级人民政府卫生健康主管部门核发《供血浆证》。

《供血浆证》由省、自治区、直辖市人民政府卫生健康主管部门负责设计和印制。《供血浆证》不得涂改、伪造、转让。单采血浆站在采集血浆前,必须对供血浆者进行身份识别并核实其《供血浆证》,确认无误的,方可按照规定程序进行健康检查和血液化验;对检查、化验合格的,按照有关技术操作标准及程序采集血浆,并建立供血浆者健康检查及供血浆记录档案;对检查、化验不合格的,由单采血浆站收缴《供血浆证》,并由所在地县级人民政府卫生健康主管部门监督销毁。严禁采集无《供血浆证》者的血浆。

单采血浆站只能向一个与其签订质量责任书的血液制品生产单位供应原料血浆,严禁向其他任何单位供应原料血浆。单采血浆站必须使用单采血浆机械采集血浆,严禁手工操作采集血浆。采集的血浆必须按单人份冰冻保存,不得混浆。严禁单采血浆站采集血液或者将所采集的原料血浆用于临床。

单采血浆站必须使用有产品批准文号并经国家药品生物制品检定机构逐批检定合格的体外诊断试剂以及合格的一次性采血浆器材。采血浆器材等一次性消耗品使用后,必须按照国家有关规定予以销毁,并作记录。单采血浆站采集的原料血浆的包装、储存、运输,必须符合国家规定的卫生标准和要求。单采血浆站必须依照传染病防治法及其实施办法等有关规定,严格执行消毒管理及疫情上报制度。

单采血浆站应当每半年向所在地的县级人民政府卫生健康主管部门报告有关原料血浆采集情况,同时抄报设区的市、自治州人民政府卫生健康主管部门或者省、自治区人民政府设立的派出机关的卫生行政机构及省、自治区、直辖市人民政府卫生健康主管部门。省、自治区、直辖市人民政府卫生健康主管部门应当每年向国务院卫生健康主管部门汇总报告本行政区域内原料血浆的采集情况。国家禁止出口原料血浆。

三、血液制品生产经营单位管理

血液制品生产单位必须达到国务院卫生健康主管部门制定的《药品生产质量管理规范》规定的标准,经国务院卫生健康主管部门审查合格,并依法向工商行政管理部门申领营业执照后,方可从事血液制品的生产活动。新建、改建或者扩建血液制品生产单位,经国务院卫生健康主管部门根据总体规划进行立项审查同意后,由省、自治区、直辖市人民政府卫生健康主管部门依照药品管理法的规定审核批准。

血液制品生产单位应当积极开发新品种,提高血浆综合利用率。血液制品生产单位生产国内已经生产的品种,必须依法向国务院卫生健康主管部门申请产品批准文号;国内尚未生产的品种,必须按照国家有关新药审批的程序和要求申报。严禁血液制品生产单位出让、出租、出借以及与他人共用《药品生产企业许可证》和产品批准文号。

血液制品生产单位不得向无《单采血浆许可证》的单采血浆站或者未与其签订质量责任书的单采血浆站及其他任何单位收集原料血浆。血液制品生产单位不得向其他任何单位供应原料血浆。

血液制品生产单位在原料血浆投料生产前,必须使用有产品批准文号并经国家药品生物制品检定机构逐批检定合格的体外诊断试剂,对每一人份血浆进行全面复检,并作检测记录。原料血浆经复检不合格的,不得投料生产,并必须在省级药品监督员监督下按照规定程序和方法予以销毁,并作记录。原料血浆经复检发现有经血液途径传播的疾病的,必须通知供应血浆的单采血浆站,并及时上报所在地省、自治区、直辖市人民政府卫生健康主管部门。

血液制品出厂前,必须经过质量检验;经检验不符合国家标准的,严禁出厂。开办血液制品经营单位,由省、自治区、直辖市人民政府卫生健康主管部门审核批准。血液制品经营单位应当具备与所经营的产品相适应的冷藏条件和熟悉所经营品种的业务人员。血液制品生产经营单位生产、包装、储存、运输、经营血液制品,应当符合国家规定的卫生标准和要求。

四、血液制品的监督管理

县级以上地方各级人民政府卫生健康主管部门负责本行政区域内的单采血浆站、供血浆者、原料血浆的采集及血液制品经营单位的监督管理。省、自治区、直辖市人民政府卫生健康主管部门负责本行政区域内的血液制品生产单位的监督管理。县级以上地方各级人民政府卫生健康主管部门的监督人员执行职务时,可以按照国家有关规定抽取样品和索取有关资料,有关单位不得拒绝和隐瞒。

省、自治区、直辖市人民政府卫生健康主管部门每年组织一次对本行政区域内单采血浆站的监督检查并进行年度注册。设区的市、自治州人民政府卫生健康主管部门或者省、自治区人民政府设立的派出机关的卫生行政机构每半年对本行政区域内的单采血浆站进行一次检查。

国家药品生物制品检定机构及国务院卫生健康主管部门指定的省级药品检验机构,应当依照规定的标准和要求,对血液制品生产单位生产的产品定期进行检定。国务院卫生健康主管部门负责全国进出口血液制品的审批及监督管理。

五、法律责任

违反《血液制品管理条例》规定,未取得省、自治区、直辖市人民政府卫生健康主管部门核发的《单采血浆许可证》,非法从事组织、采集、供应、倒卖原料血浆活动的,由县级以上地方人民政府卫生健康主管部门予以取缔,没收违法所得和从事违法活动的器材、设备,并处违法所得五倍以上十倍以下的罚款,没有违法所得的,并处五万元以上十万元以下的罚款;造成经血液途径传播的疾病传播、人身伤害等危害,构成犯罪的,依法追究刑事责任。

单采血浆站有下列行为之一的,由县级以上地方人民政府卫生健康主管部门责令限期改正,处五万元以上十万元以下的罚款;有第八项所列行为的,或者有下列其他行为并且情节严重的,由省、自治区、直辖市人民政府卫生健康主管部门吊销《单采血浆许可证》;构成犯罪的,对负有直接责任的主管人员和其他直接责任人员依法追究刑事责任:① 采集血浆前,未按照国务院卫生健康主管部门颁布的健康检查标准对供血浆者进行健康检查和血液化验的;② 采集非划定区域内的供血浆者或者其他人员的血浆的,或者不对供血浆者进行身份识别,采集冒名顶替者、健康检查不合格者或者无《供血浆证》者的血浆的;③ 违反国务院卫生健康主管部门制定的血浆采集技术操作标准和程序,过频过量采集血浆的;④ 向医疗机构直接供应原料血浆或者擅自采集血液的;⑤ 未使用单采血浆机械进行血浆采集的;⑥ 未使用有产品批准文号并经国家药品生物制品检定机构逐批检定合格的体外诊断试剂以及合格的一次性采血浆器材的;⑦ 未按照国家规定的卫生标准和要求包装、储存、运输原料血浆的;⑧ 对国家规定检测项目检测结果呈阳性的血浆不清除、不及时上报的;⑨ 对污染的注射器、采血浆器材及不合格血浆等不经消毒处理,擅自倾倒,污染环境,造成社会危害的;⑩ 重复使用一次性采血浆器材的;⑪ 向与其签订质量责任书的血液制品生产单位以外的其他单位供应原料血浆的。

单采血浆站已知其采集的血浆检测结果呈阳性,仍向血液制品生产单位供应的,由省、自治区、直辖市人民政府卫生健康主管部门吊销《单采血浆许可证》,由县级以上地方人民政府卫生健康主管部门没收违法所得,并处十万元以上三十万元以下的罚款;造成经血液途径传播的疾病传播、人身伤害等危害,构成犯罪的,对负有直接责任的主管人员和其他直接责任人员依法追究刑事责任。

涂改、伪造、转让《供血浆证》的,由县级人民政府卫生健康主管部门收缴《供血浆证》,没收违法所得,并处违法所得三倍以上五倍以下的罚款,没有违法所得的,并处一万元以下的罚款;构成犯罪的,依法追究刑事责任。

血液制品生产单位有下列行为之一的,由省级以上人民政府卫生健康主管部门依照药品管理法及其实施办法等有关规定,按照生产假药、劣药予以处罚;构成犯罪的,对负有直接责任的主管人员和其他直接责任人员依法追究刑事责任:① 使用无《单采血浆许可证》的单采血浆站或者未与其签订质量责任书的单采血浆站及其他任何单位供应的原料血浆的,或者非法采集原料血浆的;② 投料生产前未对原料血浆进行复检的,或者使用没有产品批准文号或者未经国家药品生物制品检定机构逐批检定合格的体外诊断试剂进行复检的,或者将检测不合格的原料血浆投入生产的;③ 擅自更改生产工艺和质量标准的,或者将检验不合格的产品出厂的;④ 与他人共用产品批准文号的。

血液制品生产单位违反《血液制品管理条例》规定,擅自向其他单位出让、出租、出借以及与他人共用《药品生产企业许可证》、产品批准文号或者供应原料血浆的,由省级以上人民政府卫生健康主管部门没收违法所得,并处违法所得五倍以上十倍以下的罚款,没有违法所得的,并处五万元以上十万元以下的罚款。

违反《血液制品管理条例》规定,血液制品生产经营单位生产、包装、储存、运输、经营血液制品不符合国家规定的卫生标准和要求的,由省、自治区、直辖市人民政府卫生健康主管部门责令改正,可以处一万元以下的罚款。

在血液制品生产单位成品库待出厂的产品中,经抽检有一批次达不到国家规定的指标,经复检仍不合格的,由国务院卫生健康主管部门撤销该血液制品批准文号。

违反《血液制品管理条例》规定,擅自进出口血液制品或者出口原料血浆的,由省级以上人民政府卫生健康主管部门没收所进出口的血液制品或者所出口的原料血浆和违法所得,并处所进出口的血液制品或者所出口的原料血浆总值三倍以上五倍以下的罚款。

血液制品检验人员虚报、瞒报、涂改、伪造检验报告及有关资料的,依法给予行政处分;构成犯罪的,依法追究刑事责任。

卫生健康主管部门工作人员滥用职权、玩忽职守、徇私舞弊、索贿受贿,构成犯罪的,依法追究刑事责任;尚不构成犯罪的,依法给予行政处分。

思考题

1. 如何正确理解无偿献血的概念及意义?
2. 血站的设置及其法定职责是什么?
3. 医疗机构临床用血的要求有哪些?
4. 设置单采血浆站的条件是什么?

参 考 文 献

[1] 于慧玲,李军海,高延东.卫生法学[M].北京:科学出版社,2019.
[2] 蒲川,陈大义.卫生法学[M].北京:科学出版社,2017.
[3] 刘长秋.献血法研究[M].武汉:华中科技大学出版社,2018.

第十七章 医疗纠纷处理法律制度

内容提要 本章主要涉及医疗纠纷的概念、医疗纠纷的形式、医疗纠纷的预防、医疗纠纷的处理、医疗纠纷的法律责任、医疗事故的概念、医疗事故的构成要件、医疗事故的分级、不属于医疗事故的情形、医疗事故的预防与处置、医疗事故技术鉴定、医疗事故的行政处理与监督、医疗事故的法律责任。

重点提示 医疗纠纷 医疗纠纷预防 医疗纠纷处理 医疗事故

第一节 医疗纠纷处理法律制度概述

一、医疗纠纷的概念

所谓医疗纠纷,是指发生在医疗机构、医务人员与患者及患者家属之间的所有纠纷。医疗纠纷的含义有广义和狭义两种。广义的医疗纠纷是指医患双方所发生的任何争议,如患者对诊疗效果不满意而与医疗机构之间发生的争议,医患双方对是否构成医疗事故发生的争议,医疗机构因患者拖欠医疗费而与患者之间发生的争议等均属广义的医疗纠纷。主要包括医疗过失纠纷(医疗事故纠纷、医疗损害纠纷和医疗服务合同纠纷)和非医疗过失纠纷(医疗意外、医疗并发症、病情自然转归和医疗以外原因如患者不配合、医疗需求的矛盾、无理取闹等引起的纠纷)。狭义的医疗纠纷,仅是指医患双方因诊疗活动引发的争议。《医疗纠纷预防和处理条例》第二条规定,本条例所称医疗纠纷,是指医患双方因诊疗活动引发的争议。一般而言,是指患者或其家属对诊疗护理检查不满,认为医务人员在诊疗护理检查过程中有过错,对患者出现了伤残或死亡,以及治疗延期或痛苦增多等情况负有责任,与医方发生争执而产生的医疗纠纷。

二、医疗纠纷的形式

根据医方是否有过失,医疗纠纷可分为医疗过失纠纷与非医疗过失纠纷。

(一)医疗过失纠纷

医疗过失纠纷是指由于医疗机构和医务人员在诊疗护理检查过程中的过失引发的争议。根据2020年5月28日颁布的《民法典》第七编第六章,医疗损害责任,与先前相关法律、法规有所不同,该法使用了"医疗损害"一词。医疗过失纠纷可分为三类:医疗事故纠纷、医疗损害赔偿纠纷和医疗服务合同纠纷。

1. 医疗事故纠纷

医疗事故纠纷是指因医疗事故引发的医疗纠纷。

2008年2月4日最高人民法院颁布的《民事案件案由规定》和2011年2月18日《最高人民法院关于修改〈民事案件案由规定〉的决定》把医疗纠纷定性为两类：归属人格权纠纷的医疗损害赔偿纠纷和归属合同纠纷的医疗服务合同纠纷。

2. 医疗损害赔偿纠纷

所谓医疗损害赔偿纠纷，是指患者与医疗机构之间就医疗机构是否依法履行法定义务或者在医疗服务中直接侵害患者合法权益等问题发生的争议。如不能按照规定告知患者病情，未经患者同意泄露患者的隐私，对患者实行歧视待遇等。

3. 医疗服务合同纠纷

所谓医疗合同纠纷，是指患者与医疗机构之间就医疗合同的签立、合同的内容、合同的法律效力以及合同的履行等问题发生的争议。在医疗服务中，通常采用口头合同、标准合同等特殊合同形式。医疗机构不能按照合同的规定履行合同义务，如使用未经国家有关部门批准的药品、医疗器械，不按规定标准收取医疗费用等，都具有违约行为的性质，由此而发生的纠纷属于医疗合同纠纷。

（二）非医疗过失纠纷

非医疗过失纠纷是指虽然在诊疗过程中发生了患者死亡或人身损害等不良后果，且这种不良后果并非医务人员的过失所致，但患者及其家属却误认为医务人员有过失，因而引起的纠纷。无过失的医患纠纷包括医疗意外纠纷、医疗并发症纠纷和由于病情自然转归、医疗以外原因（患者不配合、医疗需求的矛盾、无理取闹等）产生的医疗纠纷。

（1）医疗意外纠纷

由医疗意外引发的医疗纠纷就是医疗意外纠纷。医疗意外在《医疗事故处理条例》第三十三条第二款中规定为"在医疗活动中由于患者病情异常或者患者体质特殊而发生医疗意外的"。从此规定可以看出，医疗意外应具备以下条件：① 在诊疗护理过程中，发生了患者死亡或人身损害的；② 这种不良后果的发生，是医务人员难以预料和防范的，或者说是他们不能抗拒或者由不能预见的原因引起的。也就是说，对于医疗意外所出现的不良后果，医务人员没有主观上的过错。因此，医疗意外不属于医疗事故或医疗差错。出现医疗意外的原因可能是患者的异常病情或特殊体质，也可能是其他原因，但不是医务人员的过失。例如，进行心电图测试时，发生原发性心搏骤停，经抢救无效，造成患者死亡，患者属于特殊体质，虽然术前或术后发现，但属于当前医学技术所无法解决的，患者在手术中或术后发生死亡或其他不良后果，均属于医疗意外。

（2）医疗并发症纠纷

由医疗并发症引发的医疗纠纷就是医疗并发症纠纷。并发症指某一种疾病引发另一种疾病所导致的不良后果，但并非由于医务人员的诊疗护理过失所致。构成并发症须具备以下条件：① 并发症发生在诊疗护理过程中；② 后一种疾病的发生是由前一种疾病引起的；③ 后一种疾病的发生是医务人员难以预料和避免的。也就是说，并发症的发生医务人员同样无主观上的过错。引发医疗并发症的原因主要是医学科学技术的局限性。某些疾病虽然是现代医学科学技术能够预见的，但却是不可避免和防范的。这些疾病的发生并非由于医务人员的过失所致,而是患者前一种疾病发展的必然结果。例如,患者因创伤感染严重,送至医院时已经耽搁了时间,在治疗中感染继续发展,甚至发生破伤风。患者因先天性心脏病入院手术,术前准备周密,手术中操作准确,手术成功,但术后出现心脏功能和呼吸功能低下,后因心肺功能衰竭而死亡,属于并发症。

(3) 由于病情自然转归、医疗以外原因(如患者不配合、医疗需求的矛盾、无理取闹等)产生的医疗纠纷。

三、医疗纠纷处理法律制度建设

在诊疗过程中,因医患双方对医疗后果及其造成的原因在认识上发生分歧和矛盾,或当事人一方要求追究医疗法律责任和赔偿损失而经常引发医疗纠纷。医疗纠纷发生的原因是多种多样的,但最常见的与医疗事故有关。因为医疗事故侵犯了我国法律保护的公民生命权或健康权,破坏了一定的社会秩序,所以,运用法律手段予以规范和调整无疑是必要的。1987年6月29日,国务院颁发了《医疗事故处理办法》。1988年,原卫生部相继制定了《关于〈医疗事故处理办法〉若干问题的说明》和《医疗事故分级标准(试行草案)》。各省、自治区、直辖市也先后制定了医疗事故处理办法实施细则。最高人民法院也作出多次司法解释。这些法律文件的制定和实施,对正确处理医疗事故,保护医患双方的合法权益,促进医学科学发展有着重要的意义,标志着我国医疗事故的处理开始纳入了规范化和法制化管理的轨道。随着我国经济发展和人民生活水平的提高,1998年6月29日,第九届全国人大常委会第三次会议通过《执业医师法》,对造成医疗责任事故的医师作出了明确的行政处罚规定(2021年8月20日第十三届全国人民代表大会常务委员会第三十次会议通过《医师法》,删除了发生医疗事故的法律责任的规定,自2022年3月1日起,《执业医师法》同时废止)。2002年4月1日,最高人民法院《关于民事诉讼证据的若干规定》明确规定了医疗行为侵权纠纷赔偿适用举证责任倒置原则。该项规定称:"因医疗行为引起的侵权诉讼,由医疗机构就医疗行为与损害结果之间不存在因果关系及不存在医疗过错承担举证责任。"(《侵权责任法》实施,该项规定废止)2002年2月20日,国务院第55次常务会议通过《医疗事故处理条例》(以下简称《条例》),2002年9月1日起实施。2002年8月,原卫生部又分别颁布了《医疗机构病历管理规定》《医疗事故技术鉴定暂行办法》《医疗事故分级标准(试行)》《医疗事故争议中尸检机构及专业技术人员资格认定办法》《中医、中西医结合病历书写基本规范(试行)》《重大医疗过失和医疗事故报告制度的规定》《医疗事故技术鉴定专家库学科专业组名录(试行)》等配套规章。2003年1月6日,最高人民法院公布《关于参照〈医疗事故处理条例〉审理医疗纠纷民事案件的通知》。2004年5月1日实施的《关于审理人身损害赔偿案件适用法律若干问题的解释》中最高人民法院明确规定人身损害赔偿标准大大高于《医疗事故处理条例》的规定。2009年12月26日,第十一届全国人民代表大会常务委员会第十二次会议通过了《侵权责任法》,2010年7月1日起正式施行。该法第七章为"医疗损害责任"。2020年5月28日,第十三届全国人民代表大会第三次会议通过《民法典》,《民法典》第七编"侵权责任"中的第六章为"医疗损害责任",民法典实施自2021年1月1日起施行,《侵权责任法》同时废止。

随着人民群众健康需求的不断增长,医疗服务量持续增长,医疗技术和医疗质量持续提升,由于医学本身具有未知性及风险性的特点,以及患者高期望值和医学本身局限性矛盾依然存在,医疗纠纷时有发生,部分医疗纠纷矛盾激化甚至引发激烈冲突,损害了医患双方合法权益,扰乱了正常医疗秩序,影响了社会和谐稳定。为适应新形势的需要,我们在总结既往相关法律法规的基础上,将近年来实践中探索积累的经验上升为法律规范,并将人民调解这一成功做法加以规范和推广。为了将医疗纠纷预防和处理工作全面纳入法制化轨道,保护医患双方合法权益,维护医疗秩序,保障医疗安全,2018年6月20日,国务院第13次常务会议通过《医疗纠纷预防和处理条例》,2018年7月31日公布,自2018年10月1日起施行。

第二节 医疗纠纷预防与处理法律制度

一、医疗纠纷预防与处理法律制度概述

2018年6月20日,国务院第13次常务会议通过《医疗纠纷预防和处理条例》(以下简称《条例》),重视处理好三个问题:一是坚持平衡医患双方的权利和义务,维护双方的合法权益;二是坚持关口前移,通过加强医疗质量安全管理,畅通医患沟通渠道,从源头预防和减少纠纷;三是坚持充分发挥人民调解在解决医疗纠纷中的主渠道作用,倡导以柔性方式化解医疗纠纷,减少医患对抗,促进医患和谐。

(一) 医疗纠纷预防与处理的宗旨

《条例》第1条规定:① 为了预防和妥善处理医疗纠纷;② 保护医患双方的合法权益;③ 维护医疗秩序,保障医疗安全。

(二) 处理医疗纠纷的原则

《条例》第四条规定,处理医疗纠纷,应当遵循公平、公正、及时的原则,实事求是,依法处理。

(三) 医疗纠纷预防与处理的机制

依据《条例》第五至八条规定:① 县级以上人民政府应当加强对医疗纠纷预防和处理工作的领导、协调,将其纳入社会治安综合治理体系,建立部门分工协作机制,督促部门依法履行职责。② 卫生主管部门负责指导、监督医疗机构做好医疗纠纷的预防和处理工作,引导医患双方依法解决医疗纠纷。③ 司法行政部门负责指导医疗纠纷人民调解工作。④ 公安机关依法维护医疗机构治安秩序,查处、打击侵害患者和医务人员合法权益以及扰乱医疗秩序等违法犯罪行为。⑤ 财政、民政、保险监督管理等部门和机构按照各自职责做好医疗纠纷预防处理的有关工作。⑥ 国家建立完善医疗风险分担机制,发挥保险机制在医疗纠纷处理中的第三方赔付和医疗风险社会化分担的作用,鼓励医疗机构参加医疗责任保险,鼓励患者参加医疗意外保险。⑦ 新闻媒体应当加强医疗卫生法律、法规和医疗卫生常识的宣传,引导公众理性对待医疗风险;报道医疗纠纷,应当遵守有关法律、法规的规定,恪守职业道德,做到真实、客观、公正。

二、医疗纠纷预防

坚持关口前移,通过加强医疗质量安全管理,畅通医患沟通渠道,从源头预防和减少纠纷,《条例》第二章专章第九至二十一条规定了各级人民政府和卫生主管部门、医疗机构及其医务人员和患者的医疗纠纷的预防职责和义务。

(1) 医疗机构及其医务人员在诊疗活动中应当以患者为中心。《条例》第九条规定,医疗机构及其医务人员在诊疗活动中应当以患者为中心,加强人文关怀,严格遵守医疗卫生法律、法规、规章和诊疗相关规范、常规,恪守职业道德。医疗机构应当对其医务人员进行医疗卫生法律、法规、规章和诊疗相关规范、常规的培训,并加强职业道德教育。

(2) 医疗机构应当制定并实施医疗质量安全管理制度。《条例》第十条规定,医疗机构应当制定并实施医疗质量安全管理制度,设置医疗服务质量监控部门或者配备专(兼)职人员,加强对诊断、治疗、护理、药事、检查等工作的规范化管理,优化服务流程,提高服务水平。医疗机构应当加强医疗风险管理,完善医疗风险的识别、评估和防控措施,定期检查措施落实情况,及时消除隐患。

(3) 医疗机构应当依法开展医疗技术服务;采用医疗新技术的,应当开展技术评估和伦理审查。《条例》第十一条规定,医疗机构应当按照国务院卫生主管部门制定的医疗技术临床应用管理规定,开展与其技术能力相适应的医疗技术服务,保障临床应用安全,降低医疗风险;采用医疗新技术的,应当开展技术评估和伦理审查,确保安全有效、符合伦理。

(4) 医疗机构应当依法严格执行药品、医疗器械、消毒药剂、血液等的进货查验、保管等制度。《条例》第十二条规定,医疗机构应当依照有关法律、法规的规定,严格执行药品、医疗器械、消毒药剂、血液等的进货查验、保管等制度。禁止使用无合格证明文件、过期等不合格的药品、医疗器械、消毒药剂、血液等。

(5) 医务人员在诊疗活动告知义务并在特殊情况时并取得患方书面同意的义务。医务人员在诊疗活动中应当向患者说明病情和医疗措施。需要实施手术,或者开展临床试验等存在一定危险性、可能产生不良后果的特殊检查、特殊治疗的,医务人员应当及时向患者说明医疗风险、替代医疗方案等情况,并取得其书面同意;在患者处于昏迷等无法自主作出决定的状态或者病情不宜向患者说明等情形下,应当向患者的近亲属说明,并取得其书面同意。紧急情况下不能取得患者或者其近亲属意见的,经医疗机构负责人或者授权的负责人批准,可以立即实施相应的医疗措施。

(6) 医疗机构开展较高医疗风险诊疗活动应当提前制定预案。《条例》第十四条规定,开展手术、特殊检查、特殊治疗等具有较高医疗风险的诊疗活动,医疗机构应当提前预备应对方案,主动防范突发风险。

(7) 疗机构及其医务人员应当按照规定填写并妥善保管病历资料。《条例》第十五条规定,医疗机构及其医务人员应当按照国务院卫生主管部门的规定,填写并妥善保管病历资料。因紧急抢救未能及时填写病历的,医务人员应当在抢救结束后 6 小时内据实补记,并加以注明。任何单位和个人不得篡改、伪造、隐匿、毁灭或者抢夺病历资料。

(8) 患者有权查阅、复制病历全部资料。《条例》第十六条规定,患者有权查阅、复制其门诊病历、住院志、体温单、医嘱单、化验单(检验报告)、医学影像检查资料、特殊检查同意书、手术同意书、手术及麻醉记录、病理资料、护理记录、医疗费用以及国务院卫生主管部门规定的其他属于病历的全部资料。患者要求复制病历资料的,医疗机构应当提供复制服务,并在复制的病历资料上加盖证明印记。复制病历资料时,应当有患者或者其近亲属在场。医疗机构应患者的要求为其复制病历资料,可以收取工本费,收费标准应当公开。患者死亡的,其近亲属可以依照本条例的规定,查阅、复制病历资料。

(9)医疗机构应当建立健全医患沟通机制和投诉接待制度。《条例》第十七条规定,医疗机构应当建立健全医患沟通机制,对患者在诊疗过程中提出的咨询、意见和建议,应当耐心解释、说明,并按照规定进行处理;对患者就诊疗行为提出的疑问,应当及时予以核实、自查,并指定有关人员与患者或者其近亲属沟通,如实说明情况。《条例》第十八条规定,医疗机构应当建立健全投诉接待制度,设置统一的投诉管理部门或者配备专(兼)职人员,在医疗机构显著位置公布医疗纠纷解决途径、程序和联系方式等,方便患者投诉或者咨询。

(10)各级人民政府和卫生主管部门医疗纠纷预防的职责。《条例》第二十一条规定,各级人民政府应当加强健康促进与教育工作,普及健康科学知识,提高公众对疾病治疗等医学科学知识的认知水平。《条例》第十九条规定,卫生主管部门应当督促医疗机构落实医疗质量安全管理制度,组织开展医疗质量安全评估,分析医疗质量安全信息,针对发现的风险制定防范措施。

(11)患者的医疗纠纷的预防义务。《条例》第二十条规定,患者应当遵守医疗秩序和医疗机构有关就诊、治疗、检查的规定,如实提供与病情有关的信息,配合医务人员开展诊疗活动。

三、医疗纠纷处理

坚持平衡医患双方的权利和义务,维护双方的合法权益;坚持充分发挥人民调解在解决医疗纠纷中的主渠道作用,倡导以柔性方式化解医疗纠纷,减少医患对抗,促进医患和谐。

(一) 发生医疗纠纷医疗机构告知的事项

《条例》第二十三条规定,发生医疗纠纷,医疗机构应当告知患者或者其近亲属下列事项:
(1)解决医疗纠纷的合法途径。
(2)有关病历资料、现场实物封存和启封的规定。
(3)有关病历资料查阅、复制的规定。
患者死亡的,还应当告知其近亲属有关尸检的规定。

(二) 解决医疗纠纷途径

《条例》第二十二条规定,发生医疗纠纷,医患双方可以通过下列途径解决:
(1)双方自愿协商。
(2)申请人民调解。
(3)申请行政调解。
(4)向人民法院提起诉讼。
(5)法律、法规规定的其他途径。
《条例》第四十三条,发生医疗纠纷,当事人协商、调解不成的,可以依法向人民法院提起诉讼。当事人也可以直接向人民法院提起诉讼。

(三) 发生医疗纠纷病历资料的封存、启封

(1) 发生医疗纠纷需要封存、启封病历资料。《条例》第二十四条规定，发生医疗纠纷需要封存、启封病历资料的，应当在医患双方在场的情况下进行。封存的病历资料可以是原件，也可以是复制件，由医疗机构保管。病历尚未完成需要封存的，对已完成病历先行封存；病历按照规定完成后，再对后续完成部分进行封存。医疗机构应当对封存的病历开列封存清单，由医患双方签字或者盖章，各执一份。病历资料封存后医疗纠纷已经解决，或者患者在病历资料封存满3年未再提出解决医疗纠纷要求的，医疗机构可以自行启封。

(2) 疑似输液、输血、注射、用药等引起不良后果的，对现场实物进行封存、启封。《条例》第二十五条规定，疑似输液、输血、注射、用药等引起不良后果的，医患双方应当共同对现场实物进行封存、启封，封存的现场实物由医疗机构保管。需要检验的，应当由双方共同委托依法具有检验资格的检验机构进行检验；双方无法共同委托的，由医疗机构所在地县级人民政府卫生主管部门指定。疑似输血引起不良后果，需要对血液进行封存保留的，医疗机构应当通知提供该血液的血站派员到场。现场实物封存后医疗纠纷已经解决，或者患者在现场实物封存满3年未再提出解决医疗纠纷要求的，医疗机构可以自行启封。

(四) 医患双方对死因有异议的尸检

1. 尸检的时间

《条例》第26条，患者死亡，医患双方对死因有异议的，应当在患者死亡后48小时内进行尸检；具备尸体冻存条件的，可以延长至7日。

2. 尸检应当经死者近亲属同意并签字及不同意进行尸检的后果

尸检应当经死者近亲属同意并签字，拒绝签字的，视为死者近亲属不同意进行尸检。不同意或者拖延尸检，超过规定时间，影响对死因判定的，由不同意或者拖延的一方承担责任。

3. 尸检的机构和专业技术人员

尸检应当由按照国家有关规定取得相应资格的机构和专业技术人员进行。医患双方可以委派代表观察尸检过程。

4. 患者在医疗机构内死亡的尸体的处置

《条例》第二十七条规定，患者在医疗机构内死亡的，尸体应当立即移放太平间或者指定的场所，死者尸体存放时间一般不得超过14日。逾期不处理的尸体，由医疗机构在向所在地县级人民政府卫生主管部门和公安机关报告后，按照规定处理。

(五) 发生重大医疗纠纷的解决

《条例》第二十八、二十九条规定，发生重大医疗纠纷的，医疗机构应当按照规定向所在地县级以上地方人民政府卫生主管部门报告。卫生主管部门接到报告后，应当及时了解掌握情况，引导医患双方通过合法途径解决纠纷。医患双方应当依法维护医疗秩序。任何单位和个人不得实施危害患者和医务人员人身安全、扰乱医疗秩序的行为。医疗纠纷中发生涉嫌违反治安管理行为或者犯罪行为的，医疗机构应当立即向所在地公安机关报案。公安机关应当及时采取措施，依法处置，维护医疗秩序。

(六) 协商解决医疗纠纷

《条例》第三十条规定，医患双方选择协商解决医疗纠纷的，应当在专门场所协商，不得影响正常医疗秩序。医患双方人数较多的，应当推举代表进行协商，每方代表人数不超过5人。协商解决医疗纠纷应当坚持自愿、合法、平等的原则，尊重当事人的权利，尊重客观事实。医患双方应当文明、理性表达意见和要求，不得有违法行为。协商确定赔付金额应当以事实为依据，防止畸高或者畸低。对分歧较大或者索赔数额较高的医疗纠纷，鼓励医患双方通过人民调解的途径解决。医患双方经协商达成一致的，应当签署书面和解协议书。

(七) 人民调解解决医疗纠纷

1. 人民调解的申请

《条例》第三十一条规定，申请医疗纠纷人民调解的，由医患双方共同向医疗纠纷人民调解委员会提出申请；一方申请调解的，医疗纠纷人民调解委员会在征得另一方同意后进行调解。申请人可以以书面或者口头形式申请调解。书面申请的，申请书应当载明申请人的基本情况、申请调解的争议事项和理由等；口头申请的，医疗纠纷人民调解员应当当场记录申请人的基本情况、申请调解的争议事项和理由等，并经申请人签字确认。医疗纠纷人民调解委员会获悉医疗机构内发生重大医疗纠纷，可以主动开展工作，引导医患双方申请调解。当事人已经向人民法院提起诉讼并且已被受理，或者已经申请卫生主管部门调解并且已被受理的，医疗纠纷人民调解委员会不予受理；已经受理的，终止调解。

2. 人民调解委员会的设立和人民调解员的聘任

《条例》第三十二条规定，设立医疗纠纷人民调解委员会，应当遵守《人民调解法》的规定，并符合本地区实际需要。医疗纠纷人民调解委员会应当自设立之日起30个工作日内向所在地县级以上地方人民政府司法行政部门备案。医疗纠纷人民调解委员会应当根据具体情况，聘任一定数量的具有医学、法学等专业知识且热心调解工作的人员担任专(兼)职医疗纠纷人民调解员。医疗纠纷人民调解委员会调解医疗纠纷，不得收取费用。医疗纠纷人民调解工作所需经费按照国务院财政、司法行政部门的有关规定执行。医疗纠纷人民调解委员会调解医疗纠纷时，可以根据需要咨询专家，并可以从本条例第三十五条规定的专家库中选取专家。

3. 人民调解委员会完成调解的时间

《条例》第三十八条，医疗纠纷人民调解委员会应当自受理之日起30个工作日内完成调解。需要鉴定的，鉴定时间不计入调解期限。因特殊情况需要延长调解期限的，医疗纠纷人民调解委员会和医患双方可以约定延长调解期限。超过调解期限未达成调解协议的，视为调解不成。

4. 经人民调解达成调解协议

《条例》第三十九条，医患双方经人民调解达成一致的，医疗纠纷人民调解委员会应当制作调解协议书。调解协议书经医患双方签字或者盖章，人民调解员签字并加盖医疗纠纷人民调解委员会印章后生效。达成调解协议的，医疗纠纷人民调解委员会应当告知医患双方可以依法向人民法院申请司法确认。

(八) 医疗损害鉴定

《条例》第三十四至三十七条医疗纠纷人民调解委员会调解医疗纠纷，需要进行医疗损害鉴定以明确责任的,由医患双方共同委托医学会或者司法鉴定机构进行鉴定,也可以经医患双方同意,由医疗纠纷人民调解委员会委托鉴定。医学会或者司法鉴定机构接受委托从事医疗损害鉴定,应当由鉴定事项所涉专业的临床医学、法医学等专业人员进行鉴定;医学会或者司法鉴定机构没有相关专业人员的,应当从本条例第三十五条规定的专家库中抽取相关专业专家进行鉴定。医学会或者司法鉴定机构开展医疗损害鉴定,应当执行规定的标准和程序,尊重科学,恪守职业道德,对出具的医疗损害鉴定意见负责,不得出具虚假鉴定意见。医疗损害鉴定的具体管理办法由国务院卫生、司法行政部门共同制定。鉴定费预先向医患双方收取,最终按照责任比例承担。

1. 医疗损害鉴定专家库的设立

《条例》第三十五条规定,医疗损害鉴定专家库由设区的市级以上人民政府卫生、司法行政部门共同设立。专家库应当包含医学、法学、法医学等领域的专家。聘请专家进入专家库,不受行政区域的限制。

2. 医疗损害鉴定意见的内容

《条例》第三十六条规定,医学会、司法鉴定机构作出的医疗损害鉴定意见应当载明并详细论述下列内容:① 是否存在医疗损害以及损害程度;② 是否存在医疗过错;③ 医疗过错与医疗损害是否存在因果关系;④ 医疗过错在医疗损害中的责任程度。

3. 咨询专家、鉴定人员的回避

《条例》第三十七条规定,咨询专家、鉴定人员有下列情形之一的,应当回避,当事人也可以以口头或者书面形式申请其回避:① 是医疗纠纷当事人或者当事人的近亲属;② 与医疗纠纷有利害关系;③ 与医疗纠纷当事人有其他关系,可能影响医疗纠纷公正处理。

(九)医疗纠纷行政调解

《条例》第四十条规定,医患双方申请医疗纠纷行政调解的,应当参照本条例第三十一条第一款、第二款的规定向医疗纠纷发生地县级人民政府卫生主管部门提出申请。卫生主管部门应当自收到申请之日起5个工作日内作出是否受理的决定。当事人已经向人民法院提起诉讼并且已被受理,或者已经申请医疗纠纷人民调解委员会调解并且已被受理的,卫生主管部门不予受理;已经受理的,终止调解。卫生主管部门应当自受理之日起30个工作日内完成调解。需要鉴定的,鉴定时间不计入调解期限。超过调解期限未达成调解协议的,视为调解不成。《条例》第四十一条规定,卫生主管部门调解医疗纠纷需要进行专家咨询的,可以从本条例第三十五条规定的专家库中抽取专家;医患双方认为需要进行医疗损害鉴定以明确责任的,参照本条例第三十四条的规定进行鉴定。医患双方经卫生主管部门调解达成一致的,应当签署调解协议书。

(十)对个人隐私等事项予以保密

《条例》第四十二条规定,医疗纠纷人民调解委员会及其人民调解员、卫生主管部门及其工作人员应当对医患双方的个人隐私等事项予以保密。未经医患双方同意,医疗纠纷人民调解委员会、卫生主管部门不得公开进行调解,也不得公开调解协议的内容。

四、法律责任

1. 医疗机构篡改、伪造、隐匿、毁灭病历资料的法律责任

《条例》第四十五条规定，医疗机构篡改、伪造、隐匿、毁灭病历资料的，对直接负责的主管人员和其他直接责任人员，由县级以上人民政府卫生主管部门给予或者责令给予降低岗位等级或者撤职的处分，对有关医务人员责令暂停6个月以上1年以下执业活动；造成严重后果的，对直接负责的主管人员和其他直接责任人员给予或者责令给予开除的处分，对有关医务人员由原发证部门吊销执业证书；构成犯罪的，依法追究刑事责任。

2. 医疗机构将未通过技术评估和伦理审查的医疗新技术应用于临床的法律责任

《条例》第四十六条规定，医疗机构将未通过技术评估和伦理审查的医疗新技术应用于临床的，由县级以上人民政府卫生主管部门没收违法所得，并处5万元以上10万元以下罚款，对直接负责的主管人员和其他直接责任人员给予或者责令给予降低岗位等级或者撤职的处分，对有关医务人员责令暂停6个月以上1年以下执业活动；情节严重的，对直接负责的主管人员和其他直接责任人员给予或者责令给予开除的处分，对有关医务人员由原发证部门吊销执业证书；构成犯罪的，依法追究刑事责任。

3. 医疗机构及其医务人员有下列情形之一的法律责任

《条例》第四十七条规定，医疗机构及其医务人员有下列情形之一的，由县级以上人民政府卫生主管部门责令改正，给予警告，并处1万元以上5万元以下罚款；情节严重的，对直接负责的主管人员和其他直接责任人员给予或者责令给予降低岗位等级或者撤职的处分，对有关医务人员可以责令暂停1个月以上6个月以下执业活动；构成犯罪的，依法追究刑事责任：① 未按规定制定和实施医疗质量安全管理制度；② 未按规定告知患者病情、医疗措施、医疗风险、替代医疗方案等；③ 开展具有较高医疗风险的诊疗活动，未提前预备应对方案防范突发风险；④ 未按规定填写、保管病历资料，或者未按规定补记抢救病历；⑤ 拒绝为患者提供查阅、复制病历资料服务；⑥ 未建立投诉接待制度、设置统一投诉管理部门或者配备专(兼)职人员；⑦ 未按规定封存、保管、启封病历资料和现场实物；⑧ 未按规定向卫生主管部门报告重大医疗纠纷；⑨ 其他未履行本条例规定义务的情形。

4. 医学会、司法鉴定机构出具虚假医疗损害鉴定意见的法律责任

《条例》第四十八条规定，医学会、司法鉴定机构出具虚假医疗损害鉴定意见的，由县级以上人民政府卫生、司法行政部门依据职责没收违法所得，并处5万元以上10万元以下罚款，对该医学会、司法鉴定机构和有关鉴定人员责令暂停3个月以上1年以下医疗损害鉴定业务，对直接负责的主管人员和其他直接责任人员给予或者责令给予降低岗位等级或者撤职的处分；情节严重的，该医学会、司法鉴定机构和有关鉴定人员5年内不得从事医疗损害鉴定业务或者撤销登记，对直接负责的主管人员和其他直接责任人员给予或者责令给予开除的处分；构成犯罪的，依法追究刑事责任。

5. 尸检机构出具虚假尸检报告的法律责任

《条例》第四十九条规定，尸检机构出具虚假尸检报告的，由县级以上人民政府卫生、司法行政部门依据职责没收违法所得，并处5万元以上10万元以下罚款，对该尸检机构和有关尸检专业技术人员责令暂停3个月以上1年以下尸检业务，对直接负责的主管人员和其他直接责任人员给予或者责令给予降低岗位等级或者撤职的处分；情节严重的，撤销该尸检机构和有关尸检专业技术人员的尸检资格,对直接负责的主管人员和其他直接责任人员给予或者责令给予开除的处分;构成犯罪的,依法追究刑事责任。

6. 医疗纠纷人民调解员有下列行为之一的法律责任

《条例》第五十条规定,医疗纠纷人民调解员有下列行为之一的,由医疗纠纷人民调解委员会给予批评教育、责令改正;情节严重的,依法予以解聘:① 偏袒一方当事人;② 侮辱当事人;③ 索取、收受财物或者牟取其他不正当利益;④ 泄露医患双方个人隐私等事项。

7. 新闻媒体编造、散布虚假医疗纠纷信息的法律责任

《条例》第五十一条规定,新闻媒体编造、散布虚假医疗纠纷信息的,由有关主管部门依法给予处罚;给公民、法人或者其他组织的合法权益造成损害的,依法承担消除影响、恢复名誉、赔偿损失、赔礼道歉等民事责任。

8. 卫生主管部门和其他有关部门及其工作人员的法律责任

《条例》第五十二条规定,县级以上人民政府卫生主管部门和其他有关部门及其工作人员在医疗纠纷预防和处理工作中,不履行职责或者滥用职权、玩忽职守、徇私舞弊的,由上级人民政府卫生等有关部门或者监察机关责令改正;依法对直接负责的主管人员和其他直接责任人员给予处分;构成犯罪的,依法追究刑事责任。

9. 医患双方的法律责任

《条例》第五十三条规定,医患双方在医疗纠纷处理中,造成人身、财产或者其他损害的,依法承担民事责任;构成违反治安管理行为的,由公安机关依法给予治安管理处罚;构成犯罪的,依法追究刑事责任。

第三节 医疗事故处理法律制度

一、医疗事故的概念和构成要件

(一)医疗事故的概念

根据《条例》第二条规定,医疗事故是指医疗机构及其医务人员在医疗活动中,违反医疗卫生管理法律、行政法规、部门规章和诊疗护理规范、常规,过失造成患者人身损害的事故。从本《条例》关于医疗事故的概念可看出比 1987 年《医疗事故处理办法》的范围扩大。

(二)医疗事故的构成要件

根据《条例》第二条规定,医疗事故的构成要件有以下六个:

1. 主体要件

主体必须是医疗机构及其医务人员,这里所说的"医疗机构"是指按照国务院 1994 年 2 月发布的《医疗机构管理条例》取得"医疗机构执业许可证"的机构。这里所说的"医务人员"是指依法取得执业资格的医疗卫生专业技术人员,如医师和护士等,他们必须在医疗机构执业。

2. 主观要件

主观上必须有过失,医疗事故的过失分为疏忽大意的过失和过于自信的过失两种。疏忽大意的过失是指根据医务人员相应职称和岗位责任制要求,应当预见到和可以预见到自己的行为可能造成患者的危害后果,因为疏忽大意而未能预见到,或对于危害患者生命、健康的不当作法,应当做到有效的防范,因为疏忽大意而未能做到,致使危害发生。过于自信的过失是指医务人员虽然预见到自己的行为可能对患者导致危害后果,但是轻信借助自己的技术、经验或有利的客观条件能够避免,因而导致判断上和行为上的失误,致使危害发生。此外,尚有因技术水平和经验不足造成的技术过失,因其不是出于不负责任及疏忽大意或过于自信,而主要是出于行为人经验、能力和技术水平不足,以致造成失误,致使危害发生。这在诊疗实践中有加以区别的必要。医疗事故中的过失,表现有作为和不作为两种形式。作为是指法律、法规和部门规章等规定,或诊疗护理规范、常规禁止的行为,而医务人员无视这些明令规定以积极作为的形式去实施自己的错误行为。不作为是医疗卫生管理法律、行政法规或诊疗护理规范、常规规定应该以积极作为的形式去履行职责义务,而医务人员不履行或不认真履行。如对危重病人推诿拒治,或擅离职守等,致使危害发生。医疗过失能否成立,还取决于行为的违法性和危害性。违法性是指行为人在诊疗护理过程中违反医疗卫生管理法律规范和诊疗护理规范、常规。但违法并不等于犯罪,这点要准确理解。危害性是指不能因为医务人员有一般过失行为就与医疗事故联系起来,其行为必须已经造成了对患者事实上的人身损害。

3. 过程要件

必须发生在诊疗护理检查过程中,发生的场所和活动范围必须是依法取得执业许可或者执业资格的医疗机构和医务人员在其合法的医疗活动中发生的事故。

4. 行为要件

医疗行为违法和违规,这里所指的是导致医疗事故发生的直接原因是医疗机构和医务人员违反医疗卫生管理法律、行政法规、部门规章和诊疗护理规范、常规。

5. 结果要件

必须有符合规定的人身损害结果,医务人员给患者造成的危害结果,是指必须符合法律规定的给患者造成人身损害的标准。如果危害后果没有达到法定标准的程度,不能认定为医疗事故。

6. 因果关系要件

危害行为和危害结果之间必须有因果关系这是确认是否构成医疗事故的基本条件。非此,则不能认定为医疗事故。在多因一果时,要具体分析各个原因的不同地位和作用。如病人死亡、残废或功能障碍与疾病本身的自然转归常有密切关联。有时因疾病重笃、复杂或已处晚期,而责任者的过失行为只是处于非决定性的地位,甚至是处于偶合地位。这些都要做具体的、实事求是的分析,使事实得到公正的认定。

二、不属于医疗事故的几种情形

根据《条例》第三十三条规定,以下六种情况均不属医疗事故:

(1) 在紧急情况下为抢救垂危患者生命而采取紧急医学措施造成不良后果的。

(2) 在医疗活动中由于患者病情异常或者患者体质特殊而发生医疗意外的。

(3) 在现有医学科学技术条件下,发生无法预料或者不能防范的不良后果的。
(4) 无过错输血感染造成不良后果的。
(5) 因患方原因延误诊疗导致不良后果的。
(6) 因不可抗力造成不良后果的。

此外,医务人员在诊疗护理过程中虽有过失,但对病员的损害尚未达到《医疗事故分级标准(试行草案)》规定程度的不构成医疗事故。非法行医造成的患者人身损害,也不属于医疗事故。

三、医疗事故处理的原则

正确处理医疗事故是一项非常严肃的法律问题,也是一项科学性和政策性很强的工作,《条例》第三条规定了医疗事故处理的原则。

1. 公平原则

首先,体现在医患双方在处理医疗事故过程中的地位平等,任何一方没有特权。其次,体现在权利与义务的统一,凡是在法律上享有特殊权利的都必定要履行相应的义务。再次,在适用法律上必须体现公平。禁止对医疗事故争议当事人的歧视和偏见,不能针对同一个争议事实对医患双方适用不同的法律规范。

2. 公正原则

在处理医疗事故过程中,公正原则应体现在两个方面:一是程序上的公正,二是实体上的公正。程序上的公正是实体上公正的前提和保障,实体上的公正是程序上公正所追求的目标。

3. 公开原则

公开是公平和公正的必要保障。在处理医疗事故过程中,依据法律规定需要公开进行的,都应当按照法律的规定加以公开。诸如表现在公开适用法律,公开鉴定程序,在一定范围内公开证据内容,医疗事故的处理接受社会监督等。在执行公开原则时,应当注意不泄漏个人隐私。

4. 及时原则

医疗事故争议处理的部门和单位按照规定程序,在规定的时限内及时处理医疗事故争议,不得拖延。而且要以较小的成本来实现既定的管理目标,使社会效益最大化。

5. 便民原则

有关部门和单位在处理医疗事故争议时应简化手续、减少环节、方便群众和强化服务。具体来说,有关医疗事故争议处理的一切规定应尽量考虑便于医患双方当事人申请医疗事故争议处理,在医疗事故争议处理过程中要尽量为医患双方当事人提供方便。

四、医疗事故的分类和等级

根据《条例》和《医疗事故分级标准(试行)》的规定,依据对患者人身造成的损害程度,医疗事故分为四级,一级医疗事故分甲、乙两等,二级医疗事故分甲、乙、丙、丁四等,三级医疗事故分甲、乙、丙、丁、戊五等,四级医疗事故没有等级划分。

(1) 一级医疗事故:造成患者死亡、重度残疾的。

（2）二级医疗事故：造成患者中度残疾、器官组织损伤，导致严重功能障碍的。

（3）三级医疗事故：造成患者轻度残疾、器官组织损伤，导致一般功能障碍的。

（4）四级医疗事故：造成患者明显人身损害的其他后果的。

五、医疗事故的预防与处置

（一）医疗事故的预防

《条例》第五至十二条规定了医疗事故的预防。医疗机构及其医务人员在医疗活动中，必须严格遵守医疗卫生管理法律、行政法规、部门规章和诊疗护理规范、常规，恪守医疗服务职业道德。医疗机构应当对其医务人员进行医疗卫生管理法律、行政法规、部门规章和诊疗护理规范、常规的培训和医疗服务职业道德教育。医疗机构应当设置医疗服务质量监控部门或者配备专（兼）职人员，具体负责监督本医疗机构的医务人员的医疗服务工作，检查医务人员执业情况，接受患者对医疗服务的投诉，向其提供咨询服务。医疗机构应当按照国务院卫生行政部门规定的要求，书写并妥善保管病历资料。因抢救急危患者，未能及时书写病历的，有关医务人员应当在抢救结束后 6 小时内据实补记，并加以注明。严禁涂改、伪造、隐匿、销毁或者抢夺病历资料。患者有权复印或者复制其门诊病历、住院志、体温单、医嘱单、化验单（检验报告）、医学影像检查资料、特殊检查同意书、手术同意书、手术及麻醉记录单、病理资料、护理记录以及国务院卫生行政部门规定的其他病历资料。患者依照前款规定要求复印或者复制病历资料的，医疗机构应当提供复印或者复制服务并在复印或者复制的病历资料上加盖证明印记。复印或者复制病历资料时，应当有患者在场。医疗机构应患者的要求，为其复印或者复制病历资料，可以按照规定收取工本费。具体收费标准由省、自治区、直辖市人民政府价格主管部门会同同级卫生行政部门规定。在医疗活动中，医疗机构及其医务人员应当将患者的病情、医疗措施、医疗风险等如实告知患者，及时解答其咨询；但是，应当避免对患者产生不利后果。医疗机构应当制定防范、处理医疗事故的预案，预防医疗事故的发生，减轻医疗事故的损害。

（二）医疗事故的处置

1. 发生医疗事故或可能是医疗事故的报告

《条例》第十三条规定，医务人员在医疗活动中发生或者发现医疗事故、可能引起医疗事故的医疗过失行为或者发生医疗事故争议的，应当立即向所在科室负责人报告，科室负责人应当及时向本医疗机构负责医疗服务质量监控的部门或者专（兼）职人员报告；负责医疗服务质量监控的部门或者专（兼）职人员接到报告后，应当立即进行调查、核实，将有关情况如实向本医疗机构的负责人报告，并向患者通报、解释。个体开业的医务人员应立即向当地的卫生行政部门报告，使上级主管部门与行政部门及时掌握情况，给予正确的指导，有利于尽快采取补救措施，减轻患者的痛苦和损害程度，从而缓解医患双方的矛盾，有利于善后处理。

2. 做好来访接待工作

发生医疗事故或事件后，做好患者及其家属的接待工作非常重要。要避免争执导致矛盾激化，要引导患者及其家属按《条例》规定的程序处理。

3. 病案及有关原始资料的保存

《条例》第十六、十七条规定,发生医疗事故争议时,死亡病例讨论记录、疑难病例讨论记录、上级医师查房记录、会诊意见、病程记录应当在医患双方在场的情况下封存和启封。封存的病历资料可以是复印件,由医疗机构保管。疑似输液、输血、注射、药物等引起不良后果的,医患双方应当共同对现场实物进行封存和启封,封存的现场实物由医疗机构保管;需要检验的,应当由双方共同指定的、依法具有检验资格的检验机构进行检验;双方无法共同指定时,由卫生行政部门指定。

疑似输血引起不良后果,需要对血液进行封存保留的,医疗机构应当通知提供该血液的采供血机构派员到场。

4. 尸检

《条例》第十八、十九条规定,患者死亡,医患双方当事人不能确定死因或者对死因有异议的,应当在患者死亡后48小时内进行尸检;具备尸体冻存条件的,可以延长至7日。尸检应当经死者近亲属同意并签字。尸检应当由按照国家有关规定取得相应资格的机构和病理解剖专业技术人员进行。承担尸检任务的机构和病理解剖专业技术人员有进行尸检的义务。医疗事故争议双方当事人可以请法医病理学人员参加尸检,也可以委派代表观察尸检过程。拒绝或者拖延尸检,超过规定时间,影响对死因判定的,由拒绝或者拖延的一方承担责任。患者在医疗机构内死亡的,尸体应当立即移放太平间。死者尸体存放时间一般不得超过2周。逾期不处理的尸体,经医疗机构所在地卫生行政部门批准,并报经同级公安部门备案后,由医疗机构按照规定进行处理。

5. 医疗事故的查处

要立即组织调查,经过分析作出结论并提出处理意见。处理意见以书面形式答复患者及其家属,同时报告上级卫生行政主管部门。对确定为医疗事故的按规定给予一次性经济补偿,对当事责任人按规定给予行政处分及经济处罚。

六、医疗事故的技术鉴定

医疗事故技术鉴定,是指由符合《条例》规定的鉴定机构及其人员,按照一定的程序,对医疗行为给患者造成的人身损害,是否构成医疗事故以及构成几级医疗事故所作出的权威性结论的过程。医疗事故技术鉴定的目的,是对医疗损害作出技术上的审定,即以事实和法律为根据,以医学科学为指导,通过调查研究和技术性处理,分析事故产生的原因以及与损害后果之间的关系,最终判明事故的性质,从而为医疗纠纷的处理与解决提供客观上的根据。医疗事故技术鉴定,无论是在医患双方协商解决和申请行政调解,还是在提起民事诉讼等不同处理方式中,都起着十分关键的作用。科学和公正的鉴定结果,是判定医疗损害行为是否属于医疗事故和医患双方所承担的责任等的基本依据。

(一)医疗事故的技术鉴定机构

按照《条例》的规定,由医学会负责医疗事故技术鉴定工作。各级医学会是具备法人资格的社会团体。医学会是依法独立享有民事权利和承担民事义务的,具有民事权利能力和民事行为能力的医学专业团体。医学会是由医学科学工作人员和医疗技术人员等按照其章程,依法登记成立的学术性、公益性和非营利性的法人社团,具备法人资格,依法开展活动的非营利性医学社会组织。医学会属于社会中介团体组织,具有很强的中立性,与任何机关和组织都不存在管理上的、经济上的、责任上的必然联系和利害关系,同时又对医疗行业十分了解,有利于保证医疗事故技术鉴定的独立性、公正性和客观性。设区的市级地方医学会,省、自治区、直辖市直接管理的县(市)地方医学会和县级市地方医学会负责组织首次医疗事故技术鉴定工作。省、自治区、直辖市地方医学会负责组织再次鉴定工作。在必要时,中华医学会可以组织疑难、复杂并在全国有重大影响的医疗事故争议的技术鉴定工作。

(二) 医疗事故技术鉴定的原则

1. 依法鉴定

是不是医疗事故,关键是看医疗行为有无违反医疗管理法律、法规、规章和诊疗护理规范、常规。专家鉴定组通过审查、调查,在弄清事实、证据确凿的基础上,综合分析患者的病情和个体差异,经过充分论证,审慎地作出相关医疗行为是否违法的结论,整个过程都应依法进行。

2. 独立鉴定

医疗事故技术鉴定本质上说是一种医学辨别与判定,它应当尊重科学,尊重事实。在独立作出鉴定结论的过程中,不应受到医患双方或任何第三方的影响或干扰,以保证鉴定结论的科学、公正与客观。

3. 实行合议制

医疗事故技术鉴定是由若干专家组成的专家鉴定组来完成的。由于医学科学本身的特殊性和复杂性,加之鉴定专家个人对疾病的认识存在着思维方式的不同,看问题的角度不同,关注的重点不同,以及可能存在的一定的认识盲点和误区,难免在鉴定过程中出现认识上的不一致,即使经过认真分析,仍可能无法达成共识。这时,法律要求在充分讨论的基础上,通过表决,以超过半数成员的意见作为鉴定结论,少数人的意见也应该记录在案。通过这种合议制最大限度地保证鉴定结论的客观与公正。

4. 当事人参与

当事人参与技术鉴定是多方面的,当事人有权选择鉴定专家,在专家库中随机抽取专家组成鉴定组,可以要求自己不信任的鉴定专家回避,有权向专家鉴定组提供相关材料,陈述意见,进行辩护,并可以就有关物品及材料要求进行技术检验。

(三) 专家鉴定组的产生

医学会要承担起医疗事故的技术鉴定工作,应依法建立"鉴定专家库"这样一个庞大的、由高级医学及相关学科专家聚集而成的专家储备库。医疗事故技术鉴定由专家组成的专家鉴定组负责进行。组成鉴定专家组的专家,由双方当事人在医学会的主持下,从医学会建立的专家库中随机编号、等量抽取,最后一名专家由医学会抽取(保证单数)。组长由组员推举或由最高专业技术职务者担任,其中涉及死因、伤残等级鉴定的,应当从专家库中随机抽取法医参加专家鉴定组。入选鉴定专家库的专家必须是依法取得相应执业资格的医疗卫生专业技术人员,应具备良好的业务素质和执业品德,并具有一定的资历和工作经验。医疗事故技术鉴定专家库,不受行政区域限制。这可以克服各个地区可能存在的技术能力的局限性,保证不同地区的专家库的实际鉴定能力和权威性,提高社会对医疗事故技术鉴定结论的信任度。

(四) 医疗事故技术鉴定过程中专家回避

医疗事故技术鉴定过程中专家回避的三种情形有：医疗事故争议当事人或者当事人的近亲属；与医疗事故争议有利害关系者；与医疗事故争议当事人有其他关系，可能影响鉴定公正的。

(五) 医疗事故技术鉴定的内容

(1) 医疗行为是否违反了医疗技术标准和规范 医疗技术标准和规范是诊疗护理的准则。遵守医疗技术标准和规范是医疗活动的基本要求，也是保证医疗质量的基本条件。

(2) 医疗过失行为与医疗事故争议的事实之间是否存在因果关系。所谓医疗过失行为，指的是违反医疗技术标准和规范的医疗行为。所谓医疗事故争议，是指患者对医疗机构的医疗行为的合法性提出争议，并认为不合法的医疗行为导致了医疗事故。

(3) 医疗过失行为在医疗事故中的责任程度。由于患者的病情轻重和个体差异，相同的医疗过失行为在造成的医疗事故中所起的作用并不相同，目前暂分为完全责任、主要责任、次要责任和轻微责任四种。

(六) 医疗事故技术鉴定的程序和提交的材料

1. 启动医疗事故技术鉴定程序的方式

启动医疗事故技术鉴定程序的方式有三种：

(1) 卫生行政部门接到医疗机构发生重大医疗过失行为的报告或医疗事故争议的当事人要求处理争议的申请后，对需要进行医疗事故技术鉴定的，由卫生行政部门移交医学会组织专家鉴定组鉴定。

(2) 医患双方协商解决医疗事故争议，需要进行医疗事故技术鉴定的，由双方当事人共同委托医学会组织专家鉴定组鉴定。

(3) 人民法院受理医患纠纷相关案件后，应当事人的请求或自行决定将涉案医疗行为委托医学会进行医疗事故的技术鉴定。

2. 医疗事故技术鉴定提交的材料

医患双方在收到医学会接受鉴定申请通知之日起 10 日内向医学会提交下列材料：

(1) 对医疗事故争议的书面陈述、申辩。

(2) 病程记录、死亡病历讨论记录、疑难病历讨论记录、会诊意见、上级医师查房记录等病历资料原件、复印件。

(3) 门诊病历、住院志、体温单、医嘱单、化验单（检验报告）、医学影像检查报告、特殊检查同意书、手术同意书、手术及麻醉记录单、病理报告单等病历资料原件、复印件。

(4) 抢救结束后补记的病历资料原件。

(5) 封存保留的输液、血液、注射剂、药物、医疗器械等实物，或者技术检验部门的检验报告。

(6) 与医疗事故技术鉴定有关的其他材料。

医学会应当自接到当事人提交的有关医疗事故技术鉴定的材料、书面陈述及答辩之日起 45 日内组织鉴定并出具医疗事故技术鉴定书。

(七) 医疗事故技术鉴定的结论

根据《条例》的规定，医疗事故技术鉴定结论是处理医疗事故争议的依据。医疗事故技术鉴定专家组应当在医疗事故技术鉴定结论中体现以下方面：

(1) 医疗行为是否违反医疗管理法律、法规、规章和诊疗护理规范、常规。
(2) 医疗过失行为与医疗事故争议的事实之间是否存在因果关系。
(3) 医疗过失行为在医疗事故中的责任程度。
(4) 医疗事故的等级。

医疗事故技术鉴定书内容一般包括：双方当事人一般情况、当事人提交的材料和医学会的调查材料、对鉴定过程的说明、双方争议的主要事项、主要分析意见、鉴定结论、对医疗事故当事人的诊疗护理医学建议和鉴定时间等。医疗事故鉴定结果及相应材料医学会应至少存档20年。

(八) 医疗事故技术鉴定的费用

根据《条例》第34条规定，鉴定费用标准由省、自治区、直辖市人民政府价格主管部门会同同级财政部门、卫生行政部门规定。各省可根据自己的情况，由物价及财政部门制定具体标准。

(九) 不受理技术鉴定的情形

根据《条例》及其相关规定，下述五种情况医学会可以不受理鉴定的委托或申请：

(1) 当事人一方直接向医学会提出鉴定申请。
(2) 医疗事故争议涉及多个医疗机构，其中一所医疗机构所在地的医学会已经受理。
(3) 医疗事故争议已经由人民法院调解达成协议或判决。
(4) 当事人已经向人民法院提起民事诉讼（司法机关委托的除外）。
(5) 非法行医造成患者身体健康损害。

七、医疗事故的行政处理与监督

1. 对发生医疗事故的医疗机构和医务人员作出行政处理

《条例》第三十五条规定，卫生行政部门应当依照本条例和有关法律、行政法规、部门规章的规定，对发生医疗事故的医疗机构和医务人员作出行政处理。

2. 卫生行政部门接到医疗机构关于重大医疗过失行为的报告后的处理

《条例》第三十六条规定，卫生行政部门接到医疗机构关于重大医疗过失行为的报告后，除责令医疗机构及时采取必要的医疗救治措施，防止损害后果扩大外，应当组织调查，判定是否属于医疗事故；对不能判定是否属于医疗事故的，应当依照本条例的有关规定交由负责医疗事故技术鉴定工作的医学会组织鉴定。

3. 发生医疗事故争议，当事人申请卫生行政部门处理的申请书

《条例》第三十七条规定，发生医疗事故争议，当事人申请卫生行政部门处理的，应当提出书面申请。申请书应当载明申请人的基本情况、有关事实、具体请求及理由等。当事人自知道或者应当知道其身体健康受到损害之日起1年内，可以向卫生行政部门提出医疗事故争议处理申请。

4. 发生医疗事故争议，当事人申请卫生行政部门处理的受理机构

《条例》第三十八条规定，发生医疗事故争议，当事人申请卫生行政部门处理的，由医疗机构所在地的县级人民政府卫生行政部门受理。医疗机构所在地是直辖市的，由医疗机构所在地的区、县人民政府卫生行政部门受理。有下列情形之一的，县级人民政府卫生行政部门应当自接到医疗机构的报告或者当事人提出医疗事故争议处理申请之日起7日内移送上一级人民政府卫生行政部门处理：① 患者死亡；② 可能为二级以上的医疗事故；③ 国务院卫生行政部门和省、自治区、直辖市人民政府卫生行政部门规定的其他情形。

5. 卫生行政部门处理医疗事故争议

《条例》第三十九至四十二条、第四十五条规定，卫生行政部门应当自收到医疗事故争议处理申请之日起10日内进行审查，作出是否受理的决定。对符合本条例规定，予以受理，需要进行医疗事故技术鉴定的，应当自作出受理决定之日起5日内将有关材料交由负责医疗事故技术鉴定工作的医学会组织鉴定并书面通知申请人；对不符合本条例规定，不予受理的，应当书面通知申请人并说明理由。当事人对首次医疗事故技术鉴定结论有异议，申请再次鉴定的，卫生行政部门应当自收到申请之日起7日内交由省、自治区、直辖市地方医学会组织再次鉴定。当事人既向卫生行政部门提出医疗事故争议处理申请，又向人民法院提起诉讼的，卫生行政部门不予受理；卫生行政部门已经受理的，应当终止处理。卫生行政部门收到负责组织医疗事故技术鉴定工作的医学会出具的医疗事故技术鉴定书后，应当对参加鉴定的人员资格和专业类别、鉴定程序进行审核；必要时，可以组织调查，听取医疗事故争议双方当事人的意见。卫生行政部门经审核，对符合本条例规定作出的医疗事故技术鉴定结论，应当作为对发生医疗事故的医疗机构和医务人员作出行政处理以及进行医疗事故赔偿调解的依据；经审核，发现医疗事故技术鉴定不符合本条例规定的，应当要求重新鉴定。《条例》第四十五条规定，县级以上地方人民政府卫生行政部门应当按照规定逐级将当地发生的医疗事故以及依法对发生医疗事故的医疗机构和医务人员作出行政处理的情况，上报国务院卫生行政部门。

6. 当事人自行协商解决医疗事故争议

《条例》第四十三条规定，医疗事故争议由双方当事人自行协商解决的，医疗机构应当自协商解决之日起7日内向所在地卫生行政部门作出书面报告，并附具协议书。

7. 人民法院调解或者判决解决医疗事故争议

《条例》第四十四条规定，医疗事故争议经人民法院调解或者判决解决的，医疗机构应当自收到生效的人民法院的调解书或者判决书之日起7日内向所在地卫生行政部门作出书面报告，并附具调解书或者判决书。

八、法律责任

1. 卫生行政部门的工作人员的法律责任

《条例》第五十三条规定，卫生行政部门的工作人员在处理医疗事故过程中违反本条例的规定，利用职务上的便利收受他人财物或者其他利益，滥用职权，玩忽职守，或者发现违法行为不予查处，造成严重后果的，依照刑法关于受贿罪、滥用职权罪、玩忽职守罪或者其他有关罪的规定，依法追究刑事责任；尚不够刑事处罚的，依法给予降级或者撤职的行政处分。

2. 卫生行政部门的法律责任

《条例》第五十四条规定,卫生行政部门违反本条例的规定,有下列情形之一的,由上级卫生行政部门给予警告并责令限期改正;情节严重的,对负有责任的主管人员和其他直接责任人员依法给予行政处分:① 接到医疗机构关于重大医疗过失行为的报告后,未及时组织调查的;② 接到医疗事故争议处理申请后,未在规定时间内审查或者移送上一级人民政府卫生行政部门处理的;③ 未将应当进行医疗事故技术鉴定的重大医疗过失行为或者医疗事故争议移交医学会组织鉴定的;④ 未按照规定逐级将当地发生的医疗事故以及依法对发生医疗事故的医疗机构和医务人员的行政处理情况上报的;⑤ 未依照本条例规定审核医疗事故技术鉴定书的。

3. 医疗机构发生医疗事故的法律责任

《条例》第五十五条规定,医疗机构发生医疗事故的,由卫生行政部门根据医疗事故等级和情节,给予警告;情节严重的,责令限期停业整顿直至由原发证部门吊销执业许可证,对负有责任的医务人员依照刑法关于医疗事故罪的规定,依法追究刑事责任;尚不够刑事处罚的,依法给予行政处分或者纪律处分。对发生医疗事故的有关医务人员,除依照前款处罚外,卫生行政部门并可以责令暂停 6 个月以上 1 年以下执业活动;情节严重的,吊销其执业证书。

4. 医疗机构违反本条例的法律责任

《条例》第五十六条规定,医疗机构违反本条例的规定,有下列情形之一的,由卫生行政部门责令改正;情节严重的,对负有责任的主管人员和其他直接责任人员依法给予行政处分或者纪律处分:① 未如实告知患者病情、医疗措施和医疗风险的;② 没有正当理由,拒绝为患者提供复印或者复制病历资料服务的;③ 未按照国务院卫生行政部门规定的要求书写和妥善保管病历资料的;④ 未在规定时间内补记抢救工作病历内容的;⑤ 未按照本条例的规定封存、保管和启封病历资料和实物的;⑥ 未设置医疗服务质量监控部门或者配备专(兼)职人员的;⑦ 未制定有关医疗事故防范和处理预案的;⑧ 未在规定时间内向卫生行政部门报告重大医疗过失行为的;⑨ 未按照本条例的规定向卫生行政部门报告医疗事故的;⑩ 未按照规定进行尸检和保存、处理尸体的。

5. 参加医疗事故技术鉴定工作的人员违反本条例的法律责任

《条例》第五十七条规定,参加医疗事故技术鉴定工作的人员违反本条例的规定,接受申请鉴定双方或者一方当事人的财物或者其他利益,出具虚假医疗事故技术鉴定书,造成严重后果的,依照刑法关于受贿罪的规定,依法追究刑事责任;尚不够刑事处罚的,由原发证部门吊销其执业证书或者资格证书。

6. 医疗机构或者其他有关机构违反本条例的法律责任

《条例》第五十八条规定,医疗机构或者其他有关机构违反本条例的规定,有下列情形之一的,由卫生行政部门责令改正,给予警告;对负有责任的主管人员和其他直接责任人员依法给予行政处分或者纪律处分;情节严重的,由原发证部门吊销其执业证书或者资格证书:① 承担尸检任务的机构没有正当理由,拒绝进行尸检的;② 涂改、伪造、隐匿、销毁病历资料的。

7. 以医疗事故为由,寻衅滋事、抢夺病历资料,扰乱医疗机构正常医疗秩序和医疗事故技术鉴定工作的法律责任

《条例》第五十九条规定,以医疗事故为由,寻衅滋事、抢夺病历资料,扰乱医疗机构正常医疗秩序和医疗事故技术鉴定工作,依照刑法关于扰乱社会秩序罪的规定,依法追究刑事责任;尚不够刑事处罚的,依法给予治安管理处罚。

思考题

1. 简述医疗纠纷的概念和分类。
2. 简述医疗纠纷的预防。
3. 简述依据《医疗纠纷预防和处理条例》的规定,医疗纠纷的解决途径。
4. 简述医疗纠纷人民调解。
5. 医疗事故的概念和构成医疗事故的构成要件有哪些?
6. 简述医疗事故的分类和等级。
7. 根据《医疗事故处理条例》的规定,不属于医疗事故的情形有哪些?
8. 简述医疗事故的技术鉴定。

参 考 文 献

[1] 斯科特·伯里斯,申卫星.中国卫生法前沿问题研究[M].北京:北京大学出版社,2005.
[2] 黄丁全.医事法[M].台北:月旦出版社股份有限公司,1995.
[3] 梁华仁.医疗事故的认定与法律处理[M].北京:法律出版社,1998.
[4] 赵敏,邓虹.医疗事故争议与法律处理[M].武汉:武汉大学出版社,2007.
[5] 杨立新.医疗损害责任研究[M].北京:法律出版社,2009.
[6] 约翰·科根,基思·赛雷特,A.M.维安.公共卫生法伦理、治理与规制[M].宋华琳,李芹,李鸽等译.南京:译林出版社,2021.

第十八章 现代医学科学技术发展及其法律规制

内容提要 现代医学科学技术的迅猛发展,给人类带来了福祉,同时也使传统的医学科学理论和社会伦理、法律思想及相关法律制度受到严重挑战。人工生殖技术、器官移植、基因技术、脑死亡在临床上的运用引发了许多社会问题。只有顺应医学科学技术的发展,及时创制相应的卫生法律,才能协调人和医学科学技术的关系,协调人和自然的关系,造福人类,促进社会进步。

重点提示 人工生殖技术 克隆人 器官移植 脑死亡 安乐死

第一节 人工生殖技术及其法律规制

一、人工生殖技术应用中的法律规定

(一) 人工生殖技术概述

人工生殖技术(Artificial Reproduction Technique)是指利用先进的仪器设备及操作技术将精子注入卵子内,以达到人工授精怀孕的目的,替代人类自然生殖的某一环节或全部过程的技术方法。它包括人工授精、体外授精和无性生殖。人类自然生殖是由男女两性性交,卵子与精子在输卵管内结合形成受精卵,受精卵在子宫内着床、宫内妊娠、分娩等步骤组成的复杂过程。然而,无论是国内还是国外,育龄男女中约有10%的人患有不育症。除了那些自愿不生育的"丁克"家庭外,婚后不育的确也是夫妻双方的遗憾,甚至影响婚姻家庭的稳定。人工生殖技术的出现,对于解决不育症和由此而引起的生理、心理、家庭和社会等问题提供了必要的手段,也为计划生育和优生优育提供了技术保障。

1. 人工授精

人工授精(Artificial Insemination)是指运用人工技术和方法收集并直接将精子注入女性子宫内,以期达到受孕成功的一种方法。人工授精按照提供的精液是否新鲜分为冻精液人工授精和鲜精液人工授精。根据精子的来源不同又可以分为夫精授精(Artificial Insemination with Husband's semen, AIH)和供精授精(Artificial Insemination with Donor's semen, AID)以及混合授精三种。如果丈夫的精子数较少,但活动度较好,可以采用夫精授精。如果丈夫的精子数太少,且无活动精子,或者丈夫患有遗传疾病不宜生育,在夫妻双方协商一致的情况下,可以采用第三者的供精授精。但是,第三者的精子要经过严格检查,在确保无传染病、性病等疾患,且血型也相配时方可使用。混合授精是指使用丈夫和捐赠者的

精子同时进行人工授精,这种方法应用于丈夫并非完全不育的情况。但医学界对此持反对意见,认为混合授精降低了捐精人工授精的有效性,而且造成孩子身份不明。由于人工授精成功率比较高,且这种方法既简便又经济,因此人工授精技术越来越被患有不孕症的家庭所接受。

国际辅助生育技术监控委员会在2018年欧洲人类生殖与胚胎学学会第34届年会上发布的报告中说,从世界上首个试管婴儿路易斯·布朗1978年7月25日在英国诞生(如今她是一个男孩的母亲),到2018年,全世界妇女通过人工授精而出生的婴儿已逾800万。人类冷冻精子库的建立,为治疗男性不育症提供了更为广泛的物质条件。然而,在肯定人工授精的社会价值和科学价值并对其推广应用的同时,我们必须关注由此而引起的传统道德观念与现行法律的碰撞。除以夫妻双方精卵结合的人工授精一般不引起法律纠纷外,其余形式均可能引起抚养、继承等法律问题。我国《婚姻法》对人工授精所生子女的法律地位并未作出明确规定,《最高人民法院关于夫妻离婚后人工授精所生子女的法律地位如何确定的复函》(〔1991〕民他字第12号)中,对在夫妻关系存续期间双方一致同意进行人工授精所生子女应视为夫妻双方的婚生子女,父母子女之间的权利义务关系适用《婚姻法》有关规定。

2. 体外授精

体外授精(In Vitro Fertilization)是指用人工方法使卵子和精子在试管内结合形成胚胎并植入子宫妊娠的一种生殖技术。用这种技术生育出来的婴儿称为"试管婴儿"。体外授精主要是解决妇女因输卵管阻塞或男子精子数量很低而造成的不孕症。试管婴儿不只是给不育夫妇带来福音,其研究本身还可能会更深刻地揭示人类遗传病的奥秘,甚至有可能引起避孕方法的革新。因此,体外授精对于开展人类胚胎学和遗传工程学的研究也具有十分重要的意义。体外授精技术是由英国罗伯特·爱德华兹首先发明。试管婴儿已遍布全球,然而,当试管婴儿在给不育夫妇带来"礼物"的同时,也给人们带来了有关他们的婚姻关系和亲缘关系应当如何规定的法律话题。受精卵和胚胎是不是人?"体外授精"是不是人体试验?浪费胚胎是不是浪费生命?胚胎的销毁是否构成杀人?冷藏的"胚胎孤儿"法律地位应当如何确定?我国对此尚无相关法律规定。据报道,美国有22个州的法律禁止胚胎研究。德国颁布的《胚胎保护法》规定禁止人胚胎研究,不允许用已死亡人的精子和卵子进行体外授精,而且除患有严重遗传疾病危险的人外,不允许提前鉴定胎儿的性别。对于胚胎的冷藏和保管,2008年,英国《人工授精和胚胎学法案》规定,配子的最长保管期为十年,胚胎保管期为五年。法国《生命科学与人权法案》规定,冷冻胚胎的保存期为五年。五年后,胚胎的亲生父母因死亡、离婚而不再成为夫妻后,必须对其进行销毁,但也可以转赠其他夫妇。世界各国法律都规定禁止商业性获取胚胎。

3. 代孕生育

代孕母亲(Surrogate Mothers)是指代人妊娠的妇女。一般是指用他人的受精卵植入自己的子宫妊娠,或用自己的卵子人工授精后妊娠,分娩后将孩子交给委托人的妇女。代孕生育是指运用夫妻自身的精子和卵子,经人工授精后请代孕母亲代为怀孕生育,或者夫妻只提供精子,借用代孕母亲的卵子授精,或采用他人的精子和卵子人工授精后,植入代孕母亲体内,在其代为生育后给付一定的报酬,也称"借腹生子"。由于"代孕生育"总是以金钱交易为基础,代孕生育在给不育夫妇带来孩子的同时,也产生了一系列相关的社会、伦理、法律问题。因供精、供卵、体外授精、代孕生育技术相结合,一个孩子可以有五个父母。两个父亲:供精者,养育者;三个母亲:供卵者、代孕母亲、养育者。那么,谁是孩子的父母?代孕生育的孩子质量如何保证？如何对"代孕母亲"进行有效监督？"代孕生育"是否把妇女看成生育的机器，是否是对妇女尊严的侵犯？各国法律又是如何规定？迄今为止，在美国委托"代孕生育"，实施"借腹生子"现象已经司空见惯。美国各州对"代孕生育"有不同的规定，有些州允许将"代孕生育"作为一种商业行为。当然，由此产生的社会问题、法律纠纷也时有发生。为此，美国新泽西、密歇根等州的法律规定以契约确定亲子关系，委托人是婴儿的法律父母；而俄亥俄等州的法律规定生育婴儿的母亲及其丈夫是婴儿的法律父母。法国、德国则禁止进行这种医疗手术。法国1992年通过的《生物伦理法律草案》规定，"代孕生育"为非法行为，那些已代人怀孕的妇女生下的孩子只能归己所有，否则要追究其法律责任。英国仅在治疗不孕症的条件下允许以此作为医疗的手段，1985年《代孕协议》法案明文规定禁止提供商业性代孕行为和刊登与代孕有关的广告行为，否则要进行刑事制裁。日本政府明确禁止"借腹生子"和"代理母亲"行为。1998年，一位曾经为一对非夫妻的男女进行了体外受精手术的医生被日本妇产科学会除名。

二、人工生殖技术的规范管理

我国人工生殖技术的研究和应用比发达国家要晚，但发展相当迅速。1983年湖南医科大学首次用冷冻精液进行人工授精获得成功，婴儿顺利诞生。1984年上海第二医学院用洗涤过的丈夫精子实行人工授精也获成功。1986年青岛医学院建立了我国第一座人工精子库。此后，湖南、上海等地也相继成立了精子库。1988年3月10日，我国首例试管婴儿（女性）在北京医科大学附属第三医院顺利诞生。1990年3月，我国第一个冷冻胚胎库在湖南医科大学建成。目前，上海、广州、哈尔滨等地开展的体外授精技术已达到世界先进水平。科学技术是一把双刃剑。人工生殖技术的临床应用在治疗不孕症、改善夫妻关系、稳定家庭关系的同时，也给相关家庭带来父母角色多元化和亲属关系混乱的阴影，使户政管理对亲子身份的认定无所适从。由于生育与婚姻分离，我国现行的计划生育管理制度也受到冲击。而在人工授精和胚胎孕育中技术操作的失误与失控，更使我国医疗卫生行政管理面临一系列的新问题。为保证我国人工生殖技术能够安全、有效和健康地发展，规范人工生殖技术的应用和管理，整顿人工生殖技术服务市场，2001年原卫生部发布了《人类辅助生殖技术管理办法》，2003年10月1日又颁布了《人类辅助生殖技术规范》《人类精子库基本标准和技术规范》和《人类辅助生殖技术和人类精子库伦理原则》。原卫生部颁布的《人类生殖技术规范》《人类精子库基本标准》《人类精子库技术规范》和《实施人类辅助生殖技术的伦理原则》同时废止。《人类辅助生殖技术管理办法》确立了我国对人类辅助生殖技术和精子库技术实行的严格准入制度，明确规定由卫生部主管全国人类辅助生殖技术应用和全国人类精子库的监督管理工作，县级以上地方人民政府卫生行政部门负责本行政区域内人类辅助生殖技术和人类精子库的日常监督和管理。

（一）实施人工生殖技术的条件和程序

（1）卫生部根据区域卫生规划、医疗需求和技术条件等实际情况，制定人类辅助生殖技术应用规划。

（2）申请开展人类辅助生殖技术的医疗机构应当符合下列条件：① 具有与开展技术相适应的卫生专业技术人员和其他专业技术人员；② 具有与开展技术相适应的技术和设备；

③ 设有医学伦理委员会;④ 符合原卫生部制定的《人类辅助生殖技术规范》的要求。

(3) 申请开展夫精人工授精技术的医疗机构,由省、自治区、直辖市人民政府卫生行政部门审查批准。申请开展供精人工授精和体外授精、胚胎移植技术及其衍生技术的医疗机构,由省、自治区、直辖市人民政府卫生行政部门提出初审意见并报卫生部审批。

(4) 批准开展人类辅助生殖技术的医疗机构应当按照《医疗机构管理条例》的有关规定,持省、自治区、直辖市人民政府卫生行政部门或者卫生部的批准证书到核发其医疗机构执业许可证的卫生行政部门办理变更登记手续。人类辅助生殖技术批准证书每两年校验一次,校验由原审批机关办理。校验合格的,可以继续开展人类辅助生殖技术;校验不合格的,收回其批准证书。

(二)我国人类辅助生殖技术的应用原则

(1) 人类辅助生殖技术的应用应当在医疗机构中进行,并以医疗为目的,符合国家计划生育政策、伦理原则和有关法律规定。

(2) 人类辅助生殖技术必须在经批准开展此项技术的医疗机构中实施,未经卫生行政部门批准任何单位和个人不得实施人类辅助生殖技术。

(3) 实施人类辅助生殖技术应当符合原卫生部制定的《人类辅助生殖技术规范》的规定。

(4) 禁止以任何形式买卖配子、合子、胚胎。

(5) 医疗机构和医务人员不得实施任何形式的代孕技术。

(6) 应当遵循知情同意原则,并签署知情同意书。涉及伦理问题的,应当提交医学伦理委员会讨论。

(7) 实施供精人工授精和体外授精、胚胎移植技术及其各种衍生技术的医疗机构应当与卫生部批准的人类精子库签订供精协议,严禁私自采精。医疗机构在实施人类辅助生殖技术时应当索取精子检验合格证明。

(8) 实施人类辅助生殖技术的医疗机构应当为当事人保密,不得泄漏有关信息。

(9) 实施人类辅助生殖技术的医疗机构不得进行性别选择,法律、法规另有规定的除外。

(10) 实施人类辅助生殖技术的医疗机构应当建立健全技术档案管理制度。供精人、人工授精医疗行为方面的医疗技术档案和法律文书应当永久保存。

(11) 实施人类辅助生殖技术的医疗机构应当对相关技术的人员进行医学业务和伦理学知识的培训。

(三)人类精子库的管理

人类精子库是以治疗不育症及预防遗传病和提供生殖保险等为目的,利用超低温冷冻技术,采集、检测、保存和提供精子的机构。

(1) 采精机构的设置。精子的采集与提供应当在经过批准的人类精子库中进行,未经批准,任何单位和个人不得从事精子的采集与提供活动。人类精子库必须设置在持有"医疗机构执业许可证"的综合性医院、专科医院或持有"计划生育技术服务执业许可证"的省级以上计划生育服务机构内,其设置必须符合《人类精子库管理办法》的规定。中国人民解放军医疗机构中设置人类精子库的,由所在省、自治区、直辖市卫生厅局或总后卫生部科技部门组织专家论证评审、审核,报国家卫生部审批。中外合资、合作医疗机构,必须同时持有卫生部批准证书和外经贸部(现商务部)颁发的"外商投资企业批准证书"。

(2) 人类精子库必须具有安全、可靠、有效的精子来源,机构内如同时设有人类精子库和开展人类辅助生殖技术,必须严格分开管理。

(3) 人类精子库必须对精液的采供进行严格管理,必须按《供精者健康检查标准》和供精者基本条件进行严格筛查,保证所提供精子的质量;并建立供精者、用精机构反馈的受精者妊娠结果及子代信息的计算机管理档案库,控制使用同一供精者的精液获得成功妊娠的数量,防止血亲通婚。

(4) 人类精子库必须具备完善、健全的规章制度,包括业务和档案管理规范、技术操作手册及人类精子采供计划书(包括采集和供应范围)等;必须定期或不定期对人类精子库进行自查,检查人类精子库规章制度执行情况、精液质量、服务质量及档案资料管理情况等,并随时接受审批部门的检查或抽查。

(5) 人类精子库必须贯彻保密原则,除精子库负责人外,其他任何工作人员不得查阅有关供精者身份的资料和详细地址。工作人员应尊重供精和受精当事人的隐私权并严格保密;除司法机关出具公函或相关当事人具有充分理由外,其他任何单位和个人一律谢绝查阅供精者的档案。确因工作需要及其他特殊原因必须查阅档案时,则必须经人类精子库机构负责人批准,并隐去供精者的社会身份资料。

(6) 人类精子库不得开展以下工作:① 不得向未取得卫生部人类辅助生殖技术批准证书的机构提供精液;② 不得提供未经检验或检验不合格的精液;③ 不得提供新鲜精液进行供精人工授精,精液冷冻保存需经半年检疫期并经复检合格后,才能提供临床使用;④ 不得实施非医学指征的、以性别选择生育为目的的精子分离技术;⑤ 不得提供两人或两人以上的混合精液;⑥ 不得采集、保存和使用未签署供精知情同意书者的精液;⑦ 人类精子库工作人员及其家属不得供精;⑧ 设置人类精子库的科室不得开展人类辅助生殖技术,其专职人员不得参与实施人类辅助生殖技术。

(四) 法律责任

未经批准擅自开展人类辅助生殖技术和设置人类精子库的非医疗机构,由县级以上人民政府卫生行政部门责令其停止执业活动,没收非法所得和药品、器械,并可以根据情节处以一万元以下的罚款。

未经批准擅自开展人类辅助生殖技术和设置人类精子库的医疗机构,根据《医疗机构管理条例》和《医疗机构管理条例实施细则》,由县级以上人民政府卫生行政部门予以警告、责令其改正,并可以根据情节处以三千元以下的罚款;情节严重的,吊销其"医疗机构执业许可证"。

开展人类辅助生殖技术和设置人类精子库的医疗机构有下列行为之一的,由省、自治区、直辖市人民政府卫生行政部门给予警告或罚款,并给予有关责任人行政处分,构成犯罪的,依法追究刑事责任:① 买卖配子、合子、胚胎的;② 实施代孕技术的;③ 使用不具有"人类精子库批准证书"机构提供的精子的;④ 擅自进行性别选择的;⑤ 实施人类辅助生殖技术档案不健全的;⑥ 经指定技术评估机构检查技术质量不合格的;⑦ 其他违反本办法规定的行为。

三、人工生殖技术婴儿的法律地位

人工生殖技术是现代医学生物科学技术发展的产物。随着维护生命和创造生命的各种科学技术日新月异,由此也编织成错综复杂的社会关系。如何确定人工生殖技术婴儿的法律地位?谁才是孩子的父母?这些均是卫生法学应当协调、规范的相关领域,作为调整人们生活中相关权利义务关系的法律规范只有与时俱进,才能适应社会的发展。

(一)夫精人工授精(AIH)婴儿

AIH所生子女与生母之夫存在着自然血亲关系,被视为婚生子女一般没有问题。但在丈夫死亡后,利用亡夫生前存于"精子银行"的冷冻精液怀孕所生子女是否具有同等的权利,现行法律没有明文规定。但《民法典》(第六编 继承)有两项原则:第一,继承人与被继承人存在配偶、子女、父母关系的,均为第一顺序的继承人,享有同等的继承权。第二,继承从被继承人死亡时开始,如果遗产分割时被继承人的遗腹子尚未出生的,应当保留胎儿的继承份额。那么,按照继承法的第一项原则用亡夫精子怀孕分娩的子女若被视为婚生子女,那么他们应享有同样的继承权;按照第二项原则,他们在其父死亡时根本不存在,就不能享有继承权。传统的继承法对夫精人工授精的遗腹子在适用时发生了碰撞。

(二)供精人工授精(AID)婴儿

20世纪50年代,当供精人工授精技术首次应用时,美国法院曾裁定妇女犯有通奸罪(即使经过丈夫同意),该婴儿的出生也是非法的。随着AID的广泛使用,法律也发生了相应的变化。1967年,美国克拉马州首次就AID出生婴儿的法律地位作了以下法律规定:凡由指定的开业医生进行的AID,并附有夫妻双方同意书而出生的婴儿具有婚生子女身份。此后,美国陆续有25个州制定了这样的专门法律。在丹麦,根据人工授精法案,在丈夫同意下出生的AID子女,具有婚生子女的身份。在法国,根据亲子关系修正案的规定,对经丈夫同意而生的AID子女也被视为夫之合法子女。英国、瑞典、澳大利亚、以色列都有类似的规定。从多数国家的发展趋势看,主张经过夫妻合意后出生的人工授精子女推定为婚生子女,与该对夫妻的关系视为亲生父母子女关系。采用AID方法出生的婴儿可以说存在两个父亲,一个是生物学(遗传学)父亲,即供精者,一个是社会学(养育者)父亲,即生母之夫。现许多国家的立法大都认定后者为合法的父亲,承担相应的权利和义务。中华人民共和国最高人民法院〔1991〕民他字第12号复函规定,通过法律规定合意进行人工授精的夫妇离婚后,养育父亲不能拒绝对AID出生子女履行抚养义务,AID出生成年子女也不能拒绝履行赡养年老、无劳动能力的养育父亲。

(三)体外授精(IVF)婴儿

AID提出谁是孩子的父亲问题同样适用于IVF,同时将同样的原则应用到卵子提供者身上,又产生了应当认定谁是婴儿的合法母亲的新问题。英国1990年的《人工授精和胚胎学》法案中规定一个由植入体内的胚胎或精子和卵子而孕育孩子的妇女应被视为该孩子的母亲而非其他妇女。所以,即便采用IVF技术出生的孩子与准备充当孩子养育父母的夫妇双方毫无遗传和血缘关系,仍应确定这对夫妇为孩子的合法父母。通过IVF所生子女是他们的婚生子女,享有婚生子女的一切权利和义务。因为孩子的遗传学父母仅仅是分别提供了精子和卵子而已。

(四) 代孕生育(ILF)婴儿

在解决卵子提供者与 ILF 婴儿法律关系的问题上,法律确定了"孕育母亲在母权确定中比遗传母亲处于优势"的原则,同时推定该妇女的丈夫为该孩子的父亲。从而解决了谁是 ILF 婴儿父亲的问题。但随着国外代理母亲的出现,这一原则又遇到法律障碍。关于"谁是代理母亲所生婴儿的父母"的确定,世界各国法律规定不尽相同,主要有三种情况:第一,以遗传学为根据确定亲子关系,这是人类在漫长的历史中一直适用的最基本原则。第二,随着 AID 和 ILF 技术的应用,遗传母亲与孕育母亲不为同一人时,则应以生者为母。第三,按契约约定确定亲子关系,如美国新泽西、密苏里等州法律规定,请人代生婴儿的夫妇,根据与代孕母亲签订的契约,为所生婴儿的养父母。

代孕母亲的出现存在以下法律争议:

(1) 代孕母亲代生婴儿的归属问题。有时代孕母亲出于母爱,舍不得将孩子给委托的夫妇;或者由于所生婴儿存在某种缺陷,双方都不愿承担该孩子的抚养责任。

(2) 存在出租子宫收取酬金的现象。代孕母亲被当作生育机器,侵犯妇女的尊严。同时婴儿被当作商品,侵犯了婴儿的人权。

(3) 有的母亲为女儿代孕,祖母为孙女代孕,导致婴儿在家庭中地位的微妙,破坏了现行的亲属关系制度,又使婚姻管理中对近亲婚配的限制处于尴尬境地。由于这些问题的存在,世界上大多数国家如法国、英国、瑞典等都明文禁止代孕行为,代生协议无效。

第二节 基因工程与无性生殖的法律规定

一、基因工程概述

(一) 基因的概念

基因是生物的遗传密码,是控制生物性状的遗传物质的功能和结构单位。它具有遗传信息的 DNA 片段,决定着生物的性状、生长与发育。"基因"一词起源于 1909 年丹麦遗传学家约翰逊所著的《科学遗传学要义》一书,其主要是用于称呼孟德尔提出的生物中控制性状的遗传因子。

20 世纪 50 年代,自美国生物学家沃森和英国生物物理学家克里克对脱氧核糖核酸(即 DNA)分子结构模型研究以来,生物科学从细胞时代进入分子生物学时代。人类对基因世界的探索和现代医学发展,已经直接或间接地探明许多疾病的发病机理,并能根据掌握的遗传学等知识,依照基因正常序列,发现其变异和缺陷,逐步做到有的放矢地诊断和治疗疾病。

(二)基因工程的概念

基因工程是指利用载体系统的重组 DNA 技术,以及利用物理或者化学方法把异源 DNA 直接导入有机体的技术,又称基因拼接技术或重组 DNA。基因工程采取类似工程设计的方法,按照人们的需要,通过一定的程序将具有遗传信息的基因,在离体条件下进行剪接、组合、拼接,再把经过人工重组的基因转入宿主细胞大量复制,并使遗传信息在新的宿主细胞或个体中高速表达,最终产生出基因产物。

(三)基因工程立法

基因工程诞生于 20 世纪 70 年代。当时,由于人类对 DNA 重组的技术前途未卜,高估了它的风险,担心终有一天人类会因此而毁灭自身。为控制基因工程发展,1976 年 6 月 23 日,美国国家卫生研究院(NIH)被授权制定并公布了世界上第一个实验室基因工程应用法规《重组 DNA 分子实验准则》。此后,联邦德国、法国、英国、日本先后在 1977—1980 年的几年间公布了类似法规。苏联、意大利、澳大利亚、巴西、墨西哥等 25 个国家也陆续起草或制定了这类法规,但其中绝大多数是以美国的《重组 DNA 分子实验准则》为蓝本。

从 1978 年开始,人们意识到基因工程技术的危险性被过分夸大,已制定的准则显得过于严厉而不利于科学技术的发展。1980 年 1 月 29 日,美国政府对《重组 DNA 分子实验准则》进行修正。此后,该准则又经过多次修改。各国政府也在实践的基础上,一次又一次地修改、放宽实验准则。1982 年以来,随着基因工程的产业化、商业化的进展,美国、日本及西欧一些国家,用基因工程生产胰岛素、合成的人生长激素、乙型肝炎疫苗、组织血纤维蛋白溶酶原激活因子以及各种干扰素进入临床试验。由此,基因工程的潜在性危害也明显增加。为了防止重组 DNA 导致不测,一些西方国家和国际组织在重组 DNA 安全操作中制定了法规。1986 年通过了《国际生物技术产业化准则》,日本、澳大利亚等国制定了更为具体的《重组 DNA 技术工业化准则》《重组 DNA 技术制造药品的准则》等。1989 年,联邦德国政府批准的《基因技术法草案》确定了国家对基因技术的监督地位。上述法规对这些国家基因工程技术的研究和应用,起到了积极的推动作用。

生物技术发展较为迅猛,生物技术立法工作也在逐步推进,《中华人民共和国专利法》《中华人民共和国环境保护法》等法律中均涉及一些生物技术的法律规定。原国家科委于 1993 年 12 月 24 日发布了《基因工程安全管理办法》,对基因工程的适用范围、安全性评价、申报审批和安全控制措施等方面作了规定。为了有效保护和合理利用我国的人类遗传资源,加强人类基因的研究与开发,促进平等互利的国际合作和交流,1998 年 9 月,经国务院批准,科学技术部、原卫生部共同制定了《人类遗传资源管理暂行办法》,2017 年 10 月科技部办公厅发布了《关于优化人类遗传资源行政审批流程的通知》。上述法律及相关办法对促进我国生物技术的研究和开发,加强基因工程工作及人类遗传资源的安全管理,保障公众和基因工程工作人员的健康,防止环境污染,维护生态平衡,都具有极其重要的意义。

二、基因诊断和基因治疗中的法律问题

(一)基因诊断

基因诊断也称 DNA 诊断、DNA 探针技术或基因探针技术,是指通过直接探查基因的存在和缺陷来对人体的状态和疾病作出判断。最早的基因诊断是 1976 年凯恩等人进行的对一名地中海贫血患者的产前诊断。经过 20 多年的发展,目前基因诊断已广泛应用于许多疾病的诊断,特别是在遗传病诊断方面成绩尤为显著,现在可以用不同途径进行基因诊断的遗传病已达上百种。随着破解人类遗传密码的辉煌进展,恶性肿瘤的神秘面纱也正在逐步被揭开。显而易见,基因诊断的医学意义是巨大的,同时它也产生了许多法律问题:被诊断出遗传病的患者是否有要求医生保密的权利? 如果医生为患者保密,是否损害了患者配偶或未来子女的利益? 如果医生泄密,影响了患者的婚姻、就业、保险和教育,医生是否应负法律责任? 由于一些通过基因诊断而查明遗传病的患者在社会上受到歧视,人们开始思考有关基因诊断的法律控制问题。因为从人权和人格尊严的角度,每个人的基因图谱是个人隐私。美国一些议员向美国议会提出了"人类基因组隐私法"法案,突出了非医疗急救和司法判案需要,遗传资料不得泄露的内容,旨在保护人的隐私,维护人的尊严。

(二)基因治疗

遗传疾病是威胁人类健康的大敌。当我们遗传了父母的眼睛、鼻子的外形基因时,也极有可能遗传了他们的高血压、糖尿病等不良基因。迄今,人类已经发现的遗传疾病共有 6000 多种,对于遗传病,仅靠普通药物是很难得到有效治疗的,而基因治疗为我们展现了光明的前景。基因疗法是改变人体活细胞遗传物质的一种医学治疗方法,即通过基因诊断出异常的基因后,用正常的基因代替异常基因,达到治疗目的。基因治疗一般分为:体细胞基因治疗、生殖细胞基因治疗、增强基因工程和优生基因工程。

1980 年,基因治疗首次用于人体。1989 年 5 月 22 日,世界上首项获准的临床基因标记试验开始进行。基因治疗作为治疗人类疾病的全新方法,得到了医学界、产业界和政府的高度重视。目前,在美国、法国、意大利、荷兰、中国已有几十个经批准的临床基因标记和治疗项目。在西方发达国家,基因治疗不仅得到政府的支持和基金导向,而且还得到企业财团的投资。在商业利益的驱动下,仅美国就有 15 家基因治疗的公司。基因治疗涉及改变人类的遗传物质,因而,也可能产生不可预知的严重后果。特别是生殖细胞基因治疗会对人类未来存在深远影响,在伦理、法律方面引发许多问题:人能否改变人? 人的尊严何在? 以什么标准来改变人? 基因治疗是一项费用高昂的医疗技术,哪些人有权享有这种技术? 还涉及人体基因是否允许买卖等。因此,目前许多国家对基因治疗采取非常审慎的态度,从法律角度对此作出调整、规范和控制。1985 年,美国公布的《基因疗法实验准则》对人类基因治疗实行有条件的开放。1993 年,我国原卫生部制定了《人的体细胞治疗和基因治疗临床研究质控要点》,强调对基因体细胞治疗的临床试验要在运作之前进行安全性论证、有效性评价和免疫学考虑,同时还应注意社会伦理影响。根据前瞻产业研究院《中国基因治疗行业市场前瞻与投资战略规划报告》,截至 2021 年 2 月,全球在 clinical trial 网站登记了 658 项基因治疗临床试验方案,其中美国 430 项,占 65.3%,位列第一,其次是欧洲 168 项,占 25.5%,中

国为 40 项,占 6.1%。

三、人类基因组计划及其相关法律规定

(一)人类基因组计划概述

人类所有的疾病,或多或少都与基因有关,只有破译基因才能破译我们生老病死的一切秘密。20 世纪 80 年代中期,美国人率先提出了测绘和排序人类基因组计划。1989 年,美国成立了国家人类基因组研究中心,1990 年正式启动。英国、日本、法国、德国和中国科学家先后加盟,六国科学家进行了广泛的科研合作。1999 年 12 月 1 日,英国《自然》(Nature)杂志发表了多国科学家合作完成的人类第 22 号染色体 DNA 核苷酸全序列测定的论文,这也是世界上公布的第一条完整的染色体上的遗传信息,被称为人类基因组计划取得的第一个突破性成果,在国际生命科学界引起了强烈反响。研究人员发现的这些基因主要与先天性心脏病、免疫功能低下、精神分裂症、智力低下、出生缺陷以及许多恶性肿瘤,如白血病等有关。此后,第 6 号、第 7 号、第 13 号、第 14 号、第 16 号、第 19 号、第 20 号、第 21 号和 Y 染色体等相继被破译分析完毕。

20 世纪,人类科学历程中有三大研究计划将永垂史册,它们分别是曼哈顿原子弹计划、阿波罗登月计划和被誉为"生命科学登月计划"的人类基因组计划。人类第 1 号染色体的基因测序图是人类"生命之书"中最长、也是最后被破译的一章,它的破译完成为人类基因组计划 16 年来的努力画上了一个圆满的句号。2003 年 4 月 14 日,美国、英国、日本、法国、德国与中国六国科学家参与的、历经 13 年、被誉为"生命科学登月计划"的人类基因组计划完成了对 30 亿个碱基对的测序工作,覆盖了人类基因的 99%——另外 1% 目前无法测序。英美科学家在 2006 年 5 月 18 日出版的《自然》上报告,人类最后一个染色体,也是破译难度最大的一个染色体——1 号染色体的基因测序完成。该测序确定出人类 1 号染色体中的 3141 个基因,在破译过程中,至少发现了 1000 个新基因。这标志着历时 16 年的人类基因组计划宣告完成。

"后基因组时代",基因芯片和基因工程技术将被广泛地使用在医学科学中,给医学科学的发展带来一场深刻的革命,同时医学科学也将面临着前所未有的冲突和抉择。充分认识这些问题,毫无疑问为医学发展带来了新希望。以贺福初院士为首席科学家的"中国人类蛋白质组计划"(CNHPP)攻下了第一座精准医学城池,成功构建迄今国际上质量最高、规模最大的人类第一个器官——肝脏蛋白质组的表达谱、修饰谱、连锁图及其综合数据库;首次实现人类组织与器官转录组和蛋白质组的全面对接;在炎症诱发肿瘤等方面,发现一批针对肝脏疾病、恶性肿瘤等重大疾病的潜在药靶、蛋白质药物和生物标志物。这是中国十余年蛋白质组研究成果的具体展示,是蛋白组学驱动精准医学的曙光初现。"这项计划,是以中国重大疾病的防治需求为牵引,发展蛋白质组研究相关设备及关键技术,绘制人类蛋白质组生理和病理精细图谱、构建人类蛋白质组'百科全书',为提高重大疾病防诊治水平提供有效手段和中国生物医药产业发展提供原动力。"贺福初说,"我们首先看重科学价值,其次才是经济效益,因为这是真正的原始创新,是中国能够引领世界科技发展的重要领域之一。"有科学家预言,之后的 10—20 年内,基因医学将进入黄金时代。

人类基因组计划是人类认识自身,揭开生命奥秘,奠定 21 世纪医学、生物学发展基础的

重大工程,其研究成果将对生命科学、人类健康、伦理道德、社会行为和相关产业产生极其深刻的影响。为了防止人类基因技术在使用中发生偏移与失控,1997年11月11日,联合国教科文组织在第二十九届会议上一致通过了《世界人类基因组与人权宣言》,确立了以下四项基本原则:① 维护人类的尊严与平等;② 科学家研究自由;③ 促进人类和谐;④ 加强国际合作。这充分反映了"人类基因组计划"可能对科学、经济、伦理、法律及社会方方面面的影响和讨论这些问题的迫切性和严肃性。

(二) 我国人类遗传资源的管理原则

我国人口众多,有56个民族和诸多遗传隔离人群,形成了丰富的人类遗传资源,是研究人类基因组多样性和疾病易感性的不可多得的材料。但由于管理上的问题,在这一珍贵资源的采集、研究、开发中存在盲目、无序、流失的现象。为了加强人类遗传资源的管理,科学技术部、原卫生部联合制定了《人类遗传资源管理暂行办法》,2017年10月科学技术部办公厅发布了《关于优化人类遗传资源行政审批流程的通知》,通知指出,为获得相关药品和医疗器械在我国上市许可,利用我国人类遗传资源开展国际合作临床试验的实行优化审评的流程,凡涉及我国人类遗传资源的采集、收集、研究、开发、买卖、出口、出境等活动,都必须遵守管理办法的规定,这是将我国人类遗传资源管理和人类基因研究开发纳入法制轨道的重要举措。

1. 分级管理,统一审批

国家对人类遗传资源实行分级管理,统一审批制度。办法规定对重要遗传家系和特定地区遗传资源实行申报登记制度,发现和持有重要遗传家系和特定地区遗传资源的单位或个人,应及时向有关部门报告。未经许可,任何单位和个人不得擅自采集、收集、买卖、出口、出境或以其他形式对外提供。

2. 管理机构

科技部和原卫生部(现卫健委)共同负责管理全国人类遗传资源,联合成立中国人类遗传资源管理办公室,负责日常工作。中国人类遗传资源管理办公室聘请有关专家组成专家组,参与拟订研究规划,协助审核国际合作项目,进行有关的技术评估和提供技术咨询。

3. 国际合作项目的申报程序

凡涉及我国人类遗传资源的国际合作项目,应经批准后签约。具体申报程序是:由中方合作单位填报申请书并附合同文本草案、人类遗传资源材料提供者及其亲属的知情同意证明等有关材料,中央所属单位按隶属关系报国务院有关部门,非中央所属单位报所在地的地方主管部门,经上述部门初步审查同意后,向中国人类遗传资源管理办公室提出申请。

4. 知识产权的处理

我国研究开发机构对于我国境内的人类遗传资源信息,包括遗传家系和特定地区遗传资源及其数据、资源、样本等,享有专属持有权。获得上述信息的外方合作单位和个人未经许可不得公开、发表、申请专利或以其他形式向他人披露。有关人类遗传资源的国际合作项目应当在遵循平等互利、诚实信用、共同参与、共享成果的原则基础上处理知识产权归属。合作研究开发成果属于专利保护范围的,应由双方共同申请专利,专利权归双方所有;合作研究开发产生的其他科技成果,其使用权、转让权和利益分享办法应由双方通过合作协议确定,所获利益按双方贡献大小分享。

5. 法律责任

有关单位和个人违反人类遗传资源管理办法的规定,视情节轻重,给予行政处罚甚至追究法律责任。

四、无性生殖

(一) 无性生殖的概念

无性生殖,也称为"克隆"(Clone),是指生物体没有阴阳结合过程,而是由同一个"祖先细胞"通过分裂方式繁殖而形成纯细胞系。简言之,克隆就是生命的全息复制。"克隆"一词于 1903 年被引入园艺学,以后逐渐应用于植物学、动物学和医学等方面。自然情况下的无性繁殖,在植物和低等动物的繁殖中屡见不鲜。但利用"克隆"技术进行高等动物的繁殖,起源于 20 世纪 50 年代。英国科学家运用"克隆"技术,成功地繁殖出一种两栖动物,揭开了细胞生物学的新篇章。20 世纪 90 年代后期,英国、美国、中国等国科学家先后利用胚胎细胞为供体,"克隆"出了老鼠、兔子、山羊、牛和猪等哺乳动物。1997 年 2 月 23 日,英国的克隆羊"多利"问世,由此引发了一场如何看待克隆技术的全球性争论。1998 年,科学家使用取自同一只成年老鼠身上的细胞克隆出数代,共 50 多只老鼠。同年,源自同一头成年奶牛的 8 头克隆小牛诞生。2000 年使用成年动物体细胞克隆猪和山羊成功。2001 年,使用成年动物体细胞克隆猫和兔子成功。2005 年 8 月 8 日,中国第一头供体细胞克隆猪诞生。

(二) 克隆人引发的法律问题

克隆技术给人类带来的是祸是福?人类是否应该通过法律禁止克隆人的出现?对此,有两种观点。主张禁止的观点认为:生殖崇拜是人类的一个古老情结,有性繁殖是高等生物繁衍生命的自然规律。克隆人以无性繁殖代替有性繁殖,这一程式化的制造人的生命方式是传统和现行生殖观念所不能接受的。因为克隆人将给社会带来以下危害:① 造成人种退化;② 冲击法律观念;③ 带来社会动荡;④ 诱发社会失控。另一种观点认为:发现和发明是科学发展的动力。人类最终将会承认创设人的生命的方式不止有性繁殖一种,应该允许无性繁殖作为一种补充方式。两种方式所创造出来的都是人的生命,同样是神圣的。克隆技术对人类的危害可以通过法律对人体的克隆试验研究阶段和克隆人的诞生阶段加以规范和控制。

人的生命复制或无性生殖问题,不同于克隆技术在医学、农业等领域的运用,它将使人类面临巨大的伦理和法律挑战。

第一,从法律上讲,每个人都有自己的尊严和价值。如果允许用克隆的方法在实验室内去复制人或者大批复制同一个人,人的尊严、价值和权利又从何体现?

第二,从家庭法律关系来说,任何人的出生或诞生都在其家庭关系乃至社会关系中具有明确的法律身份和地位。作为克隆人同样不能例外,应当确认其法律身份,且标准应是同一的。但是,人的复制完全违背了人类生育和人类亲亲关系的基本准则。它不仅完全改变了人类自然的通过男女结合的生育方式,而且使"亲亲关系是一种以婚姻和血缘为纽带的社会关系"的概念发生根本动摇。

第三,人的死亡是一个法律事实,一旦死亡,生命便不复存在。克隆人却产生这样一个法律问题:死人是否可以复制?复制的人是否是死去的人的延续?如果可以的话,死人的复制会使正常的或法律上的生与死的概念发生动摇与混乱。

因此,克隆人设想在全球遭到抵制。1997年11月1日,联合国教科文组织在巴黎通过了指导基因研究的道德准则性文件《世界人类基因组与人权宣言》,要求禁止克隆人等"损害人类权利和尊严的科研行为"。在日内瓦举行的第55届世界卫生大会通过的决议中严格禁止运用无性繁殖技术复制人类这一违背人的尊严和道德的行为。1998年1月12日,法国、丹麦、芬兰等19个欧洲国家在巴黎签署了《禁止克隆人协议》,禁止用任何技术创造与任何生者或死者基因相似的人。1998年1月20日,美国生殖医学会宣布,他们草拟了一份禁止克隆人试验的法律文本。与此同时,统管美国医药研究的美国食品和药物管理局表示,他们拥有管制克隆人研究的权力。当时美国总统克林顿也敦促国会通过一项在5年内禁止克隆人研究的决议。但是,英国2001年通过《人类胚胎学法案》,从法律上批准了治疗性的克隆人类胚胎研究,使英国成为世界上第一个立法批准克隆人类胚胎的国家。但按照这项法律,研究者要进行试验,必须取得政府颁发的执照。纽卡斯尔大学在2003年就提出了申请,2004年获得批准。尽管英国允许以医疗为目的的克隆人类胚胎研究,但用于生殖目的的克隆人类胚胎研究,也就是俗称的"克隆人",在这个国家仍然是非法的。在英国之后,韩国、日本等也相继立法允许治疗性克隆研究。但在世界多数国家,是否允许克隆人类胚胎的研究,还是一个有争议的话题。

在我国,克隆技术也引起了社会各界的重视。2001年7月,面对全人类都普遍关心的克隆人的社会、伦理、道德等问题,中法两国的生物学家、法学家、医学家、社会学家和哲学家决定联手合作,共同探讨研究对克隆人的立法,旨在为两国政府进行克隆人立法提出建议。2002年2月26日,在联合国关于反对克隆人国际公约特设委员会举行的会议上,中国代表陈旭表示中国作为共同提案国积极支持尽早制定《禁止生殖性克隆人国际公约》。2002年3月,第九届全国人大五次会议的代表们纷纷对克隆人问题表示关注,支持有关禁止生殖性克隆人的国际公约的早日面世。2003年12月24日科技部和原卫生部颁发了《人胚胎干细胞研究伦理指导原则》,也是我国关于克隆技术的专门规范。

克隆技术是人类科学技术史上的一大进步,具有突破性的意义。我国虽然禁止开展克隆人的研究,但主张支持和保护科学家采用克隆技术探讨医学领域中的重大课题,也就是将治疗性克隆和生殖性克隆加以区别。我国对任何人以任何形式开展克隆人研究的态度是:不赞成、不支持、不允许、不接受。因为目前克隆哺乳动物试验虽然已有突破,但还很不成熟,盲目开展会造成不可估量的后果。即使技术成熟后,克隆人也存在法律上和伦理上的难题。为此,我们必须预先制定相关法律,避免真的有一天一个克隆人站在人们面前,所有的人都不知所措。目前,国家人类基因组南方研究中心的伦理、法律与社会问题研究部着重对我国遗传服务领域的伦理规范和准则、知情同意书的标准化、我国人类基因组资源保护和知识产权、治疗性克隆的伦理学问题、对复杂的遗传疾病基因服务伦理问题、人类基因多样性及其伦理等六个方面进行深入研究,探讨克隆人的法律、社会与伦理问题。

第三节 器官移植现状及法律规定

一、器官移植的概述

(一) 器官移植的概念

器官移植(Organ Transplantation)是指通过手术等方法,替换某些个体体内已损伤的、病态的或者衰竭的器官使本来难以康复的患者得以康复,以挽救垂危的生命。理论上,器官移植分为三大类:自体移植、同种移植和异种移植。临床上,器官移植包括脏器移植、组织移植和细胞移植三种类型。这三种类型不仅实施条件与难度相差甚远,而且在涉及伦理、法律上也有重大差别。由于脏器移植是当今器官移植的主体,且由于自体移植和异种移植不涉及供体权利的转移,较少发生法律问题。所以这里所讨论的器官移植仅指同种异体移植。

器官移植的设想早在古希腊时代已产生,但直到20世纪才成为现实。1902年,卡雷尔和古斯里发展了血管缝合技术,开始了器官移植技术的临床应用。此后,美国、苏联和一些欧洲国家相继进行过一些肾移植手术,均因无法解决人体免疫排斥反应而失败。1954年,第一例同卵双生子之间肾移植在美国波士顿一家医院获得成功,从而为器官移植带来了新的曙光。由于新的免疫抑制药物的研制和应用,组织配型能力的提高以及外科手术的改进,器官移植取得很大成就。1963年首例肝移植、1967年首例心脏移植等,一次次轰动世界。除了神经系统以外,医学技术几乎对人体内所有器官和组织都可以移植,目前,我国心脏、肾脏移植术后生存率居国际前列。比如肝脏移植,术后生存率一年达到92.5%,三年达到89.3%;心脏移植术后一年生存率达到90.8%;肾脏移植术后三年生存率大于95.6%。此外,活体肝脏移植术后受者的累计生存率也处于国际先进水平。

(二) 器官移植的意义

器官移植技术使许多本来难以康复的患者得以康复,使患有不治之症的患者有了生的希望和可能。现在全世界由于器官移植手术而重获生命的人已有50余万人。中国已初步建立人体器官捐献与移植工作体系,中国器官移植发展基金会发布的《中国器官移植发展报告(2015—2018)》显示,自2015年1月1日至2018年12月31日,中国公民逝世后器官捐献累计完成18294例,其中,2018年完成器官捐献6302例,位居世界第二位。每百万人口器官捐献率从2015年的2.01上升至2018年的4.53。为了肯定这一医学成就给人类带来的贡献,1990年诺贝尔生理学或医学奖授予了1954年首例肾移植医生默奥和20世纪60年代中期首例骨髓移植医生托马斯,此后又有两位从事人体器官移植研究的科学家获诺贝尔奖。

器官移植可以使有限的卫生资源发挥更大作用。以肾移植为例,目前费用虽然较高,但与维持晚期肾衰竭患者生命的长期透析相比则经济得多,而且患者又可在相当程度上恢复正常的工作和生活,继续为社会创造财富。1985年,美国国家卫生研究所对器官移植的经济和社会效益作了深刻的对比。研究认为虽然国家为器官移植花费巨大,但与过去对脑死亡患者盲目无效的高达数亿美元的巨耗相比,费用却非常低。可见,器官移植的社会意义是显而易见的。

二、国外相关法律规定

器官移植的法律问题大致包括:供体的来源和采集;器官的法律地位和性质;受体手术后的身份;异种器官移植;脑移植;人工器官等。为了解决供体来源,国外许多国家用法律进行了一系列的规范,大致分为以下三类。

(一)自愿捐献

自愿捐献是指死者生前自愿或其家属自愿将死者器官捐献给受体。它采用完全主动自愿和知情同意(经宣传后同意决定捐献)两种原则。无论是完全自愿还是知情同意,都必须在真实的自愿基础上,如果死者生前明确表示死后不愿捐献器官,则他人无权摘除其器官。美国1968年通过的《统一组织捐献法》中规定:① 超过18岁的个人可以捐献他身体的全部或一部分用于教学、研究、治疗或移植;② 死者生前未作出捐献声明,也没有足够证据证明其反对的,其近亲属有权作出捐赠表示;③ 如果死者生前已作出捐赠表示的,亲属或其他人除法律允许的特殊原因外,不得取消。

对于采集活体器官,许多国家的法律规定:① 必须优先考虑供体利益,并预料对供体的健康不会发生损害;② 该器官的移植足以挽救受体的生命或足以恢复或改善受体的健康状况;③ 没有任何第三者压力,知情同意是必经程序;④ 供体必须是已达法定年龄的成年人。

(二)推定同意

推定同意是指法律规定公民在生前未作出不愿意捐出器官表示的,都可被视为是同意捐献器官者,由政府授权的医务人员从尸体中采集所需组织和器官。推定同意原则是针对人口中大多数既未表示同意,又未表示反对的人提出的。有以下两种:

1. 医师推定同意

医师推定同意是死者生前未表示反对捐献器官,医生就可推定其同意捐献而不必考虑亲属的意愿。法国、匈牙利、奥地利、瑞士、丹麦、新加坡等国采取了这种做法。1987年新加坡颁布的《人体器官移植法》规定:所有新加坡公民和在新加坡长期居住的居民,年龄在21~60岁之间,在意外事件丧生后,如果死者生前没有不愿捐出肾脏表示的,都可推定为自愿捐赠者。采取这种方式既能大大增加可用于移植的器官的数量,又可避免因征求家属意见延误时间而影响移植质量。

2. 亲属推定同意

亲属推定同意要求医师在明确死者亲属无反对意见,同意捐献尸体或器官时才可实施,其优点是避免死者家属诉讼。芬兰、希腊、瑞典、挪威等国的法律均采用了这种形式。

(三)器官商业化

器官商业化是指把病人与科学研究所需要的器官作为商品,同时以经济运行方式作为准则,建立器官交易市场。由于可供移植的器官严重供不应求,刺激并引发了商业化行为。曾一度出现器官捐赠者变相收费和医生收取介绍器官捐献者费用的事件。1983年,美国一名医生成立"国际肾脏交易所"以购买穷人的肾脏。这些买卖或变相买卖人体器官的做法是贫富两种截然相反的利益选择,受到了公众舆论的普遍谴责。有钱人买器官进行移植受益,穷人迫于贫困出卖器官,甚至损害生命。医学科学技术的发展给社会带来了新的不公正倾向,因此,世界卫生组织呼吁制定一个有关人体器官交易的全球性禁令,并敦促其成员国制定限制人体器官交易的法律,以保证医学科学研究及应用的正常秩序。2010年5月21日第63次世界卫生大会上WHA63.22决议通过的《世卫组织人体细胞、组织和器官移植指导原则》规定,细胞、组织和器官应只接受自愿捐赠,没有任何金钱报酬或具有金钱价值的补偿。

三、我国器官移植立法

(一) 我国器官移植立法

器官移植立法涉及生命科学的发展、国家的文明水平和人民群众的健康,也反映了社会的伦理选择和国家法制建设的进程。我国器官移植始于20世纪50年代,与国外相比起步较晚但发展较快,迄今为止,已开展了28种同种异体器官移植。肾移植达世界先进水平,胰岛移植、血管全脾移植、胚胎器官移植等处于国际领先地位。国家卫生健康委员会医政医管局监察专员郭燕红表示,近几年我国器官捐献和移植数量大幅提升。2015—2018年,我国每年完成器官捐献分别为2766、4080、5146、6302例,增长迅速。2018年捐献数量居世界第二位,同年,实施器官移植手术量突破2万例,手术量同样居世界第二位。尽管如此,我国器官移植特别是大器官移植与发达国家相比,在移植例数、存活时间、生存质量上都有较大差距。究其原因,并不完全在于技术、药物等方面,关键在于供体的匮乏与质量低下和法律规范的缺失。全国人大代表在人代会上多次呼吁必须加快器官移植的立法,否则,"没有规矩"的器官移植将带来众多法律、道德、伦理的难题。"眼球丢失案"的发生表明我国器官移植立法已迫在眉睫。同时,我国关于遗体捐赠方面的立法也不完善,遗体捐赠体系的不健全,又使许多愿意在死后捐赠遗体的人捐赠无门,加剧了供体的缺乏。早在1999年,第九次全国医学伦理学术年会讨论通过的《器官移植伦理原则》成为我国关于器官移植的第一个伦理性文件。该文件明确提出了我国器官移植的九大基本原则,规范了有关器官移植的道德行为,对推动我国关于器官移植的立法,进而保障和促进我国器官移植工作的健康发展都具有极为重要的意义。《人体器官移植条例》已于2007年3月21日国务院第171次常务会议通过并公布,2007年5月1日起施行。

(二)《人体器官移植条例》的主要内容

《人体器官移植条例》共五章三十二条。

第一章总则,规定了立法的宗旨、适用对象、主管机关、基本原则等。

第二章人体器官的捐献,主要规定了人体器官捐献应当遵循自愿、无偿的原则,公民享有捐献或者不捐献其人体器官的权利;任何组织或者个人不得强迫、欺骗或者利诱他人捐献人体器官。捐献人体器官的公民应当具有完全民事行为能力。公民捐献其人体器官应当有书面形式的捐献意愿,对已经表示捐献其人体器官的意愿,有权予以撤销。公民生前表示不同意捐献其人体器官的,任何组织或者个人不得捐献、摘取该公民的人体器官;公民生前未表示不同意捐献其人体器官的,该公民死亡后,其配偶、成年子女、父母可以以书面形式共同表示同意捐献该公民人体器官的意愿。任何组织或者个人不得摘取未满18周岁公民的活体器官用于移植。活体器官的接受人限于活体器官捐献人的配偶、直系血亲或者三代以内旁系血亲,或者有证据证明与活体器官捐献人存在因帮扶等形成亲情关系的人员。

第三章人体器官的移植,有如下规定:

(1) 医疗机构从事人体器官移植,应当依照《医疗机构管理条例》的规定,向所在地省、自治区、直辖市人民政府卫生主管部门申请办理人体器官移植诊疗科目登记。医疗机构从事人体器官移植,应当具备下列条件:① 有与从事人体器官移植相适应的执业医师和其他医务人员;② 有满足人体器官移植所需要的设备、设施;③ 有由医学、法学、伦理学等方面专家组成的人体器官移植技术临床应用与伦理委员会,该委员会中从事人体器官移植的医学专家不超过委员人数的四分之一;④ 有完善的人体器官移植质量监控等管理制度。

(2) 省、自治区、直辖市人民政府卫生主管部门进行人体器官移植诊疗科目登记,除依据本条例第十一条规定的条件外,还应当考虑本行政区域人体器官移植的医疗需求和合法的人体器官来源情况。省、自治区、直辖市人民政府卫生主管部门应当及时公布已经办理人体器官移植诊疗科目登记的医疗机构名单。

(3) 已经办理人体器官移植诊疗科目登记的医疗机构不再具备本条例第十一条规定条件的,应当停止从事人体器官移植,并向原登记部门报告。原登记部门应当自收到报告之日起2日内注销该医疗机构的人体器官移植诊疗科目登记,并予以公布。

(4) 省级以上人民政府卫生主管部门应当定期组织专家根据人体器官移植手术成功率、植入的人体器官和术后患者的长期存活率,对医疗机构的人体器官移植临床应用能力进行评估,并及时公布评估结果;对评估不合格的,由原登记部门撤销人体器官移植诊疗科目登记。具体办法由国务院卫生主管部门制定。

(5) 医疗机构及其医务人员从事人体器官移植,应当遵守伦理原则和人体器官移植技术管理规范。

(6) 实施人体器官移植手术的医疗机构及其医务人员应当对人体器官捐献人进行医学检查,对接受人因人体器官移植感染疾病的风险进行评估,并采取措施,降低风险。

(7) 在摘取活体器官前或者尸体器官捐献人死亡前,负责人体器官移植的执业医师应当向所在医疗机构的人体器官移植技术临床应用与伦理委员会提出摘取人体器官审查申请。人体器官移植技术临床应用与伦理委员会不同意摘取人体器官的,医疗机构不得作出摘取人体器官的决定,医务人员不得摘取人体器官。

(8) 人体器官移植技术临床应用与伦理委员会收到摘取人体器官审查申请后,应当对下列事项进行审查,并出具同意或者不同意的书面意见。① 人体器官捐献人的捐献意愿是否真实;② 有无买卖或者变相买卖人体器官的情形;③ 人体器官的配型和接受人的适应证是否符合伦理原则和人体器官移植技术管理规范。经三分之二以上委员同意,人体器官移植技术临床应用与伦理委员会方可出具同意摘取人体器官的书面意见。

(9) 从事人体器官移植的医疗机构及其医务人员摘取活体器官前,应当履行下列义务:① 向活体器官捐献人说明器官摘取手术的风险、术后注意事项、可能发生的并发症及其预防措施等,并与活体器官捐献人签署知情同意书;② 查验活体器官捐献人同意捐献其器官的书面意愿、活体器官捐献人与接受人存在本条例第十条规定关系的证明材料;③ 确认除摘取器官产生的直接后果外不会损害活体器官捐献人其他正常的生理功能。从事人体器官移植的医疗机构应当保存活体器官捐献人的医学资料,并进行随访。

(10) 摘取尸体器官,应当在依法判定尸体器官捐献人死亡后进行。从事人体器官移植的医务人员不得参与捐献人的死亡判定。从事人体器官移植的医疗机构及其医务人员应当尊重死者的尊严;对摘取器官完毕的尸体,应当进行符合伦理原则的医学处理,除用于移植的器官以外,应当恢复尸体原貌。

(11) 从事人体器官移植的医疗机构实施人体器官移植手术,除向接受人收取下列费用外,不得收取或者变相收取所移植人体器官的费用。① 摘取和植入人体器官的手术费;② 保存和运送人体器官的费用;③ 摘取、植入人体器官所发生的药费、检验费、医用耗材费。前款规定费用的收取标准,依照有关法律、行政法规的规定确定并予以公布。

(12) 申请人体器官移植手术患者的排序,应当符合医疗需要,遵循公平、公正和公开的原则。具体办法由国务院卫生主管部门制定。

(13) 从事人体器官移植的医务人员应当对人体器官捐献人、接受人和申请人体器官移植手术的患者的个人资料保密。

(14) 从事人体器官移植的医疗机构应当定期将实施人体器官移植的情况向所在地省、自治区、直辖市人民政府卫生主管部门报告。具体办法由国务院卫生主管部门制定。

第四章法律责任,主要规定了:

(1) 违反本条例规定,构成犯罪,应依法追究刑事责任的情形:① 未经公民本人同意摘取其活体器官的;② 公民生前表示不同意捐献其人体器官而摘取其尸体器官的;③ 摘取未满18周岁公民的活体器官的。

(2) 违反本条例规定,买卖人体器官或者从事与买卖人体器官有关活动的,由设区的市级以上地方人民政府卫生主管部门依照职责分工没收违法所得,并处交易额八倍以上十倍以下的罚款;医疗机构参与上述活动的,还应当对负有责任的主管人员和其他直接责任人员依法给予处分,并由原登记部门撤销该医疗机构人体器官移植诊疗科目登记,该医疗机构三年内不得再申请人体器官移植诊疗科目登记;医务人员参与上述活动的,由原发证部门吊销其执业证书。国家工作人员参与买卖人体器官或者从事与买卖人体器官有关活动的,由有关国家机关依据职权依法给予撤职、开除的处分。

(3) 医疗机构未办理人体器官移植诊疗科目登记,擅自从事人体器官移植的,依照《医疗机构管理条例》的规定予以处罚。实施人体器官移植手术的医疗机构及其医务人员违反本条例规定,未对人体器官捐献人进行医学检查或者未采取措施,导致接受人因人体器官移植手术感染疾病的,依照《医疗事故处理条例》的规定予以处罚。从事人体器官移植的医务人员违反本条例规定,泄露人体器官捐献人、接受人或者申请人体器官移植手术患者个人资料的,依照《执业医师法》或者国家有关护士管理的规定予以处罚。违反本条例规定,给他人造成损害的,应当依法承担民事责任。违反本条例第二十一条规定收取费用的,依照价格管理的法律、行政法规的规定予以处罚。

(4) 医务人员有下列情形之一的,依法给予处分;情节严重的,由县级以上地方人民政府卫生主管部门依照职责分工暂停其六个月以上一年以下执业活动;情节特别严重的,由原发证部门吊销其执业证书:① 未经人体器官移植技术临床应用与伦理委员会审查同意摘取人体器官的;② 摘取活体器官前未依照本条例第十九条的规定履行说明、查验、确认义务的;③ 对摘取器官完毕的尸体未进行符合伦理原则的医学处理,恢复尸体原貌的。

(5) 医疗机构有下列情形之一的,对负有责任的主管人员和其他直接责任人员依法给予处分;情节严重的,由原登记部门撤销该医疗机构人体器官移植诊疗科目登记,该医疗机构3年内不得再申请人体器官移植诊疗科目登记：① 不再具备本条例第十一条规定条件，仍从事人体器官移植的；② 未经人体器官移植技术临床应用与伦理委员会审查同意，做出摘取人体器官的决定，或者胁迫医务人员违反本条例规定摘取人体器官的；③ 有本条例第二十八条第二项、第三项列举的情形的。医疗机构未定期将实施人体器官移植的情况向所在地省、自治区、直辖市人民政府卫生主管部门报告的，由所在地省、自治区、直辖市人民政府卫生主管部门责令限期改正；逾期不改正的，对负有责任的主管人员和其他直接责任人员依法给予处分。

（6）从事人体器官移植的医务人员参与尸体器官捐献人的死亡判定的，由县级以上地方人民政府卫生主管部门依照职责分工暂停其六个月以上一年以下执业活动；情节严重的，由原发证部门吊销其执业证书。

（7）国家机关工作人员在人体器官移植监督管理工作中滥用职权、玩忽职守、徇私舞弊，构成犯罪的，依法追究刑事责任；尚不构成犯罪的，依法给予处分。

第五章附则，规定了条例自2007年5月1日起施行。

第四节 脑死亡的法律思考

一、死亡的概念

死亡是自然人和生物生命活动的终止，是人和生物必须经历的客观现象。自然人的死亡同他（她）的出生、成长一样既司空见惯，又不是完全孤立的个体事件。因此，科学地、准确地确定一个人的死亡时间，在医学上、法律上都具有极为重要的现实意义。

人的生命活动的表现形式很多，其中呼吸和心跳是最容易观察和测定的两种方式。因此，自古以来，死亡标准长期被心肺功能停止的传统观念所垄断。我国两千多年前的《黄帝内经》称："脉短、气绝，死。"《中国大百科全书》中死亡的定义是：自然人生命的终止，人体生理机能逐渐衰减以至完全停止的过程。20世纪50年代美国著名的《布莱克法律词典》将死亡定义为："血液循环完全停止，呼吸、脉搏停止。"然而，20世纪五六十年代以来，现代医学在抢救心跳、呼吸骤停以及心脏移植技术方面有了突飞猛进的发展。人工心脏救护设备和人工呼吸机的使用，可以使那些心跳、呼吸停止数小时乃至十余小时的患者"起死回生"。一些患者可以通过人工起搏器和人工呼吸维持血液循环和大脑供氧，甚至移植心脏。1967年，南非医师实施心脏移植手术成功，从而打破了心脏功能丧失可导致整个机体死亡的常规。据统计，迄今为止，全世界已开展了超过10万例心脏移植手术，每年全球300多个心脏移植中心有4000例心脏病患者接受心脏移植，并取得了较好的临床效果。由于心肺功能的可替代性，使其失去了作为死亡标准的权威性器官的地位。相反，在脑死亡的情况下，患者心肺功能的维持只不过是死亡过程的延长而已。越来越多医学科技的受益者靠人工心肺系统、静脉给氧等医疗措施维持着心跳和呼吸，既占据昂贵的医疗设备消耗宝贵的医疗资源，又使其亲属承受经济上和精神上的负担。人们不禁要问：一个没有自主意识，没有自主性呼吸和心跳，靠人工设备维持的生命是否能算是人的生命？同时还产生了更为棘手的法律问题:医师何时能停止对患者的抢救与治疗?何时能摘取供体器官?造成他人不可逆性昏迷是构成"杀人罪"还是"伤害罪"?如何确定人的死亡时间?由此,把心肺功能作为生命最本质的特征和死亡的传统判断标准受到了现代生物医学发展的挑战。于是,人们开始对死亡的定义和标准重新认识,一种被医学界认为更加科学的脑死亡概念和脑死亡标准应运而生。

二、脑死亡的概念与标准

(一)脑死亡的概念

脑死亡是指包括大脑、小脑、脑干在内的全部机能完全而不可逆的停止,即全脑死亡。脑死亡原发于脑组织严重外伤或脑的原发性疾病,其特征是脑功能不可逆地全部丧失,它同心跳和呼吸停止一样,是自然人生命现象的终止,是个体死亡的一种类型。

现代医学研究表明:死亡并不是瞬间来临的事件,而是一个物质变化的过程,同样也有着从量变到质变的规律。因此,世界各国医学专家已达成一个共识:死亡是一个"过程",而不是一个"点"。即在死亡的过程中,人的机体的新陈代谢分解大于合成,组织细胞的破坏大于修复,各种脏器功能的丧失大于重建。一旦脑死亡确定,决定了机体各种器官在不久的将来必定出现死亡。并且,这种现象是不可逆转的。脑死亡后即便心跳、血压仍可维持,但作为人所特有的意识、信念、感情、认知均已消失。因此,作为社会意义上的人也已不复存在。

(二)确立脑死亡的意义

脑死亡概念的提出是对死亡标准的重新认识,是生物医学技术发展的必然结果,其意义主要体现在以下几个方面:

(1) 有利于开展器官移植。随着器官移植技术的发展,需要大量的新鲜组织、脏器用来拯救那些因某一器官患有严重病态或损伤、衰竭的患者。在适宜的新鲜供体严重短缺的现状下,依靠先进的科学技术维持脑死亡者的呼吸和循环功能,使之可能成为医学上最理想的器官移植的供体以及天然的、极好的人体器官和组织的储存库。医生可以根据移植的需要,从容地做好各项移植准备工作后,适时摘取供体器官,从而提高器官移植的成功率。脑死亡的确立为大批新鲜供体的摘取提供了合法条件。

(2) 有利于医疗资源的合理利用。现代医疗行为的目的并不是盲目地延长毫无价值的生物意义上的生命,更不是延长人类痛苦的死亡过程。确定脑死亡的标准,可以适时终止对脑死亡者的医疗措施,缩短死者的死亡过程,减少因无效抢救而造成的巨大浪费,把有限的医疗卫生资源用于那些需要治疗而又能够达到预期效果的患者身上,在减轻社会负担的同时也减轻脑死亡者亲属的精神和经济负担。

(3) 有利于科学地确定死亡,维护生命尊严。对于一些因服毒、溺水或冻死的患者,特别是服用中枢神经抑制剂自杀的假死者,运用心跳呼吸停止作为死亡的标准,很难鉴别假死状态,往往错失抢救时机。脑死亡标准的确立,为真死与假死的鉴别提出了科学依据,从而更好地维护人的生命尊严,更好地尊重人的生命价值。

(4) 有利于法律的正确实施。死亡对于法律的适用具有绝对重要的意义。主要体现在:死亡决定杀人罪的成立,民事权利的终止,继承的开始,侵权行为的构成,婚姻关系的消灭,保险金、赔偿金的取得,刑事责任的免除以及诸如合伙、代理等民事法律关系的变更和终止。随着医学科学技术的不断进步,传统的死亡标准已日益显现出局限性。因此,脑死亡标准的确立可以更加科学地、准确地判断一个人的死亡时间,以利于正确适用法律,公平合理地处理相关事件。

(三) 脑死亡的标准

脑死亡的标准最早出自于1968年美国哈佛医学院死亡定义审查特别委员会发表的一份报告,该报告第一次正式把脑死亡作为判断死亡的又一标准。其主要内容是:① 不可逆深度昏迷,无感应性和反应性;② 自主运动和呼吸停止;③ 脑干反射消失;④ 脑电波平直。上述状况在24小时内反复测试结果无变化,就可宣告该人死亡。但有两种情况除外:① 体温过低(低于32.2 ℃);② 刚服过巴比妥药物等中枢神经系统抑制剂的病例。此后,世界各国先后提出多种关于脑死亡的诊断标准,综合起来不外乎三个部分:① 自主呼吸停止;② 临床症状病人瞳孔散大,各种反射消失;③ 利用药品和器械对脑死亡进行验证。上述标准与"哈佛标准"没有多大区别。因此,目前世界上大多数国家还是采用哈佛医学院的诊断标准。

(四) 国外有关脑死亡的法律规定

芬兰是世界上第一个在法律上确立脑死亡的国家。此后,美国的堪萨斯州1970年通过了《死亡和死亡定义法》。1983年,美国医学会、美国律师协会、美国统一州法律督察全国会议以及医学和生物学行为研究伦理学问题总统委员建议各州采纳以下条款:"任何人患有呼吸和循环不可逆停止或大脑全部功能不可逆丧失就是死人。死亡的确定必须符合公认的医学标准。"上述条款实际上是让传统死亡概念、标准和脑死亡概念、标准并存,避免了人们对死亡定义可能产生的误会。随后,加拿大、阿根廷、瑞典、澳大利亚、奥地利、希腊、意大利、英国、法国、西班牙、波多黎各等十多个国家也先后制定了脑死亡法律,承认脑死亡是宣布死亡的依据。比利时、德国、印度、爱尔兰、荷兰、新西兰、南非、韩国、瑞士和泰国等十多个国家和地区虽然没有法律明文规定,但临床上已经承认脑死亡状态并用来作为宣布死亡的依据。为了保证和提高脑死亡诊断的准确性,防止偏差,有的国家规定,脑死亡诊断应由两名内科医生作出,且同器官移植无关联。也有的国家规定,脑死亡的确定,应由两名医生独立进行检查,得出相同结论,或需经上级医生的核准;必要时,还需神经内科、神经外科、麻醉科以及脑电图专家会诊,无异议时方可确定脑死亡。

三、我国脑死亡立法的思考与现状

我国目前尚未制定出一部统一的、正式的、具有法律权威的脑死亡标准。为了配合国家立法需要,原国家卫生部组织专家审定在技术层面上起草的脑死亡判定标准和技术规范。2004年5月,在中华医学会第七届全国神经病学学术会议上,我国《脑死亡判定标准(成人)》和《脑死亡判定技术规范》已经通过医学专家审定。但由于脑死亡是医学界提出的判定死亡的一种方式,与现行判定死亡的标准不同,制定脑死亡判定标准和技术规范与实施脑死亡判定是两回事。实施脑死亡判定必须以相应的法律规范为前提,目前医疗机构还不能据此来实施脑死亡判定,也就是说上述标准和规范只有通过立法程序生效并公布后才能实施。

由于我国文化传统的影响,医学技术的发展状况不平衡,人们对脑死亡的认识还很模糊,在短期内,要使全社会对脑死亡标准达成共识是不可能的。但是,随着医学科学的发展,

通过法律确定脑死亡的标准,已成为十分现实和迫切的需要。为此,我们建议在脑死亡立法时注意以下几个方面:

(一) 两种死亡标准并存

根据我国的具体国情,在根深蒂固的传统观念以及现有各级医疗单位在技术、设备和诊疗水平上存在的较大差异的情况下,我国可以采用传统死亡标准和脑死亡标准同时并存的制度。

(二) 严格确定脑死亡的临床判断标准

脑死亡的判定是非常慎重的事。判定脑死亡除了检测各种神经反射活动是否消失外,还可以通过脑电图、脑超声图等测定方法来认定。将脑死亡作为确定死亡的标准之一,其临床判断要点有以下几点:

(1) 患者是否陷入不可逆的深度昏迷。

(2) 脑干反射是否全部消失(包括瞳孔对光反射、角膜反射、咳嗽反射、头眼反射、前庭眼反射消失等),脑循环是否完全停止,脑电图是否呈平直线。

(3) 患者有无自主呼吸,若靠呼吸机等人工方法维持,要停止使用呼吸机,然后给患者吸纯氧,观察其二氧化碳分压是否上升。若上升,可刺激呼吸中枢,其呼吸功能可能逆转,说明患者并未脑死亡。否则,可判定脑死亡。

(4) 患病原因(昏迷原因)已查明。患者在符合上述临床标准后,只能作初步判定,并且需要间隔一定的时间进行复核。复核间隔时间美国为 12 小时、英国为 24 小时、日本为 6 小时,我国在尚未正式实施的《脑死亡判定标准(成人)》中定为 12 小时。

(三) 确定脑死亡的程序

脑死亡的确定必须在县级以上具备相应的医疗设备条件的地、市级医院进行,在通过必要的检测手段后,由两名以上神经内、外科医师,急诊科医师,麻醉科医师及 ICU(Intensive Care Unit,重症加强护理病房)医师中工作十年以上,具有高级职称,并且具备判定脑死亡资格证书的医师独立作出书面认定,确定患者脑死亡时,患者的原诊治医师应当回避。患者脑死亡事实一旦确定,由确定脑死亡的医疗组织签发死亡诊断书。

(四) 法律责任

脑死亡立法应当明确规定违反脑死亡法律、法规者所应承担的法律后果。对于不符合脑死亡标准的患者,确定由于医师的过错而导致事故的,应追究责任医师的民事责任或行政责任,构成犯罪的,依法追究刑事责任。

第五节 安乐死的探索与立法思考

一、安乐死的概念

"安乐死"一词源自希腊语 Euthanasia,原意是无痛苦死亡。现代意义上的安乐死是指为结束不治之症患者的痛苦,采用科学方法对人的死亡过程进行调节,使死亡状态安乐化,以维护人的死亡尊严。安乐死是一种死亡过程中的良好状态和为达到这种状态而采取的方法,它并不是死亡的原因。

二、安乐死的历史与现状

安乐死的实践早在史前时代就已存在。古游牧部落在迁移时,常常把病人、老人留下来,加速他们死亡。在古希腊罗马,允许病人结束自己的生命,并可请外人助死。17 世纪,弗兰西斯·培根在他的著作中多次提到"无痛致死术"。到 20 世纪 30 年代,欧美许多国家都有人积极提倡安乐死,只是由于德国纳粹的介入,使得安乐死声名狼藉。到了 20 世纪六七十年代,随着医学生物科学技术的发展,销声匿迹的安乐死又成为医学界、法律界以及公众关注的热点。

由于安乐死不仅涉及伦理、哲学、医学等方面的问题,还涉及人们对死亡的看法和理解,更会引发一系列的法律后果。因此,迄今为止,人们对安乐死的看法仍褒贬不一。支持安乐死的人看重生命的内容和方式,认为安乐死可以减轻病人痛苦,当病人因垂死而饱受病痛的折磨,感到生不如死时,死亡比生存对他们更人道。这样,既可以减轻病人家属的精神痛苦和经济负担,又可以节省有限的医药资源,使之发挥更大的效用。他们提倡医学的根本任务是提升人的生死品质,在基本实现优生的前提下,医学也必须实现人的优死。反对安乐死的人认为,安乐死不仅与医生的职责相冲突,而且还可能被滥用,成为病人配偶、子女等亲属为了减轻自己的负担,或为了瓜分遗产等其他原因变相杀人的借口。但经过半个多世纪的争论,时至今日,赞成安乐死的呼声愈来愈高。尽管如此,对于安乐死是否要制定法律予以保护,绝大多数国家持慎重态度。目前,在立法上有一定进展的国家,大多是对消极安乐死的认可。法国对是否实施安乐死进行了多年的讨论,终于在 2002 年 3 月公布了一项研究结果:在法国实施安乐死应该被视为"非法行为",但是,在所有的医疗办法都无效的情况下,病人又强烈要求帮助解决无法忍受的痛苦时,并且只有在这种特殊情况下,实施安乐死是可以接受的。这等于给法国的安乐死解除了禁锢,尽管只是开了一个小小的口子。1993 年 2 月 1 日,荷兰议会一院(即上议院)以 37 票对 34 票的微弱差距,通过了"安乐死"法案,从而使荷兰成为全球第一个规范医生实施积极的死亡协助行为的国家。值得强调的是,该法案并未使安乐死合法化,只是允许医生在严格遵守官方规定的情况下为病人执行积极的死亡协助。2001 年 4 月 10 日,荷兰一院(即上院)以 46 票赞成、28 票反对、1 票弃权的结果通过积极安乐死法案。同年 11 月 28 日,荷兰二院(即下院)又以 104 票赞成、40 票反对的表决结果通过了一项法案,该法案规定,患不治之症的病人,在考虑成熟后,应自愿提出结束生命的书面请求,主治医生则应向患者详细陈述实际病情和后果预测,并由另一名医生协助诊断和确诊,最后实施"安乐死"。法案还规定实施"安乐死"的手段必须是医学方法,这使荷兰成为世界上,第一个把安乐死合法化的国家,也是迄今为止在安乐死方面最前卫的举措。目前,仅有荷兰、比利时和瑞士等为数不多的国家立法令安乐死合法化。荷兰的医师助死法案于2002年4月1日生效,每年约有4000人"合法化安乐死",但由此有一些老年人担心他们会被医生"杀死",甚至不相信自己的家属。

三、我国实施安乐死现状及立法思考

我国关于安乐死的讨论始于20世纪80年代,现行的国家法律未对安乐死加以认可。然而,安乐死案件却多次出现,在发生纠纷无相关法律调整的情况下,全国人民代表大会的部分代表先后数次提出议案,建议制定安乐死法。由于安乐死是一种具有特殊意义的死亡类型,它既是一个复杂的医学、法学问题,又是一个极为敏感的社会、伦理问题。因此,全国人民代表大会法制工作委员会及卫健委在经过反复研究后认为,目前,我国制定安乐死法规的条件尚不成熟,但可以促请有关部门积极研究这一课题,为安乐死立法作准备。为此,我们认为在安乐死立法时,应当注意以下问题:

(一)安乐死的条件

适用安乐死必须符合以下条件:① 自愿要求,即病人要有安乐死的真诚意愿,并亲自主动提出安乐死的要求;② 严重痛苦,即病情导致病人肉体上、精神上无法抑制的严重痛苦;③ 濒临死亡;④ 施行方法正当,即执行安乐死的技术与方法必须是科学的、文明的、人道的。

(二)安乐死的程序

(1) 申请。公民申请安乐死应当由本人亲自以书面形式主动提出,并附有身患绝症的医疗证明。特殊情况下,口头(包括录音)申请者必须由两名无利害关系的证人出具书面证明。对于陷入永久性昏迷状态、不能表达意愿的病人,可由其法定监护人代为提出。

(2) 受理。安乐死的受理机关必须是符合安乐死施行条件的医疗机构。县级以上的医疗单位应当设立安乐科,负责对安乐死申请的审查和批准。对不符合安乐死条件的申请者,审查单位应当在法定期限内以书面形式告知,并说明理由。对符合条件的申请者,应当批准申请,并经公证机关公证后,安排施行。

(3) 执行。安乐死申请经批准并公证后,病人所在医院应当按照批准的时间和地点指定医生执行安乐死。执行前,病人撤回申请或表示反悔的,应当立即停止执行。主管医生反对施行安乐死的,应当暂缓施行安乐死。

(三)法律责任

违反安乐死规定的行为主要有:① 对不符合安乐死条件的病人施行安乐死的;② 擅自执行安乐死的;③ 不履行或不认真履行职责,造成重大医疗事故的;④ 采用诱惑、欺骗、胁迫或其他手段强制为病人施行安乐死的;⑤ 在申请、代理、审查、执行中弄虚作假的;⑥ 违反有关保密规定的。凡违反安乐死规定的直接责任人员,要承担相应的民事责任或行政责任,构

成犯罪的应当依法追究其刑事责任。

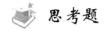 思考题

1. 简述人工生殖技术主要产生哪些法律问题。
2. 简要评价代孕生殖。
3. 脑死亡标准可能会带来什么样的法律和社会问题?
4. 在我国推行脑死亡标准有哪些积极和消极的影响?
5. 简述我国《器官移植条例》的主要内容。
6. 安乐死立法应考虑哪些问题?

参 考 文 献

[1] 张乃根,(法)米雷埃·德尔玛斯-玛尔蒂.克隆人:法律与社会[M].上海:复旦大学出版社,2002.
[2] 吴崇其,达庆东.卫生法学[M].北京:法律出版社,1999.
[3] 周林军.公用事业管制要论[M].北京:人民法院出版社,2004.
[4] 王利明,杨立新,王轶,程啸.民法学[M].6版.北京:中国法制出版社,2020.
[5] 罗豪才.行政法学[M].北京:中国政法大学出版社,2001.
[6] 张文显.法理学[M].北京:北京大学出版社,2003.
[7] 孙东东.卫生法学[M].北京:高等教育出版社,2004.
[8] 马乐,潘柏年,陈宝英.男性不育与辅助生殖技术[M].北京:人民卫生出版社,2002:235-237.
[9] (美)艾伦·D.柯克,斯图尔特·J.科茨特尔.器官移植学[M].朱继业,徐骁,李照译.天津:天津科技翻译出版有限公司,2020.